Kleines Fremdwörterbuch

Kleines Fremdwörterbuch

Mit einem Verzeichnis
gebräuchlicher Abkürzungen

Bearbeitet von
Michael Müller

Philipp Reclam jun. Stuttgart

Universal-Bibliothek Nr. 8438

Satz: Kösel, Kempten
Druck und Bindung: Reclam, Ditzingen
Printed in Germany 2004

ISBN 3-15-008438-5

www.reclam.de

A

à (fr) für, zu, zu je, zum Einzelpreis von

abaissieren (fr) senken, herabsetzen

Abakus *m* (lat) **1.** Rechen-, Spielbrett, **2.** Deckplatte des Kapitells einer Säule

Abandon *m*, **Abandonnement** *n* (fr) Abtretung, Verzicht auf Rechte; **abandonnieren** aufgeben, preisgeben, (auf Rechte) verzichten

à bas! (fr) nieder mit ...!, weg damit!

Abate *m* (it) kath. Weltgeistlicher (in Italien und Spanien)

Abaton *n* (gr) geweihter Ort, das Allerheiligste, Altarraum

Abba (aram; »Vater«) Gebetsanrede an Gott im Neuen Testament

Abbé *m* (fr) kath. Weltgeistlicher (in Frankreich)

Abbreviation, Abbreviatur *f* (lat) Abkürzung (von Wörtern); **abbreviieren** abkürzen

abchecken (dt-engl) (anhand einer Liste) kontrollieren, prüfen

Abderit *m* (gr) Einfaltspinsel, Schildbürger

Abdomen *n* (lat) Bauch, Unterleib; **abdominal** zum Abdomen gehörend

Abduktion *f* (lat) Bewegung eines Körperteils von der Achse des Körpers weg (Med.); **Abduktor** *m* Muskel, der eine Abduktion bewirkt; **abduzieren** von der Körperachse nach außen bewegen, (Finger, Zehen) spreizen

aberrant (lat) (von der Norm) abweichend; **Aberration** *f* Abirrung, Abweichung (von der Norm); **aberrieren** abirren, abweichen

abgefuckt (dt-engl) heruntergekommen, verbraucht, verlebt

abhorreszieren, abhorrieren (lat) **1.** verabscheuen, (heftig) ablehnen, **2.** zurückschrecken vor

Ability *f* (engl) Fähigkeit

ab initio (lat) von Anfang an

Abiogenese, Abiogenesis *f* (gr) Urzeugung (Entstehung von Leben aus unbelebter Materie)

Abiose, Abiosis *f* (gr) Lebensunfähigkeit; **abiotisch** ohne Leben, leblos

abjekt (lat) verächtlich; **abjizieren 1.** verachten, **2.** verwerfen

Abjudikation *f* (lat) Aberkennung (eines Rechtes); **abjudizieren** gerichtlich aberkennen, absprechen

abkonterfeien (dt-fr) abmalen, -zeichnen

Ablaktation *f* (lat) Entwöhnung eines Säuglings von der Muttermilch

Ablation *f* (lat) **1.** durch Wasser oder Wind herbeigeführte Abtragung des Erdbodens, **2.** Abschmelzung von Schnee und Eis, **3.** Amputation eines Körperteils

Ablativ *m* (lat) Beugungsfall in indogerm. Sprachen, Woherfall; **Ablativus absolutus** *m* Subjekt-Partizip-Konstruktion im Lateinischen

Ablution *f* (lat) **1.** Spülung des Kelchs und Waschung der Hände des Priesters in der kath. Messe, **2.** rituelle Reinigung

abnorm (lat) **1.** außer-, ungewöhnlich, **2.** naturwidrig, mißgebildet, von der Norm abweichend; **abnormal** **1.** (geistig) nicht normal, **2.** von der Norm abweichend; **Abnormität** *f* **1.** Regelwidrigkeit, **2.** krankhaftes Verhalten, **3.** Mißbildung, **4.** mißgebildetes Lebewesen

Abo *n* (ugs) Kurzform von **Abonnement**

Abolitionismus *m* (engl) Bewegung zur Abschaffung der Sklaverei in den USA; **Abolitionist** *m* Anhänger des Abolitionismus

abominabel (fr) abscheulich, widerwärtig

Abonnement *n* (fr) **1.** regelmäßiger Bezug von Zeitungen, Zeitschriften, Theaterkarten u. ä. über einen längeren Zeitraum hinweg, **2.** Anrecht, Miete; **Abonnent** *m* Dauerbezieher, Inhaber eines Abonnements, Stammleser, -besucher; **abonnieren** etwas regelmäßig beziehen; **abonniert sein auf** **1.** ein Abonnement auf etwas besitzen, **2.** etwas regelmäßig wieder bekommen

Aborigines *pl* (engl) Ureinwohner (Australiens)

abortieren (lat) fehlgebären; **abortiv** **1.** eine Fehlgeburt herbeiführend, abtreibend, **2.** nicht vollständig ausgebildet (von Pflanzen), **3.** abgekürzt verlaufend (von Krankheiten); **Abortivum** *n* **1.** eine Fehlgeburt herbeiführendes Mittel, **2.** Mittel, das den Verlauf einer Krankheit abkürzt; **Abort(us)** *m* Fehlgeburt

ab ovo (lat; »vom Ei an«) **1.** vom Anfang einer Sache an, **2.** von vornherein

abqualifizieren (dt-lat) **1.** abwertend beurteilen, **2.** für ungeeignet erklären

Abrasio *f* (lat) Auskratzung, -schabung (Med.); **Abrasion** *f* Abtragung von Küste durch die Brandung

abreagieren (dt-lat) **1.** sich von inneren Spannungen befreien, **2.** sich beruhigen; **Abreaktion** *f* Befreiung von seelischen Spannungen (durch Handlungen)

Abrogation *f* (lat) Aufhebung eines Gesetzes (durch ein neues)

abrupt (lat) **1.** plötzlich, unvermittelt, **2.** zusammenhanglos

Absence *f* (fr) kurzfristige Geistesabwesenheit

absentieren (fr) sich entfernen; **Absentismus** *m* (lat) gewohnheitsmäßiges Fortbleiben vom Arbeitsplatz, häufiges Fehlen; **Absenz** *f* (lat) **1.** Abwesenheit, **2.** kurzfristige Geistesabwesenheit

absolut (lat) **1.** uneingeschränkt, äußerst, **2.** unabhängig, losgelöst, beziehungslos, **3.** durchaus, unbedingt; **Absolution** *f* Lossprechung, Sündenvergebung; **Absolutismus** *m* Regierungsform, bei der alle Gewalt in der Hand eines Herrschers liegt; **absolutistisch** **1.** den Absolutismus betreffend, **2.** Merkmale des Absolutismus tragend

Absolvent *m* (lat) Schulabgänger, jmd., der eine Ausbildungszeit abgeleistet hat; **absolvieren** **1.** eine Ausbildungszeit beenden, **2.** ausführen, durchführen

Absorber *m* (lat-engl) Vorrichtung zur Aufsaugung von Gasen; **absorbieren** (lat) aufsaugen, in sich aufnehmen; **Absorption** *f* das In-sich-Aufnehmen, Aufsaugung; **absorptiv** zur Absorption fähig

abstinent (lat) enthaltsam; **Abstinenz** *f* Enthaltsamkeit; **Abstinenzler** *m* jemand, der enthaltsam ist, der keinen Alkohol trinkt

Abstract *n* (engl) kurze Inhaltsangabe eines Buches oder Aufsatzes; **abstrahieren** (lat) **1.** von etwas absehen, **2.** vom Besonderen absehen, verallgemeinern; **abstrakt** **1.** undinglich, begrifflich, nur gedacht, **2.** ohne Bezug zur Realität, unwirklich; **Abstraktion** *f* Begriffsbildung; Begriff, Idee; Verallgemeinerung; **Abstraktum** *n* Hauptwort, das Undingliches bezeichnet

abstrus (lat) **1.** absonderlich, abwegig, **2.** wirr, schwer verständlich

absurd (lat) sinnlos, sinnwidrig; **Absurdität** *f* **1.** Sinnlosigkeit, Widersinnigkeit, **2.** widersinnige Tat oder Erscheinung

Abszeß *m* (lat) Eiteransammlung, Eiterbeule

Abszisse *f* (lat) Waagerechte im Koordinatensystem

abturnen (dt-engl) aus einer guten Stimmung bringen

Abulie *f* (gr) (krankhafte) Willensschwäche, Entschlußlosigkeit (Med., Psychol.)

abundant (lat) häufig vorkommend, reichlich vorhanden; **Abundanz** *f* Häufigkeit, Überfluß, Überfülle

ab urbe condita (lat) seit Gründung der Stadt (Rom) (röm. Zeitrechnung: seit 753 v. Chr.)

abusiv (lat) mißbräuchlich; **Abusus** *m* Mißbrauch

abyssal, abyssisch (gr) **1.** aus der Tiefe (der Erde, des Meeres) stammend, **2.** abgrundtief; **Abyssus** *m* **1.** Tiefe, Unterwelt, **2.** Meerestiefe

Academy-award *m* (engl; »Akademiepreis«) von der amerik. Filmakademie verliehener Preis (»Oscar«)

a cappella (it) Gesang ohne Instrumentalbegleitung

accelerando (it) allmählich schneller werdend (Mus.)

Access *m* (engl) Zugang zu Daten, die in einem Computer gespeichert sind

Accessoire *n* (fr) modisches Kleidungszubehör

Accountant *m* (engl) Wirtschaftsprüfer

Accuracy *f* (engl) Genauigkeit (bei Rechenoperationen in der EDV)

Acetat *n* (lat) Salz der Essigsäure; **Aceton** *n* einfachstes Keton (Endprodukt des Stoffwechsels, Lösungsmittel); **Acetum** *n* Essig; **Acetylen** *n* gasförmiger, brennbarer Kohlenwasserstoff

Acheron *m* (gr) Fluß in der Unterwelt (in der griech. Mythologie); **acherontisch** zur Unterwelt gehörig

Achillesferse *f* verwundbare Stelle, Schwachpunkt (nach dem griech. Helden Achilles)

Achromasie *f*, **Achromie** *f* (lat) Farblosigkeit, Fehlen von Pigmenten in der Haut; **Achromat** *n* (gr) Linsensystem, das den Abbildungsfehler der Farbzerlegung teilweise korrigiert; **achromatisch 1.** die Achromasie betreffend, **2.** ohne Farbverzerrungen, farbenrein; **Achromatopsie** *f* Farbenblindheit

Acid *n* (engl; »Säure«) (Jargonausdruck für) LSD; **Acidität** *f* (lat) Säuregehalt einer Flüssigkeit; **Acidum** *n* Säure

à condition (fr) bedingt, unter Vorbehalt

a conto (it) auf Rechnung von

Action *f* (engl) ereignisreicher Vorgang, spannendes Geschehen; **Actionfilm** *m* Film mit spannender Handlung

ad (lat) zu

ad absurdum (lat) **führen** die Unsinnigkeit von etwas offenkundig machen

ad acta legen (lat) zu den Akten legen, als erledigt ansehen

adagietto (it) ziemlich langsam (Mus.); **Adagietto** *n* kurzes Adagio; **adagio** langsam (Mus.); **Adagio** *n* langsames Musikstück, langsamer Satz einer Sonate oder Sinfonie

Adaptation *f* (lat) **1.** Anpassungsvermögen (des Menschen an seine Umwelt), **2.** Anpassung (an die Umwelt); **Adapter** *m* (lat-engl) Zwischenstück, um elektrische Geräte miteinander zu verbinden, um einen Stecker einer Steckdose anzupassen; **adaptieren 1.** (an die Umwelt) anpassen, **2.** einen Text, ein Musikstück bearbeiten (z. B. einen Roman für eine Bühnenaufführung); **Adaption** *f* **1.** Adaptation, **2.** Bearbeitung eines Textes, Musikstücks

Adäquanz *f* (lat) Angemessenheit (eines Verhaltens); **adäquat 1.** angemessen, entsprechend, **2.** übereinstimmend

Addendum *n* (**Addenda** *pl*) (lat) Zusatz, Ergänzung, Nachtrag

ad depositum (lat) zur Hinterlegung, in Verwahrung

addieren (lat) hinzufügen, zusammenzählen; **Addition** *f* Hinzufügung, Zusammenzählung; **additional** zusätzlich, nachträglich; **Additiv** *n* (chemischer) Zusatz; **addizieren** zuerkennen, zusprechen

Adduktion *f* (lat) Bewegung eines Gliedes zur Achse des Körpers hin; **Adduktor** *m* Muskel, der eine Adduktion bewirkt

Adenom *n* (lat) gutartige Drüsengeschwulst

Adept *m* (lat) **1.** Schüler, Jünger, **2.** Kenner einer Geheimlehre

à deux mains (fr) zweihändig (Mus.)

adhärent (lat) **1.** anhaftend, **2.** angewachsen (von Pflanzen); **adhärieren** anhängen, anhaften; **Adhäsion** *f* **1.** das Aneinanderhaften, **2.** Verklebung von Geweben nach Operationen oder Entzündungen

ad hoc (lat) **1.** eigens für diesen besonderen Fall (geschaffen), **2.** aus dem Stegreif heraus (entstanden)

Adiaphora *pl* (gr) **1.** Gleichgültiges, **2.** Dinge oder Verhaltensweisen, die weder als gut noch als böse zu bewerten sind

Adieu *n* (fr; »Gott befohlen«) Lebewohl

Ädikula *f* (lat) **1.** kleiner Tempel, **2.** Grabkapelle, **3.** rahmenbildender Bau um Fenster, Eingangstore o. ä.

Ädil *m* (lat) für die Polizeiaufsicht verantwortlicher hoher Beamter im antiken Rom

ad infinitum (lat) bis ins Unendliche, endlos, zeitlich unbegrenzt

ad interim (lat) einstweilig, bis auf weiteres

à discrétion (fr) nach Belieben

Adjektiv(um) *n* (lat) Eigenschaftswort; **adjektivisch** in Verwendung als Eigenschaftswort

Adjudikation *f* (lat) gerichtliche Zuerkennung; **adjudizieren** (gerichtlich) zuerkennen, zusprechen

Adjunktion *f* (lat) Beiordnung, Hinzufügung

adjustieren (lat) (Geräte u. ä.) richtig einstellen, in die richtige Stellung bringen

Adjutant *m* (lat) Offizier als »Helfer« eines militärischen Kommandeurs; **Adjutantur** *f* **1.** Amt eines Adjutanten, **2.** Dienststelle eines Adjutanten

Adlatus *m* (lat) Helfer, Amtsgehilfe von niederem Rang

ad libitum (lat) **1.** nach Belieben, nach Herzenslust, **2.** in beliebigem Tempo zu spielen (Mus.)

ad majorem dei gloriam (lat) zu Gottes höherem Ruhme

ad manus proprias (lat) zu eigenen Händen, eigenhändig abzugeben

Administration *f* (lat) **1.** Verwaltung, **2.** Verwaltungsbehörde, **3.** bürokratisches Anordnen, **4.** Regierung (USA); **administrativ** **1.** zur Verwaltung gehörend, **2.** behördlich, **3.** bürokratisch; **Administrator** *m* Verwalter, Treuhänder, Bevollmächtigter; **administrieren** **1.** verwalten, **2.** behördlich anordnen

Admiral *m* (fr) hoher Seeoffizier, Befehlshaber einer Flotte

admonieren (lat) ermahnen, verwarnen; **Admonition** *f* Ermahnung, Verweis

ad multos annos (lat) auf (weitere) viele Jahre (als Glückwunsch)

ad notam (lat) zur Kenntnis

ad oculos demonstrieren (lat) augenfällig machen

adoleszent (lat) heranwachsend, in jugendlichem Alter; **Adoleszenz** *f* Jugendalter

Adonis *m* (gr) schöner Jüngling, schöner Mann

adoptieren (lat) **1.** (als Kind) annehmen, **2.** sich auf dem Wege der Nachahmung aneignen; **Adoption** *f* **1.** Annahme an Kindes Statt, **2.** Annahme, Genehmigung

Adorant *m* (lat; »Anbetender«) Betergestalt in der Kunst; **Adoration** *f* Anbetung, Verehrung, Huldigung; **adorieren** anbeten, verehren

ad perpetuam memoriam (lat) zum dauernden Gedächtnis

ad pias causas (lat) zu wohltätigen Zwecken

ad referendum (lat) zur Berichterstattung

ad rem! (lat) zur Sache!

Adrenalin *n* (lat) Hormon des Nebennierenmarks

Adressat *m* (fr) Empfänger (eines Briefes o. ä.); **Adresse** *f* An-, Aufschrift, **2.** schriftliche an eine politische Instanz gerichtete Meinungsäußerung (z. B. Dankadresse, Bittadresse)

adrett (fr) **1.** sauber, sorgfältig (gekleidet), **2.** ordentlich

Adsorption *f* (lat) Bindung von Gasen oder gelösten Stoffen an der Oberfläche fester Stoffe

ad spectatores (lat) an die Zuschauer (gerichtet)

Adstringens *n* (lat) eine Zusammenziehung bewirkendes (blutstillendes) Mittel (Med.)

ad summam (lat) aufs höchste

ad tempus (lat) zeitweilig, auf Zeit

adult (lat) erwachsen (Med.); **Adult school** *f* (engl) Schule für Erwachsenenbildung

ad usum (lat) »zum Gebrauch; **ad usum Delphini** (zum Gebrauch des Dauphins«) für Kinder bestimmt, für Schüler bearbeitet (von Texten)

Advantage *m* (engl) beim Tennis erster gewonnener Punkt nach dem Einstand (40:40)

Advent *m* (lat; »Ankunft« [Christi]) **1.** Zeitraum, der die letzten vier Sonntage vor Weihnachten umfaßt, **2.** einer dieser Sonntage; **Adventist** *m* Angehöriger einer protestantischen Sekte, die die Wiederankunft Christi erwartet

Adverb(ium) *n* (lat) Umstandswort; **adverbial** in Verwendung als Umstandswort

Adversaria (Adversarien) *pl* (lat) **1.** noch nicht verarbeitete Notizen, **2.** Sammlung von Notizen

adversativ (lat) gegensätzlich, entgegensetzend

Advertising *n* (engl) **1.** Anzeige, **2.** Werbung; **Advertising Agency** *f* Werbeagentur; **Advertisement** *n* (Werbe-)Anzeige, Annonce

Advocatus Diaboli *m* (lat; »Advokat des Teufels«) **1.** jmd, der die Sache der Gegenpartei mit Argumenten vertritt, ohne selbst zu dieser Partei zu gehören, **2.** kath. Geistlicher, der in einem Heilig- oder Seligsprechungsprozeß Argumente gegen die Heilig- oder Seligsprechung einer Person vorbringt

Advokat *m* (lat) **1.** Rechtsanwalt, -beistand, **2.** Fürsprecher; **Advokatur** *f* Rechtsanwaltschaft

aerob (gr) Sauerstoff zum Leben benötigend; **Aerobic** *n* (gr-engl) tänzerische Gymnastik, die den Umsatz von Sauerstoff im Körper steigert

Aerodynamik *f* (gr) Wissenschaft von der Bewegung der Luft und anderer gasförmiger Stoffe; **aerodynamisch 1.** die Aerodynamik betreffend, **2.** die Gesetze der Aerodynamik beachtend, windschnittig; **Aeromedizin** *f* medizinische Erforschung der Auswirkungen der Luftfahrt auf den menschlichen Körper; **Aeronautik** *f* Luftfahrtkunde; **Aeronautiker** *m* Wissenschaftler auf dem Gebiet der Aeronautik; **Aerophotographie** *f* Herstellen von Luftaufnahmen (zu kartographischen Zwecken); **Aerosalon** *m* Luft- und Raumfahrtausstellung; **Aerosol** *n* Gas, das feinste feste Körper oder Flüssigkeitströpfchen enthält; **Aerotaxi** *n* (kleines) Mietflugzeug

afebril (lat) fieberfrei

Affaire, Affäre *f* (fr) **1.** (unangenehme) Angelegenheit, Situation, Sache, Vorfall, **2.** (flüchtige) Liebschaft

Affekt *m* (lat) heftige Gemütserregung, seelische Erschütterung; **Affektation** *f* Geziertheit; **affektiert** unnatürlich, geziert; **Affektion** *f* Erkrankung, Befall eines Organismus durch Krankheitserreger; **affektiv 1.** gefühlsbetont, **2.** auf einen Affekt bezogen (Psychol.); **affektuos, affektuös** Ergriffenheit bekundend

affettuoso (it) leidenschaftlich, mit Ausdruck (Mus.)

Affiche *f* (fr) Aushang, Anschlag, Plakat; **affichieren** per Aushang bekannt machen

Affidavit *n* (lat-engl) **1.** eidesstattliche Versicherung, Aussage, **2.** Bürgschaft für einen Einwanderer durch einen Bürger des Einwanderungslandes

Affiliation *f* (lat) **1.** Anschluß, **2.** Beigesellung (einer Tochtergesellschaft)

affin (lat) wesensverwandt; **Affinität** *f* **1.** (Wesens-)Verwandtschaft, **2.** Anziehungskraft aufgrund innerer Verwandtschaft

Affirmation *f* (lat) Versicherung, Bekräftigung, Bejahung; **affirmativ** bekräftigend, bejahend; **affirmieren** bekräftigen, bejahen

Affix *n* (lat) dem Wortstamm zugefügte Vor- oder Nachsilbe

affizieren (lat) reizen, erregen (Med.); **affiziert 1.** betroffen, **2.** (von einer Krankheit) befallen

Affrikata *f* (lat) Verschlußlaut mit nachfolgendem Reibelaut gleicher Art (z. B. »ts«, »pf«) (Sprachw.)

Affront *m* (fr) Beleidigung, Kränkung

à fonds (fr) gründlich, mit Nachdruck; **à fonds perdu** ohne

Aussicht auf Gegenleistung oder Rückzahlung

Afrikanistik *f* (lat) Wissenschaft von Sprache und Kultur der eingeborenen afrikanischen Völker

Afroamerikaner *m* (lat) Amerikaner afrikanischer Abstammung; **Afro-Look** *m* (engl) Frisur mit gekräuselten, nach allen Seiten abstehenden Haaren

After-Shave *n* (engl) Gesichtswasser zur Hautpflege nach der Rasur

Aga *m* (türk) **1.** Titel türkischer Offiziere, **2.** Herr (pers. Anredeform)

Agamie *f* (gr) Ehelosigkeit; **agamisch 1.** ehelos, **2.** geschlechtslos

Agape *f* (gr) **1.** Liebe Gottes zu den Menschen, **2.** Nächstenliebe, **3.** Liebe zu Gott (Rel.)

Agenda *f* (lat) **1.** Merk-, Notizbuch, **2.** Tagesordnung, Liste der Gesprächspunkte

Agende *f* (lat) protestantische Gottesdienstordnung

Agens *n* (lat) **1.** treibende Kraft, **2.** krankmachender Stoff (Med.)

Agent *m* (it) **1.** Mittelsmann, (Handels-)Vertreter, **2.** Person, die Künstlern Aufträge verschafft, **3.** Spion, der für einen Staat tätig ist; **Agent provocateur** *m* (fr) jmd., der den Gegner zu (strafbaren) Handlungen provozieren soll; **Agentur** *f* **1.** Handelsvertretung, **2.** Nachrichtenbüro, **3.** Vermittlungsbüro für Künstler

Aggiornamento *n* (it) Anpassung der Lehre der katholischen Kirche an die modernen Lebensverhältnisse

Agglomeration *f* (lat) Anhäufung, Zusammenballung

Agglutination *f* (lat) Verklebung, Verschmelzung; **agglutinieren** eine Agglutination bewirken

Aggravation *f* (lat) **1.** Erschwerung, Verschlimmerung, **2.** Verschlimmerung einer Krankheit

Aggregat *n* (lat) Satz von mehreren technischen Apparaturen oder Maschinen; **Aggregatzustand** *m* äußere Erscheinungsweise eines Stoffes (fest, flüssig usw.)

Aggression *f* (lat) **1.** Angriff, Angriffskrieg, **2.** feindseliges Verhalten (Psychol.), **3.** feindselige Tat, Äußerung; **aggressiv 1.** angriffslustig, herausfordernd, **2.** rücksichtslos; **Aggressivität** *f* **1.** (gewohnheitsmäßiges) aggressives Verhalten, **2.** aggressive Tat; **Aggressor** *m* Angreifer

Ägide *f* (gr) Schirmherrschaft

agieren (lat) **1.** wirken, handeln, **2.** als Schauspieler darstellen

agil (lat) gewandt, flink, beweglich; **Agilität** *f* Beweglichkeit, Geschäftigkeit, Regsamkeit

Agitatio *f* (lat) (körperliche) Unruhe; **Agitation** *f* (engl-lat) **1.** politische Hetze, Aufwiegelung, **2.** politische Aufklärungsarbeit; **agitato** (it) bewegt, erregt (Mus.); **Agitator** (engl-lat) **1.** Aufwiegler, **2.** jmd., der politische Aufklärungsarbeit betreibt; **agitatorisch 1.** aufrührerisch, hetzerisch, **2.** aufklärerisch im politischen Bereich; **Agitprop** *f* (russ; aus: *Agit*ation und *Propa*ganda) Methode, in den Massen ein revolutionäres Bewußtsein zu erzeugen

Agnat *m* (lat) männlicher Blutsverwandter aus der väterlichen Linie; **Agnation** *f* Blutsverwandtschaft väterlicherseits

Agnosie *f* (gr) **1.** Unwissenheit, Nichtwissen (Philos.), **2.** Störung der Wahrnehmung (Med.); **Agnostiker** *m* Anhänger der Lehre des Agnostizismus; **Agnostizismus** *m* Lehre von der Unerkennbarkeit des Übersinnlichen (Gottes)

agnoszieren (lat) **1.** anerkennen, **2.** identifizieren

Agnus Dei *n* (lat; »Lamm Gottes«) **1.** Sinnbild für Christus, **2.** Gebet im kath. Gottesdienst

Agogik *f* (gr) Lehre von der individuellen Gestaltung des Tempos beim Musizieren

Agon *m* (gr) Wettkampf; **Agonie** *f* Todeskampf

Agora *f* (gr) **1.** Volksversammlung in altgriechischen Städten, **2.** Versammlungsplatz, Marktplatz; **Agoraphobie** *f* Angst, unbegleitet über Plätze und andere freie Flächen zu gehen (Psychol.)

Agraffe *f* (gr) Schmuckspange, Schmuckschnalle

Agrarier *m* (lat) (Groß-)Grundbesitzer; **agrarisch** landwirtschaftlich; **Agrarpolitik** *f* politische Maßnahmen zur Förderung der Landwirtschaft eines Landes; **Agrarprodukt** *n* landwirtschaftliches Erzeugnis; **Agrarstaat** *m* Staat, der vorwiegend von der Landwirtschaft abhängig ist

Agreement *n* (engl) formlose Übereinkunft, nicht bindendes Abkommen (zwischen zwei Staaten)

Agrément *n* (fr) Erklärung einer Regierung, daß sie einen von einem fremden Staat entsandten Diplomaten (Botschafter) akzeptiert; **Agréments** *pl* Ausschmückungen (Mus.)

Agrikultur *f* (lat) Ackerbau, Landwirtschaft

Agronom *m* (gr) an einer (Hoch-) Schule ausgebildeter Landwirt; **Agronomie** *f* Ackerbaukunde, Landwirtschaftswissenschaft

Ägyptologie *m* (lat) Wissenschaft von Sprache und Kultur der alten Ägypter

Ahasver (hebr-lat) der »Ewige Jude«, ruhelos umherirrender Mensch; **ahasverisch** ruhelos umherirrend

ahistorisch (gr-lat) geschichtliche Bedingungen nicht in Betracht ziehend

Aide-mémoire *n* (fr; »Gedächtnishilfe«) kurze schriftliche Zusammenfassung

Aids (engl; *a*cquired *i*mmune *d*eficiency *s*yndrome) Viruserkrankung, die einen Zusammenbruch des Immunsystems bewirkt

Air *n* (fr) **1.** Hauch, **2.** Aussehen, Haltung, **3.** (auch *f*) liedhaft schlichtes Instrumentalstück

Airbag *m* (engl) sich explosionsartig aufblasender Luftsack zum

Schutz der Autoinsassen bei Unfällen; **Airbrush** v. a. in der Werbung eingesetzte Maltechnik mit Hilfe einer Spritzpistole; **Airbus** *m* Großraumpassagierflugzeug für Kurz- und Mittelstrecken; **Aircondition** *f* Klimaanlage; **Air Force** *f* (engl. und amerik.) Luftwaffe; **Airhostess** *f* Hosteß, die während des Fluges Passagiere betreut; **Airmail** *f* Luftpost; **Airport** *m* Flughafen

Ajatollah *m* (pers) Ehrentitel (für Geistliche) der persischen Schiiten

à jour (fr) **1.** bis heute, **2.** auf dem laufenden

Akademie *f* (gr) **1.** Vereinigung von Gelehrten, **2.** (Fach-)Hochschule; **Akademiker** *m* **1.** Mitglied einer Akademie, **2.** jmd., der eine Hochschulausbildung besitzt; **akademisch 1.** an einer Hochschule erworben, **2.** wissenschaftlich, **3.** (rein) theoretisch, **4.** überflüssig

akatalektisch (gr) Bezeichnung für einen Vers, der mit einem vollständigen Versfuß endet

akausal (lat) ohne Ursache, ohne ursächlichen Zusammenhang

akaustisch (gr) nicht ätzend (Chem.)

Akinesie *f* (gr) Bewegungshemmung, Steifheit (Med.); **akinetisch** unbeweglich

Akklamation *f* (lat) **1.** Beifall, **2.** Zustimmung durch Zuruf; **akklamieren 1.** Beifall spenden, **2.** durch Zuruf zustimmen

Akklimatisation *f* (gr) Anpassung an fremdes Klima, an fremde Lebensverhältnisse; **akklimatisieren** sich eingewöhnen, sich anpassen

Akkolade *f* (fr) geschweifte Klammer ({ })

Akkomodation *f* (lat) **1.** Angleichung, Anpassung, **2.** Einstellungsfähigkeit des Auges; **akkomodieren 1.** anpassen, **2.** sich einigen

Akkompagnement *n* (fr) Begleitung (Mus.); **akkompagnieren** Gesang auf einem Instrument begleiten

Akkord *m* (fr) **1.** Ein-, Zusammenklang von Tönen verschiedener Tonhöhe, **2.** Abkommen, (gütliche) Einigung, **3.** Bezahlung nach Stückzahl; **akkordieren** vereinbaren, übereinkommen; **Akkordlohn** *m* Bezahlung nach der angefertigten Stückzahl, der Leistung entsprechend

akkreditieren (lat) **1.** beglaubigen, bestätigen (den Diplomaten eines fremden Staats), **2.** Kredit verschaffen; **Akkreditiv** *n* **1.** Beglaubigungsschreiben eines Gesandten, **2.** Auszahlungsanweisung an eine Bank

Akku *m* Kurzform für **Akkumulator**

Akkulturation *f* (lat) **1.** Übernahme von Elementen einer fremden Kultur durch Einzelpersonen oder Gruppen, **2.** Anpassung an eine fremde Kultur

Akkumulation *f* (lat) Ansammlung, Speicherung; **Akkumulator** *m* Gerät zum Speichern von elektrischer Energie; **akkumulieren** ansammeln, speichern

akkurat (lat) sorgfältig, gewissenhaft, genau; **Akkuratesse** *f* Sorgfalt, peinliche Genauigkeit

Akkusativ *m* (lat) der vierte Fall, Wenfall

Akme *f* (gr) **1.** Gipfel, Höhepunkt, **2.** Blütezeit, Höhepunkt der Entwicklung einer Organismengruppe

Akne *f* (gr) Entzündung der Talgdrüsen mit Pustelbildung

Akoluth, Akolyth *m* (gr) niederer kath. Kleriker

Akontozahlung *f* (it-dt) Anzahlung, Abschlagzahlung

Akosmismus *m* (gr) philosophische Lehre, nach der die Welt nicht selbständig existiert und Gott die einzige Wirklichkeit ist

akquirieren (lat) **1.** erwerben, anschaffen, **2.** Kunden werben; **Akquisiteur** *m* Kunden-, Anzeigenwerber; **Akquisition** *f* **1.** Erwerbung, Ankauf, **2.** Kundenwerbung durch Vertreter

Akribie *f* (gr) peinliche Genauigkeit, Sorgfalt, Gewissenhaftigkeit; **akribisch** äußerst genau, sorgfältig

akritisch (lat) kritiklos, ohne sich ein eigenes Urteil zu bilden

Akrobat *m* (gr) jmd., der im Zirkus oder Varieté turnerische Übungen vorführt; **Akrobatik** *f* Kunst des Akrobaten; **akrobatisch** körperlich gewandt, geschickt

Akronym *n* (gr) aus den Anfangsbuchstaben mehrerer Wörter gebildetes Wort (z. B. »Aids«)

Akropolis *f* (gr) befestigter Zufluchtsort in altgriechischen Städten

Akrostichon *n* (gr) Gedicht, bei dem die Anfangsbuchstaben, -silben oder -wörter der einzelnen Verszeilen einen Namen oder Satz ergeben

Akt *m* (lat) **1.** Handlung, Vorgang, **2.** feierliche, zeremonielle Handlung, **3.** Aufzug eines Bühnenstücks, **4.** nackter menschlicher Körper in der Kunst, Photographie, **5.** Beischlaf, **6.** Akte (österr.); **Akte** *f* Zusammenstellung von zusammengehörigen Schriftstücken; **Akteur** *m* **1.** handelnde Person, **2.** Schauspieler

Aktie *f* (lat-ndl) Anteilschein am Grundkapital einer Aktiengesellschaft, Wertpapier; **Aktiengesellschaft** *f* Gesellschaft, bei der einzelne Gesellschafter das Grundkapital stellen; **Aktienindex** *m* Orientierungswert über den Stand der Aktienkurse; **Aktienkurs** *m* an der Börse ermittelter Preis der Aktien

Aktion *f* (lat) **1.** planvolle Handlung, Tätigkeit, **2.** gezieltes Vorgehen (von mehreren)

Aktionär *m* (fr) Aktieninhaber, Gesellschafter

Aktionismus *m* (lat) **1.** übersteigerter, (unbedachter) Tätigkeitsdrang, **2.** Kunstrichtung, die das Bewußtsein der Menschen durch provozierende Handlungen ändern will; **Aktionsradius** *m* Wirkungskreis, Reichweite

aktiv (lat) tätig, handelnd, betriebsam; **Aktiv(um)** *n* Tätigkeitsform des Zeitworts; **Aktiva** *pl* in der Bilanz ausgewiesene Vermögenswerte eines Unternehmens; **aktivieren** in Tätigkeit setzen, in Gang bringen; **Aktivismus** *m* Tätigkeitsdrang; **Aktivist** *m* **1.** zielstrebig Handelnder, **2.** leidenschaftlicher Verfechter einer politischen (weltanschaulichen) Überzeugung; **Aktivität** *f* **1.** Geschäftigkeit, Unternehmungsgeist, **2.** das Sichbetätigen in einer bestimmten Weise, **3.** Maß für radioaktiven Zerfall; **Aktivposten** *m* Vermögensposten (auf der positiven Seite der Bilanz); **Aktivurlaub** *m* Urlaub, den man durch sportliche Betätigung o. ä. aktiv gestaltet

Aktrice *f* (fr) Schauspielerin

aktual (lat) **1.** tatsächlich vorhanden, **2.** tätig, wirksam (Philos.); **aktualisieren** auf den neuesten Stand bringen, beleben; **Aktualität** *f* **1.** Zeitgemäßheit, Gegenwartsbezogenheit, **2.** Tagesneuigkeit, **3.** das Wirklichsein, Wirksamsein (Philos.); **aktuell** **1.** zeitgemäß, **2.** wirklich vorhanden, **3.** von Interesse

Akupressur *f* (lat) Behebung von Schmerzen durch Druck mit den Fingerspitzen auf bestimmte Körperstellen; **akupunktieren** eine Akupunktur vornehmen; **Akupunktur** *f* Heilverfahren durch das Einstechen von Nadeln in bestimmte Körperstellen

Akustik *f* (gr) **1.** Lehre vom Schall, **2.** Klangwirkung; **Akustikkoppler** *m* Gerät zur Umwandlung von Computersignalen für Telefonübertragung; **akustisch** **1.** die Akustik (1,2) betreffend, **2.** klanglich

akut (lat) **1.** dringend, vordringlich, **2.** unvermittelt, schnell auftretend, heftig verlaufend (Med.); **Akut** *m* Betonungszeichen für einen steigenden Ton (')

akzedieren (lat) beitreten, beistimmen

Akzeleration *f* (lat) **1.** Beschleunigung, **2.** Entwicklungsbeschleunigung (bei Jugendlichen); **Akzelerator** *m* Teilchenbeschleuniger (Phys.); **akzelerieren** beschleunigen, fördern

Akzent *m* (lat) **1.** Betonung, **2.** Betonungszeichen, **3.** Tonfall, Aussprache; **Akzentuation, Akzentuierung** *f* Betonung; **akzentuieren** **1.** beim Sprechen betonen, **2.** hervorheben; **akzentuiert** betont, ausdrucksvoll

akzeptabel (fr) annehmbar; **Akzeptanz** *f* **1.** Aufnahmebereitschaft, **2.** positive Einstellung gegenüber Neuerungen, neuen Entwicklungen usw.; **akzeptieren** annehmen, hinnehmen, gelten lassen

Akzession *f* (lat) Zugang, (Neu-) Erwerbung; **akzessorisch** hinzutretend, unwichtig

Akzidens, Akzidenz *n* (lat) das einem Gegenstand nicht notwendig Zukommende; **akzidentell, akzidentiell** unerheblich, zufällig, nicht für sich bestehend; **Akzidenzen** *pl* Drucksachen, die nicht zum Buch-, Zeitungs- oder Zeitschriftendruck gehören (Prospekte, Formulare usw.)

Akzise *f* (lat) Verbrauchs-, Verkehrssteuer

à la (fr) auf, nach Art von

Alabaster *m* (gr) feinkörnige, durchscheinende Gipsart

à la bonne heure! (fr; »zur guten Stunde«) so ist es gut! das trifft sich gut!

à la carte (fr) nach der Speisekarte

à la jardinière (fr; »nach Art der Gärtnerin«) mit Gemüsebeilagen

à la mode (fr) nach der neuesten Mode

Albergo *n* (ital) Herberge, Hotel

Albinismus *m* (lat) ererbter Mangel von Pigmenten; **Albino** *m* Mensch oder Tier mit ererbtem Farbstoffmangel

Albion *n* (kelt) alter (poetischer) Name für Großbritannien

Album *n* (lat) **1.** Buch mit freien Seiten, in das Fotos, Briefmarken u. ä. eingeklebt werden können, **2.** Aufbewahrungshülle für eine Schallplatte, **3.** Langspielplatte

Alchemie, Alchimie *f* (fr-arab) **1.** Vorläufer der Chemie im Mittelalter, **2.** Verwandlung unedler Stoffe in edle, Goldmacherkunst; **Alchimist** *m* **1.** Person, die sich mit Alchemie befaßt, **2.** Goldmacher

Aldehyd *m* (lat; aus: *Al*coholus *de*-*hyd*rogenatus) Alkohol, dem Wasserstoff entzogen ist (Chem.)

al dente (it) bißfest, nicht zu weich gekocht

Alderman *m* (engl) Ältester, Ratsherr (in angelsächs. Ländern)

Ale *n* (engl) helles kohlensäurearmes engl. Bier

alea iacta est! (lat; »der Würfel ist geworfen!«) die Entscheidung ist gefallen!

aleatorisch (lat) vom Zufall abhängend, riskant

alert (fr) munter, flink, rege

Alexandriner *m* (fr) sechshebiger Vers

Alexie *f* (gr) Leseschwäche, Leseunfähigkeit (Med.)

al fine (it) bis zum Ende (Mus.)

al fresco (it) auf den noch frischen Putz gemalt

Algebra *f* (arab) Lehre von den Gleichungen, den Beziehungen zwischen mathematischen Größen

Algesie *f* (gr) Schmerz(empfindlichkeit); **algetisch** schmerzhaft

Algorithmus *m* (arab) **1.** schematisches Verfahren zur Lösung komplexer Rechenaufgaben (Math.), **2.** Rechenanweisung an einen Computer (EDV)

alias (lat) auch ... genannt, auch unter dem Namen ... bekannt

Alibi *n* (lat; »anderswo«) **1.** Nachweis, sich zur Tatzeit nicht am Tatort aufgehalten zu haben, **2.** Ausrede, Rechtfertigung; **Alibifunktion** *f* Sachverhalt, der die Funktion hat, etwas zu rechtfertigen

Alienation *f* (lat) **1.** Entfremdung, **2.** Verkauf

Alignement *n* (fr) Abstecken einer Fluchtlinie, Begrenzungslinie

alimentär (lat) **1.** auf die Ernährung bezogen, **2.** durch die Ernährung bedingt; **Alimentation** *f* Unterhaltsgewährung, Lebensunterhalt; **Alimente** *pl* Unterhaltungszahlungen (für uneheliche Kinder); **alimentieren** **1.** ernähren, **2.** für den Lebensunterhalt sorgen

a limine (lat) von vornherein, ohne weiteres

aliquant (lat) mit Rest teilend (Math.; jede Zahl, durch die eine andere nicht »glatt« geteilt werden kann)

aliquot (lat) ohne Rest teilend (Math.)

alkalisch (fr) basisch, laugenhaft (Chem.)

Alkalde *m* (span) Bürgermeister, Richter

Alkazar *m* (span) Burg, Schloß

Alkoholika *pl* (arab-span) alkoholische Getränke; **Alkoholiker** *m* Alkoholabhängiger, Gewohnheitstrinker; **Alkoholismus** *m* Trunksucht; **alkoholisiert** in angetrunkenem Zustand

Alkoven *m* (fr-arab) Bettnische, kleiner Nebenraum

alkyonisch (gr) friedlich, ruhig, heiter

Alla-breve-Takt (it) 2/2-Takt (gegenüber dem 4/4-Takt beschleunigtes Zeitmaß)

Allah *m* (arab) Gott (Islam)

allargando (it) langsamer werdend (Mus.)

alla turca (it) nach türkischer Art (Mus.)

Allee *f* (fr) lange gerade auf beiden Seiten gesäumte Straße

Allegat *n* (lat) Zitat, angeführte Stelle in einem Buch (vor allem der Bibel); **allegieren** eine Belegstelle anführen

Allegorese *f* (gr) Auslegungsverfahren, das den verborgenen Sinn eines Textes hinter dem Wortlaut aufzudecken versucht; **Allegorie** *f* bildliche Darstellung eines abstrakten Begriffs, häufig in Form einer Person; **allegorisch** (sinn)bildlich; gleichnishaft; **allegorisieren** bildlich ausdrücken, versinnbildlichen

allegretto (it) gemäßigt lebhaft (Mus.); **Allegretto** *n* gemäßigt lebhaftes Tonstück

allegro (it) lebhaft, beschwingt, schnell (Mus.); **Allegro** *n* lebhaftes, schnelles Musikstück; **allegro ma non troppo** schnell, aber nicht zu schnell

Allergen *n* (gr) Stoff, der allergische Reaktionen hervorruft; **Allergie** *f* krankhafte Überreaktion auf bestimmte Stoffe; **Allergiker** *m* jmd., der unter einer Allergie leidet; **Allergologie** *f* Lehre von den Allergien

allez! (fr; »geht!«) vorwärts! los!

Allianz *f* (fr) **1.** Bündnis (zwischen Staaten), **2.** Bund, Vereinigung; **alliieren** verbünden; **Alliierter** *m* Verbündeter, Bundesgenosse; *(pl)* die in den Weltkriegen gegen Deutschland verbündeten Staaten

Alliteration *f* (lat) Stabreim, Wiederkehr gleicher Buchstaben im Anlaut betonter Silben (z. B. »*B*ausch und *B*ogen«); **alliterieren** gleichen Anlaut besitzen

Allogamie *f* (gr) Fremdbestäubung von Blüten

Allokution *f* (lat) Ansprache des Papstes

Allongeperücke *f* (fr) Herrenperücke mit langen Locken (Barockzeit)

allons! (fr; »gehen wir!«) vorwärts! los!

Allopath *m* (gr) Vertreter der Allopathie; **Allopathie** *f* Heilmethode, bei der Erkrankungen mit entgegengesetzt wirkenden Mitteln bekämpft werden

Allotria *n, pl* (gr) Dummheiten, Späße, Unfug

all right! (engl) alles in Ordnung! einverstanden!

Allround- (engl) all-, vielseitig (in Zusammensetzungen); **Allrounder, Allroundman** *m* beschlagener, vielseitig einzusetzender Mann (Künstler, Sportler usw.)

All-Star-Band *f* (engl) (Jazz-) Band, die sich ausschließlich aus berühmten Musikern zusammensetzt

Allüren *pl* (fr) übertriebenes, anmaßendes Benehmen, unnatürliche Umgangsform

Allusion *f* (lat) Anspielung, versteckter Hinweis

Alluvium *n* (lat) jüngstes Erdzeitalter, der Zeitraum seit der Eiszeit (Holozän)

Alma Mater *f* (lat) Hochschule, Universität

Almanach *m* (fr) **1.** (bebildertes) Jahrbuch, **2.** Jahreskatalog eines Verlags mit Textauszügen

Almosen *n* (gr) milde Gabe, Spende

alogisch (gr) vernunftwidrig, ohne Logik

al pari (it) zum Nennwert

Alpha *n* (gr) erster Buchstabe des griechischen Alphabets; **Alphabet** *n* Gesamtheit der Buchstaben einer Sprache in geordneter Folge; **alphabetisch** in der Reihenfolge des Alphabets; **alphabetisieren** **1.** nach der Reihenfolge der Buchstaben anordnen, **2.** einen Unkundigen Lesen und Schreiben lehren; **alphanumerisch** sich aus Dezimalziffern und Buchstaben zusammensetzend (EDV); **Alphastrahlen** *pl* radioaktive Strahlen

alpin (lat) **1.** das Hochgebirge, die Alpen betreffend, **2.** in den Alpen vorkommend (Pflanzen, Tiere); **Alpinismus** *m*, **Alpinistik** *f* Bergsteigen im Hochgebirge; **Alpinum** *n* Anlage mit Gebirgspflanzen (zu Lehrzwecken)

al secco (it) auf trockenem Grund gemalt

Alt *m* (it) tiefe Singstimme einer Frau oder eines Knaben

Alta Moda *f* (it) die hohe Kunst der (ital.) Mode

Altan *m* (it) Söller, von unten gestützter Anbau

Altar *m* (lat) **1.** Opferstätte, **2.** Abendmahlstisch, tischförmiger

Aufbau für gottesdienstliche Handlungen

Alteration *f* (lat) Gemütserregung; **sich alterieren** sich erregen, sich aufregen

Alter ego *n* (lat; »das andere Ich, zweites Ich«) Vertrauter, engster Freund

alternativ (lat) **1.** wahlweise, **2.** eine Alternative zur modernen Lebensweise, zur modernen Gesellschaft darstellend; **Alternative** *f* **1.** Wahl zwischen zwei Möglichkeiten, **2.** zweite, andere Möglichkeit; **Alternativer** *m* jmd., der nicht nach den Normen der bürgerlichen Gesellschaft lebt, der eine umweltbewußte Lebensweise praktiziert; **Alternativenergie** *f* Energie, die auf umweltfreundlichem Weg aus Quellen wie Sonne und Wind gewonnen wird; **alternieren** miteinander wechseln; **alternierend** im Wechsel, abwechselnd

Altimeter *n* (gr-lat) Höhenmesser

Altistin *f* (it) Sängerin mit tiefer Stimmlage

Altruismus *m* (lat) Selbstlosigkeit, Uneigennützigkeit (Gegensatz zum Egoismus); **Altruist** *m* selbstloser Mensch; **altruistisch** selbstlos, aufopfernd

Alu *n* Kurzw. für **Aluminium**

Aluminium *n* (lat) **1.** chemischer Grundstoff, **2.** Leichtmetall; **Alu(minium)folie** *f* dünne Folie aus Aluminium zum Verpacken u. ä.

Alumnat *n* (lat) **1.** Klosterschule, **2.** Schülerheim; **Alumne** *m* Schüler eines Alumnats

Alveole *f* (lat) **1.** Hohlraum im Körpergewebe, **2.** Lungenbläschen

amabile (it) lieblich, zärtlich (Mus.)

Amalgam *n* (arab-gr) Quecksilberlegierung; **Amalgamation** *f* (lat) Verfahren zur Gewinnung von Gold und Silber aus Erzen; **amalgamieren 1.** eine Quecksilberlegierung herstellen, **2.** Gold und Silber durch Lösen in Quecksilber aus Erzen gewinnen, **3.** verschmelzen, verbinden

Amant *m* (fr) Geliebter, Liebhaber

Amateur *m* (fr; »Liebhaber«) **1.** Nichtfachmann, **2.** jmd., der etwas nur aus Liebhaberei betreibt, **3.** jmd., der für die Ausübung einer bestimmten Tätigkeit nicht bezahlt wird (Amateursportler)

Amaurose *f* (gr) (völlige) Erblindung (Med.)

Amazone *f* (gr) **1.** sich männlich gebende Frau, **2.** Turnierreiterin, Motorsportlerin

Ambassade *f* (fr) Botschaft, Gesandtschaft; **Ambassadeur** *m* Botschafter, Gesandter

ambidexter (lat) mit beiden Händen gleich geschickt

Ambiente *n* (it) Umgebung, Umwelt, Milieu

ambig (fr) doppeldeutig; **Ambiguität** *f* Doppeldeutigkeit

Ambition *f* (fr) Ehrgeiz, ehrgeiziges Streben nach etwas; **ambi-**

tioniert, **ambitiös** ehrgeizig, strebsam

ambivalent (lat) doppelwertig, nicht eindeutig bewertbar; **Ambivalenz** *f* Doppelwertigkeit

Ambrosia *f* (gr) **1.** Speise der Götter (griech. Mythologie), **2.** besonders wohlschmeckende Speise, Delikatesse; **ambrosisch** himmlisch, köstlich (duftend)

ambulant (lat) umherziehend, wandernd, ohne festen Ort; **ambulante Behandlung** medizinische Versorgung im Krankenhaus, nach der der Patient dieses wieder verlassen kann; **Ambulanz** *f* **1.** Krankenwagen, **2.** Krankenhausabteilung zur Behandlung nichtstationärer Patienten

amen (hebr; »wahrlich, es geschehe«) **1.** Schlußwort des Gebets, **2.** bestätigender Zuruf im christlichen, islamischen und jüdischen Gottesdienst

Amendement *n* (fr), **Amendment** *n* (engl) **1.** Änderungsantrag zu einem Gesetzentwurf, **2.** Ergänzung eines Gesetzes, einer Verfassung

Amenorrhö *f* (gr) Ausbleiben der Menstruation (Med.)

Amentia *f* (lat) vorübergehende geistige Verwirrung

American way of life *m* (engl) amerik. Lebensweise, Lebensstil

Amerikanismus *m* (lat) **1.** Eigentümlichkeit des amerikanischen Englisch, **2.** Übertragung eines Elements des amerikanischen Englisch auf eine nicht englisch-amerikanische Sprache;

Amerikanistik *f* Wissenschaft von Geschichte, Sprache und Kultur der USA

amethodisch (gr) ohne Methode, planlos

Ametrie *f* (gr) Ungleichmäßigkeit; **ametrisch** ungleichmäßig

Amigo *m* (span) Freund

Amitose *f* (gr) einfache Zellkernteilung (Biol.)

Amnesie *f* (gr) **1.** Gedächtnisverlust, **2.** krankhafter Gedächtnisschwund

Amnestie *f* (gr) allgemeiner Straferlaß, Begnadigung (politischer Häftlinge); **amnestieren** begnadigen

Amok *m* (malay) Zustand heftiger panischer Erregung mit aggressiver Angriffslust; **Amok laufen** in einem blinden Wutanfall andere angreifen, verletzen oder töten; **Amok-** (in Zusammensetzungen, z. B. Amokschütze)

amön (lat) anmutig, lieblich

amoralisch (lat) die sittlichen Grundsätze mißachtend, unsittlich

Amorette *f* (it) Figur eines nackten, geflügelten Knaben mit Pfeil und Bogen (Kunst)

amoroso (it) zärtlich, verliebt (Mus.)

amorph (gr) **1.** formlos, ungestaltet, **2.** nicht kristallin

Amortisation *f* (fr) **1.** Tilgung einer Schuld über einen längeren Zeitraum hinweg, **2.** Deckung der für eine Investition aufgewandten Kosten durch den durch sie erzielten Gewinn; **amortisie-**

ren 1. eine Schuld tilgen, 2. Anschaffungskosten für eine Investition durch den Gewinn decken

Amouren *pl* (fr) Liebesverhältnisse, Liebschaften; **amourös** 1. verliebt, 2. eine Liebschaft betreffend

amphib(isch) (gr) 1. im Wasser und auf dem Land existierend, 2. sich zu Land und zu Wasser fortbewegend (von Fahrzeugen); **Amphibie** *f* Lurch; **Amphibienfahrzeug** *n* Fahrzeug, das sich im Wasser und auf dem Land vorwärtsbewegen kann

Amphibolie *f* (gr) Zweideutigkeit, Mehrdeutigkeit

Amphitheater *n* (gr) antikes Theatergebäude (von elliptischer Form, mit ansteigenden Sitzreihen, meist nicht überdacht)

Amphora, Amphore *f* (gr) Krug mit zwei Henkeln aus Ton o. ä. zur Aufbewahrung von Wein, Öl usw.

Amplifier *m* (engl) Verstärker (Phys.)

Amplifikation *f* (lat) Erweiterung, Ausweitung, Vergrößerung; **amplifizieren** erweitern, vergrößern

Amplitude *f* (lat) größter Ausschlag einer Schwingung

Ampulle *f* (lat) an beiden Seiten verschlossenes steriles kleines Glasgefäß (für Injektionslösungen u. ä.)

Amputation *f* (lat) operative Abtrennung eines Körperglieds; **amputieren** ein Körperglied entfernen

Amulett *n* (lat) kleiner Anhänger o. ä., der Gefahr abwehren und Glück bringen soll

amüsant (fr) unterhaltend, kurzweilig, belustigend; **Amüsement** *n* Belustigung, Zeitvertreib

amusisch (gr) ohne Sinn oder Verständnis für Kunst

Anabaptist *m* (gr) Wiedertäufer (Anhänger einer Sekte, die die Erwachsenentaufe praktiziert)

Anabiose *f* (gr) Fähigkeit von niederen Lebewesen (Tieren, Pflanzensamen), Perioden ungünstiger Lebensbedingungen (z.B. Trockenheit) scheinbar leblos zu überdauern

Anabolikum *n* (lat) muskelbildender Wirkstoff (Med.); **Anabolismus** *m* Aufbau der Stoffe im Körper durch Stoffwechsel

Anachoret *m* (gr) (frühchristl.) Einsiedler; **anachoretisch** zurückgezogen, einsiedlerisch

Anachronismus *m* (gr) 1. falsche zeitliche Einordnung, 2. Beurteilung eines Zeitabschnitts mit Maßstäben, die einem anderen Zeitabschnitt angehören, 3. durch die Entwicklung überholte, nicht mehr zeitgemäße Erscheinung; **anachronistisch** 1. zeitlich falsch eingeordnet, 2. nicht (mehr) zeitgemäß, nicht in die Zeit passend

anaerob (gr) ohne Sauerstoff lebensfähig (Biol.); **Anaerobiont** *m* niederes Lebewesen, das ohne Sauerstoff lebensfähig ist

Anagenese *f* (gr) Höherentwicklung im Lauf der Evolution (Biol.)

Anagrạmm *n* (gr) durch die Umstellung der Buchstaben eines Wortes gebildetes neues Wort (z. B. »Lager – Regal«)
Anakolụth *m* (gr) Satz, dessen Ende in seiner grammatikalischen Konstruktion nicht zum Anfang paßt, Satzbruch
Anakreọntik *f* (gr) **1.** (nach dem altgriech. Lyriker Anakreon benannte) literarische (weltzugewandte) Richtung des Rokoko; **anakreọntisch** in der Art Anakreons, der Anakreontik
Anakụsis *f* (gr) Taubheit (Med.)
anạl (lat) **1.** den After betreffend, **2.** zum After gehörend, **3.** in der Nähe des Afters gelegen (Med.)
Analẹkten *pl* (gr) Sammlung einzelner Textstellen aus literarischen oder wissenschaftlichen Werken
Analẹptikon *n* (gr) anregendes, erfrischendes Mittel; **analẹptisch** anregend, belebend
Analgẹn, Analgẹtikum *n* (gr) schmerzstillendes Mittel; **Analgesịe** *f* Schmerzlosigkeit, Schmerzbeseitigung; **analgẹtisch** schmerzstillend
anallạktisch (gr) unveränderlich
analọg (gr) **1.** entsprechend, ähnlich, gleichartig, **2.** kontinuierlich, stufenlos (EDV), **3.** einen Wert durch eine physikal. Größe darstellend (Math.); **Analọg-Digitạl-Wandlẹr** (oder **-Convẹrter**) *m* Schaltung, die analoge Eingangssignale in digitale Ausgangssignale wandelt (Phys.); **analọges Aufnahmeverfahren** *n* herkömmliches Aufnahmeverfahren (Tonträger), bei dem die Eingangssignale nicht in Ziffern umgesetzt werden; **Analogịe** *f* Entsprechung, Gleichartigkeit, Übereinstimmung; **Anạlogon** *n* Gegen-, Seitenstück, ähnlicher Fall; **Analọguhr** *f* Uhr mit Ziffernblatt und Zeiger
Ạnalphabet *m* (gr) **1.** jmd., der nicht lesen und schreiben kann, **2.** Dummkopf, ungebildeter Mensch; **Analphabetịsmus** *m* Unfähigkeit, zu lesen und zu schreiben (mangels entsprechenden Unterrichts)
Anạlphase *f* (lat) frühkindliche Entwicklungsphase, in der Vorgänge im Bereich des Afters (Kotentleerung) von sexuellem Lustempfinden begleitet sind (Psychol.)
Analỵse *f* (gr) **1.** Zergliederung eines Stoffes in seine Grundbestandteile (Chem.), **2.** systematische Untersuchung; **analysịeren** **1.** in die Grundbestandteile zergliedern, **2.** systematisch untersuchen; **Anạlysis** *f* Teilgebiet der Mathematik (Grenzwertrechnung); **Analỵtik** *f* Kunst der Analyse; **Analỵtiker** *m* **1.** analytisch vorgehender Wissenschaftler, **2.** Psychoanalytiker; **analỵtisch** zergliedernd, zerlegend
Anämịe *f* (gr) **1.** Blutarmut (Mangel an roten Blutkörperchen), **2.** Blutmangel durch plötzlichen Blutverlust; **anạ̈misch** die Anämie betreffend, blutarm

Anamnese *f* (gr) nach dessen Angaben aufgezeichnete Krankheitsgeschichte eines Patienten, Vorgeschichte einer Krankheit

Anamorphose *f* (gr) verzerrte Darstellung eines Gegenstandes in der Kunst; **Anamorphot** *m* optische Linse zur Ver- bzw. Entzerrung (z.B. bei Breitwandaufnahmen); **anamorphotisch** verzerrt, verwandelt

Ananke *f* (gr) Verhängnis, Schicksal(szwang)

Anapäst *m* (gr) griech. Versfuß (zwei Kürzen und eine Länge)

Anapher *f* (gr) Wiederholung eines Wortes oder mehrerer am Beginn aufeinanderfolgender Sätze oder Satzteile

Anaphrodisiakum *n* (gr) Mittel zur Minderung des Geschlechtstriebs

Anaphylaxie *f* (gr) Überempfindlichkeit gegen bestimmte Stoffe, heftige allergische Reaktion des Körpers

Anarchie *f* (gr) (Zustand der) Gesetzlosigkeit, Verfassungslosigkeit, politisches oder gesellschaftliches Chaos; **Anarchismus** *m* politische Lehre, die jede Form der Herrschaft, jeden von oben ausgeübten politischen Zwang ablehnt; **Anarchist** *m* **1.** Anhänger des Anarchismus, **2.** Umstürzler; **anarchistisch** **1.** den Anarchismus betreffend, **2.** umstürzlerisch, staatsfeindlich; **Anarcho** *m* jmd., der die bestehende politische oder soziale Ordnung mit Gewalt bekämpft

Anästhesie *f* (gr) **1.** Schmerzunempfindlichkeit, **2.** Betäubung (durch Narkose u. ä.); **Anästhesist** *m* Narkosearzt; **Anästhetikum** *n* gegen Schmerzen unempfindlich machendes Mittel, Betäubungsmittel

Anastigmat *m* (gr) optische Linse zur Ausschaltung von Verzerrungen

Anathem, Anathema *n* (gr) Bannfluch, Kirchenbann

Anatom *m* (gr) Wissenschaftler des Fachgebiets Anatomie; **Anatomie** *f* **1.** Wissenschaft vom Körperbau der Lebewesen, **2.** Aufbau des Körpers, **3.** Lehr- und Forschungsstätte der Anatomie

anaxial (lat) nicht mittelachsig angelegt, nicht achsrecht

Ancien régime *n* (fr; »alte Regierungsform«) **1.** politische und gesellschaftliche Ordnung Frankreichs vor 1789, **2.** nicht mehr zeitgemäße Form der Regierung

Anciennität *f* (fr) Dienstalter; **Anciennitätsprinzip** *n* Prinzip der Beförderung (von Beamten) nach Dienstalter

ancora (it) noch einmal (Mus.)

andante (it) mäßig langsam, mäßig bewegt (Mus.); **Andante** *n* Musikstück in mäßig bewegtem Tempo

andocken (dt-engl) ein Raumschiff mit einem anderen koppeln

androgyn(isch) (gr) männliche und weibliche Elemente vereinigend, zwitterhaft

Android *m* (gr) Kunstmensch,

Maschine, die äußerlich einem Menschen ähnelt und sich wie ein Mensch bewegt

Anekdote *f* (gr) kurze, witzige Geschichte über eine Person, die diese charakterisiert; **anekdotisch** in Form einer Anekdote

anemogen (gr) vom Wind gebildet, erzeugt; **Anemograph** Gerät zur Bestimmung und Aufzeichnung der Windrichtung und -geschwindigkeit; **Anemometer** *n* Windmesser

Aneurysma *n* (gr) Erweiterung einer Arterie, Schlagadergeschwulst

anfixen (dt-engl) jmdn. rauschgiftabhängig machen

angefuckt (dt-engl) **aussehen** heruntergekommen, abgerissen aussehen

Angelus *m* (lat; »Der Engel [des Herrn]«) **1.** kath. Gebet, **2.** Glockenzeichen, mit dem die Gläubigen zu diesem Gebet gerufen werden

Angina *f* (lat) Rachen-, Mandelentzündung; **Angina pectoris** *f* Brust-, Herzkrampf

Angiographie *f* (gr) Röntgenuntersuchung der Blutgefäße mit Hilfe eines Kontrastmittels; **Angiologie** *f* Wissenschaft von den Blutgefäßen; **Angiom** *n* Gefäßgeschwulst

Anglikanismus *m* (lat) Lehre und Ordnung der engl. Staatskirche; **anglisieren** der engl. Sprache oder den Sitten, dem Verhalten usw. der Engländer angleichen; **Anglist** *m* Student oder Lehrer der Anglistik; **Anglistik** *f* Wissenschaft von Sprache und Literatur Englands; **Anglizismus** *m* Übertragung einer englischen Spracheigenheit auf eine andere Sprache; **Anglomanie** *f* Englandschwärmerei; **anglophil** englandfreundlich; **Anglophobie** *f* Englandfeindlichkeit

Angry Young Man *m* (engl; »zorniger junger Mann«) (jugendlicher) Rebell, jmd., der gegen sich gegen die bestehenden gesellschaftlichen und politischen Normen auflehnt; **Angry Young Men** *pl* Vertreter einer gesellschaftskritischen literarischen Richtung in England (ca. 1955–60)

Angstneurose *f* (dt-lat) Angstgefühl, dessen Ursache seelische Störungen sind

Angstpsychose *f* (dt-lat) Psychose, die sich aufgrund von anhaltenden Angstzuständen entwickelt

änigmatisch (gr) rätselhaft, undurchschaubar

Anima *f* (lat) Seele; **animalisch** **1.** tierisch, **2.** triebhaft, **3.** urwüchsig

Animateur *m* (fr) jmd., der Urlauber in einem Feriencamp berufsmäßig zu Aktivitäten (Sport usw.) animiert; **Animation** *f* (lat) **1.** Tätigkeit des Animateurs, **2.** Trickfilmverfahren (In-Bewegung-Setzen der Einzelbilder); **animato** (it) lebhaft, munter (Mus.); **animieren** (lat) anregen, ermuntern, anreizen;

Animierdame *f* Angestellte in einer Bar, einem Nachtklub, die Gäste zum Konsum von Getränken animieren soll

Animismus *m* (lat) **1.** Glaube an die Beseeltheit der Natur, **2.** Lehre von der Seele als dem Grund des Lebens

animos (lat) feindselig; **Animosität** *f* **1.** Feindseligkeit, **2.** feindselige Äußerung

Anion *n* (lat) negativ geladenes Atomteilchen (Ion)

Anmoderation *f* (dt-lat) gesprochene (informative) Einleitung zu Fernseh-, Rundfunksendungen

Annalen *pl* (lat) Aufzeichnungen geschichtlicher Ereignisse in ihrer zeitlichen Abfolge, Jahrbücher; **Annalistik** *f* Geschichtsschreibung in Annalenform

annektieren (fr) gewaltsam aneignen, anschließen, einverleiben

Annex *m* (lat) Zubehör, Anhang

Annexion *f* (fr) gewaltsame Aneignung (bes. eines fremden Landes)

Annihilation *f* (lat) **1.** Vernichtung, **2.** Ungültigkeitserklärung; **annihilieren** **1.** vernichten, **2.** für ungültig erklären

Anniversarium *n* (lat) jährlich wiederkehrender Gedächtnistag

anno (lat) im Jahre; **anno currente** im laufenden Jahr; **anno Domini** im Jahre des Herrn (d.h. von Christi Geburt an gerechnet)

Annonce *f* (fr) **1.** Zeitungsanzeige, **2.** Ankündigung; **annoncieren** **1.** eine Anzeige aufgeben, **2.** etwas ankündigen

annuell (lat) **1.** jährlich, **2.** einjährig (von Pfanzen); **Annuität** *f* jährliche Zahlung zur Abtragung einer Schuld (Zinsen und Tilgung)

annullieren (lat) für ungültig erklären

Anode *f* (gr) positive Elektrode (Ggs. Kathode)

anomal (gr) vom Üblichen abweichend, regelwidrig; **Anomalie** *f* **1.** Abweichung vom Üblichen, Regelwidrigkeit, **2.** Mißbildung (Biol., Med.)

Anomie *f* (gr) **1.** Gesetzlosigkeit, **2.** Zustand mangelnder Anpassung an (neue) gesellschaftliche Verhältnisse; **anomisch** gesetzlos, gesetzwidrig

anonym(isch) (gr) **1.** namenlos, ungenannt, **2.** ohne Angabe des Verfassernamens; **anonymisieren** statistische Daten von den persönlichen Daten der Befragten trennen; **Anonymität** *f* **1.** Namenlosigkeit, Namensverschweigung, **2.** Nichtbekanntsein; **Anonymus** *m* **1.** Namenloser, **2.** unbekannter Verfasser

anorganisch (gr) **1.** zur unbelebten Natur gehörend, **2.** ohne Beteiligung von Lebewesen entstanden, **3.** ungeordnet, ungegliedert; **anorganische Chemie** *f* Chemie der nicht kohlenstoffhaltigen Verbindungen

anormal (lat) **1.** von der Norm abweichend, außergewöhnlich, **2.** krankhaft gestört

Antagonismus *m* (gr) Widerstreit, Gegnerschaft; **Antagonist** *m* Gegner, Widersacher; **antagonistisch** gegensätzlich, widerstreitend, im Widerspruch stehend

Antarktis *f* (gr) die Südpolregion; **antarktisch** **1.** die Antarktis betreffend, **2.** zur Antarktis gehörend

antasthenisch (gr) stärkend (Med.)

ante (lat) vor; **ante Christum natum** vor Christi Geburt

antediluvianisch (lat) vor dem Erdzeitalter des Diluvium liegend, vorsintflutlich

ante meridiem (lat) vormittags

Antenne *f* (it) **1.** Sende- bzw. Empfangseinrichtung für elektromagnetische Wellen (Rundfunk, Fernsehen usw.), **2.** Fühler von Gliedertieren

ante portas (lat; »vor den Toren«) im Kommen

Antezedens *n* (lat) das Vorausgegangene, Grund, Ursache

Anthologie *f* (gr) **1.** unter bestimmten (z.B. thematischen) Gesichtspunkten zusammengestellte Auswahl von literarischen Texten, **2.** Sammlung von Gedichten oder Prosatexten

Anthrakose *f* (gr) (Kohlen-) Staublunge (Med.)

Anthrax *m* (gr) Milzbrand (Med.)

Anthrazit *m* (gr) harte Steinkohle mit hohem Heizwert

anthropogen (gr) durch den Menschen bewirkt, vom Menschen beeinflußt; **Anthropogenie** *f* Wissenschaft von der Entstehung und Entwicklung des Menschen; **anthropoid** menschenähnlich; **Anthropoid(e)** *m* Menschenaffe; **Anthropologie** *f* **1.** Wissenschaft von der körperlichen und geistigen Entwicklung des Menschen, **2.** Geschichte der Menschenrassen; **anthropomorph** **1.** von menschlicher Gestalt, menschenähnlich; **anthropomorphisieren** vermenschlichen, menschliche Erscheinungs- und Verhaltensweisen auf Nichtmenschliches übertragen; **Anthropomorphismus** *m* Übertragung menschlicher Züge auf Nichtmenschliches; **Anthropophag(e)** *m* Menschenfresser; **anthropophob** menschenscheu; **anthropozentrisch** den Menschen in den Mittelpunkt stellend (Weltbild)

anti- (gr) wider-, gegen- (in Zusammensetzungen)

antiautoritär (lat) jede Form von Autorität und Ausübung von Zwang ablehnend

Antibiotikum *n* (gr) biologischer Wirkstoff, der das Wachstum von Bakterien hemmt oder diese abtötet (Med.)

Antiblockiersystem *n* (lat-dt) System bei Kraftfahrzeugen, das ein Blockieren der Räder beim Bremsen verhindert

Antichambre *n* (fr) Vorzimmer; **antichambrieren** sich häufig im Vorzimmer einer einflußreichen Person aufhalten, um etwas von dieser zu erlangen, sich um die Gunst einer Person bemühen

Antichrist *m* (lat) der Gegner Christi, der Teufel

Antidepressivum *n* (lat) Mittel gegen Depressionen (Med.)

Antidiabetikum *n* (lat) Mittel zur Senkung des Blutzuckers

Antidot *n* (gr) Gegenmittel, -gift

Antifaschismus *m* (lat) politische Einstellung oder aktiver Kampf gegen Faschismus und Nationalsozialismus; **Antifaschist** *m* Anhänger des Antifaschismus

Antigen *n* (lat) (Eiweiß-)Stoff, der im Organismus die Bildung von Antikörpern bewirkt (Med.)

Antihistaminikum *n* Mittel gegen Allergie (Med.)

antik (lat) **1.** dem klassischen Altertum entstammend, **2.** in altertümlichem Stil, **3.** (sehr) alt; **Antike** *f* das klassische Altertum; **Antiken** *pl* alte (Kunst-)Gegenstände; **antikisieren** etwas antiken Formen nachbilden

antiklerikal (lat) kirchenfeindlich

Antikonzeption *f* (lat) Empfängnisverhütung; **antikonzeptionell** empfängnisverhütend; **Antikonzeptivum** *n* empfängnisverhütendes Mittel

Antikörper *m* (lat) Stoffe, die der Körper zur Abwehr von Antigenen bildet

Antineuralgikum *n* (gr) Mittel gegen Nervenschmerzen (Med.)

Antinomie *f* (gr) Widerspruch zweier Sätze, die beide Gültigkeit beanspruchen, Widerspruch in sich; **antinomisch** widersprüchlich

Antipasto *m,n* (**Antipasti** *pl*) (it) Vorspeise

Antipathie *f* (gr) Widerwille, Abneigung

Antiphon *f* (gr) liturgischer Wechselgesang

Antipode *m* (gr; »Gegenfüßler«) **1.** Bewohner der gegenüberliegenden Seite der Erde, **2.** Mensch, der eine gegensätzliche Meinung vertritt

Antipyretikum *n* (gr) fiebersenkendes Mittel (Med.)

Antiquar *m* (lat) Händler mit alten Büchern, Graphiken u. ä.; **Antiquariat** *n* **1.** Altbuchhandel, **2.** Buchhandlung, die mit alten Büchern handelt; **antiquarisch** nicht mehr neuwertig; **antiquiert** veraltet, altmodisch; **Antiquität** *f* alter Kunstgegenstand

Antisemit *m* (hebr) Judengegner; **antisemitisch** judenfeindlich; **Antisemitismus** *m* Feindschaft gegenüber Juden

Antisepsis *f* (gr) Wundbehandlung mit keimtötenden chemischen Mitteln, Desinfektion; **antiseptisch** keimtötend, Infektionen verhindernd (Med.)

Antispasmodikum *n* (gr) krampflösendes Mittel (Med.)

antistatisch (gr-lat) die elektrostatische Aufladung von Kunststoffgegenständen (z. B. Schallplatten) verhindernd oder beseitigend

Antithese *f* (gr) Gegensatz, -behauptung, These, die einer Behauptung entgegengesetzt wird; **antithetisch** gegensätzlich

Antitoxin *n* (gr) vom Körper gebildetes Gegengift (Med.)

Antitranspirant *n* (lat) schweißhemmendes Mittel (Spray o. ä.)

Antizipation *f* (lat) **1.** Vorwegnahme von zukünftigen Ereignissen, Entwicklungen usw., **2.** Vorwegnahme von Tönen (Mus.); **antizipieren** vorwegnehmen

antizyklisch (lat) **1.** in unregelmäßigen Abständen wiederkehrend, **2.** der vorherrschenden Bewegungsrichtung entgegengesetzt

Antizyklone *f* (gr) Hochdruckgebiet

Antonomasie *f* (gr) **1.** Ersetzung eines Eigennamens durch Benennung besonderer Kennzeichen oder Charakteristika (z.B. »der Schweiger« für »Moltke«), **2.** Ersetzung eines Allgemeinbegriffs durch den Eigennamen eines typischen Vertreters (z.B. »Methusalem« für »alter Mann«)

Antonym *n* (gr; »Gegenwort«) Wort, das einem anderen von der Bedeutung her entgegensteht (z.B. »jung/alt«, »schwarz/weiß«)

anturnen (dt-engl) **1.** anregen, in Stimmung bringen, **2.** (sich) in einen Drogenrausch versetzen

Anus *m* (lat) After, Darmausgang

äolisch (gr) durch Einwirkung des Windes entstanden, geformt

Äon *m* (**Äonen** *pl*) (gr) Ewigkeit, Weltalter

Aorta *f* (gr) Hauptschlagader

Apanage *f* (fr) regelmäßige Zahlung an eine sozial höherstehende Person (bes. an ein Mitglied eines Fürstenhauses) zur Ermöglichung standesgemäßen Lebens

apart (fr) mit dem Reiz des Ungewöhnlichen, reizvoll

Apartheid *f* (afrikaans) Politik der Rassentrennung in Südafrika

Apartment *n* (engl) gutausgestattete kleinere Wohnung

Apathie *f* (gr) Teilnahmslosigkeit, Gleichgültigkeit; **apathisch** teilnahmslos, gleichgültig

Aperçu *n* (fr) knappe, geistreiche Bemerkung

Aperitif *m* (fr) appetitanregendes alkoholisches Getränk

Aphasie *f* (gr) Sprachverlust (Med.)

Aphorismus *m* (gr) kurzer geistreicher Spruch, der eine »Weisheit« enthält; **aphoristisch** geistreich und knapp formuliert

Aphrodisiakum *n* (gr) Mittel zur Anregung des Geschlechtstriebes

a piacere (it) nach Belieben (Mus.)

Aplomb *m* (fr) **1.** Selbstsicherheit, sicheres Auftreten, **2.** Dreistigkeit

APO *f* (Kurzw. für *A*ußer*p*arlamentarische *O*pposition) Vereinigung linksgerichteter Studentengruppen gegen Ende der sechziger Jahre, die durch Protestmärsche usw. ihre Ablehnung der bestehenden sozialen Ordnung zum Ausdruck brachten

Apodiktik *f* (gr) Lehre vom Beweis; **apodiktisch** **1.** unwiderleglich, **2.** keinen Widerspruch zulassend, keine abweichende Meinung gelten lassend

Apokalypse *f* (gr) **1.** (Schrift über) das Ende der Welt, **2.** (Welt-)Untergang, Unheil; **Apokalyptik** *f* **1.** Deutung des Weltgeschehens im Hinblick auf den Weltuntergang, **2.** Schrifttum über das Weltende; **Apokalyptiker** Künder von Offenbarungen über das Weltende; **apokalyptisch 1.** der Apokalypse des Johannes angehörend, **2.** geheimnisvoll, **3.** unheilverkündend

Apokope *f* (gr) Wegfall eines Lauts (einer Silbe) am Wortende (z. B. »wär'« statt »wäre«)

apokryph (gr) **1.** von zweifelhafter Echtheit, unecht, **2.** die Apokryphen betreffend; **Apokryphen** *pl* nicht in den Kanon aufgenommene biblische Schriften (Rel.)

apolitisch (gr) **1.** nicht politisch, **2.** an Politik uninteressiert

apollinisch (gr) maßvoll, ausgeglichen, heiter, harmonisch

Apolog *m* (gr) Erzählung, Lehrfabel

Apologet *m* (gr) Rechtfertiger einer (fremden) Anschauung; **Apologetik** *f* **1.** Rechtfertigung einer Anschauung, **2.** Lehre von der Verteidigung der christlichen Wahrheiten; **apologetisch** eine Ansicht verteidigend, rechtfertigend; **Apologie** *f* **1.** Rechtfertigung einer Anschauung, **2.** Verteidigungsrede, -schrift

Apophthegma *n* (gr) (humorvoller) Sinnspruch

apoplektisch (gr) **1.** zu Schlaganfall neigend, **2.** durch Schlaganfall bedingt; **Apoplexie** *f* Schlaganfall, Gehirnschlag

Aporem *n* (gr) Unlösbarkeit eines Problems; **Aporie** *f* Unmöglichkeit, ein (philosophisches) Problem zu lösen, einen Ausweg zu finden

Aposiopese *f* (gr) Abbruch der Rede vor der Nennung des entscheidenden Gedankens (zur Ausdruckssteigerung)

Apostasie *f* (gr) Abfall vom (christlichen) Glauben; **Apostat** *m* vom christlichen (Glauben) Abgefallener

Apostel *m* (gr) **1.** Jünger Christi, **2.** Verkünder einer religiösen Lehre, **3.** jmd., der für seine Überzeugung mit Nachdruck eintritt

a posteriori (lat) **1.** aus der Wahrnehmung, der Erfahrung abgeleitet, **2.** nachträglich

Apostolat *n* (lat) **1.** Sendung, Auftrag, als Jünger Christi zu wirken, **2.** Auftrag der christlichen Kirche; **Apostolikum** *n* das christliche Glaubensbekenntnis; **apostolisch 1.** nach Art der Apostel, **2.** päpstlich; **Apostolischer Nuntius** *m* Botschafter des Papstes bei ausländischen Regierungen; **Apostolischer Stuhl** *m* Heiliger Stuhl (Amt des Papstes)

Apostroph *m* (gr) Zeichen (') zur Markierung ausgelassener Laute oder Silben; **Apostrophe** *f* feierliche Anrede, Anrufung; **apostrophieren 1.** mit einem Auslassungszeichen versehen, **2.** feierlich ansprechen, **3.** sich auf etwas beziehen, **4.** jmdn. als etwas bezeichnen

Apotheose *f* (gr) **1.** Vergöttlichung eines lebenden oder verstorbenen Menschen, **2.** Verherrlichung

Apotropäum *n* (gr) unheilabwehrendes Zaubermittel

Apparat *m* (lat) **1.** technisches Gerät, Vorrichtung, **2.** die zur Lösung einer wissenschaftlichen Aufgabe benötigten Hilfsmittel (z.B. Bücher), **3.** Gesamtheit der zu einer Einrichtung oder Organisation gehörenden Mitarbeiter und Hilfsmittel (z.B. Parteiapparat), **4.** Gegenstand oder Person von auffallender Größe; **Apparatschik** *m* (russ) kommunistischer Funktionär, der (ohne zu denken) Weisungen des Parteiapparates ausführt; **Apparatur** *f* (lat) Gesamtheit von zusammengehörenden Vorrichtungen, Instrumenten usw.

Appartement *n* (fr) gutausgestattete kleinere Wohnung

appassionato (it) leidenschaftlich, sehr ausdrucksvoll (Mus.)

Appeal *m* (engl) **1.** Anziehungskraft, Ausstrahlungskraft, **2.** Anreiz (Psychol.)

Appeasement *n* (engl) Beschwichtigung(spolitik), Nachgeben gegenüber anderen Staaten

Appell *m* (fr) **1.** Aufruf, eindringliche Mahnung, **2.** Antreten einer militärischen Einheit zur Befehlsausgabe; **Appellation** *f* Anrufung einer höheren Instanz, Berufung bei Gericht; **appellieren 1.** an-, aufrufen, eindringlich bitten, **2.** Berufung bei Gericht einlegen

Appendix *m* (lat) **1.** Anhang, Anhängsel, **2.** Wurmfortsatz des Blinddarms: **Appendizitis** *f* Entzündung (des Wurmfortsatzes) des Blinddarms

Apperzeption *f* (lat) **1.** begrifflich urteilendes Erfassen (Philos.), **2.** bewußtes Erfassen (Psychol.); **apperzipieren** bewußt erfassen, wahrnehmen

applanieren (fr) **1.** (ein)ebnen, **2.** ausgleichen

applikabel *f* (lat) anwendbar; **Applikation** *f* **1.** Anwendung, Anbringung, **2.** Anwendung von Medikamenten, **3.** aufgenähte Verzierung aus Leder, Plastik u. ä. auf Kleidungsstücken; **Applikatur** *f* Fingersatz (Mus.); **applizieren 1.** anwenden, **2.** (Medikamente) verabreichen, **3.** aufnähen

Appoint *m* (fr) Ausgleichsbetrag, Abtragung einer Restschuld

Appointment *n* (engl) Verabredung

apportieren (fr) erlegtes Wild herbeibringen (von Hunden)

Apposition *f* (lat) substantivische Beifügung (z.B. »Köln, *die Hochburg des Karnevals*«)

Appraisal *n* (engl) (Leistungs-) Beurteilung

Apprehension *f* (lat) Auffassung,

Erfassung eines Gegenstandes mit den Sinnen; **apprehensiv** 1. reizbar, 2. furchtsam

appretieren (fr) Textilien behandeln, um die Gebrauchseigenschaften zu verbessern, die Festigkeit zu erhöhen usw.; **Appretur** *f* 1. Vorgang des Appretierens, 2. Mittel, das den Textilien beim Appretieren zugesetzt wird

Approach *m* (engl) 1. Art der Annäherung (an eine zu lösende Aufgabe), Ansatz, 2. Landeanflug eines Flugzeugs

Approbation *f* (lat) 1. staatliche Zulassung zum Beruf des Arztes und Apothekers, 2. Anerkennung, Genehmigung durch eine kirchliche Institution; **approbiert** als Arzt oder Apotheker vom Staat zugelassen

Appropriation *f* (lat) Aneignung, Inbesitznahme

Approximation *f* (lat) 1. Annäherung, 2. angenäherte Bestimmung einer mathematischen Größe; **approximativ** annähernd, ungefähr

après nous le déluge! (fr; »nach uns die Sintflut!«) die Folgen kümmern mich nicht!

Après-Ski *n* (fr) 1. (nicht-sportliches) Vergnügen nach dem Skilaufen im Winterurlaub, 2. Kleidung, die nach dem Skilaufen getragen wird

a priori (lat) 1. von der Erfahrung unabhängig, 2. von vornherein

apropos (fr) nebenbei bemerkt

Apsis *f* (gr) halbrunde oder vieleckige Altarnische

Aqua destillata *n* (lat) destilliertes (chemisch reines) Wasser

Aquädukt *m* (lat) altrömische gemauerte brückenartige Konstruktion für Wasserleitungen

Aquakultur *f* (lat) planmäßige Bewirtschaftung des Meeres

Aquamanile *n* (lat) Handwaschgefäß bzw. Gießgefäß des kath. Priesters; **Aquanautik** *f* Wissenschaft von der Erforschung und Nutzung von Meeresbodenschätzen; **Aquaplaning** *n* (engl) Gleiten der Räder eines Autos auf einer mit einem Wasserfilm bedeckten Fahrbahnoberfläche

Aquarell *n* (it) mit Wasserfarben gemaltes Bild; **aquarellieren** mit Wasserfarben malen; **Aquarellist** *m* Maler, der mit Wasserfarben malt

Aquarium *n* (lat) 1. Becken zur Haltung von Wassertieren, -pflanzen, 2. Gebäude, in dem Wassertiere, -pflanzen in verschiedenen Aquarien untergebracht sind

Aquatinta *f* (lat) Kupferstichverfahren, das die Wirkung der Tuschzeichnung nachahmt

aquatisch (lat) 1. im Wasser lebend, dem Wasser angehörend, 2. wäßrig

Äquator *m* (lat) größter Breitenkreis der Erde, der sie in Nord- und Südhalbkugel teilt; **äquatorial** am Äquator gelegen

à quatre mains (fr) vierhändig (Mus.)

Äquidistanz *f* (lat) gleich großer Abstand
Äquilibrist *m* (fr) Gleichgewichtskünstler, Seiltänzer; **Äquilibrium** *n* Gleichgewicht
äquinoktial (lat) Tropen-, tropisch; **Äquinoktium** *n* Tagundnachtgleiche; **Äquinoktialstürme** *pl* Stürme, die in den Tropen zur Zeit der Tagundnachtgleiche aufkommen
äquivalent (lat) gleichwertig; **Äquivalent** *n* Gegenwert, gleichwertiger Ersatz, Ausgleich; **Äquivalenz** Gleichwertigkeit
äquivok (lat) **1.** unterschiedlich deutbar, doppeldeutig, **2.** von verschiedener Bedeutung
Ära *f* (**Ären** *pl*) (lat) **1.** längerer Zeitabschnitt, **2.** (Erd-)Zeitalter
arabesk (fr) mit Rankenmustern verziert, verschnörkelt; **Arabeske** *f* **1.** Rankenmuster, **2.** Verzierung einer Melodie, **3.** heiteres Musikstück
Arabistik *f* (lat) Wissenschaft von Sprache und Literatur Arabiens
Arachnologie *f* (gr) Wissenschaft von den Spinnentieren
Aräometer *n* (gr) Gerät zur Messung der Dichte von Flüssigkeiten und festen Stoffen
Ärar *n* (lat) Staatsvermögen, -schatz; **ärarisch** das Ärar betreffend, staatlich
Arbiter elegantiarum (elegantiae) *m* (lat) Richter in Fragen des guten Geschmacks; **Arbitrage** *f* (fr) **1.** Schiedsspruch, **2.** Gewinn aus Kursunterschieden für Gold o. ä. an mehreren Börsen; **arbiträr** (lat) beliebig, willkürlich; **Arbitrium** *n* Schiedsspruch; **Arbitrium liberum** *n* Willensfreiheit
Archaikum *n* (gr) ältestes Zeitalter der Erdgeschichte; **archaisch** **1.** frühzeitlich, **2.** altertümlich, veraltet; **archaisieren** alten Formen nachempfinden; **Archaismus** *m* altertümlicher, veralteter Ausdruck
Archäologe *m* (gr) Wissenschaftler auf dem Gebiet der Archäologie; **Archäologie** *f* Wissenschaft von den materiellen Überresten der Kulturen des Altertums
Archäopteryx *m* (gr) ausgestorbener Urvogel
Archetyp(us) *m* (gr) **1.** Urbild, Urform, **2.** Grundmodell, reine Verkörperung von etwas; **archetypisch** dem Urbild entsprechend, mustergültig
Archidiakon *m* (gr) hoher geistlicher Würdenträger; **Archimandrit** *m* hoher Abt in der orthodoxen Kirche
Archipel *m* (it) Inselgruppe, Inselmeer
Architekt *m* (gr) an einer Hochschule ausgebildeter Fachmann, der Bauwerke entwirft und die Bauausführung überwacht; **Architektonik** *f* **1.** Wissenschaft von der Baukunst, **2.** Aufbau eines literarischen Texts, eines Musikstücks usw.; **architektonisch** die Architektonik betreffend, baulich, vom Aufbau her; **Architektur** *f* (lat) **1.** Baukunst, **2.** Bauart, Baustil, **3.** den Regeln der

Architektur entsprechender Aufbau eines Gebäudes

Architrav *m* (it) auf Säulen ruhender Querbalken

Archiv *n* (lat) **1.** Einrichtung zur Sammlung von Dokumenten, Schriftstücken usw., **2.** Gebäude, Institution für die Sammlung von Dokumenten; **Archivale** *f* (**Archivalien** *pl*) Urkunde aus einem Archiv; **archivalisch** urkundlich; **Archivar** *m* wissenschaftlich ausgebildeter Angestellter in einem Archiv

Archont *m* (gr) höchster Beamter in altgriech. Stadtstaaten

Areal *n* (lat) **1.** Bodenfläche, **2.** großes Grundstück, **3.** Verbreitungsgebiet (z.B. einer bestimmten Tierart)

Arena *f* (lat) größere Anlage für (sportliche) Wettkämpfe

Areopag *m* (gr) höchster Gerichtshof im antiken Athen

Argot *n, m* (fr) **1.** Gaunersprache, **2.** Sprache einer bestimmten sozialen Gruppe, **3.** franz. Umgangssprache

Argument *n* (lat) Aussage, die zum Beweis einer Behauptung dient; **Argumentation** *f* das Anführen der Argumente, Beweisführung; **argumentativ** **1.** die vorgebrachten Argumente betreffend, **2.** mit Hilfe von Argumenten (dargelegt); **argumentatorisch** die vorgebrachten Argumente betreffend; **argumentieren** Beweise vortragen, begründen

Argusaugen *pl*; **mit Argusaugen ansehen** sehr genau, mißtrauisch ansehen, kritisch überprüfen (nach einer Gestalt der griech. Sage)

Ariadnefaden *m* Leitfaden, etwas, das einen aus einer verworrenen Lage herausführt (nach der sagenhaften kretischen Königstochter)

arid (lat) trocken, dürr, wüstenähnlich

Arie *f* (it) Sologesangsstück mit Instrumentalbegleitung (Oper)

Arier *m* (sanskr) **1.** Angehöriger eines Volks mit indogermanischer Sprache, **2.** für den Nationalsozialismus Angehöriger der nordischen »Herrenrasse«; **arisch** **1.** die Sprachen der Arier (1) betreffend, **2.** nicht jüdisch; **arisieren** jüdischen Besitz (z.B. Fabriken) durch Zwangsenteignung in arische Hände überführen (Jargon der Nationalsozialisten)

Aristokrat *m* (gr) **1.** Angehöriger des Adels, **2.** edler, vornehmer Mensch; **Aristokratie** *f* **1.** Adelsherrschaft, **2.** (adelige) Oberschicht, **3.** Adel, Würde; **aristokratisch** **1.** die Aristokratie (1,2) betreffend, **2.** edel, vornehm

aristophanisch geistvoll, spöttisch (nach dem griech. Komödiendichter Aristophanes)

Arithmetik *f* (gr) Rechenkunst, Zahlenlehre; **arithmetisch** rechnerisch

Arkade *f* (fr) **1.** von zwei Pfeilern gestützter Bogen, **2.** Bogenreihe, Bogengang

Arkadien *n* (gr) Land glückseligen Lebens (nach der altgriech. Landschaft); **arkadisch** ländlich, glückselig

Arkanum *n* (lat) **1.** Geheimnis, **2.** Wundermittel

Arktis *f* (gr) die Nordpolregion; **arktisch** zur Nordpolregion gehörend; **arktische Kälte** *f* große Kälte

Arkus *m* (lat) Bogenmaß des Winkels

Arlecchino *m* (it) Hanswurst der italienischen Commedia dell'arte, Harlekin

Armada *f* (span) große Kriegsflotte

Armatur *f* (lat) Gesamtheit von Bedienungsgeräten und Meßinstrumenten für Maschinen, Apparate usw.; **Armaturen** *pl* Wasserhähne, Umstellhebel u. ä. an Waschbecken, Badewannen usw.; **Armaturenbrett** *n* eine Art Tafel aus Metall oder Plastik, in der verschiedene Bedienungs- und Anzeigegeräte untergebracht sind (z.B. im Auto)

Armee *f* (fr) **1.** bewaffnete Streitkraft, **2.** die Gesamtheit aller bewaffneten Truppen eines Landes, **3.** das Heer (im Unterschied zu Marine und Luftwaffe); **armieren** **1.** mit Waffen versehen, **2.** mit Armaturen versehen, **3.** (durch Stahleinlagen u. ä.) verstärken

Aroma *n* (gr) **1.** ausgeprägter (angenehmer) Geruch, **2.** ausgeprägter (angenehmer) Geschmack, **3.** Geschmacksstoff, der Nahrungsmitteln beigesetzt wird; **aromatisch** **1.** wohlschmeckend, **2.** wohlriechend; **aromatisieren** (fr) mit (künstlichem) Aroma (3) versehen

arpeggio (it; »in Harfenart«) die einzelnen Töne eines Akkords sind (wie auf einer Harfe) hintereinander zu spielen (Mus.)

Arrangement *n* (fr) **1.** (künstlerische) Anordnung, Zusammenstellung, **2.** Gestaltung, Bearbeitung eines Musikstücks, **3.** Abkommen, Vergleich; **Arrangeur** *m* **1.** Bearbeiter (eines Musikstücks), **2.** jmd, der etwas arrangiert (1); **arrangieren** **1.** anordnen, zusammenstellen **2.** (ein Musikstück) bearbeiten, **3.** vorbereiten, etwas in die Wege leiten; **sich arrangieren** eine Übereinkunft treffen, sich mit jmdm. verständigen

Arrest *m* (lat) **1.** Haft, **2.** Beschlagnahme von Sachen, **3.** Freiheitsstrafe, **4.** Ort der Freiheitsstrafe, Gefängnis, **5.** Nachsitzen des Schülers; **Arrestant** *m* Häftling; **arretieren** (fr) **1.** festnehmen, **2.** festmachen (bewegliche Teile von Geräten)

Arrhythmie *f* (gr) **1.** unregelmäßiger Ablauf eines normalerweise rhythmischen Vorgangs, **2.** unregelmäßige Herztätigkeit; **arrhythmisch** unrhythmisch, unregelmäßig

Arrival (engl) Ankunft (von Flugzeugen)

arriviert (fr) gesellschaftlich, beruflich anerkannt, zu Erfolg gelangt

arrogant (fr) anmaßend, eingebildet, überheblich; **Arroganz** *f* Überheblichkeit

arrondieren (fr) abrunden, zusammenlegen (von Landbesitz)

Arrondissement *n* (fr) **1.** Verwaltungsbezirk in Frankreich, **2.** Stadtbezirk in französischen Großstädten

Ars amandi *f* (lat) Liebeskunst

Arsenal *n* (lat) **1.** Zeughaus, Waffenlager, **2.** Vorrat, Vorratslager, Sammlung

Art brut *m* (fr) Bezeichnung für die Kunst von Geisteskranken; **Art déco** *m* franz. Kunst- und Kunstgewerbestil (ca. 1920 bis 1940)

Art-director *m* (engl) künstlerischer Leiter einer Werbeagentur

Artefakt *n* (lat) **1.** Kunstprodukt, vom Menschen geschaffenes Produkt, **2.** selbst beigefügte Verletzung

Arterie *f* (gr-lat) Schlagader, Ader, die das Blut vom Herzen wegführt; **arteriell** (fr) die Arterien betreffend; **Arteriosklerose** (gr-lat) *f* Arterienverkalkung; **arteriosklerotisch** die Arteriosklerose betreffend, durch sie hervorgerufen

artesischer Brunnen *m* (fr) natürlicher Brunnen, Brunnen, aus dem das Wasser aufgrund von Überdruck ohne technische Hilfsmittel aufsteigt

Artes liberales *pl* (lat) die Sieben Freien Künste der Antike und des Mittelalters (Grammatik, Rhetorik, Dialektik, Arithmetik, Geometrie, Astronomie, Musik)

Arthritis *f* (gr) Gelenkentzündung; **Arthrose** *f* chronische Gelenkerkrankung

artifiziell (fr) **1.** künstlich, **2.** gekünstelt

Artikel *m* (lat) **1.** Geschlechtswort (der, die, das), **2.** Abschnitt (z. B. eines Vertrages), **3.** Ware, **4.** Aufsatz, schriftliche Abhandlung

Artikulation *f* (lat) **1.** deutliche Gliederung des Gesprochenen, **2.** Lautbildung, deutliche Aussprache **3.** Mitteilen von Gedanken oder Gefühlen; **artikulieren** **1.** deutlich (aus)sprechen, **2.** Gedanken oder Gefühlen Ausdruck verleihen

Artillerie *f* (fr) mit Geschützen ausgerüstete Truppengattung des Heeres

Artist *m* (lat-fr) **1.** im Zirkus auftretender Geschicklichkeits-Künstler (Trapezkünstler, Jongleur usw.), **2.** jmd., der seine Kunst perfekt beherrscht; **artistisch** nach Art eines Artisten, äußerst kunstvoll

Art nouveau *m* (fr) franz. Form des Jugendstils

Artothek *f* (lat) Galerie, die Bilder oder andere Kunstwerke gegen Entgelt verleiht

As *n* (fr) **1.** Spitzenkönner, **2.** höchste Karte im Kartenspiel, **3.** beim Tennis Aufschlagball, der vom Gegner nicht zurückgespielt werden kann

Aschram, Ashram *m* (sanskr)

Ort, an dem man geistige Konzentration erlernen kann

Asbest *m* (gr-lat) zur Isolierung verwendete Mineralfaser; **Asbestose** *f* durch Asbeststaub ausgelöste Lungenerkrankung

Aschkenasim *pl* (hebr) die Juden Mittel- und Osteuropas

Ascorbinsäure *f* chemische Bezeichnung für Vitamin C

a secco (it) auf den trockenen Putz gemalt

Asepsis *f* (gr) Keimfreiheit (Med.); **Aseptik** Keimabtötung; **aseptisch** keimfrei

Askari *m* (arab) eingeborener Soldat in deutschen Diensten im ehemaligen Deutsch-Ostafrika

Askese *f* (gr) **1.** Enthaltsamkeit, Entsagung, **2.** Bußübung; **Asket** *m* enthaltsam lebender Mensch; **asketisch** enthaltsam

Äskulapstab *m* Schlangenstab (Berufssymbol der Mediziner; nach dem griech.-röm. Gott Äskulap)

asozial (lat) **1.** die Gesellschaft schädigend, **2.** unfähig zum Leben in der Gemeinschaft

Aspekt *m* (lat) **1.** Blickwinkel, Betrachtungsweise, **2.** Stellung von Gestirnen zueinander und zur Erde

Aspirant *m* (lat) Bewerber, Anwärter auf eine (Beamten-)Stelle

Aspirata *f* (lat) behauchter Verschlußlaut (Sprachw.)

Aspiration *f* (lat) **1.** Hoffnung, Bestrebung, **2.** Aussprache eines Verschlußlauts (z.B. »p«) mit Behauchung (Sprachw.), **3.** Ansaugung von Flüssigkeiten oder gasförmigen Stoffen

assai (it) sehr, genug, ziemlich (Mus., in Verbindung mit Tempobezeichnungen)

Assekuranz *f* (lat) Versicherung(-sgesellschaft)

Assemblée *f* (fr) Versammlung; **Assembling** *n* (engl) Vereinigung von Industrieunternehmen

assentieren (lat) beistimmen

Assertion *f* (lat) Behauptung, Versicherung (Philos.); **assertorisch** behauptend, versichernd

Asservat *n* (lat) von der Polizei beschlagnahmter Beweisgegenstand; **asservieren** aufbewahren

Assessor *m* (lat) Anwärter der höheren Beamtenlaufbahn, der das zweite Staatsexamen abgelegt hat

Assimilation *f* (lat) Angleichung, Anpassung; **assimilieren** angleichen, anpassen

Assistent *m* (lat) Mitarbeiter (eines Hochschullehrers); **Assistenz** *f* Mithilfe, Mitarbeit; **Assistenzarzt** *m* Arzt, der einem Chefarzt untergeordnet ist; **assistieren** helfen, zur Hand gehen

Assonanz *f* (lat) Gleichklang zwischen zwei Wörtern aufgrund gleicher Vokale (z.B. »k*a*m – s*a*h«)

assortieren (fr) nach Warenarten auswählen und ordnen; **Assortiment** *n* Warenlager, Warenauswahl

Assoziation *f* (fr) **1.** Vereinigung, **2.** Zusammenschluß von Staaten, **3.** Verbindung von Vorstellungen;

assoziativ durch Assoziation (3) hervorgerufen; **assoziieren** **1.** eine Vorstellung mit einer anderen verknüpfen, **2.** sich zusammenschließen, sich vereinigen
assumieren (lat) annehmen, vermuten
Assyriologie *f* (gr) Wissenschaft von der Kultur und Geschichte des antiken Assyrien und Babylon
Asteriskus *m* (lat) Sternchenzeichen (*)
Asteroid *m* (gr) kleiner Planet
Asthenie *f* (gr) **1.** Schwächlichkeit, Kraftlosigkeit, **2.** Schwächung, Entkräftung infolge einer Krankheit; **Astheniker** *m* Mensch von schmächtigem Körperbau; **asthenisch** schmalwüchsig, schwach
Ästhet *m* (gr) Mensch, der auf Schönheit Wert legt, auf Schönes anspricht; **Ästhetik** *f* **1.** Wissenschaft vom Schönen (in der Kunst), **2.** das Schöne; **ästhetisch** **1.** die Ästhetik (1) betreffend, **2.** schön, stilvoll, geschmackvoll; **ästhetisieren** **1.** verschönen, **2.** nur nach dem Maßstab der Schönheit beurteilen oder gestalten; **Ästhetizismus** *m* Lebens- oder Kunstanschauung, die das Schöne zum höchsten Wert erhebt; **Ästhetizist** *m* Vertreter des Ästhetizismus
Asthma *n* (gr) Atemnot, Kurzatmigkeit (Med.); **asthmatisch** an Asthma leidend, kurzatmig
Astigmatismus *m* (gr) **1.** Sehfehler infolge Hornhautverkrümmung (Med.), **2.** Abbildungsfehler von optischen Linsen (Phys.)
Ästimation *f* (fr) Achtung, Wertschätzung; **ästimieren** schätzen, würdigen
astral (lat) die Gestirne, Sterne betreffend; **Astralleib** *m* **1.** der dem irdischen Leib innewohnende immaterielle Leib (nach okkultistischer Vorstellung), **2.** höchste, geistige Stufe des Leibes (nach anthroposophischer Vorstellung)
Astrolabium *n* (gr) altes astronomisches Instrument
Astrologe *m* (gr) Sterndeuter; **Astrologie** *f* Versuch, aus Gestirnskonstellationen Vorhersagen auf das Schicksal eines Menschen abzuleiten
Astronaut *m* (gr) Weltraumfahrer; **Astronautik** *f* Wissenschaft von der Weltraumfahrt; **astronautisch** die Astronautik betreffend
Astronom *m* (gr) Stern-, Himmelskundler; **Astronomie** *f* naturwissenschaftliche Erforschung des Universums und der Sterne; **astronomisch** **1.** die Astronomie betreffend, **2.** riesig, unvorstellbar groß
Astrophysik *f* (gr) Wissenschaft von der physikalischen Beschaffenheit der Sterne
Asyl *n* (gr) **1.** (Obdachlosen-) Heim, **2.** Aufnahme und Schutz für (politisch) Verfolgte, **3.** Zufluchtsstätte; **Asylant** *m* jmd., der um Gewährung von Asyl (2) bittet
Asymmetrie *f* (gr) Fehlen von

Symmetrie, Ungleichmäßigkeit; **asymmetrisch** ohne Symmetrie, ungleichmäßig

asynchron (gr) **1.** mit verschiedenen Geschwindigkeiten laufend, **2.** ungleichzeitig, **3.** gegenlaufend, nicht aufeinander abgestimmt

Asyndeton *n* (gr) Aneinanderreihung von Wörtern oder Sätzen ohne Bindewörter (z. B. »er kam, sah, siegte«)

Aszendent *m* (lat) **1.** Vorfahr, **2.** im Aufgang befindliches Gestirn (Astronomie), **3.** das zum Augenblick der Geburt eines Menschen über den Osthorizont tretende Tierkreiszeichen (Astrologie); **Aszendenz** *f* **1.** Verwandtschaft in aufsteigender Linie, **2.** Aufgang eines Gestirns

Ataman *m* (russ) militärischer Führer der Kosaken

Ataraxie *f* (gr) Seelenruhe, Unerschütterlichkeit

Atavismus *m* (lat) Wiederauftreten von Merkmalen und Verhaltensweisen älterer Entwicklungsstadien (Menschen, Tiere, Pflanzen); **atavistisch** einem älteren Entwicklungsstadium angehörig, primitiv

Atelier *n* (fr) **1.** Arbeitsraum für Künstler, **2.** Raum für Film- oder Fotoaufnahmen

a tempo (it) **1.** sofort, **2.** im Anfangstempo (Mus.)

Athanasie *f* (gr) Unsterblichkeit (Rel.)

Atheismus *m* (gr) Gottesleugnung, Verneinung Gottes; **Atheist** *m* Anhänger des Atheismus, Ungläubiger; **atheistisch** **1.** dem Atheismus anhängend, **2.** zum Atheismus gehörend

Äther *m* (gr) **1.** Himmelsluft, **2.** (poetischer Ausdruck für) Himmel, **3.** Narkosemittel (Med.); **ätherisch** **1.** luftig, vergeistigt, zart, **2.** flüchtig (z. B. ätherisches Öl)

Athesie *f* (gr) Unbeständigkeit, Treulosigkeit

Athesmie *f* (gr) Gesetz-, Zügellosigkeit

Athlet *m* (gr) **1.** Wettkämpfer, Sportler, **2.** Mensch von kräftigem Körperbau; **Athletik** *f* Ausübung von (sportlichen) Wettkämpfen; **athletisch** kräftig, muskulös

Athymie *f* (gr) Antriebsmangel, Schwermut (Med.)

Ätiologie *f* (gr) Lehre von den Krankheitsursachen (Med.), **2.** Gesamtheit der Faktoren, die zum Entstehen einer Krankheit beigetragen haben; **ätiologisch** **1.** die Ätiologie betreffend; **2.** begründend, erklärend

Atlas *m* (gr) Zusammenstellung von Landkarten in Buchform

Atmometer *n* (gr) Verdunstungsmesser

Atmosphäre *f* (gr) **1.** Lufthülle der Erde, **2.** Gashülle eines Gestirns, **3.** physikalische Einheit zur Messung des Drucks, **4.** Stimmung, Ausstrahlung; **Atmosphärenüberdruck** *m* der über einer Atmosphäre liegende Druck; **atmosphärisch** die Atmosphäre (1,2) betreffend, **2.** nur in geringfügigem Maß vorhanden, nur spürbar

Atom *n* (gr) **1.** kleinstes, auf chemischem Wege nicht weiter zerlegbares Teilchen eines chemischen Elements, **2.** Winzigkeit; **atomar 1.** ein Atom (1) betreffend, **2.** die Atomenergie betreffend, **3.** mit Atomenergie betrieben, angetrieben, **4.** Atomwaffen betreffend; **Atomenergie** *f* Kernspaltungsenergie; **atomisieren** völlig auflösen, zerlegen; **Atomiseur** *m* (fr) Zerstäuber; **Atomismus** *m* (gr-lat) Anschauung, daß die Welt selbst und alle Vorgänge in ihr auf der Bewegung von Atomen gründen; **atomistisch 1.** die Atomistik betreffend, **2.** in kleinste Bestandteile auflösend; **Atomkern** *m* der positiv geladene innere Bestandteil des Atoms; **Atommeiler** *m* Kernreaktor, Anlage zur Energiegewinnung durch Kernspaltung; **Atommüll** *m* radioaktiver Abfall; **Atomphysik** *f* Lehre von Bau und Wesen der Atome; **Atomwaffe** *f* Waffe, deren Wirkung auf Kernspaltung oder Kernverschmelzung beruht

atonal (gr) ohne Rücksicht auf die Gesetze der Harmonik; **Atonalität** *f* Ausschaltung der Gesetze der Harmonik, Kompositionsweise moderner Musik

Atonie *f* (gr) (Muskel-)Schlaffheit (Med.)

à tout prix (fr) unter allen Umständen, um jeden Preis

atoxisch (gr) ungiftig

Atrium *n* (lat) **1.** Innenhof, **2.** Herzvorkammer

Atrophie *f* (gr) Abmagerung, Verkümmerung, Schrumpfung (Med.); **atrophisch** verkümmert, im Schwinden (Med.)

Atropin *n* (gr) giftiger Wirkstoff der Tollkirsche

Atrozität *f* (fr) Gräßlichkeit, Grausamkeit

Attaché *m* (fr) **1.** Gesandtschaftsrat, **2.** Berater für ein bestimmtes Fachgebiet, der einer Auslandsvertretung seines Landes zugeteilt ist (z. B. Kulturattaché)

Attacke *f* (fr) **1.** Angriff, **2.** Krankheitsanfall; **attackieren 1.** angreifen, **2.** mit Worten (heftig) angreifen

Attentat *n* (lat) Anschlag auf einen (politischen) Gegner mit dem Ziel, diesen zu töten, Überfall; **Attentäter** *m* Person, die einen Anschlag ausführt

Attention *f* (fr) Achtung, Aufmerksamkeit

Attest *n* (lat) (ärztliche) Bescheinigung; **attestieren** (ärztlich) bescheinigen, beglaubigen

Attika *f* (gr) Dachgalerie, Simsbrüstung

Attitüde *f* (fr) Pose, Haltung, Einstellung

Attraktion *f* (lat) **1.** Anziehungskraft, Zugkraft, **2.** Zugstück, Glanzstück; **attraktiv 1.** zugkräftig, anziehend, **2.** durch körperliche Vorzüge eindrucksvoll

Attrappe *f* (fr) Nachbildung, Ausstellungspackung

Attribut *n* (lat) **1.** Beifügung, einem anderen Wort beigefügte nähere Bestimmung (Sprachw.), **2.** Merkmal, Kennzeichen; **attributiv** beifügend, in Verwendung als Beifügung (Sprachw.)

Audienz *f* (lat) **1.** Empfang einer hochgestellten Persönlichkeit; **2.** Unterredung mit einer hochgestellten Persönlichkeit

Audimax *m* (lat; *Audi*torium *max*imum) größter Hörsaal einer Universität

Audio-Video-Technik *f* (lat) technische Einrichtungen, mit denen sich Ton- und Bildsignale aufnehmen, aussenden und empfangen lassen; **audiovisuell** hör- und sichtbar, das Hören und Sehen betreffend

Auditorium *n* (lat) **1.** Hörsaal, **2.** Zuhörerschaft

aufoktroyieren (dt-fr) aufzwingen

Augur *m* (lat) **1.** Priester, der den Vogelflug deutet (im antiken Rom), **2.** jmd., der in eine Sache eingeweiht ist und Voraussagen über ihre Entwicklung usw. trifft; **Augurenlächeln** *n* (lat-dt) wissendes Lächeln von Eingeweihten

Auktion *f* (lat) Versteigerung; **Auktionator** Versteigerer; **auktionieren** versteigern

Aula *f* (lat) größerer Saal für Veranstaltungen, Vorlesungen usw.

au pair (fr) **1.** zu gleichen Teilen, **2.** unentgeltlich für beide Partner

Aura *f* (gr) **1.** Hauch, Wirkungskraft, **2.** Ausstrahlung einer Person oder Sache

Aureole *f* (lat) **1.** Heiligenschein; **2.** Hof um Mond und Sonne

ausflippen (dt-engl) **1.** die Kontrolle über sich selbst, die Nerven verlieren, **2.** vor Freude außer sich geraten

ausknocken (dt-engl) (in einem Boxkampf) k.o. schlagen

Auspizien *pl* (lat) Vorzeichen, Aussichten

auspowern (dt-engl) ausbeuten, ausplündern

ausrangieren (dt-fr) aussondern

austarieren (dt-it) ins Gleichgewicht bringen

autark (gr) wirtschaftlich (vom Ausland) unabhängig, sich selbst versorgend; **Autarkie** *f* wirtschaftliche Unabhängigkeit (vom Ausland)

authentisch (gr) **1.** echt, **2.** verbürgt, urkundlich; **authentifizieren** die Echtheit verbürgen; **Authentizität** *f* Echtheit, Glaubwürdigkeit

Auto-Cross *n* (engl) Geländeprüfung für Autofahrer

Autobiograph *m* (gr) Verfasser der eigenen Lebensgeschichte; **Autobiographie** *f* schriftliche Darstellung des eigenen Lebens; **autobiographisch** **1.** zur eigenen Lebensgeschichte gehörend, **2.** die Autobiographie betreffend, **3.** in Form einer Autobiographie dargestellt

Autochthone *m* (gr) Ureinwohner, Angehöriger des Urvolks, Alteingesessener

Autodafé *n* (port) **1.** Ketzerverbrennung, **2.** öffentliche

Verbrennung von verbotenen Schriften

Autodidakt *m* (gr) jmd., der sich selbst bildet, sich selbst Wissen verschafft; **autodidaktisch** selbsterlernt, durch Selbstunterricht erworben

Autofokus *m* (lat) Vorrichtung an Kameras, Projektoren u. ä., die die Bildschärfe automatisch einstellt

autogen (gr) **1.** ursprünglich, **2.** unerschaffen, aus sich selbst entstehend; **autogenes Training** *n* Versuch, sich durch Selbsthypnose zu entspannen

Autogramm *n* (gr) eigenhändiger Namenszug von einer bekannten Persönlichkeit

Autograph *n* (gr) von einer bekannten Persönlichkeit eigenhändig geschriebenes Schriftstück

Autokrat *m* (gr) **1.** Alleinherrscher, **2.** selbstherrlicher Mensch; **Autokratie** *f* unumschränkte Alleinherrschaft; **autokratisch 1.** alleinherrschend, **2.** selbstherrlich

Automat *m* (gr) **1.** Maschine, die Arbeitsvorgänge selbsttätig ausführt, **2.** Apparat, der nach Einwurf von Münzen Waren ausgibt, Selbstbedienungsapparat, **3.** willenloses Geschöpf; **Automatik** *f* Vorrichtung, mit der ein technischer Prozeß ohne menschliches Zutun gesteuert wird; **Automation** *f* Herstellungsverfahren mit völliger oder weitgehender Selbsttätigkeit der Arbeitsvorgänge; **automatisch 1.** selbstwirksam, selbstbeweglich, **2.** mit einer Automatik ausgestattet und gesteuert, **3.** zwangsläufig, ohne Zutun eines Menschen erfolgend, **4.** unbewußt, mechanisch; **automatisieren** auf mechanische, elektrische oder elektronische Herstellung umstellen; **Automatismus** *m* selbsttätiger Ablauf von Vorgängen

Automobil *n* (gr-lat) Kraftfahrzeug; **Automobilist** *m* Fahrer eines Automobils

autonom (gr) eigengesetzlich lebend, selbständig, in Selbstverwaltung; **Autonomie** *f* Selbstbestimmung, -verwaltung

Autopilot *m* (gr) automatische Steuerungsanlage von Flugzeugen

Autoplastik *f* (gr) Ersetzung von Hautverlusten durch andere Hautteile des eigenen Körpers

Autopsie *f* (gr) Leichenöffnung zum Zweck der Untersuchung

Autor *m* (lat) **1.** Verfasser (eines literarischen Werks), **2.** Urheber, Anstifter; **Autorisation** *f* Ermächtigung; **autorisieren 1.** bevollmächtigen, ermächtigen, **2.** etwas genehmigen; **autoritär 1.** diktatorisch, ohne Befragung der Volksvertretung, **2.** unbedingten Gehorsam verlangend; **Autorität** *f* **1.** Einfluß einer Person, der auf ihrem Können, Wissen usw. beruht, **2.** einflußreiche Persönlichkeit, Fachgröße; **autoritativ** maßgeblich, auf Autorität beruhend

Autosuggestion *f* (lat) Selbstbeeinflussung, Vermögen, bestimmte Vorstellungen in sich selbst zu erwecken; **autosuggestiv** durch Selbstbeeinflussung herbeigeführt

Avancement *n* (fr) berufliche Beförderung, Aufsteigen in eine höhere Position; **avancieren** beruflich aufsteigen

Avantgarde *f* (fr) die Vorkämpfer einer neuen Kunstrichtung; **avantgardistisch** vorkämpferisch

Avenue *f* (fr) breite Prachtstraße, Hauptstraße

Average *m* (engl) Durchschnittswert, Mittelwert

Aversion *f* (lat) Abneigung, Abscheu, Widerwillen

Aviarium *n* (lat) Vogelhaus

Avis *m*, *n* (fr) Ankündigung; **avisieren** ankündigen, anmelden

Avitaminose *f* (lat-gr) Vitaminmangelkrankheit

axial (lat) in der Richtung der Achse, achsrecht

Axiologie *f* (gr) Wertlehre (Philos.)

Axiom *n* (gr) feststehender Grundsatz, unbestreitbare Grundwahrheit; **Axiomatik** *f* Lehre vom Beweisführen und Definieren mit Axiomen; **axiomatisch** **1.** auf Axiomen beruhend, **2.** unbestreitbar, gewiß

Azetat *n* (lat) Salz der Essigsäure

azoisch (gr) ohne Spuren von Lebewesen

azur (fr) himmelblau

azyklisch (gr) **1.** nicht kreisförmig, **2.** zeitlich unregelmäßig (auftretend)

B

·Babuschka *f* (slaw) Großmutter, alte Frau

Baby *n* (engl) Säugling, Kleinkind; **Babyboom** *m* sprunghafter Anstieg der Geburtenrate; **Babylook** *m* durch Make-up usw. bewußt herbeigeführtes kindlich-naives Aussehen; **Babysitter** *m* jmd., der ein Kleinkind in Abwesenheit der Eltern betreut

Bacchanal *n* (**Bacchanalien** *pl*) (lat) Trinkgelage; **bacchantisch** ausgelassen, ausschweifend, trunken

Bachelor *m* (engl) niedrigster akademischer Grad in vielen englischsprachigen Ländern

Background *m* (engl) **1.** musikalischer Hintergrund, Klanghintergrund, **2.** Herkunft, Milieu, **3.** Erfahrung, Bildung

Backhand *f, m* (engl) Rückhand (Tennis)

Backlist *f* (engl) Liste von älteren Büchern eines Verlages, die weiterhin im Handel erhältlich sind

Backup *m* (engl) das Sichern von Daten auf einem gesonderten Datenträger (EDV)

Badinage *f* (fr) scherzhaftes Musikstück

Bad Trip *m* (engl) **1.** Schreckensreise, schrecklicher Vorgang, **2.** Drogenrausch

Bagage *f* (fr) Gesindel, Lumpenpack

Bagatelldelikt *n* (fr) unbedeutendes Vergehen, das nicht strafrechtlich verfolgt wird; **Bagatelle** *f* **1.** (unbedeutende) Kleinigkeit, **2.** kurzes Musikstück; **bagatellisieren** als geringfügig hinstellen; **Bagatellschaden** *m* unerheblicher Schaden

Bagno *n* (it) Strafanstalt, Zuchthaus für Schwerverbrecher

Baguette *f* (fr) **1.** Art des Edelsteinschliffs, **2.** franz. Stangenweißbrot

Bai *f* (ndl-fr) Meeresbucht

Bain-marie *n* (fr) Wasserbad zur Zubereitung oder zum Warmhalten bestimmter Speisen

Baisse *f* (fr) Sturz der Börsenkurse, der Aktienpreise; **Baissier** *m* jmd., der auf eine Baisse spekuliert

Bajadere *f* (fr-port) indische Tempeltänzerin

Bajazzo *m* (it) Possenreißer (des ital. Theaters)

Bajonett *n* (fr) auf ein Gewehr aufgesetzte Klinge, Seitengewehr

Bakelit *n* (Kunstw.) Kunstharz

Bakkalaureat *n* (lat) niedrigster akademischer Grad in England und den USA

Bakschisch *n* (pers) **1.** Trinkgeld, Almosen, **2.** Bestechungsgeld

Bakterie *f* (lat) einzelliges (krankheitserregendes) Kleinstlebewesen; **bakteriell** **1.** Bakterien betreffend, **2.** durch Bakterien ausgelöst; **Bakteriologie** *f* Wissenschaft von den Bakterien; **bakteriologisch** die Bakteriologie betreffend; **bakterizid** keimtötend

Balance *f* (fr) Gleichgewicht; **Balance of Power** *f* (engl; »Gleichgewicht der Kräfte«) außenpolitisches Betreben, die Vorherrschaft eines einzelnen Staates zu verhindern; **balancieren** (fr) (mühsam) das Gleichgewicht halten

balbieren (lat) rasieren (barbieren)

Baldachin *m* (it) **1.** (prunkvolles) Schutzdach aus Stoff, **2.** steinerner Überbau (z.B. über einem Altar)

baldowern (jidd) etwas erforschen, ausspionieren

Ballade *f* (fr-it) Erzählgedicht; **balladesk** in Art einer Ballade

Ballerina *f* (it) Ballettänzer(in)

Ballett *n* (it) **1.** Bühnentanz, **2.** musikalische Komposition, die für eine tänzerische Aufführung geschrieben wurde, **3.** Gruppe von Bühnentänzern; **Balleteuse** (fr) Bühnentänzerin

Ballistik *f* (gr) Lehre von der Bewegung geschleuderter und geschossener Körper; **Ballistiker** *m* Wissenschaftler auf dem Gebiet der Ballistik; **ballistisch** die Ballistik betreffend; **ballistische Kurve** *f* Flugbahn eines (Wurf-) Geschosses

Ballon *m* (fr) **1.** mit Gas gefüllte Stoff- oder Gummihülle, **2.** Luftfahrzeug, das von einer gasgefüllten Hülle getragen wird, **3.** große bauchige Korbflasche

Ballot *n* (engl) geheime Abstimmung; **Ballotage** *f* (fr) geheime Abstimmung (mit verschiedenfarbigen Kugeln); **ballotieren** mit Kugeln abstimmen

Ballyhoo *n* (engl) Gebrüll, Marktschreierei

Balneographie *f* (gr) Beschreibung von Heilbädern; **Balneologie** *f* Heilquellenkunde; **Balneotherapie** *f* medizinische Behandlung mit Heilbädern

Balsam *m* (lat) **1.** Gemisch aus Harz und Ölen (zu medizinischen Zwecken), **2.** Linderung; **balsamieren** einsalben; **balsamisch 1.** wohlriechend, **2.** lindernd

Baluster *m* (fr) Säule als Geländerstütze; **Balustrade** *f* Geländer, Brüstung (mit Balustern)

Bambina *f*, **Bambino** *m* (it) kleines Kind (auch Kosewort)

Bambule *f* (fr) Aufruhr, Krawall, Protest (von Strafgefangenen)

banal (fr) abgedroschen, belanglos, bedeutungslos; **banalisieren** ins Banale herabziehen, vereinfachen; **Banalität 1.** Belanglosigkeit, **2.** Gemeinplatz, Platitüde

Banause *m* (gr) grober Mensch, Mensch ohne Bildung oder Kunstverständnis; **banausisch** amusisch, ungebildet

Band *f* (engl) Musikergruppe, Musikensemble

Bandage *f* (fr) **1.** Wundverband, Stützverband, **2.** Schutzverband (der Hände eines Boxers); **bandagieren** mit einer Bandage versehen

Bande *f* (fr) Umrandung, Einfassung

Banderilla *f* (span) beim Stierkampf verwendeter mit Fähnchen geschmückter Spieß mit Widerhaken; **Banderillero** *m* mit Banderillas bewaffneter Stierkämpfer

Banderole *f* (fr) Steuerstreifen, -band

Bandit *m* (it) **1.** Straßenräuber, **2.** jmd., der sich anderen gegenüber verbrecherisch benimmt

Bandleader *m* (engl) Leiter einer (Jazz-)Band

Banker *m* (engl) führender Angestellter einer Bank, Bankfachmann

Bankett *n* (it) Festmahl

Bankett *n,* **Bankette** *f* (fr) (befestigter) Randstreifen einer Straße

Bankier *m* (fr) **1.** Inhaber einer Bank, **2.** Vorstandsmitglied einer Bank

Banking *n* (engl) Bankwesen, Bankgeschäft

Bankomat *m* (aus: *Bank*auto*mat*) Geldautomat

bankrott (it) zahlungsunfähig, (finanziell) erledigt; **Bankrott** *m* Zahlungsunfähigkeit; **Bankrotteur** *m* jmd., der Bankrott macht

banzai! (jap) (er) lebe hoch!

Baptist *m* (gr) Anhänger der Erwachsenentaufe; **Baptisterium** *n* **1.** Taufbecken, **2.** Taufkapelle

Bar *n* (gr) Maßeinheit des (Luft-)Drucks

Bar *f* (engl) **1.** kleines intimes (Nacht-)Lokal, **2.** erhöhter Tresen

Baratthandel *m* (it-dt) Tauschhandel; **barattieren** Tauschhandel betreiben

Barbar *m* (gr) roher Mensch, Ungesitteter, Unzivilisierter, Wüstling; **Barbarei** *f* Grausamkeit, Unmenschlichkeit; **barbarisch** roh, herzlos, ungesittet, unzivilisiert; **Barbarismus** *m* grober sprachlicher Fehler

Barbecue *n* (engl) **1.** Grillfest im Garten, **2.** Bratrost, **3.** auf dem Bratrost gegartes Fleisch

Barbiturat *n* (Kunstw.) Schlaf- und Beruhigungsmittel (Med.)

Barde *m* (kelt-fr) Sänger, Dichter

Barett *n* (lat) flache Kopfbedeckung

Bargaining *n* (engl) **1.** wirtschaftliche Verhandlungen, **2.** Abschließen von Verträgen

barisch (gr) den (Luft-)Druck betreffend

Bariton *m* (it) **1.** Männerstimme zwischen Tenor und Baß, **2.** Sänger, der Bariton singt

Barkarole *f* (it) Gondellied (Mus.)

Barkasse *f* (ndl-span) **1.** größtes Beiboot auf Kriegsschiffen, **2.** großes Motorboot

Barke *f* (ndl-fr) kleines Ruderboot, Nachen

Barkeeper *m* (engl) **1.** Inhaber einer Bar, **2.** jmd., der in einer Bar Getränke zubereitet und ausschenkt; **Barmixer** jmd., der in einer Bar Cocktails mixt

Bar-Mizwa *f* (hebr) hohes jüdisches Fest, Einführung eines männlichen Jugendlichen (nach Vollendung des 13. Lebensjahres) in die Glaubensgemeinschaft

barock (port-it-fr) **1.** im Stil des Barock, **2.** üppig, überladen, verschnörkelt, **3.** grotesk, absonderlich; **Barock** *m*, *n* **1.** Kunst- und Literaturstil (ca. 1600–1750), **2.** Zeitalter des Barock

Barograph *m* (gr) Gerät, das den Luftdruck mißt und aufzeichnet; **Barometer** *n* Luftdruckmesser

Baron *m* (fr) Freiherr; **Baronat** *n* **1.** Besitz eines Barons, **2.** Freiherrenwürde; **Baronesse, Baroneß** *f* Freifrau, Freifräulein

Barras *m* (?) Militär(dienst) (Soldatenjargon)

Barrel *n* (engl) **1.** Faß, Tonne, **2.** Hohlmaß (für Erdöl)

Barriere *f* (fr) Schranke, Absperrung, Hindernis

Barrikade *f* (fr) Straßensperre

Barysphäre *f* (gr) innerster Teil der Erde, Erdkern; **Baryzentrum** *n* Schwerpunkt

Barzelletta *f* (it) Scherzlied, volkstümliches Tanzlied

Basar *m* (pers) **1.** Händlerviertel in orientalischen Städten, **2.** Verkauf von Waren zu wohltätigen Zwecken

Base *f* (gr) chemische Verbindung, die mit Säuren Salze bildet

Basement *n* (engl) Tiefparterre

Basic English (engl) Grund-Englisch, leicht zu erlernende, vereinfachte Form des Englischen

basieren (fr) **1.** gründen auf, beruhen auf, **2.** etwas auf etwas aufbauen

Basilika (gr) **1.** altröm. Gerichts-, Markthalle, **2.** Kirchenbau mit überhöhtem Mittelschiff

Basilisk *m* (gr) Fabeltier, dessen Blick tötet; **Basiliskenblick** *m* (gr-dt) drohender, böser Blick

Basis *f* (gr) **1.** Grundlage, Sockel, **2.** militärischer Stützpunkt, **3.** Grundlinie einer geometrischen Figur; **Basisdemokratie** *f* politisches System, bei dem die Masse des Volkes selbst entscheidet; **Basisfraktur** *f* Bruch der Schädelbasis; **Basisgruppe** *f* politischer Arbeitskreis (von Studenten)

Basrelief *n* (fr) Flachrelief

Baß *m* (it) **1.** tiefe Männersingstimme, **2.** Sänger, der Baß singt

Bassin *n* (fr) Wasserbehälter, -becken

Basso continuo *m* (it) Generalbaß; **Basso ostinato** sich ständig wiederholendes Baßmotiv

basta! (it) genug! das reicht! Schluß damit!

Bastard *m* (fr) **1.** Mischling, **2.** Schurke (als Schimpfwort); **Bastardierung** *f* Rassenmischung, Artenkreuzung

Bastei, Bastion *f* (fr) Bollwerk, vorspringender Teil von Festungsbauten

Bastonade *f* (fr-it) Prügelstrafe, Schläge auf die Fußsohlen

Bataille *f* (fr) Schlacht, Kampf

Bataillon *n* (fr) aus mehreren Kompanien bestehende militärische Einheit

Bathometer *n* (gr) Tiefseelot; **Bathometrie** *f* Tiefenmessung

bathygraphisch (gr) tiefseekundlich, die Tiefseeforschung betreffend; **Bathyskaph** *n* Tiefseetauchgerät; **Bathysphäre** *f* tiefste Schicht des Meeres

Batik *f* (malai) Färben von Stoffen unter Verwendung von Wachs

Batterie *f* (fr) **1.** Geschützabteilung, **2.** Stromquelle, **3.** Gruppe von gleichartigen technischen Geräten, **4.** Gesamtheit der Schlaginstrumente eines Orchesters

Battuta *f* (it) Takt (Mus.)

Bazar *m* (pers) s. **Basar**

Bazillus *m* (lat) stäbchenförmige krankheitserregende Bakterie

Bazooka *f* (am) Panzerabwehrwaffe

Beat *m* (engl) **1.** Grundschlag der Rhythmusgruppe einer (Jazz-) Band, **2.** Kurzw. für **Beatmusik**

beatae memoriae (lat) seligen Angedenkens; **beata virgo Maria** selige Jungfrau Maria

beaten (engl) **1.** Beatmusik machen, **2.** nach Beatmusik tanzen; **Beatgeneration** *f* Gruppe amerik. Schriftsteller (ca. 1955–65), die die bürgerlichen Lebensformen ablehnten

Beatifikation *f* (lat) Seligsprechung

Beatle *m* (»Angehöriger der Popgruppe ›The Beatles‹«) Jugendlicher mit langen Haaren; **Beatmusik** *f* rhythmisch betonte Form der Popmusik; **Beatnik** *m* **1.** Angehöriger der Beatgeneration, **2.** an die bürgerliche Lebensform unangepaßter Mensch

Beau *m* (fr) **1.** gutaussehender, elegant gekleideter Mann, **2.** Stutzer

Beauté *f* (fr) Schönheit, schöne Frau

Beauty *f* (engl) Schönheit, schöne Frau; **Beauty-case** *m* kleiner Koffer für Kosmetika u. ä.; **Beauty-farm** *f* Art von Sanatorium, das der Wiederherstellung, Steigerung der körperlichen Schönheit dient; **Beauty-Shop** *m* Kosmetiksalon

Becquerel *n* (fr) Maßeinheit für ionisierende Strahlen

Bed and Breakfast *n* (engl) Zimmer mit Frühstück

Beefburger *m* (engl; aus: *Beef* und Ham*burger*) flache Frikadelle aus gehacktem Rindfleisch

Beelzebub *m* (hebr; »Herr der Fliegen«) der oberste Teufel

Beg *m* (türk; »Herr«) Titel höhergestellter Persönlichkeiten

Begine *f* (ndl) Klosterfrau, die ohne Ablegung der Gelübde ein Leben nach Art einer Nonne führt (in den Niederlanden und in Belgien)

Begum *f* (türk; »Herrin«) Titel einer indischen Fürstin

Behaviorismus *m* (engl) Verhaltensforschung, Versuch über die Erforschung des Verhaltens von Lebewesen Rückschlüsse auf deren Seelenleben zu gewinnen

Bei *m* (türk) s. **Beg**

beige (fr) sandfarben

Belami *m* (it) Frauenliebling

Belcanto *m* (it; »schöner Gesang«) (ital.) Gesangstil, bei dem die Schönheit des Klangs ausschlaggebend ist

Belladonna *f* (it) **1.** Tollkirsche, **2.**

aus der Tollkirsche gewonnenes Medikament

Belle Époque *f* (fr) Zeit zu Anfang des 20. Jh.s (in Frankreich)

Belletrist *m* (fr) Schriftsteller, der schöngeistige oder unterhaltende Werke schafft; **Belletristik** *f* schöngeistige oder unterhaltende Literatur; **belletristisch** **1.** nach Art der Belletristik, **2.** literarisch

Bellevue *n* (fr) Schöne Aussicht (Name von Schlössern u. ä.)

Belvedere *n* (it) Schöne Aussicht (Name von Schlössern u. ä.)

benedeien (lat) segnen; **Benediktion** *f* Segen, Segnung; **Benediktionale** *n* liturgisches Buch mit Segensgebeten; **benedizieren** segnen, weihen

Benefiz- (lat) Wohltätigkeits- (in Zusammensetzungen, z. B. Benefizkonzert: Konzert, bei dem die Künstler auf Gage verzichten und diese für einen wohltätigen Zweck zur Verfügung stellen)

benigne (lat) gutartig (von Tumoren; Med.); **Benignität** *f* Gutartigkeit

ben marcato (it) betont, akzentuiert (Mus.)

Berber *m* (nach dem nordafr. Volksstamm) Nichtseßhafter, Vagabund

Berceuse *f* (fr) Wiegenlied

Béret *n* (fr) flache Mütze, Baskenmütze

Beriberi *n* (singhal) durch Mangel an Vitamin B_1 hervorgerufene Krankheit

Berlocke *f* (fr) kleiner Schmuckanhänger an einer Uhrkette o. ä.

Bermudas *pl* (nach der Inselgruppe) knielange Shorts, Badehosen

Bersagliere *m* (it) Angehöriger der ital. Scharfschützentruppe

Berserker *m* (altnord) **1.** wilder Kämpfer der altnord. Sage, **2.** wuterfüllter Mann, Tobender

Besanmast *m* (ndl) hinterster Schiffsmast; **Besansegel** *n* Segel am hintersten Mast

bestialisch (lat) **1.** unmenschlich, grausam, **2.** unerträglich; **Bestialität** *f* **1.** Abscheulichkeit, Unmenschlichkeit, Gemeinheit, **2.** unmenschliche Handlung; **Bestiarium** *n* mittelalterliches Tierbuch; **Bestie** *f* **1.** wildes, grausames Tier, **2.** Unmensch

Bestseller *m* (engl) Gegenstand (vor allem ein Buch), der über einen gewissen Zeitraum hinweg besonders gut verkauft wird

Betablocker *m* (gr-engl) Mittel zur Behandlung von Herzkrankheiten

Betastrahlen *pl* (gr-dt) radioaktive Strahlen; **Betatron** (aus: *Be*tastrahlen und Elek*tron*) Elektronenbeschleuniger (Phys.)

Betise *f* (fr) Dummheit, Albernheit

Beton *m* (fr) Baustoff (Mischung aus Zement, Wasser und Zusatzstoffen); **Beton-** in zahlreichen Zusammensetzungen Kennzeichnung für etwas Häßliches, dem menschlichen Leben Abträgliches: Betonburg, Betonklotz, Betonwüste usw.; **betonieren** **1.** mit Beton bauen, **2.** mit

Beton ausgießen, mit einem Betonbelag versehen, 3. für immer festlegen

Bhagwan *m* (sanskr; »Der Erhabene«) Ehrentitel religiöser Führer des Hinduismus

bi- (lat) 1. zwei-, zwie-, doppelt- (in Zusammensetzungen), 2. Kurzw. für **bisexuell**

Biarchie *f* (gr) Doppelherrschaft

Bias *n* (engl) Verfälschung von Untersuchungsergebnissen der Meinungsforschung

Biathlon *n* (gr) sportliche Disziplin, die aus Skilanglauf und Scheibenschießen besteht

Bibel *f* (gr) 1. Heilige Schrift, 2. maßgebliche Schrift, 3. dickleibiger Wälzer

Bibliograph *m* (gr) jmd., der ein Bücherverzeichnis anlegt; **Bibliographie** *f* 1. Bücherkunde, 2. Bücher-, Schrifttumsverzeichnis; **bibliographisch** eine Bibliographie betreffend; **Bibliomane** *m* Büchernarr; **Bibliomanie** *f* übertriebene Bücherliebe, zwanghafter Wunsch, Bücher zu besitzen; **bibliophil** 1. Bücher liebend, 2. besonders kostbar ausgestattet (von Büchern); **Bibliophile** *m* 1. Bücherliebhaber, 2. Freund besonders schön oder kostbar ausgestatteter Bücher; **Bibliophilie** *f* 1. Bücherliebhaberei, 2. Freude an raren, kostbaren Büchern; **Bibliothek** *f* 1. Bücherei, Aufbewahrungsort für eine (systematische) Sammlung von Büchern, 2. (umfangreiche) Sammlung von Büchern; **Bibliothekar** *m* ausgebildeter Angestellter einer Bücherei; **bibliothekarisch** den Beruf eines Bibliothekars betreffend

biblisch (gr) 1. die Bibel betreffend, 2. aus der Bibel stammend; **biblisches Alter** *n* sehr hohes Alter

bichrom (lat-gr) zweifarbig

Bidet *n* (fr) Sitzbecken zur Reinigung des Intimbereichs

biennn (lat) zweijährig (von Pflanzen); **biennal** 1. zwei Jahre dauernd, 2. alle zwei Jahre stattfindend; **Biennale** *f* alle zwei Jahre stattfindende Veranstaltung (Kunstausstellung, Filmfestival u. ä.); **Biennium** *n* Zeitraum von zwei Jahren

bienvenu! (fr) willkommen!

Bifokalglas *n* (lat-dt) (Brillen-) Glas mit zwei Brennpunkten

biform (lat) doppelgestaltig; **Biformität** *f* Doppelgestaltigkeit

Bifurkation *f* (lat) 1. Gabelung (Med.), 2. Flußgabelung

Bigamie *f* (gr) Doppelehe; **Bigamist** *m* jmd., der mit zwei Frauen verheiratet ist

Big Band *f* (engl) großes Orchester (Jazz-, Tanzmusik)

Big Business *n* (engl; »großes Geschäft«) Welt der Großunternehmer, der Kapitalisten

bigenerisch (lat) zwiegeschlechtlich, zwitterhaft

bigott (fr) frömmelnd, scheinheilig; **Bigotterie** *f* frommes Getue, Scheinheiligkeit

Bijou *m, n* (fr) Kleinod, Schmuckstück; **Bijouterie** *f* 1. Schmuckstück, **2.** Handel mit Schmuckstücken

Bike *n* (engl) **1.** Kurzform von: Mountainbike, **2.** (motorisiertes) Fahrrad (s. **City-Bike**)

Bikini *m* zweiteiliger Damen-Badeanzug

bikolor (lat) zweifarbig

bikonkav (lat) auf beiden Seiten hohl (geschliffen)

bikonvex (lat) auf beiden Seiten gewölbt (geschliffen)

bilabial (lat) mit beiden Lippen gebildet (von Lauten; Sprachw.)

Bilanz *f* (it) **1.** Schlußrechnung, Vermögensaufstellung, **2.** (End-) Ergebnis; **bilanzieren 1.** eine Bilanz abschließen, **2.** sich (gegenseitig) aufheben, ausgleichen

bilateral (lat) zweiseitig, von zwei Seiten ausgehend, zwei Seiten betreffend

Bilge *f* (engl) Kielraum eines Schiffes

bilingual (lat) **1.** zweisprachig, zwei Sprachen beherrschend, **2.** zwei Sprachen betreffend; **Bilingualismus** *m* Zweisprachigkeit

Bill *f* (engl) **1.** Gesetz, **2.** Gesetzesentwurf

Billetdoux *n* (fr) Liebesbriefchen; **Billett** *n* **1.** Eintrittskarte, **2.** Fahrkarte, **3.** kleiner Brief

bimanuell (lat) zweihändig

Bimester *n* (lat) Zeitraum von zwei Monaten

Bimetall *n* (lat) Streifen aus zwei fest miteinander verbundenen verschiedenen Metallen, die sich bei Erwärmung unterschiedlich ausdehnen; **Bimetallismus** *m* Währungssystem, das auf zwei verschiedenen Metallen (Gold, Silber) beruht

binär (lat) aus zwei Teilen, Stoffen usw. bestehend; **Binärcode** (lat-engl) *m* Zeichensystem, das aus nur zwei Zeichen besteht; **binäre Einheit** *f* s. **Bit**

binaural (lat) **1.** beide Ohren betreffend, **2.** zweikanalig (Schallübertragung)

binokular (lat) **1.** beidäugig, **2.** für beide Augen

Binom *n* (lat-gr) Summe aus zwei Zahlengliedern; **binomisch** zweigliedrig

Bioastronautik *f* (gr) Erforschung der Lebensmöglichkeiten für Menschen im Weltraum

Biobibliographie *f* (gr) Verzeichnis der Werke und Schriften eines bestimmten Schriftstellers

Biochemie *f* (gr) Wissenschaft von den chemischen Prozessen in Organismen; **Biochemiker** *m* Wissenschaftler auf dem Gebiet der Biochemie; **biochemisch** die Biochemie betreffend

Biodynamik *f* (gr) Wissenschaft von den Einwirkungen äußerer Faktoren auf Organismen; **biodynamisch 1.** die Biodynamik betreffend, **2.** mit organischen Stoffen gedüngt

Biogas *n* (gr) Gas, das sich auf natürliche Weise bildet (z.B. Faulgas)

biogen (gr) aus (abgestorbenen) Organismen entstanden; **Biogenese** *f* Entstehung(sgeschichte) der Lebewesen; **biogenetisch** zur Biogenese gehörend

Biograph *m* (gr) Verfasser einer Lebensbeschreibung; **Biographie** *f* **1.** Lebensbeschreibung, **2.** Lebenslauf eines Menschen; **biographisch** die Biographie (1) betreffend, **2.** den Lebenslauf betreffend

Bioklimatologie *f* (gr) Wissenschaft von den Auswirkungen des Klimas auf das Leben

Biologe *m* (gr) Erforscher der Gesamtheit der Lebenserscheinungen in der Natur; **Biologie** *f* **1.** Wissenschaft vom Leben in der Natur und seinen Gesetzmäßigkeiten, **2.** der Natur entsprechende Beschaffenheit von etwas; **biologisch 1.** die Biologie betreffend, **2.** natürlich, naturbelassen, ohne chemische Zusätze; **biologisch-dynamisch** auf natürlicher Grundlage, ohne chemische Hilfsmittel (Landwirtschaft)

Biomechanik *f* (gr) Wissenschaft von den mechanischen Prozessen in Organismen

Biometeorologie *f* (gr) Wissenschaft von der Auswirkung des Wetters auf die Lebewesen

Biometrie *f* (gr) Wissenschaft von der statistischen Erfassung und Messung von Lebewesen

Bionomie *f* (gr) Wissenschaft von den Gesetzen des Lebens

Biophysik *f* (gr) Wissenschaft von den physikalischen Vorgängen in Lebewesen

Biorhythmus *m* (gr) **1.** der periodische Ablauf des Lebens (z.B. Wechsel der Jahreszeiten), **2.** Vorstellung, daß das Leben des Menschen in bestimmten Phasen verläuft

Biosoziologie *f* (gr-lat) wissenschaftliche Untersuchung der Wechselwirkungen zwischen biologischen und soziologischen Bedingungen

Biosphäre *f* (gr) **1.** Lebensraum, **2.** der gesamte von Lebewesen bewohnte Raum auf der Erde

Biotechnik *f* (gr) technische Nutzbarmachung biologischer Vorgänge

Biotop *n* (gr) Lebensraum bestimmter Tier- und Pflanzengesellschaften, einer bestimmten Tier- oder Pflanzenart

biozentrisch (gr) das Leben (seine Erhaltung und Förderung) in den Mittelpunkt stellend

Biozönose *f* (gr) Lebensgemeinschaft, Gesellschaft von Tieren und Pflanzen in einem bestimmten Lebensgebiet

biped (lat) zweifüßig; **Biped** *m* Zweifüßler

bipolar (lat-gr) zweipolig; **Bipolarität** *f* Zweipoligkeit

bis (lat) **1.** zweimal, **2.** noch einmal (Mus.)

Bisexualität *f* (lat) **1.** Doppelgeschlechtigkeit, **2.** gleichzeitiges Bestehen von hetero- und homosexuellen Neigungen; **bisexuell 1.** doppelgeschlechtig, **2.** beiden Geschlechtern sexuell zugeneigt

Biskuit(porzellan) *n* (fr) unglasiertes Weichporzellan

Bistro *n* (fr) kleine Gastwirtschaft

Bit *n* (engl; Kurzw. aus: *b*inary dig*it*) binäre Einheit, Binärzeichen (EDV)

bitonal (lat) in zwei Tonarten, auf zwei verschiedene Tonarten bezogen; **Bitonalität** *f* gleichzeitige Verwendung zweier Tonarten (Mus.)

bivalent (lat) zweiwertig; **Bivalenz** *f* Zweiwertigkeit (Chem.)

Biwak *n* (fr) Feldlager, Nachtlager im Freien; **biwakieren** im Freien nächtigen

bizarr (fr) absonderlich, verschroben, von fremdartiger Gestalt; **Bizarrerie** *f* Absonderlichkeit

Bizeps *m* (lat) Oberarmmuskel

Blackmail *n* (engl) Erpressung

Blackout *m, n* (engl) **1.** Verdunkelung (in Kriegszeiten), **2.** plötzlicher Stromausfall, **3.** kurzfristiger Ausfall der Erinnerung o. ä. (Med.)

Black Power *f* (engl; »Schwarze Macht«) Bewegung der schwarzen US-Amerikaner gegen die Rassendiskriminierung

blamabel (fr) beschämend; **Blamage** *f* etwas, das einem peinlich ist, das einen beschämt; **sich blamieren** sich bloßstellen, sich lächerlich machen

blanchieren (fr) Lebensmittel kurz mit kochendem Wasser übergießen

Blank *n* (engl) Leerstelle zwischen zwei geschriebenen Wörtern (EDV)

blanko (it) unterschrieben, aber noch nicht vollständig ausgefüllt (Vordrucke, Formulare o. ä.); **Blankoscheck** *m* Scheck, der unterschrieben, aber noch nicht vollständig ausgefüllt ist; **Blankovollmacht** *f* unbeschränkte Vollmacht

blasiert (fr) eingebildet, herablassend, hochmütig

Blasphemie *f* (gr) Gotteslästerung, herabsetzende Äußerung über etwas, das als heilig erachtet wird; **blasphemisch** (gottes)lästerlich

Blazer *m* (engl) Damen- oder Herrenjackett (meist mit Metallknöpfen und Klubabzeichen

Blend *m, n* (engl) **1.** Verschmelzung zweier Wörter, **2.** Mischung

blessieren (fr) verwunden, verletzen; **Blessur** *f* Verwundung, Verletzung

Blister *m* (engl) Verpackungsart (Kunststoffolie, in die das zu verpackende Objekt eingeschweißt ist)

Blizzard *m* (engl) Schneesturm (in Nordamerika)

Blockade *f* (fr) **1.** Absperrung, **2.** kurzfristiger Ausfall des Denkvermögens; **blockieren** **1.** (ab-)sperren, **2.** als Hindernis den Weg versperren, **3.** feststellen, unbeweglich machen

Blow-out *m* (engl) unkontrollierter Austritt von Erdöl oder Erdgas aus einem Bohrloch

Blow-up *n* (engl) Vergrößerung einer Photographie

Blue box *f* (engl) Projektionsverfahren (Fernsehen) zur Schaffung eines künstlichen Hintergrunds

Blue jeans *pl* (engl) Hose aus strapazierfähigem blauen Baumwollstoff
Blue Movie *n* (engl) pornographischer Film
Blue note *f* (engl) erniedrigter 3. oder 7. Ton der Durtonleiter (Blues-, Jazzmusik)
Bluff *m* (engl) Täuschung; **bluffen** täuschen, irreführen
blümerant (fr) schwindelig, übel
Boardinghouse *n* (engl) Pension, kleines Hotel
Boat People *pl* (engl; »Bootsmenschen«) Flüchtlinge (aus der Volksrepublik Vietnam), die über das Meer zu flüchten versuchten
Bob(sleigh) *m* (engl) Sportschlitten für zwei oder vier Fahrer
Bobby *m* (engl) Polizist (ugs.)
Bobine *f* (fr) **1.** (Garn-)Spule, **2.** Seil-, Kabeltrommel
Boche *m* (fr) verächtliche Bezeichnung der Franzosen für den Deutschen
Bodega *f* (span) **1.** Weinkeller, **2.** Weinschenke
Body *m* (engl; »Körper«) Kurzw. für **Bodysuit**; **Bodybuilding** *n* Training zur Förderung des Muskelwachstums; **Bodycheck** *m* Rempeln des Gegners bei bestimmten Mannschaftssportarten (Eishockey); **Bodyguard** *m* Leibwächter; **Bodystocking**, **Bodysuit** *m* enganliegendes, einteiliges Kleidungsstück
Boheme *f* (fr) unbürgerliches Künstlertum, Künstlermilieu; **Bohemien** *m* jmd. (z.B. ein Künstler), der nicht nach den Normen der bürgerlichen Gesellschaft lebt, leichtlebiger Mensch
Boiler *m* (engl) Warmwasserbereiter, -speicher
Bolero *m* (span) **1.** span. Tanz, **2.** kurze Damenjacke
Bolid(e) *m* (gr-lat) **1.** großer Meteor, **2.** Rennwagen
Bolschewik, Bolschewist *m* (russ) **1.** Angehöriger der Kommunistischen Partei Rußlands, **2.** (abwertend) Kommunist, **3.** Sozialrevolutionär
Bombardement *n* (fr) Artilleriebeschuß, Bombenabwurf; **bombardieren** mit schweren Geschützen beschießen, mit Bomben belegen, mit harten Gegenständen bewerfen
Bombast *m* (engl) Rede-, Wortschwall, Schwulst; **bombastisch** schwülstig, geschwollen, aufgebläht
Bon *m* (fr) **1.** Gutschein, **2.** Kassenzettel, Quittung
bona fide (lat) auf Treu und Glauben
Bonanza *f* (engl) Goldgrube
Bonbon *m, n* (fr) **1.** Zuckerwerk zum Lutschen, **2.** (scherzhaft) Orden, Parteiabzeichen; **Bonbonnière** *f* **1.** Behälter für Bonbons, Pralinen u. ä., **2.** ansprechend aufgemachte Packung mit Pralinen o. ä.
Bond *m* (engl) verzinsbare Schuldverschreibung
Bonhomie *f* (fr) Gutmütigkeit, Einfalt, Treuherzigkeit; **Bonhomme** *m* gutmütiger, biederer Mensch

Bonifikation *f* (lat) **1.** Vergütung, Entschädigung, **2.** Gutschrift

Bonität *f* (lat) **1.** Zahlungsfähigkeit (einer Person oder eines Unternehmens), **2.** Güte, Wert (eines Bodens)

Bonmot *n* (fr) geistreiche Bemerkung

Bonne *f* (fr) Kindermädchen, -pflegerin

Bonsai *m* (jap) **1.** Zwergbaum, **2.** (scherzhaft) kleinwüchsiger Mensch

bon ton *m* (fr) guter Ton, feine Lebensart

Bonus *m* (lat) **1.** Sondervergütung, **2.** Vorteil

Bonvivant *m* (fr) Lebemann

Bonze *m* (fr) **1.** buddhistischer Mönch, **2.** (abwertend) hoher Parteifunktionär, der aus seiner Stellung Vorteile für sich selbst zieht; **Bonzokratie** *f* Herrschaft der Bonzen (2)

Booklet *n* (engl) **1.** kleines Buch ohne festen Einband, **2.** (Informations-)Broschüre (z. B. Beilage von CDs)

Boom *m* (engl) plötzlicher Anstieg, (wirtschaftlicher) Aufschwung; **boomen** einen Aufschwung erleben

Booster *m* (engl) **1.** Hilfstriebwerk, Zusatztriebwerk, **2.** (Kraft-) Verstärker

Bootlegger *m* (engl) **1.** Alkoholschmuggler, Schnapsbrenner (zur Zeit der Prohibition in den USA), **2.** jmd., der ohne Lizenz Schallplatten herstellt und vertreibt

Boots *pl* (engl) Stiefel

Bordcase *m, n* (dt-engl) kleiner Koffer, den man mit an Bord eines Flugzeugs nehmen kann

Bordell *n* (fr) Haus, in dem Prostituierte ihrem Gewerbe nachgehen

Borderpreis *m* (engl-dt) Preis frei Grenze

Bordüre *f* (fr) Besatz, Randverzierung

boreal (gr) nördlich, der nördlichen Klimazone angehörig

Borgis *f* (fr) Schriftgrad (Buchdruck)

borniert (fr) **1.** geistig beschränkt, begriffsstutzig, **2.** engstirnig, eingebildet

Borsalino *m* (it) (nach dem Hersteller benannter) Herrenhut mit breiter Krempe

Boskett *n* (fr) Lustwäldchen, Hain aus kunstvoll beschnittenen Bäumen

Bosse *f* (fr) **1.** roh behauener Stein, **2.** erhabene Verzierung (auf Metall)

Boß *m* (ndl-engl) Vorgesetzter, Arbeitgeber

Botanik *f* (gr) Pflanzenkunde, -lehre; **Botaniker** *m* Wissenschaftler auf dem Gebiet der Botanik, Pflanzenforscher, -sammler; **botanisch** pflanzlich, pflanzenkundlich; **Botanischer Garten** *m* zu Lehr- oder Forschungszwecken angelegter Garten; **botanisieren** Pflanzen zu wissenschaftlichen Zwecken sammeln

Bottleneck *m* (engl) Gitarrenspielweise, bei der die Saiten mit einem über den Finger gestülpten abgeschlagenen Flaschenhals (bzw. einer Metallhülse) niedergedrückt werden (Blues-, Rockmusik)

Bottle-Party *f* (engl) Party, zu der die Geladenen die (alkoholischen) Getränke selbst mitbringen

Botulismus *m* (lat) Lebensmittelvergiftung durch Bakterien

Boudoir *n* (fr) elegantes Ankleide-, Privatzimmer einer Dame

Bougie *f* (fr) Dehnsonde zur Erweiterung von Körperkanälen (Med.)

Boulevard *m* (fr) Ringstraße, breite Straße; **Boulevardpresse** *f* Sensationspresse (Zeitungen, die im Straßenverkauf angeboten werden)

Bouquet *n* (fr) s. **Bukett**

Bouquinist *m* (fr) Straßenhändler, der alte Bücher verkauft (bes. in Paris)

bourgeois (fr) **1.** zur Bourgeoisie gehörig, **2.** die Bourgeoisie betreffend; **Bourgeois** *m* **1.** Bürger, Angehöriger der Bourgeoisie, **2.** (abwertend) Spießbürger; **Bourgeoisie** *f* **1.** Bürgerstand, wohlhabendes Bürgertum, **2.** (für den Marxismus) herrschende Klasse in der kapitalistischen Gesellschaft, die im Besitz der Produktionsmittel ist

Boutique *f* (fr) kleiner Laden (für Mode, Schmuck usw.)

Bouton *m* (fr) im Ohr getragener Schmuckknopf

Bowdenzug *m* (engl-dt) Metallkabel zur Übertragung von Zugkräften

bovin (lat) **1.** zum Rind gehörend, **2.** aus Rindern gewonnen

Bowiemesser *n* (engl-dt) Jagdmesser

Bowle *f* (engl) **1.** Gemisch aus Wein, Sekt, Zucker und Früchten, **2.** Gefäß für dieses Getränk

bowlen (engl) Bowling spielen

Bowler *m* (engl) steifer Herrenhut

Bowling *n* (engl) amerik. Abart des Kegelns (mit zehn Kegeln); **Bowlingbahn** *f* Anlage, auf der Bowling gespielt wird

Box *f* (engl) **1.** Büchse, kleiner kastenförmiger Behälter, **2.** kleiner kastenförmiger Raum (z.B. zur Unterbringung von Pferden), **3.** provisorische Reparaturwerkstätte bei Autorennen, **4.** Kurzw. für Lautsprecherbox

Boy *m* (engl) **1.** Laufbursche, -bote, Diener, **2.** junger Mann; **Boyfriend** *m* Freund eines Mädchens

Boykott *m* (engl) **1.** Ächtung, **2.** Handelssperre; **boykottieren** **1.** jemanden oder etwas bewußt meiden, ächten, **2.** eine Sperre über jemanden oder etwas verhängen

Boy-Scout *m* (engl) (männlicher) Pfadfinder

brachial (lat) **1.** zum (Ober-)Arm gehörig, **2.** durch (rohe) Körperkraft; **Brachialgewalt** *f* rohe körperliche Gewalt; **Brachialgie** *f* Schmerzen im (Ober-)Arm

Brachylogie *f* (gr) knappe, gedrängte Ausdrucksweise

brachyzephal (gr) kurzköpfig, rundschädelig (Med.)

Brailleschrift *f* (fr-dt) (nach dem Erfinder benannte) Blindenschrift

Brain-Drain *m* (engl; »Abfluß von Intelligenz«) Abwanderung von Intellektuellen, von Wissenschaftlern in einen anderen Bereich (z.B. ins Ausland)

Brainstorming *n* (am) Sammeln von »Geistesblitzen« von mehreren mit der Lösung einer Aufgabe befaßten Menschen, gemeinsame Lösung dieser Aufgabe

Brain-Trust *m* (engl) Gruppe von Fachleuten, Beratergremium

Brain-washing *f* (engl) Gehirnwäsche

Bramarbas *m* (span?) Prahler, Aufschneider (nach einer literarischen Figur); **bramarbasieren** prahlen, aufschneiden

Branche *f* (fr) Wirtschafts-, Geschäftszweig

Brand Manager *m* (engl) Angestellter eines großen Unternehmens, der für den Absatz eines bestimmten Markenartikels verantwortlich ist

Brasserie *f* (fr) Bierschenke

bravissimo! (it) sehr gut!

bravo! (it) gut!

Bravo *m* (it) Meuchelmörder, Straßenräuber

Bravour *f* (fr) **1.** Tapferkeit, Mut, **2.** Geschicklichkeit, höchste Könnerschaft; **Bravourleistung** *f* (fr-dt) Meisterstück, Glanzleistung; **bravourös** glanzvoll

Break *m*, *n* (engl) **1.** überraschender Konterschlag (beim Sport), **2.** Gewinn eines Punktes bei gegnerischem Aufschlag (beim Tennis), **3.** kurzes, zwei- oder viertaktiges Solo (Jazzmusik)

break! (engl) auseinander! (Anweisung des Ringrichters beim Boxen)

Breakdance *m* (engl) rhythmisch betonter Tanz mit akrobatischen Elementen

Bredouille *f* (fr) unangenehme Lage, Bedrängnis

Breeches *pl* (engl) Reit-, Sporthose

Breve *n* (lat) päpstlicher Erlaß

Brevier *n* (lat) **1.** Buch mit den Stundengebeten des kath. Klerikers, **2.** Sammlung von Zitaten aus dem Werk eines Schriftstellers

Breviloquenz *f* (lat) Wortknappheit, knappe, prägnante Ausdrucksweise

brevi manu (lat) kurzerhand, ohne weiteres

Bric-à-brac *n* (fr) **1.** Trödel, **2.** Sammlung kleiner, nicht sehr wertvoller Kunstgegenstände

Briefing *n* (engl) **1.** knappe Einweisung in ein bestimmtes Aufgabengebiet, Lagebesprechung, **2.** Informationsgespräch

Brigade *f* (fr) **1.** größerer Truppenverband, **2.** (pseudomilitärisch organisierte) Gruppe von Beschäftigten eines Betriebs o. ä.

Brigant *m* (it) **1.** Straßenräuber, **2.** Freiheitskämpfer

Brigg *f* (engl) zweimastiges Segelschiff

brillant (fr) ausgezeichnet, hervorragend, meisterhaft; **Brillant** *m* geschliffener Diamant; **Brillanz** *f* **1.** außerordentliche Könnerschaft, **2.** Bildschärfe, **3.** Tonschärfe; **brillieren** sich durch etwas auszeichnen, mit etwas glänzen

Brimborium *n* (fr) Umschweife, unnötiger Aufwand

Brio *n* (it) Feuer, Lebhaftigkeit (Mus.); **brioso** lebhaft, leidenschaftlich

brisant (fr) **1.** explosiv, zermalmend, **2.** äußerst aktuell; **Brisanz** *f* **1.** Sprengkraft, **2.** äußerste Aktualität

Broadcasting *n* (engl) Rundfunk (England, Amerika)

Brokat *m* (it) mit Gold- oder Silberfäden durchzogener Seidenstoff

Broker *m* (engl) Börsenmakler

Bronchie *f* (gr) Luftröhrenast; **Bronchitis** *f* Entzündung der Luftröhren; **Bronchoskopie** *f* Untersuchung der Luftröhrenäste mit Hilfe eines Spiegelgeräts; **Bronchotomie** *f* Luftröhrenschnitt

broschieren (fr) Druckbogen in einen dünnen Umschlag aus Papier oder Karton heften; **broschiert** geheftet; **Broschur** *f* **1.** das Einheften von Druckbogen in einen dünnen Umschlag, **2.** Druckwerk in einem dünnen Umschlag; **Broschüre** *f* kleine, nicht fest eingebundene Druckschrift

Brouillon *m* (fr) schriftlicher Entwurf

Browning *m* (engl) (nach dem Erfinder benannte) Selbstladepistole

Brunch *m* (engl; aus: *Br*eakfast und L*unch*) üppiges, relativ spät eingenommenes Frühstück, das gleichzeitig als Mittagessen dient; **brunchen** einen Brunch einnehmen

brüsk (fr) schroff, barsch, rücksichtslos, herausfordernd; **brüskieren** schroff behandeln

brut (fr) herb, trocken (von Schaumweinen)

brutal (lat) roh, gefühllos, gewalttätig, grausam; **brutalisieren** gewalttätig machen, verrohen; **Brutalität** *f* **1.** brutales Verhalten, **2.** Gewalttat

brutto (it) **1.** einschließlich Verpackung, **2.** ohne Abzug, roh gerechnet; **Bruttogewicht** *n* Gesamtgewicht eines Gegenstands einschließlich der Verpackung; **Bruttogewinn** *m* Rohgewinn, Gewinn ohne Abzug der Kosten, der Steuern; **Bruttosozialprodukt** *n* Gesamtergebnis der wirtschaftlichen Leistung eines Staates während eines Jahres

Bryologie *f* (gr) Wissenschaft von den Moosen

Bubo *m* (gr) Lymphknotenentzündung; **Bubonenpest** *f* Beulenpest

Buckram *m* (engl) Leinwand für die Buchbinderei

Budget *n* (fr-engl) Jahreshaushalt, Haushaltsplan; **budgetieren** ein Budget aufstellen

Büfett *n* (fr) Anrichte, Geschirrschrank

Buffa *f* (it) Posse; **buffo** komisch; **Buffo** *m* **1.** Spaßmacher, **2.** (in der ital. Oper) Sänger komischer Rollen

Buggy *m* (engl) **1.** leichte einspännige Kutsche, **2.** geländegängiges Auto mit offener Karosserie, **3.** Kinderwagen

bugsieren (ndl) **1.** (ein Schiff) ins Schlepptau nehmen, **2.** jmdn., etwas mit Mühe irgendwohin bringen

Bukanier *m* (fr-engl) Seeräuber, Freibeuter

Bukett *n* (fr) **1.** Blumenstrauß, **2.** Blume (Duft und Geschmack) des Weins

Bukolik *f* (gr) Hirten-, Schäferdichtung; **Bukoliker** *m* Verfasser von Hirtenliedern, idyllischen Gedichten u. ä.; **bukolisch** ländlich, ländlich idyllisch

Bulbus *m* (lat) Pflanzenknolle, -zwiebel

Bulimie *f* (gr) krankhafter Eßdrang (oft mit anschließendem Erbrechen) (Med.)

Bullarium *n* (lat) Sammlung päpstlicher Bullen

Bulldozer *m* (engl) Raupenfahrzeug für Erdbewegungen, schwere Zugmaschine

Bulle *f* (lat) **1.** mittelalterliches Dokument mit Siegel, Erlaß eines Herrschers, **2.** Erlaß des Papstes

Bulletin *n* (fr) **1.** Bekanntmachung, amtliche Verlautbarung, **2.** Krankenbericht

Bullion *n* (engl) ungemünztes Gold oder Silber

Bumerang *m* (austral-engl) Wurfholz (der austral. Eingeborenen), das zum Werfer zurückkehrt, wenn das Ziel nicht getroffen wird; **Bumerangeffekt** *m* negative Auswirkung einer Tat, die deren Urheber trifft

Bungalow *m* (hindi-engl) eingeschossiges (Sommer-)Haus (meist mit flachem Dach)

Bungee *n* (engl-am) Springen von einem hohen Gerüst, wobei der Springende durch ein an den Füßen befestigtes elastisches Seil kurz vor dem Boden gebremst wird

Bunker *m* (engl) **1.** Behälter für Kohle o. ä., **2.** Schutzbau, **3.** mit Sand gefüllte Senke als Hindernis beim Golf; **bunkern** Kohle o. ä. einlagern

Bunny *n* (engl; »Häschen«) als Hase kostümiertes junges Mädchen, das zur Unterhaltung der männlichen Gäste in Nachtklubs o. ä. arbeitet

Burberry *m* (engl) **1.** haltbares Kammgarngewebe, **2.** aus diesem Gewebe gearbeiteter Mantel

burlesk (fr-it) possenhaft; **Burleske** *f* **1.** Posse, **2.** derb-komisches Musikstück

Burnout *n* (engl) **1.** Zeitpunkt, zu dem ein Raketentriebwerk erschöpft ist oder ausgeschaltet wird, **2.** große physische oder psychische Erschöpfung, die in Antriebslosigkeit resultiert

Burnus *m* (arab) Kapuzenmantel (der Beduinen)

Büro *n* (fr) **1.** Arbeitsraum, **2.** Dienst-, Amtsstelle, **3.** Gesamtheit der in einem Büro (2) Beschäftigten; **Bürokrat** *m* Beamter, Angestellter, der sich sklavisch an seine Dienstvorschriften hält; **Bürokratie** *f* **1.** bürokratisches (1) Handeln und Verhalten, **2.** Beamtenapparat; **bürokratisch** **1.** sich sklavisch an Vorschriften haltend, **2.** die Bürokratie (2) betreffend; **bürokratisieren** (Verwaltungs-)Abläufe einer starren Ordnung unterwerfen; **Bürokratismus** *m* bürokratisches Handeln, Pedanterie, Engstirnigkeit

Burse *f* (lat) Studentenwohnheim

Buschido *m* (jap) Ehrenkodex der adeligen hohen Militärs Japans

Busineß *n* (engl) **1.** Geschäft, **2.** profitorientierte Erwerbstätigkeit; **Business class** *f* Klasse für Geschäftsreisende im Flugverkehr; **Businessman** *m* profitorientierter Geschäftsmann

Bussing *n* (engl) Beförderung von farbigen Schulkindern mit Bussen zu von vorwiegend weißen Kindern besuchten Schulen, um die Rassenintegration zu fördern

Bussole *f* (fr) Kompaß

Bustier *n* (fr) miederartige Unterbekleidung für Damen

Butler *m* (engl) Diener, ranghöchster Diener in einem vornehmen Haushalt

Butterfly *m* (engl) Kurzw. für **Butterflystil** *m* Schmetterlingsstil beim Schwimmen

Button *m* (engl) **1.** Knopf, **2.** runde Ansteckplakette aus Plastik oder Metall, die mit einer Aufschrift oder einem Bild versehen ist

Button-down-Kragen *m* (engl-dt) Hemdkragen, dessen Spitzen festgeknöpft werden

Bypass *m* (engl) **1.** Umleitung einer Blutbahn (Med.), **2.** operativ eingepflanztes Ersatzstück, durch das die Umleitung der Blutbahn erfolgt

Byzantinist *m* Wissenschaftler auf dem Gebiet der Byzantinistik (nach der Stadt Byzanz [Konstantinopel/Istanbul]); **Byzantinistik** *f* Wissenschaft von der byzantinischen Kultur

C

Caballero *m* (span) **1.** Ritter, Edelmann, **2.** Herr

Cabaret *n* (fr) s. **Kabarett**

Cache-sexe *n* (fr) sehr knapper Slip

cachieren (fr) s. **kaschieren**

Caddie *m* (engl) **1.** jmd., der dem Spieler die Golfschläger trägt, **2.** kleines fahrbares Gestell für Golfschläger, **3.** Einkaufswagen

Café *n* (fr) Kaffeehaus; **Cafeteria** *f* (span) kleines Selbstbedienungsrestaurant

calando (it) schwächer und langsamer werdend (Mus.)

Calf *n* (engl) Kalbsleder

Call-Girl *n* (engl) Prostituierte, die auf einen telefonischen Anruf hin ihre Kunden empfängt oder sich zu ihnen begibt

calmato (it) beruhigt (Mus.)

Camcorder *m* (engl; aus: *Cam*era und Re*corder*) Kamerarecorder, Kombination aus Videokamera und Videorecorder

Camera obscura *f* (lat) Lochkamera, Vorform des modernen Photoapparats

Camion *m* (fr) Lastwagen

Camouflage *f* (fr) **1.** Tarnung, **2.** Verschleierung von politischen Plänen

Camp *n* (engl) **1.** Zeltlager, **2.** Gefangenenlager

Campanile *m* (it) freistehender Kirchturm

Campesino *m* (span) Bauer, Landarbeiter

Camposanto *m* (it) Friedhof

Campus *m* (lat-am) Universitätsgelände (in den USA)

Canaille *f* (fr) **1.** Schurke, **2.** Gesindel

Cancer *m* (lat) Krebsgeschwür

Cannabis *m* (lat-engl) **1.** Hanf, **2.** Haschisch

cantabile (it) gesangartig (Mus.)

Canto *m* (lat) Gesang

Cantus *m* (lat) Gesang, Melodie; **Cantus firmus** *m* Hauptmelodie im kontrapunktischen Satz

Cape *n* (engl) ärmelloser Umhang

capito? (it) verstanden?

Capriccio *n* (it) scherzhaftes Musikstück

Caprice *f* (fr) Laune, Eigensinn

Car *m* (engl) Wagen, Kraftwagen

Caravan *m* (engl) **1.** Wohnwagen, **2.** PKW mit Ladefläche, **3.** Verkaufswagen

care of (engl) wohnhaft bei, per Adresse (in Adressenangaben)

Carnet *n* (fr) Zollpassierschein für Autos

carpe diem! (lat) nütze den Tag, koste deine Zeit voll aus!

Carport *m* (engl) an den Seiten offene Garage

Carrier *m* (engl) Personen-, Güterbeförderungsunternehmen

Carte Blanche *f* (fr) unbeschränkte Vollmacht

Cartoon *m* (engl) gezeichnete Karikatur, Bildergeschichte; **Cartoonist** *m* Zeichner von Cartoons

Case-history *f* (engl) **1.** Fallgeschichte, ausführliche Darstellung einer Werbeaktion, **2.** beschreibende Darstellung aller Faktoren, die die Entwicklung eines Individuums beeinflussen (Psychol.)

Cash *n* (engl) **1.** Bargeld, **2.** Barzahlung; **cash and carry** Mitnahme einer Ware nach Barzahlung; **cash before delivery** vor Auslieferung bar zu bezahlen; **Cash-flow** *m* Überschuß nach Abzug der Unkosten; **cash on delivery** bei Lieferung bar zu bezahlen

Cast *n* (engl) Gesamtheit der Mitwirkenden an einem Film; **Casting** *n* Besetzung der Rollen in einem Film

Casus *m* (lat) **1.** Fall, Geschehnis, **2.** Beugungsfall (Sprachw.); **Casus belli** *m* Kriegsanlaß, Ereignis, das einen Krieg (einen Streit) auslöst

Catch-as-catch-can (engl; »greifen, wie man greifen kann«) Freistilringen, bei dem fast alle Griffe angewendet werden dürfen; **Catcher** *m* Freistilringer

Catering *n* (engl) Verpflegung, Verpflegungswesen

Caterpillar *m* (engl) Raupenschlepper

Cathedra *f* (gr) **1.** Lehrstuhl, **2.** Bischofsstuhl, Ehrensitz eines Bischofs oder des Papstes

Caudillo *m* (span) **1.** militärischer Führer, **2.** Diktator

Causa *f* (lat) Rechtsgrund, Rechtssache

Cause célèbre *f* (fr) berühmter Rechtsfall, aufsehenerregender Vorfall

Causerie *f* (fr) Plauderei; **Causeur** *m* Plauderer

Causticum *n* (lat) Ätzmittel

Cedille *f* (fr) kleines Zeichen in Form eines Kommas unter einem Buchstaben (z. B. »ç«)

Center *n* (engl) Mittelpunkt, Zentrum

Cercle *m* (fr) Gesellschaftskreis

cerise (fr) kirschrot

c'est la guerre (fr; »das ist der Krieg«) so ist es nun einmal, da kann man nichts machen

chacun à son goût (fr) jeder nach seinem Geschmack, jeder, wie es ihm beliebt

Chairman *m* (engl) Vorsitzender, Gesprächsleiter

Chaise *f* (fr) **1.** Sessel, **2.** altes, heruntergekommenes Fahrzeug

Chaiselongue *f* (fr) Liege mit Kopfpolster

Chalet *n* (fr) **1.** Sennhütte, **2.** elegantes Ferienhaus auf dem Land

Chambre séparée *n* (fr) Nebenzimmer in Gasthäusern, in dem man ungestört ist

chamois (fr) gelbbraun

Champion *m* (engl) Meister (in einer Sportart); **Championat** *n* (fr) Meisterschaft (in einer Sportart)

Chance *f* (fr) **1.** Glücksfall, **2.**

günstige Gelegenheit, **3.** Aussicht auf Erfolg

Change *f* (fr) (Geld-)Wechsel, Tausch; **changeant** in verschiedenen Farben schillernd; **changieren** verschiedenfarbig schillern

Chanson *n* (fr) witzig-geistreiches Lied (oft sozialkritischen Inhalts); **Chansonette** *f* Chansonsängerin; **Chansonnier** *m* Chansonsänger

Chaos *n* (gr) Durcheinander, totale Unordnung; **chaotisch** wirr, ungeordnet

Charakter *m* (gr) **1.** Wesensart eines Menschen, **2.** Gesamtheit der für einen Menschen oder eine Sache eigentümlichen Merkmale, **3.** Mensch von ausgeprägter Wesensart; **charakterisieren** **1.** jmdn. kennzeichnen, zeichnen, **2.** für jmdn. kennzeichnend sein; **Charakteristik** *f* Schilderung, treffende Beschreibung eines Menschen oder einer Sache; **Charakteristikum** *n* Kennzeichen, kennzeichnendes Merkmal, Besonderheit; **charakteristisch** kennzeichnend, eigentümlich, wesentlich

Charge *f* (fr) **1.** Amt, Rang, **2.** militärischer Dienstgrad, **3.** Nebenrolle (Theater); **Chargierter** *m* Vorsitzender eines studentisches Korps

Charisma *n* (gr) die besondere Ausstrahlung eines Menschen

Charly *m* (am) **1.** Spitzname für einen Nordvietnamesen im Vietnamkrieg, **2.** Kokain

charmant (fr) reizend, liebenswürdig; **Charme** *m* Liebenswürdigkeit, Anmut; **Charmeur** *m* Mann, der sich (gegenüber Frauen) betont liebenswürdig verhält

charming (engl) liebenswürdig, gewinnend

Chart *f* (engl) Aufstellung der momentan beliebtesten Titel der Popmusik

Charta *f* (lat) Verfassungsurkunde, Grundgesetzurkunde

Charter *m* (engl) **1.** Freibrief, Urkunde, **2.** Frachtvertrag, **chartern** ein Schiff oder Flugzeug für eine bestimmte Zeit mieten

Chassis *n* (fr) **1.** Fahrgestell von Autos, **2.** Grundplatte elektronischer Geräte

Chaussée *f* (fr) befestigte Landstraße

Chauvi *m* (fr) Mann mit extrem männlichem Verhalten, mit übersteigertem Selbstwertgefühl; **Chauvinismus** *m* **1.** maßloser Nationalismus, **2.** selbstgefällige Überbewertung des männlichen Geschlechts (von Männern); **Chauvinist** *m* Vertreter des Chauvinismus (1, 2); **chauvinistisch** **1.** von Chauvinismus (1, 2) erfüllt, **2.** dem Chauvinismus (1, 2) entsprechend

checken (engl) nachprüfen, überprüfen

Check-in *n* (engl) Abfertigung des Passagiers auf Flughäfen

Checklist *f* (engl) Kontrolliste (zur Überprüfung von Apparaturen)

Checkpoint *m* (engl) Grenzübergang

Check-up *m, n* (engl) medizinische Vorsorgeuntersuchung

Chef *m* (gr) Oberhaupt, Vorgesetzter, Leiter, Inhaber eines Geschäfts, eines Unternehmens

Chemical mace *f* (engl) Chemische Keule

Chemie *f* (arab) Lehre von den Zusammensetzungen der Stoffe und ihrer Umwandlungen; **Chemikalie** *f* chemische Verbindung, industriell erzeugter chemischer Stoff; **Chemiker** *m* Wissenschaftler auf dem Gebiet der Chemie; **chemisch** **1.** die Chemie betreffend, **2.** den Gesetzen der Chemie folgend, **3.** mit Hilfe von Chemikalien erfolgend; **Chemotherapie** *f* Heilbehandlung mit chemischen Stoffen

cherchez la femme (fr; »sucht die Frau!«) dahinter verbirgt sich eine bestimmte Frau

Cherub *m* (hebr) Engel, himmlischer Wächter; **cherubinisch** engelgleich

chevaleresk (fr) ritterlich, zuvorkommend; **Chevalerie** *f* Ritterlichkeit

Chewing-gum *m* (engl) Kaugummi

Chiaroscuro *n* (it) Helldunkel(malerei)

Chief *m* (engl) Anführer, Oberhaupt, Chef

Chiffoniere *f* (fr) hohe Kommode mit Schubläden

Chiffre *f* (fr) **1.** Ziffer, **2.** Geheimzeichen, **3.** Kennwort, Kennziffer (bei Zeitungsanzeigen); **chiffrieren** verschlüsseln

Chiliasmus *m* (gr) Lehre von der Erwartung des Tausendjährigen Reiches Christi auf Erden nach seiner Wiederkunft vor dem Weltende

Chimäre *f* (gr) **1.** Ungeheuer (der altgriech. Sage), **2.** Hirngespinst

chin-chin! (engl) Prost!

Chip *m* (engl) **1.** Spielmarke (beim Roulette), **2.** flaches Plättchen mit aufgedrucktem Schaltkreis zur Speicherung von Informationen, Baustein eines Computers

Chirologie *f* (gr) Deutung der Zukunft aus den Handlinien; **Chiromantie** *f* Handlesekunst; **Chiromant** *m* Handleser; **Chiropraktik** *f* Einrenken verschobener Bandscheiben; **Chiropraktiker** *m* Fachmann auf dem Gebiet der Chiropraktik

Chirurg *m* (gr) Facharzt, auf dem Gebiet der Chirurgie, Operateur; **Chirurgie** *f* Lehre von der operativen Behandlung von Krankheiten; **chirurgisch** **1.** die Chirurgie betreffend, **2.** operativ

Chloroform *n* (gr) Lösungsmittel, Betäubungsmittel (Med.); **chloroformieren** betäuben

Chlorophyll *n* (gr) Blattgrün

Choke *m* (engl) Luftklappe im Vergaser eines Kraftfahrzeugs

Choleriker *m* (gr) jähzorniger Mensch; **cholerisch** reizbar, jähzornig

Chopper *m* (engl-am) **1.** Hubschrauber, **2.** Motorrad mit tiefliegendem Sattel und hochgebogenem Lenker

Chor *m* (gr) **1.** Altarteil der Kirche, **2.** Sängergruppe, **3.** gemeinsamer Gesang, **4.** für einen Chor (2) geschriebenes Musikstück; **Choral** *m* (lat) religiöses Lied

Choreograph *m* (gr) Fachmann auf dem Gebiet der Choreographie; **Choreographie** *f* künstlerische Einrichtung eines Tanzes

Chose *f* (fr) Sache, Angelegenheit

Chrestomathie *f* (gr) Zusammenstellung von Texten aus den Werken bedeutender Schriftsteller

Christologie *f* (gr) Lehre von der Person Christi

Christusmonogramm *n* (gr) Symbol für Christi Namen (aus den griech. Buchstaben X und P gebildet)

Chromatik *f* (gr) **1.** Lehre von den Farben, **2.** Erhöhung oder Erniedrigung der sieben Grundtöne um einen halben Ton (Mus.); **chromatisch** **1.** farbig, **2.** in Halbtönen fortschreitend (Mus.)

Chromolithographie *f* (gr) mehrfarbiger Steindruck

Chromosom *n* (gr) Teil des Zellkerns, der das Erbgut eines Lebewesens trägt

Chromotypie *f* (gr) Farbendruck

Chronik *f* (gr) Darstellung geschichtlicher Ereignisse in zeitlicher Reihenfolge; **Chronique scandaleuse** *f* (fr) Skandal-, Klatschgeschichten; **chronisch** (gr) **1.** langsam verlaufend (Med.), **2.** dauernd vorhanden, ständig anhaltend; **Chronist** *m* Verfasser einer Chronik

Chronographie *f* (gr) Darstellung geschichtlicher Ereignisse in zeitlicher Ordnung

Chronologie *f* (gr) **1.** Zeitrechnung, -messung, **2.** zeitliche Abfolge; **chronologisch** nach der zeitlichen Abfolge geordnet

Chronometer *n* (gr) Zeitmesser, Uhr; **Chronometrie** *f* Zeit-, Taktmessung

chthonisch (gr) zur Erde gehörig, unterirdisch

Chuzpe *f* (jidd) Dreistigkeit, Unverschämtheit

Ciao! (it) tschüs! (vertraulicher Abschiedsgruß)

Cicerone *m* (it) Fremdenführer

Cineast *m* (fr) **1.** Filmschaffender, **2.** Filmkenner, Filmbegeisterter; **Cineastik** *f* Filmkunst; **cineastisch** die Cineastik betreffend

Cinemascope *n* (engl) Breitwandverfahren beim Film

Cinemathek *f* (gr) Filmsammlung

circa (lat) ungefähr

Circuittraining *n* (engl) ununterbrochene Folge von Kraftübungen zur Verbesserung der allgemeinen Kondition

Circulus *m* (lat) Kreis, Ring (Med.); **Circulus vitiosus** *m* **1.** Zirkelschluß (in der Beweisführung), **2.** Teufelskreis

Citoyen *m* (fr) Bürger

City *f* (engl) **1.** Innenstadt, **2.** Geschäftsviertel einer Großstadt; **City-Bike** *n* kleines, wendiges Motorrad für den Gebrauch in der Innenstadt

Claim *n* (engl) **1.** Anrecht, Rechtsanspruch, **2.** Anteil, **3.** (von der Werbung aufgestellte) Behauptung

Clan *m* (kelt-engl) **1.** Stammesverband, Sippe, **2.** Gruppe von Personen, die durch gemeinsame Interessen miteinander verbunden sind

Claque *f* (fr) Gruppe bestellter (und bezahlter) Beifallklatscher; **Claqueur** *m* bestellter Beifallklatscher

clean (engl; »sauber«) nicht mehr drogensüchtig

clever (engl) gescheit, pfiffig, schlau; **Cleverness** *f* clevere Art und Weise

Clinch *m* (engl) Umklammerung des Gegners beim Boxkampf, Nahkampf

Clip *m, n* (engl) **1.** Anstecknadel, Klemme, **2.** kurzer Videofilm

Clique *f* (fr) **1.** Gruppe, Sippschaft, Bande, **2.** Freundesgruppe

Clochard *m* (fr) Stadtstreicher

Cloning *n* (engl) künstliche Erzeugung von Lebewesen durch Genmanipulation

Close-up *n* (engl) Nahaufnahme im Film

Clou *m* (fr) Höhepunkt, Glanzpunkt, Kernpunkt

Coach *m* (engl) Trainer, Betreuer von Sportlern

Coating *n* (engl) schützender Überzug

Cochon *m* (fr) unanständiger Mensch, Schwein (Schimpfwort)

Cockpit *n* (engl) **1.** Pilotenkabine in Flugzeugen, **2.** Fahrersitz in Rennwagen

Cocktail *m* (engl) (alkoholisches) Mischgetränk

Coda *f* (it) Schlußstück in der Musik

Code *m* (fr) **1.** Zeichensystem als Kommunikationsgrundlage, **2.** Geheimschrift, **3.** Schlüssel für verschlüsselte Mitteilungen

Codex *m* (lat) **1.** dickleibiges Buch, **2.** Handschrift, **3.** Gesetzbuch, -sammlung, **4.** Verhaltensregeln

cogito ergo sum (lat) ich denke, also bin ich

Coiffeur *m* (fr) Friseur

Coincidentia oppositorum *f* (lat) Zusammenfall der Gegensätze, Aufhebung aller auf der Erde existierenden Gegensätze im Unendlichen

Coitus *m* s. **Koitus**

Collage *f* (fr) **1.** aus verschiedenen Dingen Zusammengesetztes, **2.** aus verschiedenen Dingen zusammengesetzte künstlerische Komposition, Klebebild

College *n* (engl) **1.** höhere Privatschule (in England), **2.** Lehranstalt als Teil einer Universität mit Wohnräumen für Dozenten und Studenten (in England), **3.** Eingangsstufe der Universität (in den USA)

Collier *n* (fr) Halsband, Halskette

Combo *f* (am) kleine Tanzkapelle

Comeback *n* (engl) erfolgreiches Wiederauftreten eines bekannten, eine Zeitlang inaktiven Künstlers, Sportlers, Politikers usw.

Comic, Comic strip *m* (engl) komische Bildererzählung
Coming-out *n* (engl) öffentliches Sichbekennen zu homosexueller Veranlagung
comme ci, comme ça (fr) es geht so, es geht nicht besonders gut
comme il faut (fr) wie es sich gehört
Comment *m* (fr) studentisches Brauchtum
Common sense *m* (engl) gesunder Menschenverstand
Commonwealth *n* (engl) brit. Völkergemeinschaft
Commotio cerebri (lat) Gehirnerschütterung
Communiqué *n* (fr) amtliche Verlautbarung
comodo (it) gemächlich, behaglich (Mus.)
Compact Disc *f* (engl) kleine Schallplatte, die mit einem Laserstrahl abgetastet wird
Composer *m* (engl) elektrische Schreibmaschine mit Randausgleich
Computer *m* (engl) elektronische Rechenanlage; **Computerfreak** *m* fanatischer Anhänger der Computertechnik; **computerisieren** **1.** Informationen für einen Computer lesbar machen, **2.** Daten in einem Computer speichern, **3.** auf Computerbetrieb umstellen; **computern** mit dem Computer arbeiten; **Computervirus** *n, m* in einen fremden Computer eingeschleustes Rechenprogramm, das dessen Software zerstört
con brio (it) mit Wärme (Mus.)
Concierge *m, f* (fr) Hausmeister(in), Portier, Portiersfrau
Conditio sine qua non (lat) unerläßliche Voraussetzung
confer (lat) vergleiche
Conférence *f* (fr) Ansage in einem Kabarett, bei öffentlichen Veranstaltungen usw.; **Conférencier** *m* Ansager in einem Kabarett, bei Veranstaltungen usw.
Confessio *f* (lat) **1.** Glaubensbekenntnis, **2.** Sündenbekenntnis
Confrater *m* (lat) Amtsbruder
con moto (it) bewegt (Mus.)
Connection *f* (engl) Verbindung, Beziehung
Consilium *n* (lat) Versammlung; **Consilium abeundi** *n* Rat, freiwillig von der Schule abzugehen
con spirito (it) temperamentvoll (Mus.)
Consultant *m* (engl) (Unternehmens-)Berater; **Consulting** *n* Beratungstätigkeit, Unternehmensberatung
Container *m* (engl) **1.** Großbehälter (für Müll u. ä.), **2.** Großbehälter für den Güterverkehr, **3.** behelfsmäßiges, transportables Wohngebäude
Contenance *f* (fr) Fassung, Beherrschung, Haltung
Contest *m* (engl) Wettbewerb
contra (lat) gegen
Contradictio *f* (lat) Widerspruch
Controller *m* (engl) Fachmann für Kostenrechnung, Finanzprüfer

Control-Tower *m* (engl) Kontrollturm auf Flughäfen
cool (engl) **1.** kühl, nüchtern, ungerührt, **2.** sehr gut (auch in bezug auf die Wirkung von Rauschgiften)
Cop *m* (am) (Verkehrs-)Polizist
Copyright *n* (engl) Urheberrecht
coram publico (lat) vor aller Welt, in aller Öffentlichkeit
Corner *m* (engl) Ecke des Boxrings
Corps *n* (fr) s. **Korps**
Corpus delicti *n* (lat) Gegenstand, der zur Ausführung eines Verbrechens gedient hat und mit dessen Hilfe der Täter überführt werden kann
Corrida *f* (span) Stierkampf
corriger la fortune (fr) **1.** die Erfolgsaussicht auf betrügerische Weise verbessern, **2.** falschspielen
Cosa Nostra *f* (it) Verbrecherorganisation in den USA, der vor allem Italiener oder Amerikaner italienischer Abkunft angehören
Cottage *n* (engl) kleines Landhaus
Cotton *m* (engl) Baumwollstoff
Couleur *f* (fr) geistige Prägung (einer Person)
Countdown *m* (engl; »Herunterzählen«) **1.** Zeitzählung (von 10 bis 0) bis zum Start (einer Rakete), **2.** abschließende technische Vorbereitungen vor dem Beginn eines Unternehmens
Counter *m* (engl) Schalter zur Abfertigung von Fluggästen
Country-music *f* (engl) nordamerik. Volksmusik
Coup *m* (fr) Überraschungsaktion, Streich, Schlag; **coup de main** *m* Handstreich; **coup d'État** *m* Staatsstreich
Coupé *n* (fr) **1.** Wagenabteil, **2.** geschlossener Kraftwagen
Couplet *n* (fr) kleines (witziges) Lied
Coupon *m* (fr) **1.** Gutschein, **2.** Zins-, Anteilschein (an Wertpapieren)
Cour *f* (fr) Hof, Hofhaltung; **jmdm. die Cour machen** jmdn. umschmeicheln
Courage *f* (fr) Mut, Beherztheit; **couragiert** beherzt
Court *m* (engl) **1.** Gerichtshof, **2.** Spielfeld des Tennisplatzes
Courtage *f* (fr) Maklergebühr (bei Börsengeschäften)
Courtoisie *f* (fr) höfliches, ritterliches Benehmen
Couturier *m* (fr) Schneider, Modeschöpfer
Cover *n* (engl) **1.** Titelblatt, Titelbild, **2.** Schallplattenhülle; **Covergirl** *n* (engl) hübsches Mädchen auf der Titelseite einer Illustrierten; **Coverstory** *f* Titelgeschichte
Crack *m* (engl) **1.** bestes Rennpferd, **2.** herausragender Sportler, **3.** starkes, synthetisches Rauschgift
Crash *m* (engl) Zusammenstoß, Unfall; **Crashtest** *m* Test, bei dem Unfälle simuliert werden, um die Widerstandsfähigkeit von Kraftfahrzeugen zu überprüfen
Credo *n* (lat) **1.** Glaubensbekenntnis, **2.** unerschütterliche Meinung

crescendo (it) in der Tonstärke zunehmend (Mus.)

Crew *f* (engl) **1.** (Schiffs-, Flugzeug-)Mannschaft, **2.** Gesamtheit der Mitarbeiter

Crooner *m* (engl) Schlagersänger

Cross *m* (engl) diagonal über den Platz geschlagener Ball (beim Tennis); **Cross-country** querfeldein (von Sportwettbewerben)

Croupier *m* (fr) Gehilfe des Spielbankhalters (beim Roulette)

Cru *n* (fr) Wachstum, Lage (in bezug auf franz. Weine)

Cruise Missile *f* (engl) Marschflugkörper, unbemannter Flugkörper mit Düsenantrieb und Gefechtskopf

Crux *f* (lat) Hauptschwierigkeit, Hindernis

cui bono? (lat) wem nützt es? wozu?

cultural lag *m* (engl) verzögerte Angleichung von Personengruppen an die kulturelle (technische) Entwicklung

cum grano salis (lat; »mit einem Körnchen Salz«) mit Einschränkung, nicht ganz wörtlich zu nehmen

cum laude (lat) gut (Prüfungsnote)

cum tempore (lat) eine Viertelstunde nach der angegebenen Zeit, mit akademischem Viertel

Cup *m* (engl) Siegerpokal (Sport)

cura posterior (lat) nicht vordringliches Anliegen, mit dem man sich später beschäftigen kann

Curriculum *n* (lat) Lehrplan; **Curriculum vitae** *n* Lebenslauf

Cursor *m* (engl; »Läufer«) bewegliches Zeichen auf einem Computerbildschirm, das angibt, wo die folgende Eingabe erscheint

cutten (engl) Filme oder Tonbänder schneiden und für die Endfassung zusammenkleben; **Cutter(in)** *m, f* Schnittmeister(in) im Ton- oder Filmstudio

Cuvée *f* (fr) Mischung von verschiedenen Weinen

Cyanid *n* (lat) giftiges Salz der Blausäure

Cyberspace *n* (engl; aus: *cybernetics* und *space*) von Computern erzeugte realitätsnahe Scheinwelt (für die Simulation von Bewegungsabläufen usw.)

D

da capo (it) noch einmal (von Anfang an)
d'accord (fr) einverstanden
Daktyloskopie *f* (gr) Fingerabdruckverfahren (zur Identifizierung von Personen)
Daktylus *m* (gr) **1.** Finger, **2.** Versfuß aus einer langen und zwei kurzen Silben
dal segno (it) vom Zeichen an wiederholen (Mus.)
damaszieren (fr) Stahl mit Verzierungen versehen
Damoklesschwert *n* (gr-dt) ständig drohende Gefahr
Dämon *m* (gr) böser Geist; **Dämonie** *f* **1.** bedrohliche Macht, **2.** Besessenheit; **dämonisch** **1.** unheimlich, **2.** teuflisch
Danaergeschenk *n* (gr-dt) Unglück oder Schaden bringendes Geschenk
Danaidenarbeit *f* (gr) vergebliche Arbeit, sinnlose Mühe
Dancing *n* (engl) Tanz, Tanzveranstaltung
Dandy *m* (engl) übertrieben modisch gekleideter Mann
Danse macabre *m* (fr) Totentanz
Dark horse *n* (engl) **1.** neues unbekanntes Rennpferd, **2.** nicht einzuschätzender Mensch
Darling *m* (engl) Liebling
Darts *n* (engl) Pfeilwurfspiel
Dash *m* (engl) Spritzer, kleinste Menge (bei der Zubereitung eines Cocktails)
Date *n* (engl) Verabredung, Treffen
Datei *f* (lat) Zusammenfassung zusammenhängender Daten (EDV)
Daten *pl* (lat) **1.** Angaben, Mitteilungen, **2.** Gegebenheiten
datieren (lat) **1.** die Zeit angeben oder bestimmen, **2.** sich zeitlich herleiten
Datum *n* (lat) **1.** Kalendertag, **2.** Zeitangabe
Dativ *m* (lat) Wemfall
dato (lat) heute
Dauphin *m* (fr) Thronfolger (auch im übertr. Sinn)
Deadline *f* (engl) (aller)letzter Termin
Deal *m* (engl) **1.** Handel, **2.** informelles Abkommen; **dealen** mit Rauschgift handeln; **Dealer** *m* Rauschgifthändler
Debakel *n* (fr) Zusammenbruch, Niederlage, Fehlschlag
Debatte *f* (fr) **1.** Erörterung, **2.** Meinungsaustausch; **debattieren** erörtern, sich besprechen
Debauche *f* (fr) Ausschweifung; **debauchieren** ausschweifend leben
Debet *n* (lat) Soll
debil (lat) leicht schwachsinnig; **Debilität** *f* leichter Schwachsinn
debitieren (lat) ein Konto belasten; **Debitor** *m* Schuldner

Debüt *n* (fr) **1.** erstes Auftreten (in der Öffentlichkeit), **2.** Erstlingsleistung; **Debütant** *m* **1.** Neuling, **2.** Anfänger; **debütieren** zum erstenmal (öffentlich) auftreten

Dechant *m* (lat) Leiter eines Kirchensprengels

dechiffrieren (fr) (einen Text) entschlüsseln

Decoder *m* (engl) elektronischer Datenentschlüßler

decouragieren (fr) entmutigen; **decouragiert** entmutigt, verzagt

decrescendo (it) (an Tonstärke) abnehmend, geringer werdend (Mus.)

Dedikation *f* (lat) **1.** Widmung, **2.** Spende; **dedizieren 1.** widmen, **2.** zueignen

Deduktion *f* (lat) Ableitung (des Besonderen aus dem Allgemeinen); **deduktiv** das Besondere aus dem Allgemeinen ableitend; **deduzieren** folgern; das Besondere aus dem Allgemeinen ableiten

Deep-freezer *m* (engl) Tiefkühlschrank, Tiefkühltruhe

Deeskalation *f* (engl) stufenweise Abschwächung, Verringerung

de facto (lat) tatsächlich

Defätismus *m* (fr) **1.** Mutlosigkeit, Hoffnungslosigkeit, **2.** Schwarzseherei; **Defätist** *m* Pessimist, (gewohnheitsmäßiger) Schwarzseher

defekt (lat) schadhaft, fehlerhaft; **Defekt** *m* Schaden, Fehler

defensiv (lat) abwehrend, verteidigend; **Defensive** *f* Abwehr(stellung), Verteidigung

deficiendo (it) die Tonstärke und das Tempo herabsetzend (Mus.)

Defilee *n* (fr) feierlicher Vorbeimarsch; **defilieren** feierlich an jmdm. vorbeiziehen

definieren (lat) abgrenzen, (genau) bestimmen; **Definition** *f* (genaue) Bestimmung; **definitiv** endgültig; **Definitivum** *n* endgültiger Zustand

Defizit *n* (lat) Fehlbetrag, Mangel; **defizitär** ein Defizit verursachend

Deflation *f* (lat) Verminderung des Geldumlaufs

Defloration *f* (lat) Entjungferung; **deflorieren** entjungfern

deform (lat) entstellt, mißgestaltet; **Deformation, Deformierung** *f* Verunstaltung, Mißbildung; **deformieren 1.** verformen, **2.** verunstalten, entstellen

Defraudant *m* (lat) Betrüger; **defraudieren** betrügen, unterschlagen

Defroster *m* (engl) Vorrichtung oder Mittel zum Enteisen

Degeneration *f* (lat) Entartung, Verfall, Rückbildung; **degenerieren** entarten, verkümmern

Degout *m* (fr) Widerwille, Abneigung, Ekel; **degoutant 1.** ekelerregend, **2.** widerwärtig; **degoutieren** anekeln

Degradation *f* (lat) Herabsetzen des Ranges; **degradieren** jmdn. in einen niedrigeren Rang versetzen

Degustation *f* (lat) Überprüfen, Kosten von Lebensmitteln; **de-**

gustieren Lebensmittel überprüfen, kosten

Dehors *pl* (fr) äußerer Schein, Anstand

Dehumanisation *f* (lat) Entmenschlichung

Dehydratation *f* (gr) Entzug von Wasser, Trocknung; **Dehydration, Dehydrierung** *f* Entzug von Wasserstoff (Chem.)

Deifikation *f* (lat; »Vergottung«) Erhebung eines Menschen oder eines Dings zu einem Gott; **deifizieren** zum Gott erheben

deiktisch (gr) auf etwas hinweisend

Deismus *m* (lat) Auffassung, nach der Gott sich nach Schaffung der Welt aus ihr zurückgezogen hat; **Deist** *m* Anhänger des Deismus; **deistisch** den Deismus betreffend

Déjà-vu (fr; »schon gesehen«) **1.** bereits bekannt, **2.** nicht neu, langweilig; **Déjà-vu-Erlebnis** *n* (fr-dt) Gefühl, etwas schon einmal gesehen, erlebt zu haben (Psychol.)

Dejeuner *n* (fr) Frühstück, kleines Mittagessen

de jure (lat) von Rechts wegen

Deka(gramm) *n* (gr) zehn Gramm (österr.)

Dekade *f* (gr) **1.** Serie von zehn Einheiten, **2.** Zeitraum von zehn Tagen, Wochen usw., **3.** Jahrzehnt

dekadent (fr) **1.** entartet, **2.** kraftlos; **Dekadenz** *f* Verfall, Entartung

dekadisch (gr) zehnteilig

Dekalog *m* (gr, »zehn Worte«) die Zehn Gebote

Dekan *m* (lat) **1.** höherer protestantischer Geistlicher, **2.** Fakultätsvorsteher; **Dekanat** *n* **1.** Amt eines Dekans, **2.** Verwaltungsstelle einer Fakultät

dekantieren (fr) eine Flüssigkeit vorsichtig abgießen, so daß der Bodensatz zurückbleibt

Dekapitation *f* (fr) Enthauptung

dekartellisieren (fr) Zusammenschlüsse von Wirtschaftsunternehmen auflösen

Deklamation *f* (lat) ausdrucksvolle Art des Vortrags; **Deklamator** *m* Vortragskünstler; **deklamatorisch** ausdrucksvoll im Vortrag; **deklamieren** kunstgerecht, ausdrucksvoll vortragen

Deklaration *f* (lat) Erklärung; **deklarieren** **1.** Erklärungen über zollpflichtige Waren abgeben, **2.** als etwas bezeichnen, benennen

deklassieren (fr) **1.** einen Gegner mit großer Überlegenheit schlagen, **2.** im sozialen, ökonomischen Rang sinken

deklinabel (lat) beugbar (von Wörtern); **Deklination** *f* **1.** Beugung von Wörtern, **2.** Abweichung der Kompaßnadel von der Nordrichtung; **deklinieren** ein Wort beugen

Dekolleté *n* (fr) tiefer Brust- oder Rückenausschnitt eines Damenkleides; **dekolletiert** tief ausgeschnitten

Dekoloration *f* (lat) Entfärbung; **dekolorieren** entfärben, (aus-)bleichen

dekomponieren (lat) (in die Grundbestandteile) zerlegen; **Dekomposition** *f* Auflösung, Zersetzung

Dekompression *f* (lat) **1.** Druckabfall, **2.** langsame Druckentlastung; **dekomprimieren** den Druck verringern

Dekonstruktion *f* (lat) Zerlegung, Auflösung

Dekontamination *f* (lat) Entgiftung; **dekontaminieren** entgiften

Dekonzentration *f* (lat) Aufsplitterung, Verteilung

Dekor *m*, *n* (fr) **1.** Verzierung, **2.** Muster; **Dekorateur** *m* Ausstatter von Wohnräumen, Schaufenstern usw.; **Dekoration** *f* **1.** Ausschmückung, **2.** Bühnenausstattung, **3.** Ordensverleihung; **dekorativ** **1.** schmückend, **2.** wirkungsvoll; **dekorieren** **1.** ausschmükken, **2.** geschmackvoll anordnen, **3.** einen Orden verleihen

Dekorum *n* (lat) äußere Wohlanständigkeit, Schicklichkeit

Dekreszenz *f* (lat) Abnahme (der Tonstärke)

Dekret *n* (lat) Verfügung, Verordnung, Erlaß; **Dekretale** *n* päpstliche Entscheidung in kirchlichen Angelegenheiten; **dekretieren** anordnen, verfügen

dekupieren (fr) ausschneiden, aussägen

Dekurie (lat) *f* **1.** Zehnergruppe, **2.** Gruppe von zehn altröm. (Reiter-)Soldaten; **Dekurio** *m* **1.** Mitglied einer Dekurie (2), **2.** Anführer einer Dekurie (2)

dekuvrieren (fr) enthüllen, aufdecken, enttarnen

deleatur (lat) zu tilgen (Korrekturanweisung)

Delegat *m* (lat) päpstlicher Gesandter; **Delegation** *f* **1.** Abordnung von Bevollmächtigten, **2.** Übertragung von Befugnissen; **delegieren** **1.** abordnen, abkommandieren, **2.** übertragen; **Delegierter** *m* Mitglied einer Delegation

delektieren (lat) sich ergötzen, genießen

delete (engl) löschen, tilgen (EDV)

Deliberation *f* (lat) Erwägung, Beratschlagung; **deliberieren** erwägen, beratschlagen

delikat (lat) **1.** wohlschmeckend, köstlich, **2.** heikel, empfindlich; **Delikatesse** *f* **1.** Feinkost, Leckerbissen, **2.** Feinfühligkeit, Behutsamkeit

Delikt *n* (lat) Straftat, Verbrechen

Delimitation *f* (lat) **1.** Zergliederung sprachlicher Einheiten in die konstituierenden Elemente (Sprachw.), **2.** Abgrenzung, **3.** Grenzberichtigung; **delimitativ** zur Abgrenzung (von Morphemen gegenüber Wörtern) dienend

Delinquent *m* (lat) Straftäter, Verbrecher

Delirium *n* (lat) Zustand geistiger Verwirrtheit; **delirieren** irre sein, irrereden; **Delirium tremens** *n* Säuferwahn, durch Entzug von Alkohol ausgelöste Halluzinationen

deliziös (fr) **1.** wohlschmeckend, **2.** entzückend
delogieren (fr) jmdn. zwangsweise zum Auszug veranlassen; **Delogierung** *f* Zwangsräumung einer Wohnung
delphisch (gr) **1.** doppelsinnig, **2.** schwer verständlich
Delta (gr) *n* Mündungsgebiet eines großen Flusses
Delusion *f* (lat) **1.** Verspottung, **2.** Täuschung; **delusorisch 1.** verspottend, **2.** täuschend
de luxe (fr) mit allem Luxus, mit allem Komfort ausgestattet
Demagoge *m* (gr) Volksaufwiegler; **Demagogie** *f* Volksaufwieglung; **demagogisch** aufwieglerisch
Demarche *f* (fr) diplomatische Maßnahme (bei einer ausländischen Regierung)
Demarkation *f* (fr) (Gebiets-)Abgrenzung; **Demarkationslinie** *f* (fr-dt) (vorläufige) Grenzlinie; **demarkieren** abgrenzen
demaskieren (fr) **1.** die Maske abnehmen, **2.** enthüllen, aufdecken, entlarven
Dematerialisation *f* (lat) **1.** Entstofflichung, **2.** Auflösung eines Körpers oder körperhaften Gegenstandes (Parapsychol.)
Dementi *n* (lat) (offizieller) Widerruf einer Behauptung
Dementia *f* (lat) Geistesschwäche; **Dementia praecox** Jugendirresein (Med.); **Dementia senilis** Altersschwachsinn (Med.)
dementieren (lat) **1.** widerrufen, **2.** für unrichtig erklären
Demijohn (engl) *m* große Korbflasche
Demi-monde *f* (fr) Halbwelt
demi-sec (fr) halbtrocken (bei Schaumweinen)
Demission *f* (lat) **1.** Rücktritt von einem Amt, **2.** Entlassung; **demissionieren 1.** von einem Amt zurücktreten, **2.** jmdn. entlassen
Demiurg *m* (gr) Weltenschöpfer
Demo *f* Kurzw. für **Demonstration**
Demobilisation, Demobilisierung *f* (lat) Reduktion des Kriegsheeres; **demobilisieren** ein Kriegsheer auf Friedensstärke reduzieren
démodé (fr) aus der Mode
Demographie *f* (gr) Beschreibung der wirtschaftlichen und sozialen Lebensverhältnisse einer Bevölkerung
Demokrat *m* (gr) Vertreter einer demokratischen Anschauung; **Demokratie** *f* **1.** Staatsordnung, bei der das Volk (durch Wahlen u. ä.) an der Regierung beteiligt ist; **demokratisch** in Art einer Demokratie; **demokratisieren** demokratische Prinzipien einführen
demolieren (fr) beschädigen, zerstören
Demonstrant *m* (lat) Teilnehmer an einer öffentlichen Kundgebung; **Demonstration** *f* **1.** anschauliche Beweisführung, **2.** öffentliche Kundgebung; **demonstrativ 1.** anschaulich dargestellt, **2.** auffällig, betont; **Demonstrativpronomen** *n* hinweisendes

Fürwort; **demonstrieren** **1.** veranschaulichen, vor Augen führen, **2.** beweisen, **3.** eine öffentliche Kundgebung veranstalten, öffentlich protestieren

Demontage *f* (fr) Abbau, Abbruch; **demontieren** abbauen, abbrechen

Demoralisation *f* (fr) **1.** Sittenverderbnis, **2.** Entmutigung; **demoralisieren** **1.** jmds. Moral zersetzen, **2.** jmdn. entmutigen; **demoralisiert** **1.** moralisch verdorben, zuchtlos, **2.** mutlos

Demoskop *m* (gr) Meinungsforscher; **Demoskopie** *f* Meinungsforschung; **demoskopisch** durch Meinungsbefragung festgestellt

demotivieren (lat) **1.** das Interesse einer Person an einer Handlung verringern, **2.** entmutigen

Denaturalisation *f* (lat) **1.** Aufhebung der bisherigen Staatsangehörigkeit, **2.** Ausbürgerung; **denaturalisieren** ausbürgern

denaturieren (lat) Stoffe durch Zusätze verändern, ungenießbar machen (z.B. denaturierter Alkohol)

Dendrochronologie (gr) *f* Jahresringforschung, Bestimmung des Alters hölzerner Gegenstände mit Hilfe der Jahresringe

Dendrologie *f* (gr) Wissenschaft von Bäumen und Gehölzen; **dendrologisch** gehölzkundlich

Denim *m* (Kunstw.) derber Jeansstoff

denobilitieren (lat) jmdm. das Adelsprädikat aberkennen

Denomination *f* (lat) **1.** Ernennung, **2.** Anzeige

Denominativum *n* von Haupt- oder Eigenschaftswort abgeleitetes Wort (z.B. »herbstlich« von »Herbst«); **denominieren** ernennen; bezeichnen

Densität *f* (lat) Dichte, Dichtigkeit

dental (lat) **1.** die Zähne betreffend, **2.** mit Hilfe der Zähne gebildet (Laute); **Dental** *m* Zahnlaut; **Dentist** *m* Zahnarzt ohne akademische Ausbildung; **dentogen** von den Zähnen ausgehend

Denudation (lat) *f* Abtragung der Erdoberfläche durch Wind u. ä.

Denuklearisierung *f* (lat) Abrüstung von Kernwaffen

Denunziant *m* (lat) **1.** Bezichtiger, Angeber, **2.** Verräter; **Denunziation** *f* **1.** Bezichtigung, **2.** Anzeige; **denunzieren** **1.** bezichtigen, **2.** verleumden, verraten

Deo, Deodorant *n* (lat) Mittel zur Beseitigung von Körpergerüchen

Deo gratias! (lat) Gott sei Dank!

Departement *n* (fr) **1.** Verwaltungsbezirk, **2.** Abteilung

Department *n* (engl) **1.** Regierungs-, Verwaltungszweig, **2.** Fachbereich

Departure *f* (engl) **1.** Abflugstelle, **2.** Abflugzeit

Dependance *f* (fr) **1.** Zweigstelle, **2.** Nebengebäude

Depilation (lat) *f* Enthaarung

Deplacement *n* (fr) Wasserverdrängung eines Schiffes **deplaciert, deplaziert** unangebracht

Deponens *n* (lat) Zeitwort mit passiven Formen, aber aktiver Bedeutung

Deponie *f* (lat) Lagerplatz für Abfälle

deponieren (lat) **1.** hinterlegen, in Verwahrung geben, **2.** unterbringen

Deportation *f* (lat) Verschleppung, Verbannung; **deportieren** zwangsweise verschicken, verbannen

Depositär *m* (lat) Verwahrer von Wertpapieren u. ä.

Depositen *pl* (lat) kurz- oder mittelfristig angelegte Gelder

Depot *n* (fr) **1.** Aufbewahrungsort, **2.** Ablagerung, **3.** Fahrzeugpark

Depravation *f* (lat) **1.** Wertminderung, **2.** Entartung; **depravieren** jmdn. verderben

Depression *f* (lat) **1.** Niedergeschlagenheit, Traurigkeit, **2.** wirtschaftlicher Niedergang, **3.** Luftdrucktief, **4.** Landsenke; **depressiv** niedergeschlagen, traurig

deprimieren (lat) niederdrücken, traurig machen, entmutigen; **deprimiert** niedergeschlagen, traurig, entmutigt

Deprivation (lat) *f* **1.** Mangel, **2.** Entzug

Deputat *n* (lat) **1.** Sachleistungen, **2.** Entlohnung in Naturalien, **3.** Zahl der Unterrichtsstunden, die ein Lehrer abzuhalten hat

Deputation (lat) *f* **1.** Abordnung, **2.** Gruppe von Bevollmächtigten; **deputieren** abordnen; **Deputierter** *m* **1.** Angehöriger einer Deputation, **2.** Abgeordneter (in Frankreich)

Derangement *n* (fr) **1.** Störung, **2.** Verwirrung; **derangieren 1.** stören, **2.** verwirren; **derangiert** in Unordnung

Derby (engl) *n* **1.** Pferderennen, **2.** bedeutender sportlicher Wettkampf

de rigeur (fr) unerläßlich, zwingend vorgeschrieben

Derivat *n* (lat) **1.** abgeleitetes Wort (z. B. »zücken« von »ziehen«), **2.** chemische Verbindung, die aus einer anderen entstanden ist; **Derivation** *f* Ableitung neuer Wörter aus einem Urwort; **derivativ** durch Ableitung entstanden

Derma *n* (gr) Haut; **dermal** die Haut betreffend; **Dermatologe** *m* Hautarzt; **Dermatologie** Lehre von den Hautkrankheiten; **dermotrop** auf die Haut wirkend

Dernier cri *m* (fr; »letzter Schrei«) letzte (Mode-)Neuheit

Desaster *n* (fr) Unheil, Unglück, Mißgeschick

desavouieren (fr) **1.** bloßstellen, **2.** verleugnen

desensibilisieren (lat) unempfindlich machen; **Desensibilisierung** *f* Verringerung, Aufhebung der Empfindlichkeit

Deserteur *m* (fr) **1.** Fahnenflüchtiger, **2.** Überläufer; **desertieren** Fahnenflucht begehen, abtrünnig werden; **Desertion** *f* Fahnenflucht

Déshabillé *n* (fr) eleganter Morgenmantel

desiderabel (lat) wünschenswert; **Desiderat** *n* **1.** Erwünschtes, **2.** Fehlendes, zur Anschaffung Vorgeschlagenes

Design *n* (engl) **1.** (zeichnerischer) Entwurf, **2.** Formgebung, Gestaltung; **Designer** *m* Formgestalter für Gebrauchsgüter

Designation *f* (lat) **1.** Bezeichnung, **2.** vorläufige Ernennung; **designieren** **1.** bestimmen, **2.** für ein Amt vorsehen

Desillusion *f* (fr) Enttäuschung, Ernüchterung; **desillusionieren** enttäuschen, ernüchtern, die Hoffnung nehmen

Desinfektion *f* (lat) Abtötung von krankheitserregenden Keimen (mit chem. Mitteln); **Desinfektor** *m* Gerät zur Desinfektion; **desinfizieren** Keime abtöten

Desinformation *f* (lat) bewußt falsche Information zu Täuschungszwecken

Desintegration *f* (lat) **1.** Auflösung eines Ganzen in seine Bestandteile, **2.** Zerfall

Desinteresse *n* (fr) Gleichgültigkeit, Unbeteiligtheit; **desinteressiert** uninteressiert, gleichgültig

Desk-Research *n* (engl) (am Schreibtisch vorgenommene) Auswertung statistischen Materials (im Ggs. zum **Field-Research**)

Deskription *f* (lat) Beschreibung; **deskriptiv** beschreibend

Desktop publishing *n* (engl) Erstellen von Satz und Layout eines Textes mit Hilfe eines Computers

desodorieren (lat) unangenehme Gerüche beseitigen; **Desodorant** *n* Mittel zum Desodorieren

desolat (lat) **1.** trostlos, traurig, **2.** katastrophal

Desorganisation *f* (lat) **1.** unvollkommene Planung, **2.** Unordnung, Durcheinander

desorientiert (lat) falsch unterrichtet, nicht auf dem Laufenden

despektierlich (lat) abschätzig, verächtlich

Desperado *m* (span; »Verzweifelter«) jmd., der (im politischen Bereich) alles riskiert, zu allem entschloßen ist

desperat (lat) verzweifelt, ohne Hoffnung

Despot *m* (gr) **1.** Gewaltherrscher, **2.** tyrannischer Mensch; **Despotie** *f* Gewaltherrschaft; **despotisch** herrisch, gebieterisch, selbstherrlich; **despotisieren** gewalttätig behandeln; **Despotismus** *m* Gewaltherrschaft

Dessin *n* (fr) Plan, Muster

Dessous *n* (fr) elegante (Damen-) Unterwäsche

destabilisieren (lat) **1.** seiner Festigkeit berauben, **2.** schwächen

Destillateur *m* (lat) Branntweinbrenner; **Destillation** *f* **1.** Trennen von flüssigen Stoffen durch Verdampfung mit anschließender Wiederverflüssigung, **2.** Branntweinbrennerei; **Destille** *f* **1.** Branntweinbrennerei, **2.** Wirtshaus mit eigener Brennerei; **destillieren** eine Destillation ausführen

Destination *f* (lat) **1.** Bestimmung, **2.** Endziel, -zweck

Destruktion *f* (lat) Zerstörung; **destruktiv** zerstörerisch, zerstörend

Deszendent *m* (lat) Abkömmling; **Deszendenz** *f* Nachkommenschaft; **Deszendenztheorie** *f* Abstammungslehre, nach der die höheren Lebewesen aus den niederen hervorgegangen sind

Detachement *n* (fr) Truppenabteilung, Truppenteil; **detachieren** zu Sonderaufgaben abkommandieren

Detail *n* (fr) Einzelheit; **detaillieren** Einzelheiten erörtern, darstellen; **detailliert** eingehend, in allen Einzelheiten

Detektor *m* (lat) Hochfrequenzgleichrichter

Détente *f* (fr) Entspannung des politischen Verhältnisses zwischen Staaten

Detergens *n* (lat) (desinfizierendes) Reinigungsmittel, Waschmittel

Deterioration *f* (lat) **1.** Verschlechterung, **2.** Wertminderung

Determinante *f* (lat) formbestimmender Teil; **Determination** *f* Bestimmung, Festlegung; **determinativ** **1.** bestimmend, festlegend, **2.** entschlossen; **determinieren** **1.** bestimmen, **2.** entscheiden, **3.** begrenzen; **Determinismus** *m* Lehre, daß das menschliche Handeln, Verhalten durch innere odere äußere Faktoren bestimmt ist

Detonation *f* (lat) **1.** Explosion, **2.** Knall; **Detonator** *m* Zünder; **detonieren** explodieren

Deuce (engl) *n* Einstand (Tennis)

Deus (lat) *m* Gott; **Deus ex machina** *m* (lat; »Gott aus der Theatermaschine«) **1.** unerwartet eintreffender Helfer, **2.** überraschende Beseitigung einer Schwierigkeit

Deuteronomium *n* (gr) das 5. Buch Mose

Devaluation *f* (lat) Geldabwertung

Devastation *f* (lat) Verwüstung

Developer *m* (engl) Entwickler(flüssigkeit)

deviant (lat) (von der Norm) abweichend; **Devianz**, **Deviation** *f* Abweichung

Devise *f* (fr) **1.** Wahlspruch, Losung, **2.** ausländisches Zahlungsmittel

devitalisieren (lat) abtöten, schwächen (Med.)

devot (lat) **1.** demütig, **2.** unterwürfig; **Devotion** *f* **1.** Andacht, **2.** Unterwürfigkeit; **Devotionalien** *pl* der Andacht dienende Gegenstände (z. B. Heiligenbilder)

Dezennium *n* (lat) Jahrzehnt

dezent (lat) zurückhaltend, unaufdringlich, taktvoll

Dezentralisation *f* (lat) Verteilung der Verwaltungstätigkeit, der Warenherstellung usw. auf verschiedene Stellen oder Orte; **dezentralisieren** eine Dezentralisation durchführen

Dezenz *f* (lat) (vornehme) Zurückhaltung, Takt

Dezernat *n* (lat) Unterabteilung einer Behörde; **Dezernent** *m* Sachbearbeiter mit Entscheidungsbefugnis

Dezibel *n* (lat) Maßeinheit zur Geräuschmessung

dezidiert (lat) bestimmt, entschieden

Dezimalsystem *n* (lat) auf die Grundzahl 10 bezogenes Zahlensystem

dezimieren (lat) (stark) verringern, verkleinern

diabolisch (gr) teuflisch, heimtückisch

diachron (gr) entwicklungsmäßig betrachtet

Diadem *n* (gr) Stirnreif (aus Metall)

Diadochen *m, pl* (gr) Nachfolger (einer bedeutenden Persönlichkeit)

Diagnose *f* (gr) **1.** aufgrund genauer Untersuchungen abgegebene Feststellung über die Beschaffenheit von etwas, **2.** Krankheitserkennung; **Diagnostik** *f* Lehre von der Erkennung der Krankheiten; **Diagnostiker** *m* jmd., der Diagnosen stellt; **diagnostisch** **1.** die Diagnose betreffend, **2.** durch Diagnose festgestellt; **diagnostizieren** eine Diagnose stellen

diagonal (gr) schräg verlaufend; **Diagonale** *f* Verbindungslinie zwischen zwei nicht benachbarten Ecken eines Vielecks

Diagramm *n* (gr) anschauliche zeichnerische Darstellung von Größenverhältnissen

Diakon *m* (gr) **1.** Hilfspriester, Pfarrhelfer, **2.** mit sozialen Aufgaben betrauter Angestellter der Kirche; **Diakonie** *f* Dienst an Hilfsbedürftigen in der ev. Kirche; **Diakonisse** *f* ev. Kranken-, Gemeindeschwester

diakritisch (gr) unterscheidend

Dialekt *m* (gr) Mundart, regional gebräuchliche Sprache

Dialektik *f* (gr) Methode, durch Berücksichtigung von Gegensätzen zu einer Schlußfolgerung zu gelangen; **dialektisch** **1.** die Dialektik betreffend, **2.** scharfsinnig, **3.** spitzfindig

Dialog *m* (gr) Wechselrede von zwei Personen; **dialogisch** in Form eines Dialogs; **dialogisieren** in Form eines Dialogs darstellen

Dialysator *m* (gr) Gerät zur Durchführung einer Dialyse; **Dialyse** *f* **1.** Verfahren zur Trennung chemischer Verbindungen, **2.** Reinigung des Blutes von Giften; **dialytisch** **1.** auf Dialyse beruhend, **2.** auflösend

Diameter *m* (gr) Durchmesser eines Kreises oder einer Kugel; **diametral** genau entgegengesetzt

diaphan (gr) durchscheinend, durchsichtig

Diaphorese *f* (gr) Schweißabsonderung; **Diaphoretikum** *n* schweißtreibendes Mittel

Diaphragma *n* (gr) **1.** Zwerchfell, **2.** Mittel zur Empfängnisverhütung

Diarrhöe *f* (gr) Durchfall

Diaspora *f* (gr) Gebiet, in dem die Anhänger eines bestimmten Glaubens in der Minderheit sind

Diät *f* (gr) **1.** Ernährungsweise, **2.** Schonkost, **3.** Schlankheitskur; **Diäten** *pl* Bezüge der Abgeordneten; **Diätetik** *f* Ernährungskunde; **diätetisch** der richtigen Ernährungsweise entsprechend

Diathermie *f* (gr) Heilung mit Hilfe von Wärmedurchdringung

Diathese *f* (gr) gesteigerte Anfälligkeit für bestimmte Krankheiten

Diatonik *f* (gr) die sieben Stufen der Tonleiter; **diatonisch** durch Ganz- und Halbtöne fortschreitend

Diatribe *f* (gr) Streitschrift

dichotom (gr) zweigeteilt; **Dichotomie** *f* Zweiteilung

Didaktik *f* (gr) Unterrichtslehre; **Didaktiker** *m* **1.** jmd., der sich mit der Didaktik beschäftigt, **2.** Lehrer; **didaktisch** lehrend, belehrend

Dies *m* (lat) Tag; **Dies academicus** vorlesungsfreier Tag an der Universität; **Dies ater** Unglückstag; **Dies irae** (»Tag des Zorns«) Bezeichnung und Anfang der Sequenz der Totenmesse

Diffamie *f* (lat) Bosheit; **diffamieren** verleumden; **Diffamierung (Diffamation)** *f* Verleumdung, üble Nachrede

different (lat) verschieden, unterschiedlich; **Differentialgetriebe** *n* Ausgleichsgetriebe; **Differentialrechnung** *f* Rechnung mit unendlich kleinen Größen (Math.); **differentiell** **1.** unterschiedlich, verschiedenartig, **2.** einen Unterschied begründend; **Differenz** *f* **1.** Unterschied, **2.** Meinungsverschiedenheit; **differenzieren** **1.** unterscheiden, **2.** abtönen; **differenziert** **1.** vielschichtig, **2.** abgestuft; **Differenzierung** *f* Herausbildung von Besonderem aus einem gleichartigen Ganzen; **differieren** **1.** unterschiedlich sein, **2.** voneinander abweichen

diffizil (lat) schwierig, heikel

diffundieren (lat) **1.** zerstreuen (Phys.), **2.** eindringen, verschmelzen (Chem.); **diffus** **1.** zerstreut, **2.** verschwommen, unklar

digerieren (lat) verdauen

Digest *m* (engl) Auszug aus einem Text, Zusammenfassung

Digestion *f* (lat) **1.** Verdauung, **2.** Auszug (Chem.)

Digger *m* (engl) Goldgräber

digital (lat) **1.** mit dem Finger, **2.** in einzelnen Stufen erfolgend, **3.** ziffernmäßig; **digitalisieren** Informationen in Ziffern darstellen; **Digitalisierung** *f*; **Digitalrechner** *m* mit Binärziffern arbeitender elektronischer Rechner; **Digitaluhr** *f* Uhr, bei der die Zeitangabe durch Ziffern (nicht durch Zeiger) erfolgt

Dignität *f* (lat) **1.** Würde, **2.** hoher Wert

Digression *f* (lat) Abweichung, Abschweifung

Dihärese *f* (gr) Einteilung der Begriffe

Diktat *n* (lat) **1.** Vorsprechen eines

Textes zur Nachschrift, **2.** Rechtschreibeübung, **3.** Befehl; **Diktator** *m* **1.** Gewaltherrscher, **2.** herrischer Mensch; **diktatorisch** **1.** in der Art eines Diktators, **2.** gebieterisch, **3.** keinen Widerspruch zulassend; **Diktatur** *f* Gewaltherrschaft; **diktieren** **1.** zur Nachschrift vorsprechen, **2.** Befehle erteilen; **Diktion** *f* Ausdrucks-, Redeweise; **Diktionär** *n*, *m* Wörterbuch; **Diktum** *n* Ausspruch

Dilation *f* (lat) Aufschub; **dilatorisch** aufschiebend, hinhaltend, verzögernd

Dilemma *n* (gr) **1.** Zwangslage, **2.** schwierige Wahl

Dilettant *m* (it) **1.** Nichtfachmann, **2.** Amateur; **dilettantisch** **1.** unfachmännisch, **2.** unzulänglich; **Dilettantismus** *m* **1.** Unzulänglichkeit, **2.** aus Liebhaberei erfolgende Betätigung in der Kunst usw.; **dilettieren** **1.** unfachmännisch vorgehen, **2.** aus Liebhaberei betreiben

diluieren (lat) verdünnen; **Dilution** *f* Verdünnung

diluvial (lat) eiszeitlich; **Diluvium** *n* Eiszeitalter

Dime *m* (am) 10-Cent-Münze

Dimension *f* (lat) **1.** Ausmaß, **2.** Ausdehnung, **3.** Bereich; **dimensional** auf die Ausdehnung bezüglich; **dimensionieren** die Ausmaße festlegen

diminuendo (it) leiser werdend (Mus.); **Diminuendo** *n* allmähliches Abnehmen der Tonstärke (Mus.)

diminuieren (lat) verkleinern, verringern; **Diminution** *f* Verkleinerung; **diminutiv** verkleinernd; **Diminutiv(um)** *n* Verkleinerungsform eines Wortes (z.B. »Händchen«, »Büchlein«)

dimissionieren ein Amt niederlegen

Dimmer *m* (engl) Vorrichtung zur stufenlosen Regulierung der Helligkeit elektrischen Lichts

dimorph (gr) zweigestaltig; **Dimorphismus** *m* Zweigestaltigkeit

Diner *n* (fr) festliche Mahlzeit

Dinghi, Dingi *n* (engl) kleines Segelboot

dinieren (fr) festlich speisen

Dinner *n* (engl) festliche Mahlzeit

dionysisch (gr) **1.** rauschhaft, **2.** ekstatisch

Dioptrie *f* (gr) Einheit zur Bestimmung der Brechkraft von optischen Linsen; **dioptrisch** lichtbrechend

Diorismus *m* (gr) Begriffsbestimmung

Dioskuren *pl* (gr) Paar unzertrennlicher Freunde

Dioxin *n* (gr) giftige Verbindung von Chlor und Kohlenwasserstoff

diözesan (gr) die Diözese betreffend; **Diözese** *f* Amtsgebiet eines Bischofs, Bistum

Dip *m* (engl) dickflüssige aromatische Soße zum Eintunken von Fleischstücken usw.

Diphtherie *f* (gr) Infektionskrankheit im Hals-, Rachenbereich

Diphthong *m* (gr) Doppelselbstlaut; **diphthongieren** einen Selbstlaut zum Doppelselbstlaut entwickeln

Diplom *n* (gr) Urkunde über eine bestandene Prüfung, erfolgte Ernennung usw.; **Diplomat** *m* **1.** Gesandter, **2.** vorsichtiger, taktvoller Mensch; **Diplomatie** *f* **1.** Staatskunst, **2.** Besonnenheit; **Diplomatik** *f* Urkundenlehre; **Diplomatiker** *m* Urkundensachverständiger; **diplomatisch** **1.** staatsmännisch, **2.** besonnen im Vorgehen; **diplomatisches Korps** *n* Gesamtheit der bei einer Regierung beglaubigten ausländischen Gesandten; **diplomieren** jmdm. aufgrund einer abgelegten Prüfung ein Diplom erteilen

dippen (engl) **1.** eine Flagge kurz niederholen, **2.** in einen Dip eintauchen

Diptychon *n* (gr) zweiflügeliges (Altar-)Bild

direkt (lat) **1.** unmittelbar, **2.** sofort, **3.** ohne Umschweife; **direkte Rede** *f* wörtliche Rede; **Direktion** *f* Leitung, Verwaltung, Vorstand; **Direktive** *f* Weisung, Verhaltensregel; **Direktmandat** *n* Amt, das ein Abgeordneter durch Persönlichkeitswahl, nicht über eine Wahlliste erringt; **Direktor** *m* Vorsteher, Leiter; **Direktorat** *n* **1.** Leitung, **2.** Amt des Leiters, **3.** Dienstzimmer des Leiters; **Direktorium** *n* **1.** Vorstand, **2.** leitende Behörde; **Direktrice** *f* leitende Angestellte

Dirigent *m* (lat) **1.** Chor-, Orchesterleiter, **2.** leitender Beamter; **dirigieren** **1.** leiten, **2.** verwalten, **3.** auf die richtige Bahn lenken, **4.** beeinflussen; **Dirigismus** *m* staatliche Lenkung der Wirtschaft; **dirigistisch** einschränkend, Vorschriften machend

Dirt-Track *m* (engl) Aschen-, Schlackenbahn (für Auto- oder Motorradrennen)

Discount *m* (engl) Preißnachlaß, Rabatt; **Discount-Laden** *m* Geschäft mit verbilligten Waren

Disengagement *n* (engl) Auseinanderrücken politischer Machtblöcke

Diseuse *f* (fr) Vortragskünstlerin (im Kabarett)

Disharmonie *f* (gr) **1.** Mißklang, Mißstimmung, **2.** Uneinigkeit; **disharmonisch** **1.** mißklingend, **2.** unstimmig

Disintegration *f* s. **Desintegration**

disjunkt (lat) getrennt; **Disjunktion** *f* Trennung

Diskant *m* (lat) **1.** oberste Stimmlage, **2.** sehr hohe, schrille Stimme

Diskette *f* (fr) magnetische Kunststoffscheibe zur Datenspeicherung (EDV)

Diskjockey *m* (engl) jmd., der im Rundfunk, in Lokalen usw. Musiktitel ansagt

Disko *f* Kurzw. für **Diskothek**

Diskographie *f* (gr) Schallplattenverzeichnis

Diskont(o) *m* (it) Zinsabzug; **diskontieren** Wechsel gegen Zinsabzug kaufen

diskontinuierlich (lat) unzusammenhängend, mit (zeitlichen) Unterbrechungen; **Diskontinuität** *f* Zusammenhanglosigkeit
Diskordanz *f* (lat) Uneinigkeit
Diskosound *m* (engl) Musikstil (schlichtes Arrangement, einfacher, eingänglicher Rhythmus)
Diskothek *f* **1.** Lokal, in dem zu Schallplattenmusik getanzt wird, **2.** Schallplattenarchiv
Diskredit *m* (fr) schlechter Ruf; **diskreditieren** in Verruf bringen
diskrepant (lat) abweichend, nicht übereinstimmend, mißhellig; **Diskrepanz** *f* Unvereinbarkeit, Widersprüchlichkeit
diskret (lat) verschwiegen, unauffällig, rücksichtsvoll; **Diskretion** *f* Verschwiegenheit, Anstandsgefühl, Unauffälligkeit
diskriminieren (lat) **1.** jmdn. herabsetzen, benachteiligen, **2.** unterschiedlich behandeln; **Diskriminierung** *f* **1.** Herabsetzung, Benachteiligung, **2.** unterschiedliche Behandlung
diskurrieren (fr) erörtern; **Diskurs** *m* **1.** systematische Erörterung eines Themas, **2.** Gespräch, Unterhaltung, **3.** heftiger Wortwechsel; **diskursiv** methodisch in der Erörterung vorgehend
Diskussion *f* (lat) **1.** Erörterung, **2.** Meinungsaustausch; **diskutabel** erwägenswert; **diskutieren** besprechen, erörtern
Dislokation *f* (lat) **1.** Lageveränderung, **2.** Truppenverschiebung; **dislozieren** verlagern, an einen anderen Ort verlegen
disparat (lat) ungleichartig, unvereinbar; **Disparität** *f* Verschiedenheit
Dispens *m*, **Dispensation, Dispensierung** *f* (lat) **1.** Enthebung von einer Verpflichtung, **2.** (von der Kirche erteilte) Ausnahmebewilligung; **dispensieren** einer Verpflichtung entheben
dispergieren (lat) zerstreuen; **Dispersion** *f* Zerstreuung, sehr feine Verteilung
Displaced person *f* (engl) nach Deutschland verschleppter Ausländer, ausländischer Zwangsarbeiter (im Zweiten Weltkrieg)
Display *n* (engl) **1.** optische Datenanzeige (in Art eines kleinen Bildschirms), **2.** werbewirksames Arrangement von Waren
Disponent *m* (lat) Geschäftsführer mit besonderen Vollmachten; **disponibel** verfügbar; **disponieren 1.** planen, kalkulieren, **2.** anordnen; **disponiert 1.** veranlagt, **2.** gestimmt, aufgelegt; **Disposition** *f* **1.** Einteilung, Gliederung, Plan, Vorkehrung, **2.** seelische oder körperliche Neigung; **zur Disposition stellen 1.** zur Verfügung stellen, **2.** beurlauben; **dispositionsfähig 1.** verfügungsberechtigt, **2.** geschäftsfähig; **Dispositionsfonds** *m* frei verfügbare Geldmittel im Verwaltungshaushalt
Disproportion *f* (lat) Mißverhältnis; **disproportioniert** unverhältnismäßig

Disput *m* (fr) (heftiger) Wortwechsel; **Disputation** *f* Streitgespräch unter Wissenschaftlern; **disputieren** **1.** ein Streitgespräch führen, **2.** wissenschaftlich erörtern

Disqualifikation *f* (lat) Ausschluß, Untauglichkeitserklärung; **disqualifizieren** von der Teilnahme ausschließen

Dissens *m* (lat) Meinungsverschiedenheit

Dissertation *f* (lat) wissenschaftliche Abhandlung zur Erlangung der Doktorwürde; **dissertieren** wissenschaftlich abhandeln, eine Doktorarbeit verfassen

Dissident *m* (lat) Andersdenkender, -gläubiger; **dissidieren** **1.** anders denken, eine andere Meinung vertreten, **2.** aus der Kirche austreten

Dissimilation *f* (lat) **1.** Umwandlung, **2.** Stoffwechsel; **dissimilieren** umwandeln

Dissimulation *f* (lat) **1.** Verstellung, **2.** Verbergen von Krankheitssymptomen; **dissimulieren** Krankheitssymptome verbergen

dissolubel (lat) **1.** löslich, **2.** auflösbar

dissolut (lat) zügellos, liederlich; **Dissolution** *f* **1.** Zügellosigkeit, **2.** Auflösung (Med.)

dissonant (lat) mißtönend, unstimmig; **Dissonanz** *f* Mißklang, Unstimmigkeit

dissozial (lat) unfähig, sich in die Gesellschaft einzufügen (Psychol.)

Dissoziation *f* (lat) **1.** Zerfall, **2.** Auflösung einer Verbindung

Distanz *f* (lat) **1.** Abstand, Entfernung, **2.** Strecke, **3.** Zurückhaltung; **distanzieren** jmdn. überbieten, ausstechen; **sich distanzieren** **1.** von etwas abrücken, **2.** mit jmdm. nichts gemein haben wollen; **distanziert** Zurückhaltung wahrend

Distichon *n* (gr) aus Hexameter und Pentameter bestehendes Verspaar

distinguieren (fr) unterscheiden, auszeichnen; **distinguiert** vornehm, sich durch Verhalten, Kleidung usw. von der Masse unterscheidend

distinkt (lat) deutlich (unterschieden); **Distinktion** *f* **1.** Unterscheidung, **2.** hohes Ansehen, hoher Rang

Distorsion *f* (lat) **1.** Verstauchung, **2.** Bildverzerrung

distrahieren (lat) auseinanderziehen, dehnen; **Distraktion** *f* Überdehnung (Med.)

distribuieren (lat) verteilen; **Distribution** *f* Verteilung; **distributiv** verteilend

Distrikt *m* (lat) Bezirk, Gebiet

Disziplin *f* (lat) **1.** Zucht, **2.** Selbstbeherrschung, **3.** Fach(bereich), **4.** Teilbereich, Sportart; **disziplinär** die Disziplin betreffend; **disziplinar** amtlich, dienstlich; **Disziplinargewalt** *f* Strafgewalt; **disziplinarisch** **1.** der Dienstordnung entsprechend, **2.** strikt; **Disziplinarstrafe** *f* Strafe der Dienstordnung gemäß; **disziplinieren** **1.** maßregeln, **2.** streng erziehen;

diszipliniert beherrscht, ordentlich
Dithyrambe *f* (gr) (begeistertes) Loblied; **dithyrambisch** begeistert, überschwenglich
dito (it) desgleichen, ebenso
Diva *f* (lat; »die Göttliche«) **1.** große Sängerin, Bühnenkünstlerin usw., **2.** jmd. von besonderer Empfindlichkeit
divergent (lat) **1.** auseinandergehend, **2.** gegensätzlich; **Divergenz** *f* Auseinanderlaufen, Abweichung, Verschiedenheit; **divergieren** auseinanderlaufen, abweichen; **divergierend** auseinandergehend
divers (lat) einige, mehrere; **Diversa** *pl* Verschiedenes; **Diversifikation** *f* **1.** Erweiterung des Warenangebots, **2.** Abwechslung; **diversifizieren** das Warenangebot erweitern
Divertimento *n* (it), **Divertissement** *n* (fr) **1.** unterhaltendes Musikstück, **2.** musikalisches Zwischenspiel
Dividend *m* (lat) zu teilende Zahl; **Dividende** *f* Gewinnanteil; **dividieren** teilen
Divination *f* (lat) Ahnung, Wahrsagevermögen; **divinatorisch** ahnend, seherisch, wahrsagerisch; **Divinität** *f* Göttlichkeit
Division *f* (lat) **1.** Zahlenteilung, **2.** Truppenabteilung; **Divisor** *m* **1.** teilende Zahl, **2.** Nenner (Math.)
Doc *m* (am) Arzt, Doktor
Dock *n* (engl) Anlage zur Instandsetzung von Schiffen; **docken** ein Schiff ins Dock bringen; **Docking** *n* Aneinanderkoppeln von Raumschiffen
Dogcart *m* (engl) zweirädriger, offener Einspänner
Dogma *n* (gr) Glaubenssatz, Lehrmeinung; **Dogmatik** *f* Glaubenslehre; **dogmatisch** **1.** an eine Lehrmeinung gebunden, **2.** unverbrüchlich gültig, **3.** unkritisch, **4.** kompromißlos; **Dogmatismus** *m* unnachgiebiges Festhalten an Lehrmeinungen
Do-it-yourself (engl; »Mach es selbst«) **1.** Selbsthilfe, **2.** eigenes Ausführen handwerklicher Arbeiten
Doktrin *f* (lat) **1.** Grundsatz, **2.** Lehrsatz, Lehrmeinung; **doktrinär** **1.** auf einem Lehrsatz beruhend, **2.** unkritisch an einer Lehrmeinung festhaltend, eine Lehrmeinung vertretend
Dokument *n* (lat) **1.** Urkunde, **2.** Beweis, Beleg; **dokumentarisch** urkundlich; **dokumentieren** **1.** beurkunden, bestätigen, **2.** beweisen, belegen, **3.** kundgeben, offenbaren
Dolby *n* (engl) Verfahren zur Rauschunterdrückung bei Tonaufzeichnungen
dolce (it) **1.** sanft, lieblich, **2.** süß (Mus.); **Dolcefarniente** *n* süßes Nichtstun; **Dolce vita** *n* müßiggängerische, auf Genuß gerichtete Lebensführung
dolente (it) klagend (Mus.)
Dolmen *m* (fr) vorgeschichtliches Steingrab in Tischform
Dolmetsch(er) *m* (türk) **1.** jmd.,

der mündlich übersetzt, **2.** Fürsprecher; **dolmetschen 1.** mündlich übersetzen, **2.** erklären

doloroso (it) wehmütig-schmerzlich (Mus.)

dolos (lat) **1.** böswillig, **2.** heimtückisch; **Dolus** *m* **1.** Böswilligkeit, **2.** böser Vorsatz

Domäne *f* (fr) **1.** landwirtschaftliches Staatsgut, **2.** Arbeits-, Wissensgebiet

Domestikation *f* (lat) Gewöhnung wildlebender Tiere an den Menschen; **domestizieren** an den Menschen gewöhnen, zum Haustier machen, zähmen

Domestik(e) *m* (lat) **1.** Dienstbote, **2.** Gehilfe im Haus

Domina *f* (lat; »Herrin«) Frau, die beim Sexualverkehr den Partner beherrscht, erniedrigt; **dominant** vorherrschend; **Dominante** *f* **1.** Grundton, **2.** bestimmender Umstand; **dominieren 1.** vorherrschen, überwiegen, **2.** beherrschen

Dominium *n* (lat) **1.** Herrschaftsgebiet, **2.** große Besitzung auf dem Land; **Dominus** *m* (lat) Herr, Gebieter

Domizil *n* (lat) Wohnort, -sitz; **domizilieren** ansässig sein

Dompteur *m*, **Dompteuse** *f* (fr) Tierbändiger(in)

Donation *f* (lat) Schenkung

doodeln (engl) ohne Konzentration malen oder kritzeln (z.B. beim Telefonieren)

Dope *n* (engl) Rauschgift; **Doping** *n* unerlaubte Einnahme leistungssteigernder Mittel im Sport; **dopen, gedopt**

Dorado *n* (span) **1.** Glücksland, **2.** Paradies

Dormitorium *n* (lat) Schlafsaal im Kloster

dorsal (lat) den Rücken betreffend

dosieren (gr) **1.** die Menge abmessen, **2.** zuteilen; **Dosis** *f* **1.** genau abgemessene Menge (eines Medikaments), **2.** kleine Menge

Dossier *n* (fr) Aktenstück, Aktenbündel

Dotation *f* (lat) **1.** Schenkung, **2.** Mitgift; **dotieren** (mit einer bestimmten Geldsumme) ausstatten, beschenken; **dotiert 1.** ausgestattet, **2.** wohlhabend

Douane *f* (fr) Zoll, Zollamt; **Douanier** *m* Zöllner

doubeln (fr) **1.** bei gefährlichen Filmszenen die Rolle des Schauspielers übernehmen, **2.** den Gesprächstext des fremdsprachlichen Films in die eigene Sprache übertragen; **double** doppelt; **Double** *n* **1.** Ersatzdarsteller, **2.** Doppelgänger

Doublé *n* (fr) Vergoldung; **doublieren** unedles Metall mit Edelmetall dünn überziehen

Double-bind *n* (engl) Doppelbindung an einander widersprechende Informationen (Psychol.)

Do ut des (lat; »ich gebe, damit du gibst«) Leistung um einer Gegenleistung willen

down (engl) **1.** nieder! (als Befehl), **2.** niedergeschlagen, erschöpft

Doyen *m* (fr) Wortführer der ausländischen Gesandten

Dozent *m* (lat) Hochschullehrer; **Dozentur** *f* Lehrauftrag, -stuhl; **dozieren 1.** lehren, unterrichten, **2.** Vorlesungen halten, **3.** sich gelehrt ausdrücken

Dragée *n* (fr) **1.** Süßigkeit mit Zuckerglasur, **2.** mit Zucker überzogenes Arzneimittel in Form einer Pille

Drain (Drän) *m* (engl/fr) Abflußrohr, Entwässerungsgraben; **Drainage** *f* Ableitung von Flüssigkeiten; **drainieren** Flüssigkeiten ableiten, entwässern

drakonisch (gr) streng, unbarmherzig

Drama *n* (gr) **1.** Schauspiel, **2.** erregendes Geschehen; **dramatisch 1.** bühnengerecht, **2.** handlungsreich, **3.** erregend; **dramatisieren 1.** zum Bühnenstück umgestalten, **2.** übertreibend darstellen; **Dramatis Personae** *pl* die in einem Schauspiel auftretenden Personen; **Dramaturg** *m* literarischer Berater des Theaterleiters; **Dramaturgie** *f* **1.** Dramenlehre, **2.** Bearbeitung eines Dramas

drapieren (fr) **1.** mit Stoff behängen, **2.** Stoff kunstvoll auslegen

drastisch (gr) **1.** derb anschaulich, **2.** stark wirksam

Dreß *m* (engl) **1.** Kleidung, **2.** Sportkleidung

Dresseur *m* (fr) Abrichter von Tieren; **dressieren 1.** abrichten, **2.** (Speisen) anrichten

Dressing *n* (engl) würzige Soße für Salate u. ä.

Dressing-gown *m* (engl) Morgenmantel

Dressman *m* (engl) **1.** Vorführer von Herrenkleidung, **2.** männliches Fotomodell

Dressur *f* (fr) Abrichtung von Tieren

dribbeln (engl) den Ball mit kurzen Stößen vor sich hertreiben

Drink *m* (engl) (alkoholisches) Getränk

Drive *n* (engl) **1.** Schwung, Lebendigkeit, Energie, **2.** Drang, **3.** Treibschlag (Golf); **Drive-in-Kino** *n* Autokino; **Drive-in-Restaurant** *n* Schnellgaststätte mit Bedienung am Auto; **Driver** *m* Golfschläger für lange Treibschläge

Droge *f* (fr) **1.** Arzneimittel, **2.** Rauschmittel

Drolerie *f* (fr) **1.** Posse, **2.** lustige Darstellung von Menschen oder Tieren (in der Kunst)

Drop-out *m* (engl) **1.** jmd., der seine gesellschaftliche Gruppe verläßt, **2.** Studienabbrecher, **3.** Ausfall bei der Datenspeicherung (EDV)

Drug Dependence *f* (engl) Drogenabhängigkeit

Drugstore *m* (am) Geschäft (meist in Verbindung mit einer Schnellgaststätte), in dem Lebensmittel, Kosmetika usw. verkauft werden

Drummer *m* (engl) Schlagzeuger; **Drums** *pl* Schlagzeug

dry (engl) trocken, herb

dual (lat) eine Zweiheit bildend; **Dualismus** *m* **1.** Zweiheit,

Gegensätzlichkeit, **2.** Wettstreit zweier Staaten; **Dualität** *f* **1.** Zweiheit, Zweigliederung, **2.** Vertauschbarkeit

dubios (lat) **1.** zweifelhaft, **2.** anrüchig

Dublette *f* (fr) **1.** Doppelstück, **2.** Kopie

due (it) zwei (Mus.)

Duell *n* (lat) Zweikampf; **Duellant** *m* Gegner im Zweikampf; **duellieren** einen Zweikampf austragen

Duett *n* (it) **1.** Zwiegesang, **2.** Musikstück für zwei Stimmen

Duktus *m* (lat) **1.** Linienführung der Handschrift, Schriftzug, **2.** charakteristische Art der Formgebung

Dulicinea *f* (span) Geliebte

Dummy *m, n* (engl) **1.** Attrappe, **2.** Testpuppe

Dumping *n* (engl) Preisunterbietung; **Dumpingpreis** *m* äußerst niedriger Preis, Schleuderpreis

Duo *n* (it) **1.** Musikstück für zwei Instrumente, **2.** Paar

Duodenum *n* (lat) Zwölffingerdarm

Duodezstaat *m* (lat-dt) unbedeutender, kleiner Staat

düpieren (fr) **1.** täuschen, hinters Licht führen, **2.** verwirren

Duplikat *n* (lat) Zweitausfertigung, Kopie; **Duplikation** *f* Verdoppelung; **Duplizität** *f* **1.** zweifaches Vorhandensein, **2.** auffällige Gleichzeitigkeit

durabel (lat) dauerhaft

duramente (it) hart (Mus.)

durchchecken (dt-engl) durchkontrollieren

duty-free (engl) zollfrei; **Duty-free-Shop** *m* Laden mit zollfreien Waren (auf Flughäfen, Schiffen usw.)

Dynamik *f* (gr) **1.** Lehre von der Bewegungsänderung durch Kräfte, **2.** Triebkraft, **3.** Kraftererfülltheit, **4.** Abstufung der Tonstärke; **dynamisch** **1.** auf Kräften beruhend, **2.** kraftvoll; **Dynamo** *n* Gerät zur Erzeugung von Strom; **Dynamometer** *m* Gerät zur Messung von Kräften, von Strömen

Dynast *m* (gr) Herrscher; **Dynastie** Herrschaft, Herrschergeschlecht; **dynastisch** zum Herrschergeschlecht gehörend

Dyspepsie *f* (gr) Verdauungsschwäche; **dyspeptisch** **1.** schwerverdaulich, **2.** schwer verdauend

Dysphasie *f* (gr) Sprachstörung

Dystrophie *f* (gr) Ernährungsstörung

E

Easy-rider *m* (am) **1.** Motorrad mit hohem Lenker und steiler Sattelrückenlehne, **2.** Fahrer eines solchen Motorrads

Eau de Cologne *n* (fr) Kölnischwasser; **Eau de Toilette** *n* Duftwasser; **Eau de vie** *n* Branntwein

ecce! (lat) siehe da!; **Ecce homo** (lat; »Siehe ein Mensch«) Darstellung Christi als Duldender in der Kunst

Ecclesia militans *f* (gr-lat) die kämpfende Kirche auf Erden; **Ecclesia triumphans** *f* die siegreiche Kirche im Jenseits

echauffieren (fr) **1.** sich erhitzen, **2.** sich aufregen

Echo *n* (gr) Widerhall, Resonanz; **Echolot** *n* Gerät zur Messung der Meerestiefe

Economy-Klasse *f* (engl) preiswerteste Klasse im Flugverkehr

Ecstasy *n* (engl) stimulierende und Halluzinationen hervorrufende Droge (Methylendioxymethamphetamin)

edieren (lat) (Bücher) herausgeben

Edikt *n* (lat) Erlaß, Bekanntmachung, Anordnung

editieren (lat-engl) Daten eingeben oder verändern (EDV); **Edition** *f* (lat) **1.** Herausgabe, **2.** Ausgabe; **Editor** *m* Herausgeber; **Editorial** *n* **1.** Vorwort des Herausgebers einer Zeitschrift, **2.** Leitartikel des Herausgebers einer Zeitung, **3.** Verzeichnis der Mitglieder der Redaktion einer Zeitschrift oder Zeitung

Edukation *f* (lat) Erziehung

Effekt *m* (lat) **1.** Wirkung, Erfolg, **2.** Nutzen; **Effekten** *pl* Wertpapiere, die an der Börse gehandelt werden; **effektiv** **1.** wirklich, tatsächlich (vorhanden), **2.** wirksam; **Effektivbestand** *m* tatsächlich vorhandener Bestand, Istbestand; **Effektivität** *f* Wirksamkeit

effeminiert (lat) weibisch, verweichlicht

Effet *m* (fr) Wirkung (eines Balles durch verliehene Drehung)

Efficiency *n* (engl) **1.** Wirtschaftlichkeit, **2.** Leistungsvermögen; **effizient** (lat) **1.** wirksam, **2.** leistungsfähig; **Effizienz** *f* Wirksamkeit

Effusion *f* (lat) Erguß, Ausströmung

egal (fr) **1.** gleichartig, **2.** gleichgültig; **egalisieren** **1.** gleichmachen, **2.** ausgleichen; **egalitär** auf politische Gleichheit gerichtet; **Egalisator** *m* Transformator zum Stromspannungsausgleich; **Egalität** *f* Gleichheit

Egghead *m* (engl; »Eierkopf«) Intellektueller

Ego *n* (lat) das Ich; **Egoismus** *m* Ich-, Selbstbezogenheit, Selbstsucht; **Egoist** *m* ichbezogener

Mensch; **egoistisch** 1. ichsüchtig, 2. rücksichtslos; **egoman** (krankhaft) selbstbezogen; **Egotismus** *m* (engl-fr) philosophisch begründeter Egoismus; **Egotist** *m* Vertreter des Egotismus; **Egotrip** *m* (lat-engl) momentane Haltung, die auf die Verwirklichung der eigenen Person gerichtet ist; **egozentrisch** (lat) nach dem Maßstab des eigenen Ichs handelnd, das eigene Ich in den Mittelpunkt stellend; **Egozentriker** *m*

Eidetik *f* (gr) Vermögen, Vorstellungen anschaulich zu empfinden; **eidetisch** anschaulich

einchecken (dt-engl) sich (am Flughafen) abfertigen lassen

Ejakulat *n* (lat) ausgespritzte Samenflüssigkeit; **Ejakulation** *f* Samenerguß; **ejakulieren** Samenflüssigkeit herausspritzen

Eklat *m* (fr) 1. Aufsehen, 2. Knall; **eklatant** 1. aufsehenerregend, 2. offenkundig

Eklektiker *m* (gr) jmd., der auf Gedanken, Lehren oder Stilmittel von verschiedenen Vorgängern zurückgreift, ohne Eigenes zu entwickeln; **eklektisch** 1. aus Vorhandenem auswählend, 2. unschöpferisch; **Eklektizismus** *m* 1. Rückgreifen auf Gedanken, Lehren oder Stilmittel von Vorgängern, 2. unschöpferische Vorgehensweise

Eklipse *f* (gr) Verfinsterung (von Mond oder Sonne); **Ekliptik** *f* Sonnen-, Erdbahn

Ekloge (gr) Hirtengedicht

Ekstase *f* (gr) 1. Verzückung, 2. Übererregung; **ekstatisch** verzückt, außer sich

Ekzem *n* (gr) Entzündung der Haut

Elaborat *n* (lat) 1. schriftliche Ausarbeitung, 2. flüchtig erstellte schriftliche Arbeit, Machwerk; **elaborieren** ausarbeiten, gründlich ausführen; **elaboriert** ausgearbeitet

Elan *m* (fr) innerer Schwung, Begeisterung

elastisch (gr) dehnbar, biegsam; **Elastizität** *f* Dehnbarkeit, Biegsamkeit

Elder Statesman *m* (engl) alterfahrener und verdienter Politiker, dem auch nach Beendigung seiner aktiven Laufbahn Anerkennung gezollt wird

Eldorado *n* (span) Traumland, Paradies

elegant (fr) 1. fein, vornehm, 2. mit Bedacht gekleidet; **Elegant** *m* auffällig, übertrieben modisch gekleideter Mann; **Eleganz** *f* Feinheit, Vornehmheit, Schick

Elegie *f* (gr) Klagelied, Trauergedicht; **Elegiker** *m* Verfasser wehmutsvoller Verse; **elegisch** wehmutsvoll, klagend

Elektion *f* (lat) Auswahl

elektrifizieren (gr) mit elektrischer Kraftanlage versehen; **elektrisch** auf der Anziehungs- und Abstoßungskraft geladener Elementarteilchen beruhend; **elektrisieren** 1. der Einwirkung elektrischer Kraft aussetzen, 2. anfeuern, aufrütteln; **Elektronik**

f Zweig der Elektrotechnik, der sich mit der Entwicklung und Verwendung von Geräten mit Elektronenröhren usw. beschäftigt; **elektronische Datenverarbeitung** *f* Erfassen, Auswerten und Aufbewahren von Daten mit einem Computer; **Elektrotherapie** *f* Heilbehandlung mittels elektrischem Strom

Element *n* (lat) **1.** Ur-, Grundstoff, Grundbestandteil, **2.** Grundbegriff; **elementar** **1.** ursprünglich, urwüchsig, **2.** grundlegend

Elevation *f* (lat) Hebung, Erhebung, Höhenrichtung

Eleve *m* (fr) **1.** Schüler, Zögling, **2.** Praktikant in der Landwirtschaft, am Theater

elidieren (lat) einen Laut auslassen

Elimination *f* (lat) **1.** Ausschalten, **2.** Entfernen; **eliminieren** aussondern, unschädlich machen

Elision *f* (lat) Auslassung eines Selbstlautes

elitär (fr) herausragend, der Oberschicht angehörend; **Elite** *f* **1.** Auslese der Besten, **2.** oberste Gesellschaftsschicht, **3.** Führungsschicht; **Elitetruppe** *f* speziell ausgebildete und besonders leistungsfähige Truppe

Elixier *n* (arab) Heil-, Zaubertrank

Ellipse *f* (gr) **1.** Auslassung, **2.** Kegelschnitt, **3.** fast kreisförmiges Gebilde mit zwei Mittelpunkten; **elliptisch** **1.** durch Auslassung unvollständig, **2.** in Form einer Ellipse

Eloge *f* (fr) Lobrede

eloquent (lat) beredt; **Eloquenz** **1.** Beredsamkeit, **2.** Redekunst

elysisch (gr) himmlisch, paradiesisch; **Elysium** *n* Land der Seligen, Paradies

Emanation *f* (lat) Ausströmung, Ausgießung; **emanieren** ausströmen

Emanzipation *f* (lat) **1.** Mündigsprechung, **2.** Befreiung aus einer Abhängigkeit, **3.** rechtliche und gesellschaftliche Gleichstellung der Frau; **sich emanzipieren** **1.** gleiches Recht beanspruchen, **2.** sich aus einer Abhängigkeit lösen; **emanzipiert** **1.** mündig, **2.** selbständig, unabhängig, frei

Embargo *n* (span) **1.** Beschlagnahme (meist von Schiffen und Schiffsladungen), **2.** staatliches Waren- und Kapitalausfuhrverbot

Embarras de richesse (fr) Wahlerschwerung bei Überangebot

Emblem *n* (gr) Sinnbild, Abzeichen; **emblematisch** sinnbildlich

Embolie *f* (gr) Verstopfung einer Ader durch ein Blutgerinnsel

Embonpoint *m* (fr) Beleibtheit

Embryo *m* (gr) Leibesfrucht in den ersten drei Schwangerschaftsmonaten; **embryonal, embryonisch** **1.** nur im Keim vorhanden, **2.** unausgebildet

Emendation *f* (lat) Berichtigung lückenhaft (falsch) überkommener Texte; **emendieren** einen Text verbessern

emeritieren (lat) einen Universitätsprofessor in den Ruhestand versetzen; **Emeritus** *m* in den Ruhestand versetzter Universitätsprofessor

Emetikum *n* (gr) Brechmittel (Med.)

Emigrant *m* (lat) Auswanderer (aus Gewissensgründen); **Emigration** *f* Auswanderung; **emigrieren** auswandern

eminent (lat) **1.** hervorragend, außergewöhnlich, **2.** äußerst; **Eminenz** *f* Hoheit

Emissär *m* (lat) Geheimbote; **Emission** *f* **1.** Ausgabe von Wertpapieren, **2.** Ausströmen luftverunreinigender Stoffe, **3.** Aussendung elektromagnetischer Teilchen, **4.** Rundfunksendung; **emittieren 1.** (Wertpapiere) in Umlauf bringen, **2.** (Schadstoffe) in die Luft ablassen, **3.** aussenden

Emotion *f* (lat) Gefühlsbewegung; **emotional** gefühlsmäßig; **emotionalisieren** Gefühle wekken

Empathie (gr-engl) Einfühlungsvermögen

Emphase *f* (gr) Nachdrücklichkeit; **emphatisch** nachdrücklich, ausdrucksvoll, eindringlich

Emphysem *n* (gr) Lungenblähung

Empire *n* (engl) brit. Weltreich

Empire *n* (fr) **1.** franz. Kaiserreich unter Napoleon I. und Napoleon III., **2.** franz. Kunststil zur Zeit Napoleons I.

Empirem *n* (gr) Erfahrungstatsache; **Empirie** *f* Erfahrung; **Empiriker** *m* jmd., der sich auf Beobachtung und Erfahrung stützt; **empirisch** erfahrungsgemäß, auf Erfahrung beruhend; **Empirismus** Lehre von der Erfahrung als einziger Quelle von Erkennen und Wissen; **empiristisch** nur das auf Erfahrung beruhende Denken zulassend

Emulsion *f* (lat) Gemisch von Stoffen, die sich nicht miteinander verbinden (z. B. Öl und Wasser)

en bloc (fr) im ganzen

Encountergruppe *f* (engl-dt) Selbsterfahrungsgruppe

Endemie *f* (gr) örtlich begrenztes Auftreten einer Krankheit; **endemisch** auf ein bestimmtes Gebiet begrenzt

en détail (fr) in kleinen Mengen

endogen (gr) aus inneren Ursachen entstehend

Endokarditis *f* (gr) Herzinnenhautentzündung

endokrin (gr) mit innerer Sekretion verbunden

Endoskop *n* (gr) Gerät zur Körperhöhlenuntersuchung; **Endoskopie** *f* Körperhöhlenuntersuchung

Energetik *f* (gr) **1.** Lehre von der Energie, **2.** Lehre von der Verwertung aller Energien in Natur und Geisteswelt

Energie *f* (gr) Kraft, Leistungskraft, Tatkraft; **energisch** tatkräftig, nachdrücklich

Enervierung *f* (fr) Überbeanspruchung der Nerven, seelische Belastung

en face (fr) **1.** von vorn, **2.** Vorderansicht

en famille (fr) im engsten Familienkreis, unter uns

Enfant terrible *n* (fr; »schreckliches Kind«) Person, die andere durch ihre Offenheit schockiert

Engagement *n* (fr) **1.** Anstellung, **2.** persönlicher Einsatz; **engagieren 1.** anstellen, **2.** verpflichten; **sich engagieren** sich einsetzen

en gros (fr) in großen Mengen

Enjambement *n* (fr) Fortsetzung eines Satzes im nächsten Vers

Enkaustik *f* (gr) Brennmalerei

Enklave *f* (fr) Teil eines Staates, der von einem fremdem Staat eingeschlossen wird

en masse (fr) massenhaft, scharenweise

en miniature (fr) in kleinem Maßstab

ennuyant (fr) **1.** langweilig, **2.** lästig; **ennuyieren 1.** langweilen, **2.** ärgern

enorm (lat) außergewöhnlich groß, ungeheuer

en passant (fr) nebenbei, beiläufig

en profil (fr) **1.** von der Seite, **2.** Seitenansicht

Enquete *f* (fr) **1.** Untersuchung, Ermittlung, **2.** Umfrage

enragiert (fr) leidenschaftlich (vor)eingenommen

Ens *n* (lat) **1.** das Seiende, **2.** das Wesen (Philos.)

Ensemble *n* (fr) **1.** Gesamtheit der Bühnenmitglieder, **2.** Schauspieltruppe, **3.** Gemeinsamkeit von Solostimmen, Chor und Orchester

en suite (fr) im Gefolge

Entelechie *f* (gr) **1.** zielstrebige Kraft, **2.** zweckverwirklichende Geistigkeit (Philos.)

Entente *f* (fr) Bündnis, Bündnisschaft; **Entente cordiale** *f* gutes Einvernehmen zwischen Staaten ohne Bündnisvertrag

Entertainer *m* (engl) Unterhalter; **Entertainment** *n* Unterhaltung

enthusiasmieren (gr) begeistern; **Enthusiasmus** *m* Begeisterung; **Enthusiast** *m* Begeisterter, Schwärmer; **enthusiastisch** begeistert, hingerissen

Entität *f* (lat) Wesenheit, Seinshaftigkeit (Philos.)

Entkriminalisierung *f* (lat) Bestreben, leichtere Straftaten nicht länger als strafbar einzuschätzen

Entomologie *f* (gr) Insektenkunde; **Entomologe** *m* Insektenforscher

Entourage *f* (fr) **1.** Umgebung, **2.** Begleitpersonen

Entoxismus *m* (gr) Vergiftung

Entreakt *m* (fr) Zwischenakt(musik)

Entree *n* (fr) **1.** Eintrittsgeld, **2.** Hausflur, **3.** Vorspeise

Entrefilet *n* (fr) eingeschobene Zeitungsnachricht

Entremets *pl* (fr) Zwischengericht

entre nous (fr; »unter uns«) im Vertrauen (gesagt)

Entrepreneur *m* (fr) Unternehmer

Entropie *f* (gr) **1.** physikalische Größe zur Kennzeichnung des Verlaufs eines Wärmeprozesses, **2.** Maß für den Grad der Ungewißheit über den Ausgang eines Versuchs

Enumeration *f* (lat) Aufzählung; **enumerieren** aufzählen

en vogue (fr) beliebt, zur Zeit modern

Enzephalitis *f* (gr) Gehirnentzündung

Enzyklika *f* (gr) päpstliches Rundschreiben

Enzyklopädie *f* (gr) Darstellung der Gesamtheit des Wissens, eines Wissensfachs; **enzyklopädisch** umfassende Kenntnisse besitzend, vermittelnd

Enzym *n* (gr) die chemischen Umsetzungen im Körper beeinflussender Eiweißstoff; **Enzymologie** *f* Lehre von den Enzymen

eo ipso (lat) **1.** von selbst, **2.** ohne weiteres, **3.** selbstverständlich

Epagoge *f* (gr) gedankliches Fortschreiten vom Einzelnen zum Allgemeinen; **epagogisch** aus Einzelfällen auf das Allgemeine schließend

Epaulette *f* (fr) Schulterstück auf Uniformen

Ephebe *m* (gr) Jüngling

ephemer (gr) eintägig, kurzfristig

Epidemie *f* (gr) zeitlich und örtlich begrenzt auftretende Seuche; **Epidemiologe** *m* Seuchenkundler; **epidemisch** seuchenartig auftretend

Epidermis *f* (gr) äußere Hautschicht

Epidiaskop *n* (gr) Bildwerfer für durchsichtige und undurchsichtige Vorlagen

Epigone *m* (gr) unschöpferischer Verwerter überkommenen Gedankenguts

Epigramm *n* (gr) kurzes Sinngedicht; **Epigrammatiker** *m* Verfasser von Sinngedichten; **epigrammatisch** in Form eines Sinngedichts, kurz und treffend

Epigraph *n* (gr) Auf-, Inschrift; **Epigraphik** *f* Inschriftenkunde

Epik *f* (gr) erzählende Dichtkunst; **Epiker** *m* Verfasser erzählender Dichtung

Epikureer *m* (gr) **1.** Genießer der materiellen Freuden, **2.** Genüßling; **epikureisch** genießerisch; **Epikureismus** *m* **1.** auf den Genuß ausgerichtetes Lebensprinzip, **2.** Genußsucht

Epilation *f* (lat) Enthaarung; **epilieren** enthaaren

Epilepsie *f* (gr) Erkrankung mit plötzlich auftretenden starken Krämpfen, Fallsucht; **Epileptiker** *m* jmd., der an Epilepsie leidet; **epileptisch** fallsüchtig

Epilog *m* (gr) Nach-, Schlußwort

Epiphanias *n* (gr) Dreikönigstag; **Epiphanie** *f* Erscheinung einer Gottheit

Epiphänomen *n* (gr) Begleit-, Nebenerscheinung

Epiphyse *f* (gr) Zirbeldrüse (Med.)

episch (gr) erzählend, breit ausmalend

Episkop *n* (gr) Bildwerfer für undurchsichtige Vorlagen

episkopal (gr) bischöflich; **Episkopat** *n* **1.** Bischofsamt, **2.** die Bischöfe insgesamt

Episode *f* (gr) **1.** eingeschobener

Auftritt in einem Bühnenstück, **2.** vorübergehendes Ereignis; **episodisch 1.** eingeschoben, **2.** beiläufig

Epistel *f* (lat) **1.** Sendschreiben, **2.** Apostelbrief, **3.** längerer, kunstvoller Brief, **4.** Strafrede

Epistemologie *f* (engl) Wissenschaftslehre, Erkenntnistheorie

Epitaph *n* (gr) Grabinschrift, Grabmal

Epithel *n* (gr) oberste Zellschicht der Haut

Epitheton *n* (gr) Beiwort; **Epitheton ornans** schmückendes, formelhaftes Beiwort

Epitome *f* (gr) Auszug, Abriß

Epizentrum *n* (gr) senkrecht über einem Erdbebenherd liegendes Gebiet

epochal (gr) denkwürdig, bemerkenswert; **Epoche** *f* großer Zeitabschnitt, Zeitraum

Epos *n* (gr) erzählendes Gedicht; Heldengedicht

Equalizer *m* (engl) elektroakustisches Gerät zur Veränderung des Klangbilds

Equilibrist *m* (lat) Seiltänzer, Gleichgewichtskünstler

Equipage *f* (fr) herrschaftliche Kutsche

Equipment *n* (engl) Ausrüstung (einer Band)

Equipe *f* (fr) Mannschaft (Sport)

Erektion *f* (lat) Aufrichtung, Versteifung

Eremit *m* (gr) Einsiedler; **Eremitage** *f* Einsiedelei

ergo (lat) folglich

Ergometer *n* (gr) Gerät zur Messung der körperlichen Leistungsfähigkeit

Ergonomie *f* (gr) Wissenschaft von der Anpassung der Arbeitsbedingungen an den Menschen

erigieren (lat) sich aufrichten, versteifen

erogen (gr) **1.** geschlechtliche Erregung auslösend, **2.** geschlechtlich erregbar

Eros *m* (gr) (geschlechtliche) Liebe, Leidenschaft; **Eros-Center** *n* (engl) modernes Haus, in dem Prostitution betrieben wird

Erosion *f* (lat) Abtragung der Erdoberfläche durch Wind, Wasser, Eis usw.

Erotik *f* (gr) **1.** geistig-seelischer Bereich der Liebe, **2.** Sinnlichkeit, **3.** Liebes- und Geschlechtsleben; **Erotiker** *m* **1.** sinnliche Person, **2.** Verfasser von erotischer Literatur; **erotisch** auf die geschlechtliche Liebe bezüglich; **Erotomanie** *f* krankhaft übersteigertes sexuelles Verlangen

Errata *pl* (lat) Irrtümer, Druckfehler; **erratisch** vom Ursprungsort weit entfernt; **erratischer Block** *m* Gesteinsblock, der während der Eiszeit durch Gletscher weitertransportiert wurde (Findling)

error (engl) Fehlermeldung bei Computern

eruieren (lat) ergründen, ermitteln

Eruption *f* (lat) Ausbruch; **eruptiv** durch Ausbruch entstanden

Eschatologie *f* (gr) Lehre von den

letzten Dingen, der Endzeit; **eschatologisch 1.** die letzten Dinge betreffend, **2.** endzeitlich

Eskalation *f* (fr) **1.** stufenweise Steigerung, **2.** Verschärfung beim Einsatz militärischer oder politischer Mittel; **eskalieren** sich steigern, ausweiten, verschärfen

Eskapade *f* (fr) **1.** Seitensprung, **2.** mutwilliger Streich

Eskapismus *m* (engl) Wirklichkeitsflucht

Eskorte *f* (fr) Geleit; **eskortieren** geleiten

Esoterik *f* (gr) Geisteshaltung, Lehre, die nur Eingeweihten verständlich ist; **Esoteriker** *m* in Geheimlehren Eingeweihter; **esoterisch** Eingeweihten vorbehalten

Esplanade *f* (fr) Gebäudevorplatz

espressivo (it) ausdrucksvoll (Mus.)

Espresso *m* (it) starker Kaffee

Esprit *m* (fr) Geist; Scharfsinn; geistvolle Witzigkeit

Essay *m* (engl) kurze, stilistisch anspruchsvolle Abhandlung; **Essayist** *m* Verfasser von Essays

Essentials *pl* (engl) Hauptwichtigkeiten; **essentiell** (lat) wesentlich; **Essenz** *f* **1.** Wesen(tliches), **2.** Auszug

Establishment *n* (engl) herrschende Gesellschaftsschicht

estinto (it) fast unhörbar (Mus.)

Estrade *f* (fr) **1.** erhöhter Platz, **2.** Erhöhung des Fußbodens

etablieren (fr) einrichten, (be)gründen, niederlassen; **sich etablieren 1.** sich niederlassen, **2.** einen festen Platz einnehmen;

Etablissement *n* **1.** Niederlassung, **2.** Unternehmen, **3.** Gaststätte, **4.** Bordell

Etage *f* (fr) Stockwerk; **Etagere** *f* Gestell mit Zwischenbrettern (für Geschirr, Bücher usw.)

Etappe *f* (fr) **1.** Teilstrecke, **2.** Entwicklungsstadium, **3.** Heeresversorgungsgebiet hinter der Front

Etat *m* (fr) **1.** Staatshaushalt, **2.** Haushaltsplan, **3.** Geldsumme, die für einen bestimmten Zweck zur Verfügung steht

et cetera (lat) und so weiter

Ethik *f* (gr) Sittenlehre; **Ethiker** *m* Sittenlehrer; **ethisch** sittlich; **Ethizismus** *m* Alleingeltung der sittlichen Werte

ethnisch (gr) einer sprachlich und kulturell einheitlichen Volksgruppe angehören; **Ethnologie** *f* Völkerkunde; **ethnologisch** völkerkundlich

Ethos *n* (gr) **1.** Sittlichkeit, **2.** sittliche Grundsätze eines Menschen oder einer Gesellschaft

Etikett *n* (fr) **1.** Warenauszeichnungszettel, **2.** Aufkleber

Etikette *f* (fr) Gesamtheit der Anstandsregeln

Etüde *f* (fr) Übungsstück (Mus.)

Etui *n* (fr) **1.** schmaler Behälter, **2.** Hülle

Etymologie *f* (gr) Lehre von Wortursprung und -geschichte; **etymologisch** die Wortherkunft betreffend; **Etymon** *n* Wurzelwort, Stammwort

Eubiotik *f* (gr) Lehre vom gesunden Leben

Eucharistie *f* (gr) Altarsakrament, Abendmahlsfeier; **eucharistisch** zum Altarsakrament gehörig

Eugenik *f* (gr) Forschung mit dem Ziel, erbschädigende Einflüsse und Erbkrankheiten zu verhindern

Eunuch *m* (gr) **1.** kastrierter Mann, **2.** Haremswächter

Euphemismus *m* (gr) beschönigender Ausdruck, (sprachliche) Milderung (z.B. »dahinscheiden« für »sterben«); **euphemistisch** beschönigend

Euphonie *f* (gr) Wohlklang; **euphonisch** wohlklingend

Euphorie *f* (gr) **1.** gesteigertes Wohlgefühl, **2.** subjektives Wohlbefinden Schwerkranker; **euphorisch** in gehobener, heiterer Stimmung

Eurhythmie *f* (gr) Pulsregelmäßigkeit; Gleichmaß der Bewegungen

Eurovision *f* Arbeitsgemeinschaft westeuropäischer Fernsehanstalten

Euthanasie *f* (gr) **1.** Erleichterung des Sterbens durch Medikamente, **2.** absichtliche Herbeiführung des Todes durch Medikamente

eutroph (gr) **1.** nährstoffreich, **2.** überdüngt; **Eutrophie** *f* guter Ernährungszustand; **Eutrophierung** *f* Gewässerüberdüngung

evakuieren (lat) räumen, aussiedeln; **Evakuierung** *f* Bevölkerungsaussiedlung aus Sicherheitsgründen

Evaluation *f* (fr) Einschätzung, Bewertung; **evaluieren** einschätzen, bewerten

Evangeliar *n* (gr) **1.** Zusammenstellung der Evangelientexte für den Gottesdienst, **2.** Behältnis für das Evangelium in der kath. Liturgie; **Evangelisation** *f* außerkirchliche Verkündigung des Wortes Gottes; **evangelisch** **1.** der evangelischen Kirche angehörend, **2.** das Evangelium betreffend; **Evangelist** *m* Verfasser eines Evangeliums; **Evangelium** *n* **1.** Bericht über Leben und Wirken Jesu, **2.** die ersten vier Bücher des Neuen Testaments, **3.** Heilsbotschaft Christi, **4.** unverbrüchliche Gewißheit

Evaporation (lat) *f* Verdampfung; **evaporieren** verdampfen

Eventualität *f* (lat) **1.** möglicherweise eintretender Fall, **2.** mögliches Vorkommnis; **eventuell** möglich, möglicherweise

Evergreen *n* (engl) bleibend publikumswirksames Lied

evident (lat) offensichtlich, einleuchtend; **Evidenz** *f* Augenscheinlichkeit

Evokation *f* (lat) **1.** Erweckung von Gefühlen oder Vorstellungen, **2.** Vorladung

Evolution *f* (lat) Entwicklung; **Evolutionstheorie** *f* Abstammungslehre; **evolvieren** entwickeln, entfalten

evozieren (lat) hervorrufen, bewirken

ex (lat) aus; **Ex-** ehemalig (in Zusammensetzungen)

exakt (lat) **1.** genau, **2.** sorgfältig,

3. pünktlich; **exakte Wissenschaft** *f* Wissenschaft, deren Ergebnisse auf logischen oder mathematischen Beweisen oder genauen Messungen beruhen

exaltiert (lat) überreizt, überspannt, aufgeregt

Examen *n* (lat) Prüfung; **Examinand** *m* Prüfling; **Examinator** *m* Prüfender; **examinieren** prüfen, untersuchen

ex cathedra (lat) unfehlbar

Exchange *m* (engl) **1.** Geldumtausch, **2.** (Börsen-)Kurs

Exegese *f* (gr) **1.** Auslegung von Texten (insbes. der Bibel), **2.** Wissenschaft von der Textauslegung; **Exeget** *m* Bibelausleger; **Exegetik** *f* Verfahren der Bibelauslegung; **exegetisch** (die Bibel) erklärend

exekutieren (lat) hinrichten; **Exekution** *f* Hinrichtung, Vollstreckung; **exekutiv** ausführend, vollziehend; **Exekutive** *f* vollziehende Gewalt im Staat

Exempel *n* (lat) Beispiel, Muster; **ein Exempel statuieren** ein warnendes Beispiel geben

Exemplar *n* (lat) Muster-, Einzelstück; **exemplarisch 1.** vorbildlich, **2.** beispielhaft, **3.** abschreckend; **exemplifizieren** an Beispielen veranschaulichen

Exequien *pl* (lat) **1.** feierliche Totenmesse, **2.** Trauergottesdienst

exerzieren (lat) militärisch üben, drillen; **Exerzitien** geistliche Übungen

Exhalation *f* (lat) Ausatmung, Ausdünstung; **exhalieren** ausatmen, ausdünsten

exhibieren (lat) zur Schau stellen, vorzeigen; **Exhibition** *f* öffentliche Zurschaustellung; **Exhibitionismus** *m* Selbstentblößungssucht; **Exhibitionist** *m* jmd., der seine Geschlechtsteile zum Zweck der sexuellen Befriedigung öffentlich entblößt

exhumieren (lat) eine Leiche ausgraben

Exil *n* (lat) Verbannung, Verbannungsort; **Exilant** *m* Verbannter, Ausgebürgerter; **exilieren** verbannen

existent (lat) vorhanden, wirklich; **existential** das Dasein bedingend; **Existentialismus** *m* moderne Philosophie, die u.a. die Absurdität des Daseins und die Freiheit des Menschen, sich selbst zu entwerfen, in den Mittelpunkt stellt; **existentiell** auf das unmittelbare, wesenhafte Dasein bezogen; **Existenz** *f* **1.** Dasein, Leben, Vorhandensein, **2.** Lebensunterhalt; **Existenzminimum** *n* Mindesteinkommen zur Bestreitung des Lebensunterhaltes; **existieren 1.** vorhanden sein, **2.** leben, **3.** das Dasein fristen

Exitus *m* (lat) Tod

Exkavation *f* (lat) Aushöhlung; **exkavieren** aushöhlen

Exklave *f* (fr) von fremdem Staatsgebiet eingeschlossener Staatsteil

exklusiv (lat) **1.** ausschließend, ausschließlich, **2.** höchsten Ansprüchen entsprechend; **exklusive** ohne, nicht eingerechnet;

Exklusivität *f* **1.** Ausschließlichkeit, **2.** Besonderheit, **3.** rangliche Abgesondertheit

Exkommunikation *f* (lat) Kirchenbann, Ausschluß aus der kath. Kirche; **exkommunizieren** aus der kath. Kirche ausschließen

Exkremente *n* (lat) Ausscheidung (Kot, Harn)

Exkulpation *f* (lat) Zuerkennung der Schuldlosigkeit; **exkulpieren 1.** von Schuld freisprechen, **2.** rechtfertigen

Exkurs *m* (lat) **1.** Abschweifung, **2.** kurze Abhandlung eines Randproblems (in einer wissenschaftlichen Arbeit)

Exkursion *f* (lat) Studien-, Lehrfahrt

Exlibris *n* (lat) in ein Buch eingeklebtes Zeichen des Eigentümers

Exmatrikel *f* (lat) Nachweis des Abgangs von der Universität; **Exmatrikulation** *f* Löschung im Studentenverzeichnis; **exmatrikulieren** im Studentenverzeichnis streichen

Exodus *m* (gr) **1.** Auszug, Auswanderung, **2.** 2. Buch Mose

ex officio (lat) von Amts wegen

exogen (gr) durch äußere Umstände verursacht

exorbitant (lat) übermäßig, übertrieben, unerhört

Exordium *n* (lat) Einleitung

Exorzismus *m* (gr) Geisterbannung; **Exorzist** *m* Geisterbanner, Teufelsaustreiber

exoterisch (gr) **1.** für jedermann bestimmt, **2.** allgemein verständlich

exotisch (gr) **1.** fremdländisch, **2.** den Zauber des Fremden besitzend

Expander *m* (engl) Muskelstreckgerät; **expandieren** (lat) (sich) ausdehnen; **expansibel** ausdehnbar; **Expansion** *f* Ausdehnung; **expansiv** auf Ausdehnung bedacht

Expatriation *f* (lat) **1.** Landesverweisung, **2.** Ausbürgerung; **expatriieren** des Landes verweisen

Expedient (lat) Angestellter in der Versandabteilung; **expedieren** abfertigen, befördern; **Expedition** *f* **1.** Abfertigung, **2.** Versand, **3.** Versandabteilung, **4.** Forschungsreise

Expektoration *f* (lat) **1.** Schleimauswurf (Med.), **2.** Erklärung (von Gefühlen); **expektorieren 1.** auswerfen, aushusten, **2.** seine Gefühle aussprechen

Experiment *n* (lat) **1.** Versuch, **2.** Wagnis; **experimentell 1.** auf Versuchen beruhend, **2.** durch Versuche gewonnen; **experimentieren** Versuche anstellen

Experte *m* (lat) Fachmann, Sachverständiger; **Expertise** *f* (fachmännisches) Gutachten

explizieren (lat) darlegen, erklären; **explizit(e)** ausdrücklich, deutlich

explodieren (lat) zerspringen, bersten, sich entladen; **Explosion** *f* Entladung, Sprengschlag; **explosiv** leicht zerspringend;

Explosiva *pl* Verschlußlaute (Sprachw.)
Exponat *n* (lat) Ausstellungsstück; **Exponent** *m* **1.** Hochzahl (Math.), **2.** hervorragender Vertreter einer Richtung, einer Partei; **exponieren 1.** zur Schau stellen, **2.** sich aussetzen; **exponiert 1.** herausgehoben, **2.** im Blickpunkt der Öffentlichkeit
Export *m* (lat) Ausfuhr; **Exporteur** *m* **1.** jmd., der Waren exportiert, **2.** Außenhandelskaufmann; **exportieren** Waren ins Ausland ausführen
Exposé *n* (fr) **1.** Bericht, Denkschrift, **2.** Entwurf
Exposition *f* (lat) **1.** Darlegung, **2.** in die Handlung einführender Teil eines Dramas, **3.** Ausstellung
expreß (lat) **1.** ausdrücklich, **2.** eiligst; **Expreß** Schnellzug; **Expression** *f* Ausdruck; **Expressionismus** *m* künstlerische Richtung, die die Wiedergabe gesteigerter Empfindungen bevorzugt; **expressis verbis** ausdrücklich; **expressiv** ausdrucksvoll
Expulsion *f* (lat) Entfernung, Abführung (Med.)
exquisit (lat) erlesen, vorzüglich, köstlich
Exspiration *f* (lat) Ausatmung; **exspirieren** ausatmen
Extinktion *f* (lat) Auslöschung, Vernichtung
Exstirpation *f* (lat) völlige Entfernung (Med.)
extemporieren (lat) aus dem Stegreif tätig sein
Extension *f* (lat) Ausdehnung, Umfang; **extensibel** ausdehnbar; **extensiv** ausgedehnt, umfänglich
Exterieur *n* (fr) Außenseite, Aussehen
extern (lat) **1.** auswärtig, **2.** äußerlich; **Externat** *n* Bildungsanstalt ohne Wohnmöglichkeit für die Schüler; **Externer** *m* außerhalb der Schule wohnender Schüler; **Externist** *m* Arzt für äußere Erkrankungen
exterritorial (lat) unabhängig von der Oberhoheit des Aufenthaltslandes; **Exterritorialität** *f* **1.** Unabhängigkeit von der Oberhoheit des Aufenthaltslandes, **2.** Unantastbarkeit von Diplomaten im Gastland
Extinktion *f* (lat) Lichtstrahlschwächung
extra (lat) **1.** außergewöhnlich; zusätzlich, **2.** absichtlich
extrahieren (lat) herausziehen, entfernen; **Extrakt** *m* **1.** Auszug aus tierischen oder pflanzlichen Stoffen, **2.** gedrängte Zusammenfassung; **Extraktion** *f* **1.** das Herausziehen (Med.), **2.** die Herstellung eines Extrakts
extramundan (lat) außerweltlich
extraordinär (lat) außergewöhnlich; **Extraordinarius** *m* außerordentlicher Professor
extraterrestrisch (lat) **1.** außerhalb der Erde gelegen, **2.** außerirdisch
Extratour *f* (lat-fr) eigenmächtige Handlungsweise
extravagant (fr) überspannt, übertrieben; **Extravaganz** *f* **1.**

Überspanntheit, **2.** übertriebenes Verhalten

extravertiert (lat) nach außen gerichtet (Psychol.)

extrem (lat) **1.** äußerst, **2.** radikal, schrankenlos; **Extrem** *n* **1.** Äußerstes, **2.** äußerster Gegensatz, **3.** Höchst-, Tiefstwert; **Extremismus** *m* radikale Haltung, schroffe Ablehnung jeglicher Zugeständnisse; **Extremist** *m* (politisch) radikal eingestellter Mensch; **extremistisch** radikale (politische) Ansichten vertretend; **Extremität** *f* **1.** Überstiegenheit, **2.** äußerstes Ende; **Extremitäten** *pl* Gliedmaßen

Exvoto *n* (lat) Weihgeschenk, Opfergabe wegen eines Gelübdes

exzellent (lat) vorzüglich; **exzellieren** sich hervortun

Exzentrik *f* (lat) **1.** von der Norm abweichendes Verhalten, **2.** Überspanntheit; **Exzentriker** *m* verschrobener, überspannter Mensch; **exzentrisch 1.** mit verlagertem Mittelpunkt, **2.** überspannt, verstiegen

exzeptionell (lat) **1.** ausnahmsweise, **2.** außergewöhnlich

exzerpieren (lat) ein Exzerpt anfertigen; **Exzerpt** *n* auf das Wesentliche zusammengedrängter Auszug aus einem Text

Exzeß *m* (lat) Ausschreitung, Ausschweifung; **exzessiv** überschwenglich, maßlos

Exzitans *n* (lat) anregendes (Arznei-)Mittel

F

Fabel *f* (lat) **1.** Tiergeschichte lehrhaften Inhalts, **2.** Stoff, Handlung

Fabrik *f* (lat) mit Maschinen ausgestattetes Werk zur Herstellung von Waren; **Fabrikant** *m* Besitzer einer Fabrik; **Fabrikat** *n* in einer Fabrik hergestelltes Erzeugnis; **Fabrikation** *f* Herstellung von Waren in einer Fabrik; **fabrizieren** **1.** herstellen, **2.** etwas zusammenbasteln, **3.** etwas anrichten

fabula docet (lat; »die Geschichte lehrt«) die Moral von der Geschichte ist ...; **fabulieren** **1.** Geschichten erzählen, **2.** schwätzen; **fabulös** **1.** märchenhaft, **2.** unwahrscheinlich

Facelifting *n* (engl) operative Straffung der Gesichtshaut

Facette *f* (fr) schräge Schleifkante bei Edelsteinen, Glas- oder Metallobjekten; **facettieren** mit Facetten versehen

Facies *f* (lat) **1.** Gesicht, **2.** für bestimmte Krankheiten typischer Gesichtsausdruck (Med.)

Façon *f* (fr) s. **Fasson**

Facultas docendi *f* (lat) **1.** Lehrauftrag, **2.** Lehrbefähigung

Fading *n* (engl) Tonschwund bei Rundfunkwellen

Faible *n* (fr) Vorliebe, Schwäche

fair (engl) **1.** anständig, **2.** im Einklang mit den Spielregeln; **Fairneß** *f* anständiges Verhalten im Spiel, im Berufsleben usw.

Fait accompli *n* (fr) vollendete Tatsache

Fäkalien *pl* (lat) Kot

Faksimile *n* (lat) getreue Nachbildung einer Vorlage; **faksimilieren** ein Faksimile herstellen

Fakt *n, m* (lat) Tatsache

Faktion *f* (lat) **1.** Partei, **2.** Untergruppe innerhalb einer Partei, die bestimmte eigene Ziele verfolgt

faktisch (lat) tatsächlich, wirklich; **faktitiv** einen Vorgang bewirkend; **Faktizität** *f* Tatsächlichkeit

Faktor *m* (lat) **1.** wichtiger Umstand, **2.** mitbestimmende Ursache, **3.** Vervielfältigungszahl, **4.** Abteilungsleiter einer Druckerei

Faktotum *n* (lat) Helfer, der in einem Haushalt, Betrieb usw. alle anfallenden Arbeiten erledigt, Mädchen für alles

Faktum *n* (lat) Tatsache, Vorfall

Faktur(a) *f* (lat) Rechnung, Lieferschein; **fakturieren** die Rechnung über eine Lieferung ausfertigen

Fakultas *f* (lat) Lehrbefähigung; **Fakultät** *f* **1.** Gruppe verwandter Wissenschaften (an der Hochschule), **2.** die Hochschullehrer und Studenten, die einer Fakultät angehören; **fakultativ** freiwillig, wahlweise, nach eigenem Ermessen

fallieren (fr) zahlungsunfähig werden

Fallout *m* (engl) radioaktiver Niederschlag
Falsett *n* (it) Kopfstimme, sehr hohe Stimme
Falsifikat *n* (lat) Gefälschtes, Fälschung; **falsifizieren** **1.** (ver)fälschen, **2.** widerlegen
Fama *f* (lat) Gerücht
familial (lat) die Familie betreffend; **familiär** vertraut, ungezwungen; **Familiarität** *f* Vertraulichkeit
famos (lat) großartig, ausgezeichnet
Famulatur *f* (lat) Krankenhauspraktikum der Medizinstudenten; **Famulus** *m* **1.** Diener, Hilfskraft, **2.** Medizinstudent, der sein Krankenhauspraktikum ableistet
Fan *m* (engl) fanatischer, leidenschaftlicher Anhänger
Fanal *n* (it) **1.** Feuer-, Flammenzeichen, **2.** aufsehenerregende Tat
Fanatiker *m* (lat) Eiferer, **2.** leidenschaftlicher Anhänger; **fanatisch** **1.** eifernd, unduldsam, **2.** begeistert; **fanatisieren** jmdn. aufhetzen; **Fanatismus** *m* **1.** Unduldsamkeit, Wut, **2.** Leidenschaft
Fanfare *f* (fr) **1.** Trompetensignal, **2.** Blasinstrument
Fango *m* (it) Heilschlamm
Fanklub *m* (engl) Vereinigung der Fans eines Sportvereins, eines Unterhaltungskünstlers usw.
Fant *m* (it) eitler Geck, Stutzer
Fantasie *f* (it) Musikstück in freier Form
Fantasy *f* (engl) Romane oder Filme märchen- oder mythenhaften Inhalts
Farce *f* (fr) **1.** Lustspiel, Posse, **2.** inhaltsloses Getue, **3.** Füllmasse
Farm *f* (engl) landwirtschaftlicher Betrieb (in den angelsächsischen Ländern); **Farmer** *m* Besitzer einer Farm
Faschinen *pl* (it) Reisigbündel für Befestigungsbauten
Faschismus *m* (lat-it) autoritäres, von einem »Führer« getragenes Regierungssystem; **Faschist** *m* Anhänger des Faschismus; **faschistisch** zum Faschismus gehörend; **faschistoid** dem Faschismus ähnlich, zum Faschismus tendierend
Fashion *f* (engl) **1.** Mode, **2.** vornehme Lebensart; **fashionable** **1.** modisch, **2.** vornehm
Fassade *f* (fr) **1.** Stirnseite eines Gebäudes, **2.** Schauseite, **3.** Äußeres
Fasson *f* (fr) **1.** Form, Gestalt, **2.** Machart, Zuschnitt eines Kleidungsstücks; **fassonieren** in eine bestimmte Form bringen
Fast Food *n* (engl; »Schnelles Essen«) in Schnellgaststätten angebotene Gerichte
Faszikel *m* (lat) **1.** Bündel (von Akten), **2.** Lieferung eines in Fortsetzung erscheinenden Werks
Faszination *f* (lat) Bezauberung, starke Anziehungskraft; **faszinieren** bezaubern, anziehen
fatal (lat) verhängnisvoll, äußerst unangenehm; **Fatalismus** *m* Glaube an die Vorherbestimmtheit alles Geschehens, Schicksalsergebenheit; **Fatalist** *m* Schick-

salsgläubiger; **fatalistisch** schicksalsgläubig; **Fatalität** *f* Verhängnis, Mißgeschick

Fata Morgana *f* (it) Sinnestäuschung, Trugbild

Fatuität *f* (lat) Blödsinn (Med.)

Fatum *n* (lat) Verhängnis, Schicksal

Faubourg *m* (fr) Vorstadt

Fauna *f* (lat) Tierwelt eines bestimmten Gebiets

faute de mieux (fr) **1.** in Ermangelung eines Besseren, **2.** als Notbehelf

Fauteuil *m* (fr) Lehnsessel

Fauxpas *m* (fr; »Fehltritt«) Verstoß gegen die Umgangsformen

Favela *f* (port) Slumviertel einer südamerikanischen Großstadt

favorisieren (fr) **1.** begünstigen, **2.** als voraussichtlichen Sieger betrachten; **Favorit 1.** bevorzugte Person, **2.** voraussichtlicher Sieger

Fax *n* (Kurzform von **Telefax**) Fernkopie

Fazit *n* (lat) (End-)Ergebnis, Summe

Feature *f, n* (engl) **1.** Fernseh- oder Radiosendung in Form eines Dokumentarberichts, **2.** ein besonderes Ereignis oder eine besondere Person betreffender Text oder Film, **3.** Hauptfilm

febril (lat) fiebrig, fieberhaft (Med.)

Feedback *n* (engl) **1.** Rückmeldung, **2.** akustische Rückkopplung

Feeling *n* (engl) **1.** Gefühl, **2.** Stimmung

fekund (lat) fruchtbar; **Fekundation** *f* Befruchtung; **Fekundität** *f* Fruchtbarkeit

Fellow *m* (engl) **1.** Mitglied eines College, **2.** Inhaber eines Forschungsstipendiums

feminin (lat) weiblich, weibisch; **Femininum** *n* Hauptwort weiblichen Geschlechts; **feminisieren** verweiblichen; **Feminismus** *m* Bewegung, die für die Rechte der Frau eintritt; **Feministin** *f* Vertreterin des Feminismus; **feministisch** zum Feminismus gehörend

Femme fatale *f* (fr) verführerische, Verhängnis bringende Frau

Fender *m* (engl) Polster, das die Wand eines Schiffes vor dem Anschlagen an Kaimauern o. ä. schützt

Fermate *f* (it) Haltezeichen (Mus.)

Ferment *n* (lat) Gärstoff; **Fermentation** *f* Gärung; **fermentieren** durch Gärung veredeln

feroce (it) wild, ungestüm (Mus.)

Ferro- (lat) Eisen- (in Zusammensetzungen, z. B. Ferrolegierung: Eisenlegierung)

fertil (lat) fruchtbar; **Fertilisation** *f* Befruchtung; **fertilisieren** befruchten; **Fertilität** *f* Fruchtbarkeit

Festival *n* (engl) in regelmäßigen Abständen stattfindende kulturelle Großveranstaltung (Musik-, Theater-, Filmfestival usw.)

Festivität *f* (lat) Festlichkeit, Feier

Fete *f* (fr) ausgelassenes Fest, Party

Fetisch *m* (port) Gegenstand, dem

magische Kraft zugeschrieben wird; **Fetischismus** *m* **1.** Verehrung eines Fetischs, **2.** krankhafte Ausrichtung des Geschlechtstriebs auf Gegenstände anderer Personen; **Fetischist** *m* Person mit fetischistischen Neigungen

Fetus s. **Fötus**

feudal (lat) **1.** lehnsrechtlich, **2.** adelig, **3.** vornehm, **4.** üppig; **Feudalherrschaft** *f* Adelsherrschaft; **Feudalismus** *m* Lehnswesen

Feuilleton *n* (fr) kultureller und unterhaltender Teil der Zeitung; **Feuilletonist** *m* Verfasser von Artikeln für das Feuilleton; **feuilletonistisch** in einem unterhaltenden Stil verfaßt

Fiasko *n* (it) Mißerfolg, Fehlschlag

Fibel *f* (lat) **1.** Lesebuch für Schulanfänger, **2.** Verschlußspange

Fiber *f* (lat) Faser; **fibrös** faserreich

Fiche (fr-engl) *n* Karte, auf der, photomechanisch verkleinert, Daten gespeichert sind (Mikrofiche)

Fideikommiß *n* (lat) unveräußerliches und unteilbares Familiengut

Fidibus *m* (lat?) Papierstreifen o. ä. zum Feueranzünden

Field-Research *n* (engl; »Feld-Forschung«) Verfahren, durch direktes Befragen von Personen, deren Meinung zu einem bestimmten Problem zu ermitteln

fifty-fifty (engl) **1.** halb und halb, jedem die Hälfte, **2.** unentschieden

Fight *m* (engl) **1.** Gefecht, **2.** Boxkampf, **3.** sportlicher Wettkampf; **Fighter** *m* harter Kämpfer (bes. beim Boxen)

Figur *f* (lat) **1.** Gestalt, äußere Erscheinung, Form, **2.** Spielstein, **3.** Bewegungsfolge (z.B. beim Tanz), **4.** Tonfolge; **Figurant** *m* **1.** Nebenfigur, **2.** stumme Figur in einem Theaterstück; **figurieren** **1.** vor-, darstellen, **2.** eine Scheinrolle spielen, **3.** in Erscheinung treten; **Figurine** *f* **1.** kleine Figur, **2.** Nebenfigur, **3.** Kostümzeichnung; **figürlich** **1.** bildlich, **2.** in einem übertragenen Sinne, **3.** die Figur (1) betreffend

Fiktion *f* (lat) Erdachtes, nur in der Phantasie Existierendes; **fiktiv** erdichtet, eingebildet

Filiale *f* (lat) Zweiggeschäft, Niederlassung; **Filiation** *f* Abstammung

Filigran *n* (it) Flechtwerk aus dünnem Draht

Filius *m* (lat) Sohn

Filou *m* (fr) Spitzbube, durchtriebener Mensch

Filtrat *n* (lat) gefilterte, geklärte Flüssigkeit

final (lat) **1.** das Ende von etwas bildend, **2.** auf einen Zweck ausgerichtet; **Finale** *n* (it) **1.** Abschluß, **2.** Schlußsatz (Mus.), **3.** Endspiel (Sport); **Finalist** *m* Teilnehmer an der Endrunde (Sport); **Finalität** *f* Zweckbestimmtheit; **Finalsatz** *m* Nebensatz, der eine Absicht ausdrückt

Finanz *f* (fr) Geldwesen; **Finanzen** *pl* Vermögen, Geld; **finan-**

ziell die Finanzen betreffend; **Finanzier** *m* **1.** Geldfachmann, **2.** Geldgeber; **finanzieren 1.** Geld zur Verfügung stellen, **2.** Gelder beschaffen; **Finanzierung** *f* Geldbeschaffung

Fin de siècle *n* (fr; »Ende des Jahrhunderts«) Kunstrichtung am Ende des 19. Jh.s

Fine *n* (it) Schlußzeichen (Mus.)

Fines herbes *pl* (fr) feingehackte Gewürzkräuter

Finesse *f* (fr) **1.** Feinheit, **2.** Kunstgriff

fingieren (lat) **1.** erdichten, **2.** vortäuschen

Finis *n* (lat) Ende

Finish *n* (engl) **1.** Endkampf, Endspurt (Sport), **2.** letzte Bearbeitung, letzter Schliff

Finte *f* (it) Lüge, Täuschung

Fioritur *f* (it) Verzierung (Mus.)

firm (lat) beschlagen, erfahren, geschult

Firma *f* (lat) **1.** Betrieb, Unternehmen, **2.** Geschäftsname, -haus

Firmament *n* (lat) Himmelsgewölbe, Sternenhimmel

firmieren (lat) sich nennen, einen Geschäftsnamen führen

Firmware *f* (engl) die in einem Computer fest installierte Software

first class (engl) Spitzenklasse, erstklassig, von ausgesuchter Qualität

First Lady *f* (engl) Gattin des regierenden Staatsoberhaupts

fiskalisch (lat) die Staatskasse betreffend; **Fiskus** *m* Staatskasse, Staatsvermögen

Fissur *f* (lat) Riß (Med.)

fit (engl) leistungsfähig, in Form; **Fitneß** *f* **1.** gute körperliche Verfassung, **2.** große Leistungsfähigkeit; **Fitneßcenter, Fitneßstudio** *n* mit besonderen (Sport-) Geräten zur Erhöhung der körperlichen Leistungsfähigkeit ausgestattete Einrichtung; **Fitneßtraining** *n* besonderes Training zur Steigerung der körperlichen Leistungsfähigkeit (Sport)

Five o'clock tea *n* (engl) Fünfuhrtee

fix (lat) **1.** fest, **2.** flink, gewandt; **Fixativ** *n* Mittel zum Unverwischbarmachen von Kohle-, Bleistiftzeichnungen

fixen (am) Rauschgift einspritzen; **Fixer** *m* Drogenabhängiger

fixieren (lat) **1.** festlegen, **2.** befestigen, beständig machen, **3.** starr anschauen; **Fixing** *n* täglich erfolgende Festlegung der Devisenkurse; **Fixum** *n* festes, regelmäßiges Einkommen

flagrant (lat) offenkundig

Flair *n* (fr) **1.** Gespür, **2.** Atmosphäre, Hauch, Reiz

Flakon *m, n* (fr) Fläschchen (für Parfum u. ä.)

flambieren (fr) Speisen mit Alkohol übergießen und diesen anzünden

flamboyant (fr) **1.** farbenprächtig, **2.** flammend, **3.** heftig

Flame-out *n* (engl) Versagen eines Flugzeugtriebwerks infolge von Treibstoffmangel

Flaneur *m* (fr) Müßiggänger; **flanieren** zielllos umherschlendern

Flash *m* (engl) **1.** Kurzeinblendung eines Einzelbildes in einem Film, **2.** Rück-, Vorblende, **3.** Blitzlicht

Flat *n* (engl) (kleine) Wohnung

flektieren (lat) beugen (Sprachw.)

flexibel (lat) **1.** biegsam, **2.** beugbar (Sprachw.), **3.** anpassungsfähig, geschmeidig; **Flexibilität** *f* **1.** Biegsamkeit, **2.** Anpassungsfähigkeit; **Flexion** *f* Beugung (Sprachw., Med.)

Flic *m* (fr) franz. (Verkehrs-)Polizist

Flirt *m* (engl) **1.** Liebelei, **2.** kurzes Liebesabenteuer; **flirten** anbändeln, schäkern

Floating *n* (engl) freies Schwanken des Wechselkurses

Flop *m* (engl) Mißerfolg, Reinfall

Floppy disk *f* (engl) Magnetplatte zur Datenspeicherung (Diskette)

Flora *f* (lat) **1.** Pflanzenwelt eines bestimmten Gebietes, **2.** die in einem Körperorgan vorkommenden Bakterien; **floral** geblümt; **Floreszenz** *f* Blüte, Blütezeit; **florieren 1.** gedeihen, blühen, **2.** sich günstig entwickeln

Floskel *f* (lat) formelhafte, leere Redensart

Flower-power *f* (engl) pazifistische, antibürgerliche Jugendbewegung der sechziger Jahre (Blumenkinder)

fluid (lat) flüssig, fließend; **Fluidum** *n* von einer Person ausgehende Wirkung, Ausstrahlung

Fluktuation *f* (lat) Schwankung, Wechsel; **fluktuieren** schwanken, wechseln

Fluoreszenz *f* (lat) Aufleuchten (bei Bestrahlung); **fluoreszieren 1.** aufleuchten, **2.** schillern

Fly-over *m* (engl) Straßenüberführung

Föderalismus *m* (lat) politisches Gestaltungsprinzip, das die Selbständigkeit der Teilstaaten in einem staatlichen Ganzen betont; **Föderalist** *m* Anhänger einer bundesstaatlichen Verfassungsform; **föderativ** bundesstaatlich; **Föderation** *f* Staatenbund; **föderiert** verbündet

Fog *m* (engl) dichter Nebel

Fokus *m* (lat) **1.** Brennpunkt (Optik), **2.** Krankheitsherd (Med.)

Folder *m* (engl) Faltprospekt

Foliant *m* (lat) dickes Buch

Folie *f* (lat) **1.** dünne Haut aus Metall oder Plastik (zum Verpacken), **2.** Hintergrund

Folk(music) *m* (engl) moderne Musik in der Art von Volksmusik; **Folklore** *f* **1.** Volksüberlieferungen, **2.** Volkskunde; **Folklorist** *m* Volkskundler; **folkloristisch 1.** die Folklore betreffend, **2.** volksliedhaft; **Folksong** *m* Lied in der Art eines Volkslieds

Fond *m* (fr) **1.** Grundlage, Hintergrund, **2.** Rücksitz (im Auto)

Fonds *m* (fr) Geldvorrat, -reserve

Fontäne *f* (fr) Springbrunnen

Fontanelle *f* (lat) Knochenlücke der Schädeldecke von Neugeborenen

forcieren (fr) **1.** erzwingen, durchsetzen, **2.** übertreiben; **forciert** gezwungen, übertrieben

Forehand *f* (engl) Vorhandschlag (Tennis)

Foreign Office *n* (engl) brit. Auswärtiges Amt

forensisch (lat) gerichtlich

formal (lat) **1.** die äußere Gestalt betreffend, äußerlich, **2.** vorschriftsmäßig; **Formalien** *pl* Förmlichkeiten; **Formalismus** *m* Betrachtungsweise, die ausschließlich die äußere Form berücksichtigt; **Formalist** *m* Befürworter des Formalismus; **formalistisch** das Formale überbetonend; **Formalität** *f* **1.** Förmlichkeit, **2.** Äußerlichkeit, Vorschrift

Format *n* (lat) **1.** Größenform (von Papier u. ä.), **2.** Niveau, charakterliche Größe; **formatieren** Struktur von Dateien von vornherein bestimmen (EDV); **Formation** *f* **1.** Gestaltung, Bildung, **2.** Truppenverband, **3.** Zeitabschnitt der Erdgeschichte; **formativ** gestaltend, prägend

Formel *f* (lat) **1.** feststehende Wendung, Begriffsbestimmung in Kurzform, **2.** Zahlen- oder Buchstabenfolge zur Darstellung eines mathematischen, chemischen oder physikalischen Sachverhalts; **formell** **1.** förmlich, **2.** auf die Beachtung der Anstandsregeln achtend; **formieren** aufstellen, gestalten

Formular *n* (lat) Formblatt, Vordruck; **formulieren** in sprachliche Form bringen, ausdrücken

Fort *n* (fr) Befestigungswerk

forte (it) laut (Mus.); **fortissimo** sehr laut (Mus.)

Fortuna *f* (lat) Glück, Erfolg

Forum *n* (lat) **1.** Gerichtshof, Marktplatz, **2.** öffentliche Diskussionsveranstaltung, **3.** Öffentlichkeit

fossil (lat) **1.** versteinert, **2.** urzeitlich; **Fossil** *n* versteinerter Überrest urzeitlicher Tiere oder Pflanzen; **fossile Brennstoffe** *pl* Erdöl, -gas

Fötus *m* (lat) Embryo, Leibesfrucht

foul (engl) **1.** regelwidrig, **2.** unsportlich; **Foul** *n* Regelverstoß; **foulen** jmdn. regelwidrig behindern, zu Fall bringen usw. (Sport)

Four-letter-word *n* (engl) vulgäres Schimpfwort (z.B. *shit* »Scheiße«)

Foyer *n* (fr) Wandelhalle, Vorraum

Fra *m* (ital) Bruder (Titel von Klosterbrüdern)

fragil (lat) zerbrechlich; **Fragilität** *f* Zerbrechlichkeit

Fragment *n* (lat) Bruchstück, Überrest; **fragmentarisch** bruchstückhaft, unvollständig

fraise (fr) erdbeerfarben

Fraktion *f* (lat) Parteivertretung im Parlament; **Fraktionschef** *m* Vorsitzender einer Fraktion; **Fraktionszwang** *m* Pflicht zu einheitlicher Stimmabgabe im Sinne der Fraktion

Fraktur *f* (lat) **1.** (Knochen-) Bruch, **2.** deutsche Druckschrift; **Fraktur reden** deutlich werden

Franchise *n* (engl) Alleinverkaufsrecht und darauf gründende Vertriebsform

Frankatur *f* (it) Freimachung von Postsendungen; **frankieren** Postsendungen freimachen; **franko** postgebührenfrei

frankophil (lat-gr) Frankreich und die französische Kultur liebend; **frankophon** französischsprachig

frappant (fr) **1.** in die Augen fallend, **2.** überraschend

Frater *m* (lat) Ordensbruder; **Fraternisation** *f* Verbrüderung; **fraternisieren** sich verbrüdern; **Fraternität** *f* **1.** Brüderlichkeit, **2.** Bruderschaft

Freak *m* (engl) **1.** unangepaßter (oder auch abnormer) Mensch, **2.** jmd., der sich in extremer Weise für eine Sache begeistert (Autofreak usw.)

Free-lance *m* (engl) nicht festangestellter Mitarbeiter

frenetisch (gr) stürmisch, rasend

frequent (lat) häufig; **Frequentation** *f* häufiger Besuch; **frequentieren** häufig besuchen; **Frequenz** *f* **1.** Häufigkeit, **2.** Besucherzahl, **3.** Schwingungszahl von Wellen

Freske *f* (it) auf frischem Putz ausgeführte Wandmalerei

frigid(e) (lat) **1.** gefühlskalt, **2.** sexuell nicht erregbar; **Frigidität** *f* sexuelle Empfindungslosigkeit

Frikativ *m* (lat) Reibelaut (Sprachw.); **Friktion** *f* **1.** Reibung, **2.** Art der Massage

Frisbee *n* (engl) Wurfscheibe aus Plastik

frivol (fr) leichtfertig, schamlos

Front *f* (lat-fr) **1.** Vorder-, Stirnseite, **2.** vorderste Kampflinie; **frontal 1.** die Stirn betreffend, **2.** die Vorderseite betreffend, **3.** in ganzer Breite

Frontispiz *n* (fr) **1.** Giebeldreieck, **2.** verziertes Titelblatt eines Buches

frugal (lat) einfach, mäßig, anspruchslos (Essen); **Frugalität** *f* Einfachheit

Frust *m*, **Frustration** *f* (lat) Gefühl der Enttäuschung, der Entmutigung aufgrund mangelnder Erfolgserlebnisse; **frustrieren** enttäuschen

Fuge *f* (it) mehrstimmiges Tonstück mit Wiederholung eines Themas

Full dress *m* (engl) Gesellschaftsanzug

Full speed *f* (engl) Höchstgeschwindigkeit

Full-time-Job *m* (engl) Ganztagsarbeit

fulminant (lat) glänzend, ausgezeichnet

Fun *m* (engl) Spaß, Scherz

Fundament *n* (lat) **1.** Unter-, Grundlage, **2.** Sockel; **fundamental** grundlegend, entscheidend; **Fundamentalismus** *m* striktes Festhalten an ideologischen oder religiösen Grundsätzen; **fundamentieren** eine Grundlage schaffen

Fundation *f* (lat) Stiftung; **fundiert 1.** gefestigt, **2.** begründet

Fundus *m* (lat) **1.** Grundlage, **2.**

Grundbestand, (Geld-)Mittel, **3.** Ausstattungsmittel (Theater, Film)

fungieren (lat) **1.** ein Amt ausüben, **2.** tätig sein, dienen als

Fungizid *n* (lat) chemisches Mittel zur Abtötung pflanzenschädlicher Pilze

Funktion *f* (lat) **1.** Tätigkeit, Stellung, Aufgabe, **2.** Leistung, Wirkweise; **Funktionär** *m* Beauftragter, Sachwalter; **funktionell** **1.** die Tätigkeit betreffend, **2.** wirksam; **funktionieren** problemlos ablaufen

Furage *f* (fr) Verpflegung; **furagieren** Verpflegung beschaffen (Mil.)

Furie *f* (lat) **1.** Rachegöttin, **2.** wütende Frau; **furios** **1.** wütend, **2.** mitreißend; **furioso** (it) leidenschaftlich erregt (Mus.)

Furnier *n* (fr) dünnes Edelholzdeckblatt; **furnieren** mit Edelholz dünn überziehen

Furor *m* (lat) Raserei, Wut

Furore *f* (it) **1.** Begeisterung, **2.** begeisterter Beifall, **3.** Aufsehen

Furunkel *m, n* (lat) Geschwür

füsilieren (fr) standrechtlich erschießen

Fusion *f* (lat) **1.** Zusammenschluß, Bündnis, **2.** Verschmelzung; **fusionieren** **1.** zusammenschließen, **2.** verschmelzen

Futon *m* (jap) **1.** hart gepolstertes Bett, **2.** Schlafmatte

Futteral *n* (lat) Behältnis, Schutzhülle

Futur *n* (lat) Zukunftsform des Zeitworts; **Futurismus** *m* politische und kulturelle (zukunftsbezogene) Bewegung zu Beginn des 20. Jh.s; **Futurist** *m* Anhänger des Futurismus; **futuristisch** zum Futurismus gehörend; **Futurologie** *f* Zukunftsforschung; **Futurologe** *m* Zukunftsforscher

G

Gag *m* (engl) witziger Einfall

Gage *f* (fr) Lohn, Gehalt von Künstlern

gai(e)ment (fr) munter, fröhlich (Mus.)

Gala *f* (it-span-arab) **1.** festliche Kleidung, Hoftracht, **2.** Hoffestlichkeit, **3.** festliche Aufführung (Theater, Oper usw.)

galaktisch zur Milchstraße gehörend

Galan *m* (span) **1.** vornehmer Mann, **2.** Liebhaber, Geliebter; **galant 1.** höflich, liebenswürdig, **2.** erotisch; **Galanterie** *f* höfliches Verhalten gegenüber Frauen

Galaxie *f* (lat) großes Sternensystem außerhalb der Milchstraße; **Galaxis** *f* Milchstraße

Galeere *f* (it) Ruderschiff (meist mit Sträflingen oder Sklaven bemannt)

Galerie *f* (fr) **1.** Gang an der Fassade oder im Innenhof von Gebäuden entlang, **2.** Gemäldesaal, -sammlung, **3.** Empore, **4.** die obersten Plätze im Theater, **5.** länglicher Teppich

Gallert *n* (lat) steif gewordene Masse aus tierischen oder pflanzlichen Säften

Gallizismus *m* (lat) franz. Spracheigenheit in nichtfranz. Sprache

Gallone *f* (engl) Hohlmaß

Galosche *f* (fr) Überschuh

Galvanisation *f* (it) **1.** Überziehen mit einer Metallschicht, **2.** Heilbehandlung mit Gleichstrom; **galvanischer Strom** *m* Gleichstrom; **galvanisieren** auf elektrischem Wege mit einer Metallschicht überziehen; **Galvanometer** *n* Gerät zum Messen geringer Stromstärken

Gambit *n* (it) Eröffnungsart im Schachspiel

Gammastrahlen *pl* (gr-dt) radioaktive Strahlen

Gang *f* (engl) (Verbrecher-)Bande

Gangliensystem *n* (gr) Zentralnervensystem; **Ganglienzelle** *f* Nervenzelle; **Ganglion** *n* **1.** Nervenknoten, **2.** Überbein; **Ganglitis** *f* Entzündung der Nervenknoten

Gangrän *f* (gr) Wundbrand

Gangster *m* (engl) Mitglied einer Verbrecherbande

Gangway *f* (engl) Laufgang oder Treppe zum Ein- und Aussteigen bei Flugzeugen oder Schiffen

Garant *m* (fr) Bürge, Gewährsmann; **Garantie** *f* **1.** Bürgschaft, Gewährleistung, **2.** Sicherheit; **garantieren 1.** (ver)bürgen, **2.** zusichern

Garçon *m* (fr) Kellner; **Garçonniere** *f* Junggesellenwohnung, kleine Wohnung

Garde *f* (fr) **1.** Schutzwache, **2.** Elitetruppe

Garden-party *f* (engl) Gartenfest

Garderobe *f* (fr) **1.** Ankleideraum, **2.** Kleiderablage, **3.** Kleidung

garnieren (fr) verzieren, ausschmücken, ausstatten

Garnison *f* (fr) **1.** Truppenstandort, **2.** die Truppe eines bestimmten Standorts

Garnitur *f* (fr) **1.** Besatz, Verzierung, **2.** Ausstattung, **3.** Satz, Serie; **erste Garnitur** *f* beste Qualität

Gasometer *m* (fr) Gasbehälter

gastral, gastrisch (gr) zum Magen gehörend; **Gastritis** *f* Magenschleimhautentzündung

Gastronom *m* (gr) Gastwirt; **Gastronomie** *f* **1.** feine Küche, **2.** Gastwirtsgewerbe; **gastronomisch** die Gastronomie betreffend

Gate *n* (engl) **1.** Tor, Ausgang, **2.** Flugsteig

Gaudium *n* (lat) Freude, Vergnügen, Hochgenuß

gay *m* (engl) homosexuell; **Gay** *m* Homosexueller

Gazette *f* (fr) Zeitung

gehandikapt (engl) behindert, beeinträchtigt

Geiser *m* (isl) **1.** heißer Springquell, **2.** Elektrogerät zur Warmwasserbereitung

Gel *n* (it; Kurzform von **Gelatine**) gallertartige Masse, gallertartiges Kosmetikum

Gelatine *f* (it) farblose, leimartige (aus Knochen hergestellte) Substanz

Gelée royale *n* (fr) Futtersaft der Bienenkönigin

Gemellus *m* (lat) Zwilling (Med.);

Geminata *pl* verdoppelte Mitlaute; **Gemination** *f* Verdopplung; **geminieren** verdoppeln

Gemme *f* (lat) geschnittener (Halb-)Edelstein; **Gemmologie** *f* Edelsteinkunde

Gen *n* (gr) Erbfaktor

genant (fr) **1.** peinlich, **2.** schüchtern

Gendarm *m* (fr) Schutzmann

Genealoge *m* (gr) Ahnenforscher; **Genealogie** *f* Ahnenforschung; **genealogisch** die Genealogie betreffend

General *m* (fr) ranghöchster Offizier; **Generalagent** *m* Hauptvertreter einer Firma; **generalisieren** verallgemeinern; **Generalisation, Generalisierung** *f* Verallgemeinerung; **Generalissimus** *m* Oberbefehlshaber; **Generalität** *f* Gesamtheit der Generale; **Generalkonsul** *m* ranghöchster Konsul; **Generalnenner** *m* gemeinschaftlicher Nenner ungleichnamiger Brüche; **Generalpardon** *m* allgemeiner Straferlaß; **Generalsynode** *f* Landeskirchentag; **Generalvollmacht** *f* Vollmacht zur Vornahme aller Rechtsgeschäfte

Generation *f* (lat) **1.** Menschenalter, Lebenszeit, **2.** Nachkommenschaft; **Generationswechsel** *m* **1.** abwechselnd geschlechtliche und ungeschlechtliche Fortpflanzung (bei Pflanzen und wirbellosen Tieren), **2.** Ablösung von Angehörigen der älteren Generation durch Angehörige der jüngeren Generation

Generator *m* (lat) Strom-, Gaserzeuger
generell (lat) allgemein
generieren (lat) erzeugen; **generisch** die Gattung, das Geschlecht, die Herkunft betreffend
generös (fr) hochherzig, freigebig; **Generosität** *f* Großmut, Freigebigkeit
Genese, Genesis *f* (gr) **1.** Ursprung, Abstammung, **2.** Schöpfungsgeschichte (1. Buch Mose)
Genetik *f* (gr) **1.** Vererbungslehre, **2.** Lehre von Entstehung und Entwicklung der Arten; **genetisch** die Entstehung, Entwicklung von Lebewesen betreffend
genial (lat) **1.** hochbegabt, **2.** großartig; **Genialität** *f* Geistesgröße; **Genie** *n* **1.** hohe schöpferische Begabung, **2.** äußerst begabter Mensch
genieren (fr) verlegen machen; **sich genieren** befangen sein, sich unsicher fühlen
genital (lat) die Geschlechtsorgane betreffend; **Genitalien** *pl* Geschlechtsorgane
Genitiv *m* (lat) Wesfall
Genius *m* (lat) **1.** Schutzgeist, **2.** höheres geistiges Wesen, schöpferische Kraft eines Menschen; **genius loci** *m* Schutzgeist, geistiges Klima eines bestimmten Orts
Genotyp *m* (gr) Gesamtheit der Erbanlagen eines Lebewesens
Genozid *m* (gr-lat) Völkermord, Mord an nationalen, religiösen oder rassischen Gruppen
Genre *n* (fr) **1.** Gattung, **2.** Art; **Genrebild** *n* (fr-dt) Bild aus dem Alltagsleben; **Genremalerei** *f* Darstellung von Szenen aus dem Alltag
Gens *f* (lat) altröm. Familienverband, Stamm
Gent *m* (engl) Kurzform von **Gentleman**
Gentechnologie *f* (gr) biomechanische Methode zur Veränderung der Erbanlagen eines Lebewesens, einer Pflanze
Gentleman *m* (engl) **1.** Mann von guter Lebensart, **2.** feiner Mann; **gentlemanlike** **1.** in Art eines Gentlemans, **2.** vornehm, ehrenhaft; **Gentlemen's Agreement** *n* Übereinkunft zwischen Ehrenmännern (ohne schriftlichen Vertrag)
Gentry *f* (engl) niederer Adel (England)
genuin (lat) **1.** echt, unverfälscht, **2.** angeboren
Genus *n* (lat) Geschlecht, Gattung (Sprachw.)
Geo- (gr) Erde, Erd- (in Zusammensetzungen); **Geobotanik** *f* Wissenschaft von der geographischen Verbreitung der Pflanzen; **Geochemie** *f* Wissenschaft von der chemischen Zusammensetzung der Erde; **Geodäsie** *f* Erdvermessung; **Geodät** *m* Landvermesser; **Geogonie** *f* Lehre von der Erdentstehung; **Geograph** *m* Erdkundler; **Geographie** *f* Erdkunde; **Geologe** *m* Erforscher der Erdgeschichte; **Geologie** *f* Lehre von der Entwicklung und Gestaltung der Erde; **Geomedizin** *f* Wissenschaft von

der geographischen Verbreitung von Krankheiten; **Geometrie** *f* Raum-, Größenlehre; **geometrisch** die Geometrie betreffend; **Geomorphologie** *f* Lehre von den Formen der Erdoberfläche und ihren Veränderungen; **Geophysik** *f* Wissenschaft von den physikalischen Vorgängen auf (und in) der Erde; **Geopolitik** *f* Lehre vom Einwirken der geographischen Bedingungen auf die Politik; **Geopsychologie** *f* Lehre vom Einwirken der geographischen Bedingungen auf die Psyche; **Geostatik** *f* Erdgleichgewichtslehre; **Geozentrik** *f* Denksystem, das die Erde in den Mittelpunkt stellt; **Geozoologie** *f* Wissenschaft von der geographischen Verbreitung der Tiere

Geriatrie *f* (gr-lat) Altersheilkunde; **Geriatrikum** *n* Arzneimittel zur Behandlung von Alterskrankheiten

gerieren (lat) sich benehmen

Germanismus *m* (lat) deutsche Sprachbesonderheit; **Germanist** *m* Lehrer bzw. Student der deutschen Sprache und Literatur; **Germanistik** *f* deutsche Sprach- und Literaturwissenschaft; **germanistisch** die Germanistik betreffend

Gerontokratie *f* (gr) Herrschaft der Alten

Gerontologie *f* (gr) Lehre von den Alterungsvorgängen

Gerundium *n* (lat) gebeugter Infinitiv des lat. Verbs

Gerundiv(um) *n* (lat) Partizip des Passives des Futurs, das die Notwendigkeit eines Verhaltens ausdrückt

Geste *f* (lat) Gebärde; **Gestik** *f* Gesamtheit der Gesten; **Gestikulation** *f* Gebärdenspiel, -sprache; **gestikulieren** Hand- und Armbewegungen machen; **Gestus** *m* Ausdruck, Gebaren

Getto (Ghetto) *n* (it) Judenviertel

Geysir s. **Geiser**

Ghostwriter *m* (engl) Autor, der für einen anderen schreibt und selbst ungenannt bleibt

Gigant *m* (gr) Riese; **gigantisch** riesig, gewaltig, ungeheuer; **Gigantismus** *m* krankhafter Riesenwuchs (Med.); **Gigantomanie** *f* **1.** Sucht, alles ins Riesenhafte zu steigern, **2.** Größenwahn

Gigolo *m* (it) **1.** Eintänzer, **2.** Mann, der sich von Frauen aushalten läßt

Gimmick *m, n* (am) etwas Außergewöhnliches, das Aufmerksamkeit erregen soll (Werbegag)

giocoso (it) fröhlich, scherzhaft, spielerisch (Mus.)

girieren (it) **1.** einen Wechsel übertragen, **2.** Forderungen überweisen

Girl *n* (engl) Mädchen

Girlande *f* (fr) kettenförmiges Gewinde aus Blumen, Papier o. ä.

Giro *m* (it) bargeldlose Zahlung; **Girokonto** *n* Bankguthaben für bargeldlose Zahlung

Glacé *n* (fr) glänzendes Gewebe, Glanzleder; **glacieren** **1.** mit Glanz überziehen, **2.** mit dick eingekochtem Fleischsaft überziehen

Gladiator *m* (lat) **1.** Schwertkämpfer, **2.** Schaukämpfer

Glamour *m, n* (engl) Glanz, Zauber; **Glamour-girl** *n* attraktives Mädchen, Film-, Werbeschönheit; **glamourös** blendend schön

Glandel, **Glandula** *f* (lat) Drüse (Med.); **glandulär** zu einer Drüse gehörend

glasieren mit einer Glasur überziehen

Glasnost *f* (russ) das Offenlegen, Durchschaubarkeit

Glasur *f* **1.** Glasüberzug (auf Tonwaren), **2.** Zuckerguß

Glaukom *n* (gr) grüner Star (Med.)

glazial (lat) **1.** eiszeitlich, **2.** Gletscher betreffend; **Glaziologie** *f* Gletscherkunde

Glider *m* (engl) Segelflugzeug

glissando (it) gleitend (Mus.)

global (lat) **1.** welt-, erdumfassend, **2.** allgemein, **3.** ungefähr

Globetrotter *m* (engl) Weltenbummler, Weltreisender

Globus *m* (lat) Weltkugel

Gloria *n* (lat) **1.** Herrlichkeit, **2.** Lobgesang in der kath. Liturgie; **Glorie** *f* **1.** Herrlichkeit, **2.** Strahlenkranz; **Glorienschein** *m* Heiligenschein; **Glorifikation, Glorifizierung** *f* Verherrlichung; **glorifizieren** verherrlichen; **Gloriole** *f* Heiligenschein, Strahlenkrone; **glorios** ruhmvoll, glanzvoll

Glossar *n* (gr) Wörterverzeichnis (mit Erläuterungen); **Glosse** *f* **1.** Erläuterung, erklärende Anmerkung, **2.** spöttische Bemerkung; **glossieren** **1.** erläutern, **2.** bespötteln

glottal (gr) durch die Stimmritze im Kehlkopf erzeugt (Laute); **Glottis** *f* Stimmritze; **Glottologie** *f* Sprachwissenschaft

Gluten *n* (lat) Eiweißstoff, der die Backfähigkeit des Mehls bestimmt, Kleber; **Glutin** *n* Eiweißstoff in der Gelatine, Knochenleim; **Glutination** *f* festes Zusammenwachsen (Med.); **glutinös** klebrig

Glykämie *f* (gr) Zuckergehalt des Blutes

Glykogen *n* (gr) tierische Stärke

Glykose (Glukose) *f* (gr) Traubenzucker

Glypte *f* (gr) **1.** geschnittener Stein, **2.** Skulptur; **Glyptik** *f* Steinschneidekunst; **Glyptothek** *f* Sammlung von Glypten

G-man *m* (am; aus: *g*overnment *man*) Agent des amerikanischen Geheimdienstes (FBI)

Gnom *m* (lat-gr) Zwerg, Winzling

Gnome *f* (gr) Sinnspruch; **Gnomiker** *m* Spruchdichter

Gnosis *f* (gr) (Gott-)Erkenntnis, Offenbarung

Goal *n* (engl) Fußballtor, Treffer; **Goal-Getter** *m* Fußballspieler, der besonders viele Tore erzielt; **Goal-Keeper** *m* Torwart

Gobelin *m* (fr) Wandteppich, Bildteppich

Go-go-Girl *n* (am) Showtänzerin in einem Vergnügungslokal

Goi *m* (**Gojim** *pl*) (hebr) Nichtjude

Go-in *n* (am) Eindringen einer Gruppe von Demonstranten in ein Gebäude o. ä.

Go-Kart *m* (am) kleiner Sportrennwagen

Golden Twenties *pl* (engl) die goldenen zwanziger Jahre

Golem *m* (hebr) zum Leben erweckte menschenähnliche Tonfigur (Gestalt der jüdischen Sage)

Golf *m* (it) Meerbusen, Meeresbucht

Goliath *m* (hebr) riesengroßer Mensch

Gonade *f* (gr) Geschlechts-, Keimdrüse (Med.)

Gondel *f* (it) **1.** venezianisches Boot, **2.** Ballonkorb; **Gondoliera** *f* Schifferlied; **Gondoliere** *m* Gondelführer

Gong *m* (malai-engl) an Schnüren aufgehängter Metallteller, der mit einem Klöppel zum Klingen gebracht wird

Goniometrie *f* (gr) Winkelmessung

Goodwill *m* (engl) freundschaftliche Gesinnung; **Goodwillreise, -tour** *f* Reise eines Politikers, Diplomaten, die dazu dient, die Beziehungen zu einem anderen Land zu verbessern

Go-slow *m, n* (engl) Dienst nach Vorschrift, Bummelstreik

Gospel(song) *m* (am) geistliches Lied der amerik. Farbigen

Gospodin *m* (russ) Herr

Gouache *f* (it) Malerei mit Wasserfarben, die durch die Verbindung mit Bindemitteln und Deckweiß eine dem Pastell ähnliche Wirkung erhalten

Gourmand *m* (fr) jmd., der gerne und viel ißt; **Gourmandise** *f* Delikatesse

Gourmet *m* (fr) Feinschmecker

Gout *m* (fr) Geschmack; **goutieren** an etwas Geschmack finden, genießen

Gouvernante *f* (fr) Hauslehrerin, Erzieherin; **Gouvernement** *n* **1.** Regierung, Verwaltung, **2.** Verwaltungsbezirk; **Gouverneur** *m* Statthalter

gracioso (it) anmutig (Mus.)

Grad *m* (lat) **1.** Schritt, Stufe, **2.** Rang, Stellung, **3.** Maß; **Gradation** *f* **1.** allmähliche Steigerung, **2.** Abstufung; **Gradient** *m* Gefälle; **gradieren 1.** verstärken, **2.** konzentrieren; **gradual** den Grad, Rang betreffend; **graduell** stufenweise, Schritt für Schritt, allmählich; **graduieren 1.** in Grade einteilen, **2.** einen akademischen Grad erteilen; **graduiert** einen akademischen Grad tragend

Graecum *n* (lat) Prüfung in den griech. Sprachkenntnissen

Graffito *n* (it) **1.** eingeritzte Inschrift oder Zeichnung, **2.** auf Mauern o. ä. gesprühte Inschrift oder Zeichnung

Gräkomanie *f* (lat-gr) übertriebene Bewunderung für alles Griechische

Grammatik *f* (gr) **1.** einer Sprache zugrundeliegendes Regelsystem, **2.** Sprachlehre; **gram-**

matikalisch, grammatisch die Grammatik betreffend
Grammophon *n* (gr) Plattenspieler
Grammy *m* (am) in den USA verliehener Schallplattenpreis
Gran *n* (lat) winzige Dosis (Apothekergewicht)
Granate *f* (it) **1.** Artilleriegeschoß, **2.** Sprengkörper
Grande *m* (span) hoher Würdenträger, span. Adelstitel
Grande Nation *f* (fr) Große Nation (Selbstbezeichnung des franz. Volkes); **Grandeur** *f* Größe, Hoheit; **Grandezza** *f* (it) hoheits-, würdevolle Art; **grandios** (it) großartig, überwältigend, prachtvoll; **Grand Old Man** *m* (engl) Mann fortgeschrittenen Alters, dem auf einem bestimmten Gebiet herausragende Bedeutung zukommt; **Grand Prix** *m* (fr) Hauptpreis, bedeutende Sportveranstaltung; **Grandseigneur** *m* vornehmer Herr; **Grand Slam** (engl) Gewinn der internationalen Tenniswettbewerbe von Großbritannien, Australien, Frankreich und den USA im Laufe eines Jahres durch einen Spieler
Granulat *n* (lat) körnig gemachte Substanz; **Granulation** *f* Körnung; **granulieren** körnig machen; **granulös** gekörnt, körnig; **Granulozyt** *m* weißes Blutkörperchen (mit körniger Struktur)
Graph *n* (gr) Schriftzeichen; **Graphie** *f* Schreibung, Schreibweise (Sprachw.); **Graphik** *f* **1.** Schreib-, Zeichenkunst, **2.** Holzschnitt, Radierung o. ä., **3.** Vervielfältigungsverfahren; **Graphiker** *m* Zeichenkünstler; **graphisch** zeichnerisch, bildlich; **graphische Darstellung** *f* Veranschaulichung von Zahlen (von durch Zahlen darstellbaren Entwicklungen) durch Linien, Kurven, Zeichnungen u. ä.; **Graphologie** *f* Wissenschaft von der Handschriftdeutung
Grass *n* (am) Marihuana
grassieren (lat) **1.** wüten, **2.** wuchern, sich ausbreiten
Gratias *n* (lat) Dankgebet; **Gratifikation** *f* (finanzielle) Sonderzulage
gratinieren *f* (fr) überbacken
gratis (lat) unentgeltlich, kostenlos
Gratulant *m* (lat) Glückwünschender; **Gratulation** *f* Glückwunsch; **gratulieren** beglückwünschen
grave (it) ernst (Mus.)
Graveur *m* (fr) Kunststecher
Gravidität *f* (lat) Schwangerschaft
gravieren (fr) **1.** in Stein oder Metall stechen, **2.** (lat) ins Gewicht fallen, belasten; **gravierend** schwerwiegend, gewichtig
Gravis *m* (lat) **1.** Betonungszeichen, **2.** Tiefton einer Silbe; **Gravitation** *f* Schwerkraft, Anziehungskraft (der Erde); **gravitätisch** würdevoll, ernst; **gravitieren 1.** der Schwerkraft folgen, **2.** zu etwas hingezogen werden
Gravüre *f* (fr) Kupfer-, Stahlstich
Grazie *f* (lat) Anmut, Liebreiz;

Grazien *pl* röm. Göttinnen der Anmut und Schönheit

grazil (lat) zierlich, feingliedrig

graziös (fr) anmutig

gräzisieren (lat) nach altgriech. Vorbild gestalten; **Gräzismus** *m* altgriech. Spracheigenheit in einer anderen Sprache; **Gräzist** *m* Erforscher der altgriech. Sprache und Kultur; **Gräzistik** *f* Wissenschaft von der altgriech. Sprache und Kultur

Greenback *m* (am) Dollarnote

Greenhorn *n* (engl) Unerfahrener, Grünschnabel

Gremium *n* (lat) **1.** beratende Körperschaft, **2.** Ausschuß

Greyhound *m* (engl) **1.** Windhund, **2.** in den USA Bezeichnung für schnelle Überlandbusse

Grimasse *f* (fr) Gesichtsverzerrung, Fratze; **grimassieren** Fratzen schneiden

Gringo *m* (span) Nichtromane im span. Südamerika

Grisaille *f* (fr) Malerei mit grauen Farben

Grisette *f* (fr) **1.** Putzmacherin, Näherin, **2.** leichtlebiges Mädchen

groggy (engl) schwer angeschlagen (beim Boxen), körperlich erschöpft

Groom *m* (engl) Reitknecht, Diener

Gros *n* (fr) Großteil, Hauptmasse; **Grossist** *m* Großhändler

grotesk (it-fr) **1.** seltsam, absonderlich, phantastisch, **2.** verzerrt; **Groteske** *f* **1.** phantastisch geformtes Tier- oder Pflanzenornament, **2.** phantastische Erzählung mit tragikomischer Wirkung

Grotte *f* (it) natürliche oder künstliche Höhle

Groundhostess *f* (engl) Angestellte einer Fluggesellschaft im Bodendienst

Groupie *n* (engl) weiblicher Fan im Gefolge von (Rock-)Musikern

Growl *m* (am) besondere Spielweise im Jazz, bei der auf Blechblasinstrumenten menschliche Stimmen nachgeahmt werden

Grusical *f* (Kunstw.) Film, in dem sich Elemente des Musicals und des Gruselfilms verbinden

Guardian *m* (lat) Klostervorsteher

Guerilla *f* (span) Kleinkrieg, von irregulären Truppen geführter Krieg; **Guerillero** *m* Aufständischer, Untergrundkämpfer

Guide *m* (fr/engl) **1.** Reiseführer, **2.** Reisehandbuch

Guillotine *f* (fr) Fallbeil; **guillotinieren** mit dem Fallbeil hinrichten

Guinee *f* (engl) (alte) engl. Goldmünze

Gulag *m* (russ; aus: Glavnoje *U*pravlenije *Lag*erej) **1.** Hauptverwaltung der Straflager in der UdSSR, **2.** Straflager

Gully *m* (engl) Abwasserschacht

Gunman *m* (am) bewaffneter Verbrecher, professioneller Killer

Gurde *f* (fr) Gefäß aus einem ausgehöhlten Kürbis

Guru *m* (ind) religiöser Lehrer, Leitfigur

gustieren (lat) mögen, genießen; **Gusto** *m* Geschmack, Gefallen

guttural (lat) die Kehle betreffend; **Guttural** *m* Kehl-, Gaumenlaut

Gymkhana *n* (engl-ind) Geschicklichkeitswettbewerb

Gymnasium *n* (gr) höhere Schule, die zur Hochschulreife führt

Gynäkokratie *f* (gr) Frauenherrschaft, Matriarchat; **Gynäkologe** *m* Frauenarzt; **Gynäkologie** *f* Frauenheilkunde

Gyroskop *n* (gr) Gerät zum Nachweis der Achsendrehung der Erde

H

Habeas corpus (lat) mittelalterlicher Haftbefehl; **Habeaskorpusakte** *f* rechtsstaatliches Prinzip, nach dem niemand ohne richterlichen Haftbefehl festgenommen werden darf

habemus Papam (lat; »Wir haben einen Papst«) Proklamation nach der Neuwahl eines Papstes

habil (lat) fähig, geschickt; **Habilität** *f* Geschicklichkeit; **Habilitation** *f* Erwerb des Rechts, Vorlesungen an einer Hochschule zu halten; **habilitieren** die Lehrbefugnis an Hochschulen erteilen; **sich habilitieren** eine schriftliche Arbeit anfertigen, um das Vorlesungsrecht zu erwerben

Habit *m, n* (fr) Kleidung

Habit *m, n* (engl) Gewohnheit

Habitat *n* (lat) **1.** der Bereich, in dem eine bestimmte Pflanzen- oder Tierart regelmäßig vorkommt, **2.** Wohnraum

Habituation *f* (lat) Gewöhnung (Med.); **Habitué** *m* (fr) jmd., der gewohnheitsmäßig ein Lokal o. ä. besucht, Stammgast; **habituell** gewohnheitsmäßig

Habitus *m* (lat) äußere Erscheinung, Haltung

Hacker *m* (engl) jmd., der sich ohne Berechtigung über eine Telefonleitung Zugang zu fremden Computersystemen verschafft

Hades *m* (gr) Unterwelt

Hadsch *m* (arab) Wallfahrt der Moslime nach Mekka; **Hadschi** *m* Mekkapilger

Hagiograph *m* (gr) Verfasser von Heiligenlegenden; **Hagiographie** *f* Beschreibung von Heiligenleben; **Hagiolatrie** *f* Heiligenverehrung; **Hagiologie** *f* Lehre von den Heiligen

Haiku *n* (jap) jap. Gedichtform

Hairstyling *n* (engl) **1.** das Frisieren, **2.** modische Frisur

Hakim *m* (arab) Arzt, Gelehrter; **Hakim** *m* Herrscher

halbpart (dt-lat) zu zwei gleichen Teilen

Halfcast *m* (engl) Mischling

Half-Time *f* (engl) Halbzeit (Sport)

halkyonisch s. **alkyonisch**

halleluja (hebr) lobet den Herrn!

Halloween *n* (engl) Tag vor Allerheiligen, der bes. in den USA gefeiert wird

Halluzination *f* (lat) Sinnestäuschung; **halluzinieren** Sinnestäuschungen unterliegen; **halluzinogen** Halluzinationen hervorrufend

Halo *m* (gr) Hof um Sonne, Mond, Lichtquellen

Halogen *n* (gr) **1.** Salzstoff, **2.** Salzbildner (Chem.); **Halogenlampe** *f* (gr-dt) sehr helle Glühlampe mit einer Edelgasfüllung, der Halogen beigefügt ist;

Halometer *n* Gerät zur Bestimmung des Salzgehalts; **Halopege** *f* kalte Salzquelle; **Halophyt** *m* Pflanze, die auf salzhaltigem Boden wächst; **Halotherme** *f* warme Salzquelle

Hämatin *n* (gr) Blutfarbstoff; **Hämatogen** *n* blutbildendes Mittel; **Hämatogramm** *n* Blutbild; **Hämatologie** *f* Lehre vom Blut und den Erkrankungen des Bluts; **Hämatom** *n* Bluterguß, Blutbeule; **Hämatophagen** *pl* blutsaugende Parasiten; **Hämatopoese** *f* Blutbildung; **Hämatorrhöe** *f* starke Blutung, Blutsturz; **Hämatosis** *f* Blutbildung; **Hämatoskopie** *f* Bluntuntersuchung

Hammam *m* (arab) Badehaus

Hammondorgel *f* (am) elektroakustische Orgel

Hämodialyse *f* (gr) Blutreinigung; **Hämoglobin** *n* Farbstoff der roten Blutkörperchen; **Hämopathie** *f* Blutkrankheit; **Hämophilie** *f* Bluterkrankheit; **Hämorrhagie** *f* Blutung; **Hämorrhoide** *f* Knoten aus erweiterten Mastdarmvenen; **Hämostase** *f* Blutstockung; **hämostatisch, hämostyptisch** blutstillend; **Hämozyt** *m* Blutkörperchen

Handicap (Handikap) *n* (engl) **1.** Behinderung, Nachteil, **2.** Vorgabe für einen schwächeren Konkurrenten (Sport)

Handling *n* (engl) Handhabung

Handout *n* (engl) (ausgehändigte) Informationsmaterialien, Unterlagen (bei Besprechungen u. ä.)

Handy *n* (engl) kleines Funktelefon

Handyman *m* (engl) (geschickter) Heimwerker

Hangar *m* (fr) Flugzeughalle

Hang-over *m* (engl) Kater, Katerstimmung

Happening *n* (engl) künstlerische Veranstaltung mit provozierender Wirkung auf das Publikum

happy (engl) glücklich, zufrieden; **Happy-End** *n* glücklicher Ausgang; **Happy-few** *pl* (»die glücklichen wenigen«) die glückliche Minderheit

Haptik *f* (gr) Lehre vom Tastsinn; **haptisch** greifbar

Harakiri *n* (jap) ritueller Selbstmord

Hardcore(film) *m* (engl) pornographischer Film mit detaillierter Darstellung des Geschlechtsverkehrs

Hard cover *n* (engl) Buch mit (hartem) festem Einband

Hard disk *f* (engl) fest installierte Magnetspeicherplatte in einem Computer (EDV)

Hard Drink *m* (engl) starkes alkoholisches Getränk

Hardliner *m* (engl) Befürworter eines harten (politischen) Kurses

Hard stuff *m* (engl) starkes Rauschgift

Hardware *f* (engl) apparative Bestandteile eines Computers (EDV)

Harem *m* (arab) **1.** Vielzahl von Ehefrauen eines orientalischen Mannes, **2.** Frauengemächer in einem orientalischen Haus

Häresie *f* (gr) Ketzerei, Irrlehre; **Häretiker** *m* Ketzer; **häretisch** ketzerisch

Harmonie *f* (gr) **1.** Ein-, Gleich-, Wohlklang, **2.** Übereinstimmung, Eintracht, Einigkeit; **harmonieren** **1.** zusammenstimmen, **2.** im Einklang sein, **3.** sich verstehen; **Harmonik** *f* Lehre von der Harmonie (Mus.); **harmonisch** **1.** schön klingend, **2.** einträchtig, **3.** zueinander passend, aufeinander abgestimmt

Harpune *f* (fr) zum (Wal-)Fischfang benutztes Geschoß mit Widerhaken und Leine

Haruspex *m* (lat) Zukunftsdeuter

Hasardeur *m* (fr) **1.** Mensch, der alles riskiert, **2.** Glücksspieler; **Hasardspiel** *n* Glücksspiel

haschieren (fr) in kleine Stücke hacken

Hat-Trick *m* (engl) drei Erfolge in Serie (Sport)

Hausse *f* (fr) wirtschaftlicher Aufschwung, Steigen der Börsenwerte; **Haussier** *m* Börsenspekulant, der auf eine Hausse setzt

Haute Couture *f* (fr) **1.** hohe Schneiderkunst, **2.** Gesamtheit der führenden Modehäuser; **Haute Couturier** *m* Modeschöpfer; **haute saison** *f* Hauptgeschäfts-, Hauptreisezeit; **Hautevolee** *f* oberste gesellschaftliche Schicht, Oberschicht; **Hautgout** *m* **1.** Beigeschmack von Wildfleisch, **2.** Anrüchigkeit; **Hautrelief** *n* Hochrelief

Havarie *f* (fr) Schiffbruch

Hazienda *f* (span) Landgut

Headhunter *m* (engl; »Kopfjäger«) Personalberater, der Führungskräfte abwirbt

Headline *f* (engl) **1.** Schlagzeile, **2.** Überschrift über einem Zeitungsartikel

Hearing *n* (am) öffentliche Anhörung

Heavy Metal *n* (engl) Musikstil des Rock

Hedonismus *m* (gr) Lehre, derzufolge Genuß der Sinn aller menschlichen Bemühungen ist; **Hedonist** *m* Anhänger des Hedonismus

Hegemonialismus *m* (gr) Streben eines Staates nach der Vormachtstellung in der Welt oder in einer Region; **Hegemonie** *f* **1.** Vorherrschaft, **2.** Vormachtstellung

Hekatombe *f* (gr) große Zahl (von Opfern)

Hektik *f* (gr) fieberhafte Hetze, Rastlosigkeit

Hektogramm *n* (gr) hundert Gramm

hektographieren (gr) vervielfältigen

Hektoliter *m*, *n* (gr) hundert Liter

heliakisch (gr) zur Sonne gehörend

Helikopter *m* (gr) Hubschrauber

Heliographie *f* (gr) **1.** Sonnenbeschreibung, **2.** Lichtdruckverfahren; **Heliogravüre** *f* Kupferlichtdruck; **Helioskop** *n* Sonnenfernrohr; **Heliotherapie** *f* Heilbehandlung mit Sonnenlicht; **heliozentrisch** die Sonne als Weltmittelpunkt ansehend

Heliport *m* (Kunstw.) Flughafen für Helikopter, Hubschrauberlandeplatz

Helix *f* (gr) spiralige Molekülstruktur (Chem.)

helkogen (gr) durch ein Geschwür verursacht

Hellas *n* (gr) Altgriechenland; **Hellene** *m* Grieche; **hellenisch** *m* das antike Griechenland betreffend, griechisch; **Hellenistik** *f* Wissenschaft von der hellenischen Sprache und Kultur

Helot *m* (gr) Sklave (im alten Sparta)

helvetisch (lat) schweizerisch

He-man *m* (engl) sehr männlich wirkender Mann

Hemisphäre *f* (gr) (Erd-)Halbkugel, Erdhälfte

hepatisch (gr) die Leber betreffend; **Hepatitis** *f* Leberentzündung; **hepatogen** von der Leber ausgehend; **Hepatologe** *f* Facharzt für Lebererkrankungen

Heptaeder *n* (gr) Siebenflächner; **Heptagon** *n* Siebeneck; **Heptameter** *m* (gr) siebenfüßiger Vers; **Heptateuch** *m* die ersten sieben Bücher des Alten Testaments

Heraldik *f* (lat) Wappenkunde; **Heraldiker** *m* Wappenforscher; **heraldisch** die Heraldik betreffend

Herbalist *m* (lat) Kenner von Heilkräutern; **Herbarium** *n* Sammlung gepreßter und getrockneter Pflanzen; **Herbivore** *m* Tier, das sich ausschließlich von Pflanzen ernährt; **Herbizid** *n* Mittel zum Abtöten von Pflanzen (von Unkraut); **herbizid** pflanzenabtötend

hereditär (lat) erblich, vererbbar; **Heredität** *f* **1.** Erbschaft, **2.** Erbfolge; **Heredopathie** *f* Erbkrankheit (Med.)

Herkules *m* (gr) **1.** riesenstarker Mann, **2.** Riese; **herkulisch 1.** riesenstark, **2.** riesenhaft

Hermaphrodit *m* (gr) Zwitter; **hermaphroditisch** zweigeschlechtig

Herme *f* (gr) mit einer Büste gekrönte Säule

Hermeneutik *f* (gr) Verfahren der Auslegung von Texten und Kunstwerken; **hermeneutisch** auslegend, erklärend

hermetisch (gr) **1.** (in sich) geschlossen, undurchlässig, **2.** geheimnisvoll, schwer zu deuten

Heroin *n* (gr) starke Droge in Form eines weißen Pulvers

Heroin *f* (gr) Heldin; **Heroine** *f* Heldin in einem Bühnenstück o. ä., Heldendarstellerin; **heroisch** heldisch, heldenhaft; **heroisieren 1.** zum Helden erheben, **2.** verherrlichen; **Heroismus** *m* Heldentum, -mut; **Heros** *m* (**Heroen** *pl*) Held, Halbgott

Herostrat *m* (gr) jmd., der aus Ruhmsucht ein Verbrechen begeht; **herostratische Tat** *f* aus Ruhmsucht begangenes Verbrechen

Herpetologie *f* (gr) Wissenschaft von den Kriechtieren

Hesperus *m* (gr) der Abendstern

Hetäre *f* (gr) **1.** (gebildete) Gefährtin, **2.** Prostituierte (in der griech. Antike)

Hetero *m* (gr) heterosexueller Mann; **heterodox** andersgläubig; **heterogen** verschiedenartig, uneinheitlich; **heteromorph** andersgestaltig; **heteronom** **1.** fremdbestimmt, **2.** ungleichwertig; **Heterophobie** *f* Angst vor dem anderen Geschlecht; **Heterosexualität** *f* sexuelle Neigung für andersgeschlechtliche Partner; **heterosexuell** sexuell auf das andere Geschlecht bezogen

Hetman *m* (slaw) Kosakenhauptmann

heureka! (gr; »ich habe es gefunden!«) Freudenruf bei Lösung eines schwierigen Problems; **Heuristik** *f* Wissenschaft von den Methoden, Probleme zu lösen, neue Erkenntnisse zu gewinnen; **heuristisch** zu neuen Erkenntnissen führend

Hexaeder *n* (gr) Sechsflächner; **Hexagon** *n* Sechseck; **Hexameter** *m* sechsfüßiger Vers; **Hexapode** *m* Sechsfüßer (Insekt)

Hiat(us) *m* (lat) **1.** Zusammentreffen zweier Selbstlaute in zwei aufeinanderfolgenden Silben oder Wörtern (Sprachw.), **2.** Spalt in Knochen oder Muskeln (Med.)

hibernal (lat) winterlich; **Hibernation** *f* **1.** Winterschlaf, **2.** künstlich herbeigeführter Tiefschlaf (Med.)

hic et nunc (lat) hier und jetzt, augenblicklich

Hidalgo *m* (span) Adeliger

Hierarchie *f* (gr) **1.** Rangordnung, **2.** Gesamtheit derer, die in der kirchlichen Rangordnung stehen; **hierarchisch** einer Rangordnung entsprechend

hieratisch (gr) priesterlich

Hieroglyphe *f* (gr) **1.** Zeichen der (altägypt.) Bilderschrift, **2.** unleserliches Schriftzeichen; **hieroglyphisch** **1.** unleserlich, **2.** geheimnisvoll

Hierokratie *f* (gr) Priesterherrschaft

Hi-Fi s. **High-Fidelity**

high (engl) hochgestimmt (durch Rauschmittel)

High-Brow *m* (engl) (arroganter) Intellektueller

High-Fidelity *f* (engl) originalgetreue Tonwiedergabe bei Phonogeräten

Highlife *n* (engl) **1.** vornehme Lebensweise, **2.** Ausgelassenheit

Highlight *n* (engl) Höhepunkt (einer künstlerischen Veranstaltung)

High-Society *f* (engl) oberste Gesellschaftsschicht

High-Tech *f* (engl) Hochtechnologie

Highway *m* (am) Fernstraße

Hijacking *n* (am) Flugzeugentführung

hip (engl) **1.** eingeweiht, **2.** modern

Hippie *m* (am) pazifistisch und antibürgerlich eingestellter Jugendlicher; **Hippie-Look** *m* Kleidung und generelle Aufmachung im Stil der Hippies

Hippodrom (gr) *n* Reitbahn; **Hippologie** *f* Pferdekunde

histogen (gr) vom Gewebe herstammend; **Histologie** *f* Wissenschaft von den Körpergeweben; **Histopathologie** *f* Wissenschaft von den Gewebekrankheiten

Historie *f* (lat) Geschichte; **Historienmalerei** *f* Geschichtsmalerei; **Historik** *f* **1.** (Lehre von der) Geschichtsschreibung, **2.** Geschichtswissenschaft; **Historiker** *m* Geschichtswissenschaftler; **historisch** **1.** geschichtlich, **2.** verbürgt, überliefert, **3.** alt, veraltet, **4.** geschichtsträchtig, bedeutsam

Hit *m* (engl) **1.** erfolgreicher Schlager, **2.** erfolgreiches Erzeugnis

Hitchhiker *m* (engl) Anhalter (von Autos)

Hitliste *f* in regelmäßigen Abständen veröffentlichtes Verzeichnis der beliebtesten Schlager

Hobo *m* (am) Vagabund

Holding(gesellschaft) *f* (engl) Gesellschaft, die Wertpapiere anderer Unternehmen verwaltet

Holismus *m* (gr) Ganzheitslehre; **holistisch** das Ganze betreffend

Holocaust *m* (lat) Völkermord, Massenvernichtung (insbes. der Juden in der Zeit des Nationalsozialismus)

Hologramm *n* (gr) dreidimensionale Abbildung eines Gegenstandes; **Holographie** *f* Technik zur dreidimensionalen Wiedergabe von Bildern; **holographisch** **1.** eigenhändig geschrieben, **2.** mit der Holographietechnik hergestellt

Holozän *n* (gr) jüngste Zeitstufe der Erdgeschichte

Homecomputer *m* (engl) kleinerer Computer zur Verwendung im häuslichen Bereich

Homeland *n* (engl) den verschiedenen farbigen Bevölkerungsgruppen überlassene Siedlungsgebiete in Südafrika während der Apartheid

homepage *f* (engl) Basisseite eines Diensts im Internet

Hometrainer *m* (engl) zu Hause installiertes Sportgerät

homerisch kennzeichnend für den griech. Dichter Homer; **homerisches Gelächter** *n* schallendes Gelächter

Homilet *m* (gr) **1.** Lehrer der Homiletik, **2.** Prediger; **Homiletik** *f* Geschichte und Theorie der Predigt; **homiletisch** die Gestaltung der Predigt betreffend; **Homiliar(ium)** *n* (mittelalterliche) Predigtsammlung; **Homilie** *f* **1.** Auslegung eines biblischen Textes, **2.** Predigt über einen Abschnitt der Bibel

Hominide *m* (lat) menschenartiges Lebewesen; **Hominisation** *f* Menschwerdung

Hommage *f* (fr) **1.** Huldigung, Ehrerbietung, **2.** Veranstaltung zu Ehren einer Person

Homme de lettres *m* (fr) Literat

Homo *m* (lat) Mensch

Homo *m* (gr) Kurzw. für Homosexueller; **Homoerotik** *f* sexuelles Ausgerichtetsein auf einen gleichgeschlechtlichen Partner

homogen (gr) gleichartig, einheitlich; **Homogenisierung** *f* Vermischung von nicht mischbaren Flüssigkeiten durch Zerkleinerung der Bestandteile; **Homogenität** *f* Gleichartigkeit

homolog (gr) **1.** gleichnamig, **2.** übereinstimmend, entsprechend

homonym (gr) gleichlautend; **Homonymie** *f* Namensgleichheit bedeutungsverschiedener Wörter

Homöopathie *f* (gr) Heilverfahren, bei dem dem Kranken in kleinen Mengen Mittel verabreicht werden, die beim Gesunden dieselbe Krankheit auslösen (Ggs.: Allopathie)

homophil s. **homosexuell**; **Homophilie** *f* s. **Homosexualität**

Homo sapiens *m* (lat) der mit Vernunft begabte Mensch

Homosexualität *f* (gr-lat) Geschlechtsempfinden, das sich auf den gleichgeschlechtlichen Partner richtet, gleichgeschlechtliche Liebe; **homosexuell** gleichgeschlechtlich empfindend

Homunkulus *m* (lat) künstlich erzeugter Mensch

honett (fr) ehrenhaft, rechtschaffen

Honneurs *pl* (fr) Ehrenbezeigungen; **Honneurs machen** die Gäste begrüßen

Honorar *n* (lat) Vergütung; **Honorarprofessor** *m* nichtbeamteter Universitätsprofessor; **Honoratioren** *pl* angesehene Bürger, Standespersonen; **honorieren 1.** belohnen, vergüten, **2.** würdigen; **honorig** ehrenwert, freigebig; **honoris causa** ehrenhalber (bei akademischen Titeln)

Hooligan *m* (engl) gewalttätiger Randalierer, Rowdy (insbes. bei Sportveranstaltungen); **Hooliganismus** *m* Rowdytum

Hoplit *m* (gr) Fußsoldat im antiken Griechenland

Hora *f* (lat) **1.** Stunde, **2.** Stundengebet, **3.** Gebetsstunde; **Horarium** *n* Stundenbuch, Gebetbuch

Horizont *m* (gr) **1.** Begrenzungslinie zwischen Himmel und Erde, **2.** Gesichtskreis, Sichtgrenze, **3.** geistiges Fassungsvermögen; **horizontal 1.** waagerecht, **2.** liegend; **Horizontale** *f* waagerechte Gerade, waagerechte Lage

Hormon *n* (gr) körpereigener Wirkstoff; **hormonal, hormonell 1.** aus Hormonen bestehend, **2.** auf Hormone bezüglich; **Hormonpräparat** *n* Medikament, das künstlich erzeugte Hormone enthält

Horoskop *n* (gr) Voraussage der Zukunft auf Grund von Sternenkonstellationen

horrend (lat) **1.** schrecklich, **2.** übermäßig

horribile dictu (lat) es ist schrecklich, dies aussprechen zu müssen

Horror *m* (lat) Abscheu, Grauen; **Horrortrip** *m* (lat-engl) **1.** schreckliche Reise, **2.** schreckliches Ereignis, **3.** Drogenrausch; **Horror vacui** *m* (lat) Angst vor der Leere

hors concours (fr) außer Wettbewerb

Horsd'œuvre *n* (fr) Vorspeise

Horsepower *f* (engl) Pferdestärke

Hortikultur *f* (lat) Gartenbau

hosianna! (hebr; »hilf doch!«) Gebets- und Freudenruf

Hospital *n* (lat) Krankenhaus; **Hospitalismus** *m* psychische oder physische Schäden nach längerem Krankenhausaufenthalt; **Hospitant** *m* Gasthörer; **hospitieren** als Gast an etwas teilnehmen; **Hospiz** *n* Gasthaus, Herberge

Hosteß *f* (engl) **1.** berufsmäßige Betreuerin von Gästen (z.B. auf Messen), **2.** Prostituierte

Hostie *f* (lat) geweihte Oblate

Hotel garni *n* (fr) Hotel, das nur Übernachtung und Frühstück anbietet

Hot line *f* (engl) telefonischer Notservice

Hovercraft *n* (engl) Luftkissenfahrzeug

human (lat) **1.** menschlich, menschenfreundlich, menschenwürdig, **2.** zum Menschen gehörend; **humanisieren** **1.** zum Menschen heranziehen, **2.** menschlicher, sozialer gestalten; **Humanismus** *m* **1.** Handeln und Denken unter Berücksichtigung der Würde des Menschen, **2.** Wiederentdeckung der antiken Kultur (13.-16. Jh.); **Humanist** *m* **1.** Vertreter des Humanismus, **2.** Kenner des klassischen Altertums; **humanistisch** **1.** im Sinne des Humanismus, **2.** auf das klassische Altertum ausgerichtet, **3.** altsprachlich (gebildet); **humanitär** wohltätig, menschenfreundlich; **Humanität** *f* Menschenfreundlichkeit, Menschlichkeitssinn; **Humanmedizin** *f* Wissenschaft von den Erkrankungen des Menschen; **Human Relations** *pl* (engl) zwischenmenschliche Beziehungen; **Human touch** *m* (engl) Mitmenschlichkeit

Humbug *m* (engl) **1.** Täuschung, **2.** Unsinniges

Humor *m* (lat) **1.** heitere Gelassenheit, **2.** die Fähigkeit, über etwas lachen zu können; **Humoreske** *f* **1.** heitere Erzählung, **2.** heiteres Musikstück; **humorig** launig; **Humorist** *m* Autor heiterer Werke; **humoristisch** heiter

Humus *m* (lat) **1.** fruchtbarer Boden, **2.** Muttererde

Hurrikan *m* (indian-engl) Wirbelsturm

hyalin (gr) **1.** durchscheinend, glasig, **2.** glasartig; **hyaloid** glasartig

hybrid (gr) **1.** hochmütig, eingebildet, **2.** vermessen

hybrid (lat) **1.** gemischt, zusammengesetzt, **2.** durch Kreuzung entstanden (Tiere, Pflanzen); **Hybride** *m* durch Kreuzung entstandenes Tier oder Pflanze; **Hybridisation** *f* Kreuzung genetisch verschiedener Individuen

Hybris *f* (gr) Vermessenheit, Größenwahn

Hydrant *m* (gr) Wasserzapfstelle
Hydrat *n* (gr) Verbindung von wasserfreien Säuren mit Wasser
Hydraulik *f* (gr) **1.** Wissenschaft von den Strömungen flüssiger Substanzen, **2.** Gesamtheit mechanischer Geräte, die mit Hilfe des Drucks einer Flüssigkeit arbeiten (Phys.); **hydraulisch** durch Flüssigkeitsdruck bewegt
Hydrodynamik *f* (gr) Strömungslehre (Phys.); **Hydrographie** *f* Gewässerbeschreibung; **Hydrokultur** *f* Aufzucht von Pflanzen in einer Nährlösung; **Hydrologie** *f* Wissenschaft vom Wasser; **Hydrometer** *n* Wassermeßgerät; **Hydropathie** *f* Wasserheilkunde, -heilverfahren; **Hydrophobie** *f* krankhafte Scheu vor Wasser; **Hydroplan** *m* Wasserflugzeug; **Hydropsie** *m* Wassersucht (Med.); **Hydrosphäre** *f* die Wasserhülle der Erde; **Hydrostatik** *f* Wissenschaft von den Gleichgewichtszuständen bei ruhenden Flüssigkeiten (Phys.); **hydrostatisch** durch Wasser bewirkt; **Hydrotechnik** *f* Technik des Wasserbaus
Hydra *f* (gr) **1.** Seeungeheuer, **2.** Süßwasserpolyp
Hygiene *f* (gr) **1.** Gesundheitslehre, -pflege, -wesen, **2.** Sauberkeit; **Hygieniker** *m* Fachmann auf dem Gebiet der Hygiene; **hygienisch** **1.** gesundheitsfördernd, **2.** sauber
Hygrometer *n* (gr) Luftfeuchtigkeitsmesser; **hygroskopisch** Wasser an sich bindend (Chem.)
Hyle *f* (gr) Materie, Stoff, Urstoff; **hylisch** stofflich, körperlich (Philos.)
Hymen *n* (gr) Jungfernhäutchen; **hymenal** zum Hymen gehörig (Med.)
Hymne *f* (gr) **1.** Preis-, Festgesang, **2.** Lobgesang (für Gott); **Hymnik** *f* Kunstform der Hymne; **hymnisch** **1.** in Form einer Hymne, **2.** verherrlichend, preisend
hyper- (gr) über-, übermäßig (in Zusammensetzungen)
Hyperämie *f* (gr) vermehrte Blutfülle
Hyperästhesie *f* (gr) übermäßige Reizbarkeit, Überempfindlichkeit
Hyperbel *f* (gr) **1.** Querkegelschnitt (Math.), **2.** Übertreibung des Ausdrucks (Rhet.); **hyperbolisch** **1.** hyperbelartig, **2.** im Ausdruck übertrieben, übersteigert
hyperkorrekt (gr-lat) übertrieben korrekt
Hyperkultur *f* (gr-lat) Überfeinerung
hyperphysisch (gr) übernatürlich
hypersensibel (gr-lat) überempfindsam
Hypertonie *f* (gr) Blutdruckhochdruck
hypertroph(isch) (gr) **1.** übermäßig entwickelt (Med.), **2.** übertrieben, überzogen; **Hypertrophie** *f* **1.** krankhafte Vergrößerung, **2.** Übertreibung, Übersteigerung

Hyphen *n* (gr) Bindestrich

Hypnose *f* (gr) **1.** schlafähnlicher Zustand des Bewußtseins, **2.** Einschläferung; **hypnotisch 1.** einschläfernd, **2.** den Willen lähmend; **hypnotisieren** einschläfern, willenlos machen

Hypochonder *m* (gr) eingebildeter Kranker; **hypochondrisch 1.** eingebildet krank, **2.** schwermütig

Hypokrisie *f* (gr) Heuchelei, Verstellung; **Hypokrit** *m* Heuchler; **hypokritisch** heuchlerisch, scheinheilig

Hypostase *f* (gr) **1.** Unterlage, **2.** Wesen, **3.** Personifizierung göttlicher Eigenschaften, **4.** Vergegenständlichung eines Begriffs; **hypostasieren 1.** als gegenständlich vorhanden denken, verdinglichen, **2.** personifizieren; **hypostatisch** gegenständlich, vergegenständlichend

Hypotaxe *f* (gr) Unterordnung von Satzgliedern oder Sätzen

Hypotenuse *f* (gr) dem rechten Winkel gegenüberliegende Seite eines Dreiecks

Hypothek *f* (gr) Grundschuld

Hypothese *f* (gr) **1.** unbewiesene Annahme, **2.** Unterstellung; **hypothetisch** angenommen, mutmaßlich

Hypotonie *f* (gr) zu niedriger Blutdruck

Hypotrophie *f* (gr) **1.** Unterernährung, **2.** Unterentwicklung von Geweben oder Organen

Hysterie *f* (gr) Begriff zur Kennzeichnung eines Komplexes abnormer seelischer Verhaltensweisen wie nervöser Aufgeregtheit, übertriebener Erregbarkeit u. ä.; **hysterisch** an Hysterie leidend, übertrieben leicht erregbar

Hysterotomie *f* (gr) Gebärmutterschnitt (bes. bei Kaiserschnitt)

I

Iatrik *f* (gr) Heilkunst; **iatrisch** zur Heilkunst gehörend
iberisch (gr) die Pyrenäenhalbinsel (Spanien und Portugal) betreffend; **Iberoamerika** *n* das von Spaniern und Portugiesen kolonisierte Amerika, Lateinamerika
ibidem (lat) ebendort
Ichthyologie *f* (gr) Wissenschaft von den Fischen; **Ichthyosaurus** *m* Fischechse (ausgestorbenes Tier der Jura- und Kreidezeit)
Icing *n* (engl) regelwidriger Weitschuß beim Eishockey
ideal (gr) **1.** vorbildlich, **2.** vollkommen, **3.** nur in Gedanken vorhanden; **Ideal** *n* **1.** Leitbild, höchstes Ziel, **2.** Inbegriff von etwas Vollkommenem; **idealisieren 1.** verklären, **2.** schönfärben; **Idealismus** *m* **1.** Glaube an den Vorrang des Geistigen vor allem Materiellen, **2.** selbstloses Bemühen um die Verwirklichung bestimmter Ideale; **Idealist** *m* **1.** Vertreter des Idealismus (1), **2.** selbstloser (und weltfremder) Mensch; **idealistisch 1.** in der Art des Idealismus (1), **2.** an Ideale glaubend; **Idealität** *f* das Sein als Idee; **idealiter** idealerweise
Idee *f* (gr) **1.** Vorstellung, **2.** Begriff, **3.** Gedanke, Einfall, **4.** Spur, kleinste Menge; **Idée fixe** *f* (fr) Zwangsvorstellung; **ideell** auf einer Idee beruhend, nur gedanklich vorhanden
idem (lat) **1.** derselbe, **2.** dasselbe
identifizieren (lat) **1.** (sich mit jmdm.) gleichsetzen, **2.** wiedererkennen, **3.** feststellen, genau bestimmen; **Identifizierung (Identifikation)** *f* **1.** Gleichsetzung, **2.** Wiedererkennung einer Person oder Sache, **3.** Feststellung der Identität; **identisch 1.** gleich(bedeutend), **2.** übereinstimmend; **Identität** *f* **1.** Einssein, **2.** vollkommene Gleichheit, **3.** die innere Einheit, das Selbst einer Person; **Identitätsverlust** *m* (lat-dt) Verlust des Gefühls für das eigene Selbst (Psychol.)
Ideogramm *n* (gr) Schriftzeichen, das einen Begriff darstellt, Bildzeichen; **Ideographie** *f* aus Ideogrammen gebildete Schrift, Bilderschrift
Ideologe *m* Verfechter einer Ideologie; **Ideologie** *f* System von (religiösen, politischen usw.) Grundgedanken und -einstellungen
id est (lat) das ist, das heißt
Idiolatrie *f* (gr) Selbstanbetung, Selbstverherrlichung
Idiom *n* (gr) **1.** Mundart, **2.** Spracheigentümlichkeit (einer kleineren Gruppe), **3.** Redewendung

Idiosynkrasie *f* (gr) **1.** angeborene Überempfindlichkeit gegen bestimmte Reize (Med.), **2.** angeborener Widerwille gegenüber bestimmten Reizen (Psychol.)

Idiot *m* (gr) **1.** dummer Mensch, **2.** geistig Zurückgebliebener; **Idiotie** *f*, **Idiotismus** *m* **1.** (angeborener) Schwachsinn (Med.), **2.** Dummheit

Idiotikon *n* (gr) Mundartwörterbuch

Idol *n* (gr) **1.** Götze, Götzenbild, **2.** Person, der große Verehrung entgegengebracht wird; **Idolatrie** *f* **1.** Götzenanbetung, **2.** Verehrung eines Idols

Idyll *n*, **Idylle** *f* (lat) **1.** Zustand eines friedlichen, heiteren Lebens, **2.** (künstlerische) Darstellung eines friedlichen, heiteren Lebens; **idyllisch** **1.** friedlich, **2.** beschaulich, **3.** still gelegen

Ignorant *m* (lat) unwissender Mensch, Dummkopf; **Ignoranz** *f* Unwissenheit; **ignorieren** übersehen, nicht beachten

Ikebana *n* (jap) Kunst des Blumenarrangierens

Ikone *f* (gr) Heiligenbild (der orthodoxen Kirche); **ikonisch** **1.** in der Art einer Ikone, **2.** bildhaft; **Ikonographie** *f* **1.** Bilderkunde, **2.** Beschreibung und Deutung von Bildern, **3.** Bildersammelwerk; **Ikonoklasmus** *m* **1.** Bildersturm, **2.** Zerstörung von Heiligenbildern; **Ikonoklast** *m* Anhänger des Ikonoklasmus

Iktus *m* (gr) **1.** Betonung der Hebung im Vers, **2.** unerwartet auftretendes Krankheitszeichen, **3.** Stoß (Med.)

illegal (lat) ungesetzlich, gesetzwidrig, ohne offizielle Erlaubnis; **Illegalität** *f* Gesetzwidrigkeit, Ungesetzlichkeit

illegitim (lat) **1.** unrechtmäßig, **2.** un-, außerehelich; **Illegitimität** *f* Ungesetzmäßigkeit

illiberal (lat) engherzig; **Illiberalität** *f* Engherzigkeit

illimitiert (lat) unbegrenzt

illiquid (lat) nicht zahlungsfähig; **Illiquidität** *f* Zahlungsunfähigkeit

illiterat (lat) ungebildet, ungelehrt; **Illiterat** *m* Ungebildeter

illoyal (fr) **1.** ungesetzlich, **2.** untreu; **Illoyalität** *f* illoyales Verhalten

Illumination *f* (lat) **1.** Festbeleuchtung, **2.** göttliche Erleuchtung, **3.** das Ausmalen von mittelalterlichen Handschriften; **illuminieren** **1.** festlich beleuchten, **2.** Handschriften ausmalen

Illusion *f* (lat) **1.** Einbildung, Wunschvorstellung, **2.** falsche Deutung von Sinneswahrnehmungen (Psychol.); **Illusionist** *m* **1.** Träumer, Person, die sich Illusionen macht, **2.** Zauberkünstler; **illusorisch** **1.** trügerisch, **2.** vergeblich

illuster (lat) berühmt, vornehm

Illustration *f* (lat) **1.** Bebilderung, **2.** (bildliche) Erläuterung, Veranschaulichung; **illustrativ** veranschaulichend; **Illustrator** *m* Künstler, der Bücher mit Bildern schmückt; **illustrieren** **1.** bebildern, **2.** (bildlich) erläutern, veranschaulichen

Image *n* (engl) **1.** Persönlichkeitsbild, **2.** Ansehen, Ruf

imaginabel (lat) vorstellbar; **imaginär 1.** erdichtet, vermeintlich, **2.** nicht wirklich; **Imagination** *f* Vorstellungskraft, Phantasie; **Imago** *f* im Unterbewußtsein existierendes Bild eines anderen Menschen (Psychol.)

Imam *m* (arab) **1.** Vorbeter in der Moschee, **2.** religiöser Führer der Schiiten

Imbalance *f* (engl) Gleichgewichtsstörung (Med.)

imbezil, imbezill (lat) schwachsinnig (Med.); **Imbezillität** *f* Schwachsinn (Med.)

Imitat *n*, **Imitation** *f* (lat) **1.** Nachahmung, Nachbildung, **2.** minderwertiger Ersatz, minderwertige Nachbildung eines teuren Produkts; **imitativ** nachahmend; **Imitator** *m* Nachahmer; **imitatorisch** nachahmend; **imitieren** nachahmen, -bilden; **imitiert 1.** nachgeahmt, **2.** unecht, gefälscht

Immaculata *f* (lat; »die Unbefleckte«) Beiname Marias; **immaculata conceptio** *f* die unbefleckte Empfängnis Marias

immanent (lat) **1.** innewohnend, in einer Sache enthalten, **2.** wesenhaft, **3.** den Bereich des menschlichen Bewußtseins, der möglichen Erfahrung nicht überschreitend

immateriell (lat) unkörperlich, unstofflich

Immatrikulation *f* (lat) Einschreibung als Studierender einer Hochschule; **immatrikulieren** in die Liste der Studierenden aufnehmen

immediat (lat) unmittelbar

immens (lat) **1.** unermeßlich, **2.** riesengroß

immensurabel (lat) unmeßbar; **Immensurabilität** *f* Unmeßbarkeit

Immigrant *m* (lat) Einwanderer; **Immigration** *f* Einwanderung; **immigrieren** einwandern

imminent (lat) **1.** drohend, **2.** unmittelbar bevorstehend

Immission *f* (lat) **1.** das Einwirken von Schadstoffen auf Lebewesen und Gegenstände, **2.** Einsetzung (in ein Amt)

immobil (lat) **1.** unbeweglich, **2.** nicht kriegsbereit; **Immobilie** *f* unbewegliches Vermögen, Grundbesitz; **immobilisieren 1.** unbeweglich machen, **2.** durch einen Verband o. ä. ruhigstellen

immoralisch (lat) unsittlich; **Immoralität** *f* **1.** Unsittlichkeit, **2.** Gleichgültigkeit gegenüber sittlichen Werten

Immortalität *f* (lat) Unsterblichkeit

immun (lat) **1.** gegen ansteckende Krankheiten gefeit, **2.** geschützt, unantastbar, **3.** nicht zu beeindrucken; **immunisieren 1.** immun (1) machen, **2.** impfen; **Immunkörper** *m* im Blut gebildeter Abwehrstoff gegen Krankheitskeime; **Immunität** *f* **1.** Unempfänglichkeit für Krankheitserreger, **2.** Schutz vor strafrechtlicher Verfolgung

Impact *m* (engl) Wirkungsstärke (einer Werbemaßnahme)

impair (fr) ungerade Zahl beim Roulett

impar (lat) unpaarig (Med.)

Impeachment *n* (am) öffentlich erhobene Anklage gegen einen hohen Beamten wegen Amtsmißbrauchs

impenetrabel (lat) undurchdringlich

imperativ (lat) zwingend, bindend; **Imperativ** *m* **1.** Befehlsform, **2.** Gebot der Pflicht, sittliches Gebot; **imperativisch** gebieterisch

Imperator *m* (lat) **1.** Oberfeldherr (im antiken Rom), **2.** Kaiser(titel); **imperatorisch** gebieterisch

Imperfekt *n* (lat) Zeitform der Vergangenheit

Imperialismus *m* (lat) Bemühung einer Großmacht, ihren Einfluß auf andere Länder auszudehnen; **imperialistisch** dem Imperialismus zugehörig

impertinent (lat) **1.** unverschämt, frech, **2.** ungehörig; **Impertinenz** *f* Frechheit, Ungehörigkeit

imperzeptibel (lat) nicht wahrnehmbar (Philos.)

impetuoso (it) stürmisch, heftig (Mus.)

Impetus *m* (lat) **1.** innerer Antrieb, **2.** Schwungkraft

Implantat *n* (lat) dem Körper eingepflanztes fremdes Organ oder Gewebe; **Implantation** *f* Einpflanzung von fremden Substanzen in den Körper; **implantieren** eine Implantation vornehmen

Implikation *f* (lat) Einbeziehung einer Sache in eine andere; **implizieren** miteinbeziehen, einschließen; **implizit** **1.** nicht ausdrücklich, **2.** mitgemeint

Implosion *f* (lat) schlagartige Zerstörung eines (luftleeren) Behältnisses durch von außen einwirkenden Überdruck

Imponderabilien *pl* (lat) **1.** Unwägbarkeiten, **2.** Gefühlswerte; **Imponderabilität** *f* Unwägbarkeit

imponieren (lat) **1.** Eindruck machen, **2.** Achtung, Bewunderung einflößen; **imponierend** beeindruckend

Import *m* (lat) **1.** Einfuhr, **2.** eingeführte Ware; **Importeur** *m* Kaufmann, der ausländische Waren einführt; **importieren** aus dem Ausland einführen

importun (lat) ungelegen

imposant (fr) eindrucksvoll, überwältigend

impotent (lat) **1.** unvermögend, schwach, **2.** zeugungsunfähig; **Impotenz** *f* **1.** Unfähigkeit, **2.** Zeugungsunfähigkeit des Mannes

imprägnieren (lat) Stoffe durch Durchtränken mit bes. Flüssigkeiten wasserabstoßend, luftdicht usw. machen

impraktikabel (fr) **1.** undurchführbar, **2.** unzweckmäßig

Impresario *m* (it) Agent eines Künstlers

Impression *f* (lat) **1.** Sinneseindruck, Empfindung, **2.** eindrucksvolle Wirkung

Impressum *n* (lat) Angabe der an der Herstellung eines Buches, einer Zeitschrift usw. Beteiligten (Verleger, Drucker usw.)

Imprimatur *n* (lat) Druckerlaubnis

Impromptu *n* (fr) improvisiertes Musikstück

Improvisation *f* (fr) **1.** Augenblicksschöpfung, **2.** unvorbereitetes Handeln; **improvisieren 1.** ohne vorherige Planung ausführen, **2.** mit den gerade zur Verfügung stehenden Mitteln ausführen

Impuls *m* (lat) **1.** Antrieb, Anregung, Drang, **2.** kurzer Stromstoß; **impulsiv 1.** leicht erregbar, lebhaft, **2.** spontan, **3.** unbedacht

in (sein) (engl) **1.** aktuell, zeitgemäß (sein), **2.** gefragt sein, **3.** dazugehören

in absentia (lat) in Abwesenheit (des Angeklagten)

in abstracto (lat) im allgemeinen (betrachtet)

inadäquat (lat) unzulänglich, nicht angemessen, nicht passend

in aeternum (lat) auf ewig

inakkurat (lat) ungenau, nachlässig

inaktiv (lat) **1.** untätig, **2.** außer Dienst, im Ruhestand; **Inaktivität** *f* **1.** Untätigkeit, **2.** Unwirksamkeit (Chem.), **3.** Ruhen eines krankhaften Prozesses (Med.)

inaktuell (lat) **1.** nicht zeitgemäß, **2.** unwichtig

inakzeptabel (lat) unannehmbar

Inauguraldissertation *f* (lat) wissenschaftliche Arbeit zur Erlangung der Doktorwürde; **Inauguration** *f* Einsetzung in ein (akademisches) Amt; **inaugurieren 1.** in ein Amt einsetzen, **2.** ins Leben rufen, erzeugen

Inborder *m* (engl) Boot mit eingebautem Motor

incalzando (it) allmählich schneller werdend (Mus.)

Incentive *n* (engl) Anreiz (zur Leistungssteigerung), Belohnung

in concert (engl) bei einem Konzert (mitgeschnittene Tonaufnahme)

in concreto (lat) **1.** im Einzelfall, **2.** in Wirklichkeit

incorporated (engl) amtlich eingetragen (von Gesellschaften, Vereinen usw.)

indefinit (lat) unbestimmt; **Indefinitpronomen** *n* unbestimmtes Fürwort

Independence Day *m* (engl-am) der Unabhängigkeitstag in den USA (4. Juli)

in deposito (lat) in Verwahrung (beim Gericht)

indeterminabel (lat) unbestimmbar; **Indetermination** *f* Unbestimmtheit; **indeterminativ** nicht bestimmend; **indeterminiert** unbestimmt

Index *m* (lat) **1.** Inhalts-, Stichwortverzeichnis, **2.** Verzeichnis verbotener Bücher, Schriften, **3.** statistischer Meßwert

indezent (lat) unanständig

indifferent (lat) 1. unbestimmt, 2. bedeutungslos, 3. gleichgültig, unbekümmert; **Indifferenz** *f* 1. Unentschiedenheit, 2. Gleichgültigkeit

indigen (lat) eingeboren, einheimisch

Indignation *f* (lat) Entrüstung, Empörung; **indigniert** entrüstet, ungehalten

Indikation *f* (lat) 1. Kennzeichen, 2. Veranlassung, ein bestimmtes Medikament oder Heilverfahren zur Anwendung zu bringen, Anwendungsgrund (Med.); **Indikationsmodell** *n* Modell zur Genehmigung des Schwangerschaftsabbruchs unter bestimmten (vor allem medizinischen) Voraussetzungen

Indikativ *m* (lat) Wirklichkeitsform des Zeitworts; **indikativisch** im Indikativ

indirekt (lat) 1. mittelbar, 2. versteckt, 3. auf Umwegen; **indirekte Rede** *f* nicht wörtliche, abhängige Rede

indiskret (lat) 1. nicht verschwiegen, 2. ohne Taktgefühl, zudringlich; **Indiskretion** *f* 1. Mangel an Verschwiegenheit, an Feinempfinden, 2. Vertrauensbruch

indiskutabel (fr) nicht erörterungswert

indisponibel (lat) nicht verfügbar

indisponiert (lat) unpäßlich, unwohl; **Indisposition** *f* Unpäßlichkeit

individualisieren (lat) das Besondere einer Person, eines Gegenstands betonen; **Individualismus** *m* Lebensweise, bei der sich der Einzelne nur bedingt der Gemeinschaft und ihren Sitten anpaßt; **individualistisch** 1. dem Individualismus entsprechend, 2. eigenbrötlerisch; **Individualität** *f* 1. Eigenartigkeit, Eigentümlichkeit, 2. Persönlichkeit; **individuell** 1. persönlich, 2. auf den Einzelnen bezüglich, 3. besonders, mit besonderer Note; **Individuum** *n* 1. Einzelmensch, 2. einzelne Person

Indiz(ium) *n* (lat) 1. Hinweis, 2. Verdachtsgrund, Beweisstück

indizieren (lat) 1. anzeigen, 2. die Anwendung bestimmter Medikamente oder Heilverfahren als angebracht erscheinen lassen (Med.), 3. auf einen Index (2) setzen; **indiziert** angezeigt, ratsam

Indoktrination *f* (lat) massive Beeinflussung der Meinung durch psychol. Mittel; **indoktrinieren** beeinflussen

indolent (lat) 1. geistig träge, 2. unempfindlich; **Indolenz** *f* 1. geistige Trägheit, 2. Unempfindlichkeit

Indologie *f* (gr) Wissenschaft von der Kultur und den Sprachen Indiens

Indossament *n* (fr) Wechselübertragung

in dubio (lat) im Zweifelsfall; **in dubio pro reo** im Zweifelsfall für den Angeklagten (Freispruch aufgrund mangelnder Beweise)

Induktion *f* (lat) Folgerung vom

Einzelnen aufs Allgemeine; **induktiv** vom Einzelnen aufs Allgemeine folgernd

Industrial Design *n* (engl) künstlerische Gestaltung von Gebrauchsartikeln

industrialisieren (lat) Fabriken zur Massenherstellung von Waren auf-, ausbauen; **Industrie** *f* **1.** Massenherstellung von Waren, **2.** die Gesamtheit der Industriebetriebe (einer Region, eines Landes usw.); **industriell** in Massenanfertigung; **Industrieller** *m* Unternehmer, Besitzer eines Industrieunternehmens

induzieren (lat) aus Einzelfällen auf das Allgemeine folgern

ineffektiv, ineffizient (lat) **1.** unwirksam, wirkungslos, **2.** nicht wirtschaftlich; **Ineffektivität, Ineffizienz** *f* **1.** Wirkungslosigkeit, **2.** Unwirtschaftlichkeit

in effigie (lat) bildlich

inegal (lat) ungleich

inessentiell (lat) unwesentlich

inexakt (lat) ungenau

inexistent (lat) nicht vorhanden

in extenso (lat) **1.** ausführlich, **2.** in ganzer Länge

in facto (lat) in der Tat, wirklich

infallibel (lat) unfehlbar (auf den Papst bezogen); **Infallibilität** *f* Unfehlbarkeit (des Papstes)

infam (lat) **1.** boshaft, **2.** ehrlos, niederträchtig, **3.** fürchterlich; **Infamie** *f* **1.** Niedertracht, **2.** infame Äußerung oder Tat

Infant *m* (span) Prinzentitel (Spanien, Portugal)

Infanterie *f* (fr) Fußtruppen; **Infanterist** *m* Angehöriger der Fußtruppe

infantil (lat) **1.** kindisch, **2.** körperlich oder geistig nicht voll entwickelt; **Infantilität** *f* **1.** kindliches Wesen, **2.** kindliche Gemütsart

Infarkt *m* (lat) **1.** Absterben von Gewebe- oder Organteilen durch Aussetzen der Blutversorgung, **2.** Unterbrechung der Blutzufuhr in den Herzkranzgefäßen

Infekt *m* (lat) durch Ansteckung hervorgerufene Krankheit; **Infektion** *f* Ansteckung; **infektiös** **1.** ansteckend, **2.** durch Ansteckung verursacht

Inferiorität *f* (lat) **1.** Minderwertigkeit, **2.** Unterlegenheit

infernal(isch) (lat) **1.** höllisch, teuflisch, **2.** abscheulich, **3.** schrecklich; **Inferno** *n* (it) **1.** Hölle, **2.** schreckliches Geschehen, **3.** Ort eines schrecklichen Geschehens

infertil (lat) unfruchtbar

Infight *m* (engl) Nahkampf (beim Boxen)

Infiltration *f* (fr) **1.** Einsickerung, **2.** ideologische Beeinflussung; **infiltrieren** **1.** einsickern, **2.** ideologisch beeinflussen, unterwandern

infinit (lat) unbegrenzt; **Infinitiv** *m* Nennform des Zeitworts

Infix *n* (lat) in den Wortstamm eingeschobenes Sprachelement (Sprachw.)

infizieren (lat) anstecken

in flagranti (lat) auf frischer Tat, bei der Tat

Inflammation *f* (lat) Entzündung

Inflation *f* (lat) Geldentwertung; **inflationär** eine Geldentwertung auslösend

inflexibel (lat) **1.** nicht beugbar, **2.** unbiegsam, **3.** nicht anpassungsfähig

Influenza *f* (lat) Grippe

Informant *m* (lat) Auskunftgeber, Gewährsmann; **Information** *f* Nachricht, Auskunft, Belehrung; **Informatik** *f* **1.** Wissenschaft von der Funktion und der Art der Informationen, **2.** Wissenschaft von der Datenverarbeitung; **Informatiker** *m* Wissenschaftler auf dem Gebiet der Informatik; **informativ** **1.** belehrend, **2.** erhellend, aufschlußreich; **informieren** belehren, benachrichtigen, in Kenntnis setzen

Infrastruktur *f* (lat) Unterbau (eines wirtschaftlichen Systems)

Infusion *f* (lat) Einführung von Flüssigkeit in den Organismus (Med.)

in genere (lat) im allgemeinen

Ingenieur *m* (fr) auf einer Fach(hoch)schule ausgebildeter Techniker

ingeniös (lat) erfinderisch, geistreich; **Ingeniosität** *f* Erfindungsgabe; **Ingenium** *n* schöpferische Begabung

Ingredienz *f* (**Ingredienzien** *pl*) (lat) **1.** Zutat, **2.** Bestandteil (eines Lebensmittels, einer Arznei usw.)

Ingroup *f* (engl) gesellschaftliche Gruppe, mit der man sich (gefühlsmäßig) verbunden fühlt (Psychol.)

Inhalation *f* (lat) Einatmung (von heilenden Dämpfen); **Inhalator** *m* Gerät zum Inhalieren; **inhalieren** **1.** eine Inhalation vornehmen, **2.** (tief) einatmen

inhärent (lat) **1.** anhaftend, **2.** innewohnend

inhomogen (gr) ungleichartig; **Inhomogenität** *f* Ungleichartigkeit

in honorem (lat) zu Ehren

inhuman (lat) **1.** unmenschlich, **2.** rücksichtslos, herzlos; **Inhumanität** *f* **1.** Unmenschlichkeit, **2.** grausames Verhalten gegenüber anderen Menschen

in infinitum (lat) bis ins Unendliche

initial (lat) **1.** anfänglich, **2.** Anfangs-; **Initial** *n*, **Initiale** *f* Anfangsbuchstabe

Initiation *f* (lat) Aufnahme eines neuen Mitglieds in eine (religiöse) Gemeinschaft, einen Bund usw.

Initiative *f* (lat) **1.** Anstoß (zu einer Handlung), Entschlußfreudigkeit, Unternehmungssinn, **2.** Vereinigung von Personen, die ein gemeinsames Ziel verfolgen

initiieren (lat) den Anstoß zu etwas geben, etwas in Bewegung setzen

Injektion *f* (lat) Einspritzung (von Medikamenten); **injizieren** einspritzen

Injurie *f* (lat) **1.** Unrecht, **2.** Beleidigung

Inkantation *f* (lat) Anrufung, Beschwörung (mit magischen Formeln o. ä.)

Inkarnat *n* (lat) Fleischton (auf Gemälden)

Inkarnation *f* (lat) **1.** Fleischwerdung (eines Gottes), **2.** Verkörperung; **inkarniert** **1.** fleischgeworden, **2.** verkörpert

Inkasso *n* (it) Eintreibung von fälligen Geldforderungen

Inklination *f* (lat) **1.** Neigung, Zuneigung, **2.** Abweichung der Magnetnadel von der Waagerechten

inklusive (lat) inbegriffen, einschließlich

inkognito (lat) unter fremdem Namen; **Inkognito** *n* Deckname

inkohärent (lat) unzusammenhängend; **Inkohärenz** *f* fehlender Zusammenhang

inkommensurabel (lat) **1.** unmeßbar, **2.** unvergleichbar

inkompatibel (lat) **1.** unverträglich, **2.** nicht vereinbar, nicht zusammenpassend; **Inkompatibilität** *f* Unvereinbarkeit

inkompetent (lat) **1.** unzuständig, unbefugt, nicht bevollmächtigt, **2.** unfähig, unvermögend; **Inkompetenz** *f* **1.** Unzuständigkeit, Unbefugtheit, **2.** Unfähigkeit

inkomplett (lat) unvollständig

inkongruent (lat) nicht übereinstimmend; **Inkongruenz** *f* Nichtübereinstimmung

inkonsequent (lat) folgewidrig, in sich widersprüchlich; **Inkonsequenz** *f* **1.** fehlende Folgerichtigkeit, **2.** innere Widersprüchlichkeit

inkonsistent (lat) **1.** ohne Bestand, **2.** widersprüchlich

inkonstant (lat) unbeständig; **Inkonstanz** *f* Unbeständigkeit

Inkontinenz *f* (lat) Unvermögen, seinen Harn, Stuhl zurückzuhalten (Med.)

Inkonvenienz *f* (lat) **1.** Ungehörigkeit, Unschicklichkeit, **2.** Ungelegenheit

inkonziliant (lat) nicht umgänglich

inkoordiniert (lat) nicht aufeinander abgestimmt (Med.)

Inkorporation *f* (lat) **1.** Einverleibung, **2.** Aufnahme in eine Körperschaft; **inkorporieren** **1.** einverleiben, **2.** eingemeinden, **3.** in eine Körperschaft aufnehmen, **4.** angliedern

inkorrekt (lat) **1.** falsch, fehlerhaft, **2.** ungenau, **3.** regelwidrig; **Inkorrektheit** *f* Fehlerhaftigkeit, Unrichtigkeit

Inkrement *n* (lat) Zunahme, Zuwachs

inkriminieren (lat) anschuldigen, bezichtigen (Rechtsw.)

Inkubation *f* (lat) **1.** Festsetzen von Krankheitskeimen im Körper, **2.** Aufziehen von Frühgeburten in einem Brutkasten; **Inkubationszeit** *f* Zeit zwischen der Ansteckung und dem Ausbruch einer Krankheit; **Inkubator** *m* Brutkasten

Inkubus *m* (lat) (in der Nacht erscheinender) Dämon, Alp

Inkulanz *f* (fr) Ungefälligkeit

Inkunabel *f* (lat; »Wiegendruck«) frühes gedrucktes Buch
inkurabel (lat) nicht heilbar (Med.)
Inlay *n* (engl) Zahnfüllung aus Metall oder Porzellan
in loco (lat) **1.** am Orte, an Ort und Stelle, **2.** stellvertretend
in maiorem Dei gloriam (lat) zu Gottes größerer Ehre
in medias res (lat) (ohne Zögern) zur Sache
in memoriam (lat) zum Angedenken, zum Gedächtnis
in natura (lat) **1.** leibhaftig, **2.** wirklich, **3.** in Waren (bezahlen)
Innovation *f* (lat) Einführung von etwas Neuem, (Er-)Neuerung; **innovativ** zu einer Neuerung führend
in nuce (lat) **1.** in Kürze, **2.** in gedrängter Form
inoffiziell *f* (lat) **1.** nicht amtlich, **2.** nicht förmlich
Inokulation *f* (lat) Impfung (Med.)
inoperabel (lat) durch eine Operation nicht zu heilen
inopportun (lat) unzweckmäßig, unangebracht; **Inopportunität** *f* Unangebrachtheit
in persona (lat) persönlich, selbst
in petto (it; »in der Brust«) geplant, im Sinne (haben)
in pleno (lat) in voller Versammlung
in praxi (lat) im wirklichen Leben, im Alltag
Input *m* (engl) **1.** eingesetzte Herstellungsmittel, **2.** Eingabe von Daten in einen Rechner (EDV)
inquirieren (lat) nach-, ausforschen; **Inquisition** *f* Untersuchung (der Kirche in Glaubensdingen); **Inquisitor** *m* jmd., der im Auftrag der Kirche eine Inquisition vornimmt; **inquisitorisch** äußerst streng ausfragend
Insekt *n* (lat) Kerbtier; **Insektizid** *n* chemisches Mittel zur Vernichtung von Insekten
Insemination *f* (lat) **1.** künstliche Befruchtung, **2.** Eindringen von Samenfäden in das reife Ei
insensibel (lat) **1.** unempfindlich (gegenüber Schmerzen), **2.** gefühllos; **Insensibilität** *f* **1.** Unempfindlichkeit, **2.** Gefühllosigkeit
Inserat *n* (lat) Zeitungsanzeige; **Inserent** *m* jmd., der ein Inserat aufgibt; **inserieren** in einer Zeitung anzeigen; **Insert** *n* (engl) zwischen zwei (Fernseh-) Programmteile eingeschobene Schautafel
Insider *m* (engl) **1.** Eingeweihter, **2.** Fachmann; **Inside-Story** *f* von einem Eingeweihten, mit dem Thema Vertrauten verfaßter Bericht
Insignien *pl* (lat) Ehren-, Würdenzeichen, Zeichen staatlicher Macht
insignifikant (lat) unbedeutend
Insinuation *f* (lat) **1.** Unterstellung, **2.** Einflüsterung; **insinuieren 1.** unterstellen, **2.** einflüstern
insistent (lat) hartnäckig auf et-

was bestehend; **Insistenz** *f* Beharrlichkeit; **insistieren** **1.** nachdrücklich bemerken, **2.** auf etwas beharren

in situ (lat) **1.** in natürlicher Lage (Med.), **2.** an der Originalstelle

inskribieren (lat) einschreiben, in eine Liste aufnehmen; **Inskription** *f* Einschreibung (an einer Universität)

insolent (lat) unverschämt; **Insolenz** *f* Unverschämtheit

insolubel (lat) unlöslich (Chem.)

insolvent (lat) zahlungsunfähig; **Insolvenz** *f* Zahlungsunfähigkeit

Insomnie *f* (lat) Schlaflosigkeit

in spe (lat) zukünftig

Inspektion *f* (lat) **1.** Prüfung, Musterung, Kontrolle, **2.** Beaufsichtigung, Aufsicht, **3.** regelmäßige Untersuchung (von technischen Geräten usw.); **Inspektor** *m* Person, die eine Inspektion vornimmt

Inspiration *f* (lat) **1.** Einfall, Eingebung, **2.** Erleuchtung, **3.** Einatmung (Med.); **inspirieren** zu etwas anregen, beflügeln

Inspizient *m* (lat) **1.** aufsichtführende Person, **2.** Person, die für den technischen Ablauf von Theateraufführungen u.ä. zuständig ist; **inspizieren** besichtigen, prüfen

instabil (lat) unbeständig; **Instabilität** *f* Unbeständigkeit, Veränderlichkeit

Installation *f* (lat) Aufbau von technischen Anlagen; **installieren** technische Anlagen einrichten

instant (engl) sofort oder ohne lange Vorbereitungen zu benutzen, schon teilweise vorbereitet (Instantkaffee usw.)

Instanz *f* (lat) **1.** zuständige Stelle, zuständige Behörde, **2.** Obrigkeit

in statu nascendi (lat) im Werden, im Zustand des Entstehens

in statu quo (lat) im gegenwärtigen Zustand

instigieren (lat) anstacheln

Instinkt *m* (lat) **1.** angeborener Trieb, unbewußter Drang, **2.** untrügliches Gespür; **instinktiv** triebhaft, unbewußt, auf einem Gefühl beruhend

instituieren (lat) **1.** einrichten, **2.** unterweisen; **Institut** *n* **1.** (Lehr-) Anstalt, **2.** Einrichtung; **Institution** *f* öffentliche Einrichtung; **institutionell** eine Institution betreffend

instruieren (lat) unterrichten, lehren, anleiten; **Instruktion** *f* Anweisung; Vorschrift; **instruktiv** lehrreich, aufschlußreich

Instrument *n* (lat) **1.** Werkzeug, Gerät, **2.** Kurzw. für Musikinstrument; **Instrumentalist** *m* (Berufs-)Musiker, der ein Instrument spielt; **Instrumentalmusik** *f* Musik ohne Gesang; **instrumentalisieren** als Instrument verwenden; **Instrumentierung** *f* Einrichtung eines Musikstücks für Orchesterinstrumente

Insubordination *f* (lat) Ungehorsam, Widersetzlichkeit, Auflehnung

insuffizient (lat) unzulänglich, nicht ausreichend; **Insuffizienz** *f*

1. Unzulänglichkeit, 2. zu schwache Funktion eines Organs (z.B. Herzinsuffizienz)

Insulaner *m* (lat) Inselbewohner; **insular** 1. inselartig, 2. eine Insel betreffend

Insultation *f* (lat) (grobe) Beleidigung, Beschimpfung

in summa (lat) insgesamt

Insurgent *m* (lat) Aufständischer; **Insurrektion** *f* Aufstand, Meuterei

inszenieren (lat) 1. ein Theaterstück für die Aufführung auf der Bühne vorbereiten, einrichten, umarbeiten, 2. ins Werk setzen; **Inszenierung** *f* 1. Bühneneinrichtung, 2. das für die Bühne eingerichtete Theaterstück

intakt (lat) 1. unversehrt, heil, 2. tadellos, 3. uneingeschränkt funktionsfähig

Intarsia *f* (**Intarsien** *pl*) (it) Einlegearbeit in Holz

integer (lat) 1. unbescholten, redlich, 2. unbestechlich, 3. ganzzahlig (EDV); **integral** ein Ganzes ausmachend; **Integration** *f* 1. Verbindung einer Vielheit zu einer Ganzheit, 2. Einbeziehung in ein Ganzes; **integrieren** vereinigen, in ein Ganzes einführen; **integrierend** wesentlich; **integrierender Bestandteil** *m* notwendiger Bestandteil; **Integrität** *f* 1. Unversehrtheit, 2. Rechtschaffenheit, 3. Unverletzlichkeit (eines Staatsgebiets)

Intellekt *m* (lat) 1. Verstand, 2. Denkvermögen; **Intellektualismus** *m* Vorherrschaft des Verstandes; **intellektuell** verstandesgemäß, durchgeistigt; **Intellektueller** *m* (akademisch ausgebildeter) geistig interessierter Mensch

intelligent (lat) 1. verständig, 2. begabt, aufgeweckt, 3. mit künstlicher Intelligenz (1) ausgestattet (EDV); **Intelligenz** *f* 1. geistige Fähigkeit, Begabung, 2. Schicht der Gebildeten und geistig Tätigen; **Intelligentsia (Intelligenzija)** *f* (russ) die Schicht der Gebildeten und geistig Tätigen; **intelligibel** nur denkbar

Intendant *m* (fr) Leiter eines Theaters, einer Rundfunkanstalt usw.; **Intendantur** *f* Amt eines Intendanten; **Intendanz** *f* 1. Amt eines Intendanten, 2. Büro eines Intendanten

intendieren (lat) planen, beabsichtigen

Intensität *f* (lat) Stärke, Anspannung, Nachdrücklichkeit; **intensiv** 1. wirksam, stark, 2. nachdrücklich, 3. gründlich; **intensivieren** verstärken, steigern, erhöhen

Intention *f* (lat) Absicht, Vorhaben, Zweck; **intentional, intentionell** 1. auf ein Ziel gerichtet, 2. zweckbestimmt

Interaktion *f* (lat) wechselseitiges Handeln, wechselseitige Beeinflussung von Personen

Intercity *m* (engl) zwischen Großstädten verkehrender (komfortabel ausgestatteter) Zug

Interdependenz *f* (lat) gegenseitige Abhängigkeit

interdisziplinär (lat) mehrere Fachgebiete umfassend, vereinend

interessạnt (fr) **1.** wissenswert, **2.** fesselnd, Aufmerksamkeit erregend; **Interẹsse** *n* (lat) **1.** geistige Anteilnahme, **2.** Neigung, **3.** Eigennutz; **Interẹssensphäre** *f* (politischer) Einflußbereich; **Interessẹnt** *m* **1.** jmd., der für etwas Interesse hat, **2.** Bewerber, **3.** möglicher Käufer; **interessieren** **1.** Aufmerksamkeit erregen, **2.** Aufmerksamkeit schenken, **3.** sich für jmdn., etwas verwenden

Ịnterface *n* (engl) Schnittstelle, Verbindungsstelle zwischen Bauelementen, Programmen u. a. (EDV)

Interferẹnz *f* (lat) Überlagerung, Überschneidung; **interferieren** sich überlagern, überschneiden

intergalạktisch zwischen Milchstraßensystemen angesiedelt

in tẹrgo (lat) auf dem Rücken

Interieur *n* (fr) **1.** Innenraum, **2.** Ausstattung eines Innenraums, **3.** Bild, das einen Innenraum zeigt

Ịnterim *n* (lat) **1.** Zwischenzeit, -herrschaft, **2.** vorläufige Lösung

Interjektion *f* (lat) Ausruf (z. B. »ach!«)

interkonfessionẹll (lat) das Verhältnis verschiedener religiöser Bekenntnisse zueinander betreffend

interkontinental (lat) die Erdteile verbindend, von einem Erdteil zu anderen reichend (z. B. Interkontinentalrakete)

interlinear (lat) zwischen den Zeilen; **Interlinearversion** *f* wörtliche Übersetzung eines fremdsprachlichen Textes zwischen den Zeilen

Interludium *n* (lat) Zwischenspiel (Mus.)

intermediär (lat) **1.** dazwischenliegend, **2.** vermittelnd

Intermẹzzo *n* (it) **1.** Zwischenspiel, **2.** kurzes Musikstück, **3.** heiterer Zwischenfall

intermittieren (lat) **1.** zeitweilig aussetzen, **2.** unregelmäßig arbeiten, **3.** zeitweilig abklingen

intẹrn (lat) **1.** innerlich, **2.** häuslich, **3.** vertraulich, **4.** die inneren Organe betreffend; **Intẹrna** *pl* nicht jedermann zugängliche Informationen

international (lat) **1.** zwischen mehreren Staaten bestehend, **2.** weltweit

Intẹrncode *m* (lat-engl) der einem Computer eigene Code, in dem die Befehle abgefaßt sind (EDV)

Ịnternet *n* (engl) internationales Netzwerk weltweit über Telefonkabel verbundener Computer

internieren (lat) **1.** in einem Lager festsetzen, inhaftieren, **2.** (Kranke) isolieren

Internịst *m* (lat) Facharzt für innere Krankheiten

Intẹrnspeicher *m* (lat-dt) der in einem Computer fest installierte Datenspeicher (EDV)

interplanetar(isch) (lat) zwischen den Planeten befindlich

Interpolation *f* (lat) spätere Einfügung (in einen Text); **interpolieren** einschieben, -fügen

Interpret *m* (lat) **1.** jmd., der etwas deutet, **2.** das Werk eines anderen nachschaffender Künstler; **Interpretation** *f* **1.** Auslegung, Deutung, **2.** künstlerische Wiedergabe; **interpretativ** auslegend, deutend; **interpretieren** **1.** auslegen, deuten, **2.** künstlerisch wiedergeben, vortragen

interpungieren, **interpunktieren** (lat) Satzzeichen setzen; **Interpunktion** *f* Zeichensetzung

Interrailticket *n* (engl) Jugendfahrkarte für Zugfahrten innerhalb Europas

Interregnum *n* (lat) **1.** (Zeitraum einer) Zwischenherrschaft, **2.** vorläufige Regierung

Interrogativ(um) *n* (lat) Fragefürwort; **interrogativ** fragend

Interruption *f* (lat) Unterbrechung (der Schwangerschaft)

interstellar (lat) zwischen den Fixsternen liegend

Intervall *n* (lat) **1.** (zeitlicher) Zwischenraum, Pause, **2.** Abstand zweier Töne (Mus.)

intervenieren (lat) **1.** eingreifen, **2.** vermitteln; **Intervention** *f* **1.** Einmischung, **2.** Vermittlung

Interview *n* (engl) **1.** Befragung einer Person (durch Berichterstatter), **2.** methodische Befragung zu statistischen Zwecken; **interviewen** **1.** mit jmdm. ein Interview (1) führen, **2.** befragen

intestinal (lat) die Eingeweide, insbes. den Darm betreffend

Inthronisation, **Inthronisierung** *f* (gr) **1.** Thronerhebung, **2.** feierliche Einsetzung eines hohen kirchlichen Würdenträgers; **inthronisieren** **1.** auf den Thron erheben, **2.** feierlich einsetzen

intim (lat) **1.** vertraut, sehr nah, **2.** sexuell, **3.** persönlich, geheim; **Intima** *f* sehr nahe Freundin; **Intima** *pl* vertraulich zu Behandelndes; **Intimus** *m* sehr naher Freund; **Intimität** *f* **1.** Vertrautheit, Vertraulichkeit, **2.** sexuelle Handlung

intolerabel (lat) unerträglich; **intolerant** unduldsam; **Intoleranz** *f* **1.** Unduldsamkeit, **2.** Unverträglichkeit des Organismus gegenüber bestimmten Stoffen (Med.)

Intonation *f* (lat) Tongebung; **intonieren** **1.** anstimmen, **2.** die Stimme auf eine bestimmte Höhe einstellen

Intoxikation *f* (gr) Vergiftung

intrakutan (lat) in der Haut, in die Haut hinein (Med.)

intra muros (lat; »innerhalb der Mauern«) nicht öffentlich

intramuskulär (lat) im Inneren des Muskels, ins Innere des Muskels (Med.)

intraoral (lat) in der Mundhöhle, in die Mundhöhle hinein (Med.)

intransigent (lat) unversöhnlich; **Intransigenz** *f* Unversöhnlichkeit

Intransitiv *n* (lat) Zeitwort ohne Ergänzung im Wenfall

intravenös (lat) im Inneren der Vene, in die Vene hinein (Med.)

Intrigant *m* (fr) Ränkeschmied; **Intrige** *f* **1.** Ränkespiel, **2.** bösartige Machenschaft; **intrigieren** Ränke schmieden

intrinsisch (lat) **1.** von innen her, **2.** in der Sache liegend

Introduktion *f* (lat) **1.** Einführung, Einleitung, **2.** Vorspiel

Introspektion *f* (lat) Selbstbeobachtung (Psychol.)

introvertiert (lat) nach innen gewandt (Psychol.)

Intrusion *f* (lat) (unerlaubtes) Eindringen

Intuition *f* (lat) **1.** nicht auf Denken beruhendes Erfassen eines Sachverhalts, **2.** Eingebung; **intuitiv** auf Intuition beruhend

Intumeszenz *f* (lat) Anschwellung (Med.)

intus haben (lat) **1.** etwas in sich haben, etwas begriffen haben, **2.** etwas getrunken haben, angetrunken sein

invalid(e) (lat) arbeitsunfähig (aufgrund einer Krankheit oder Verletzung); **Invalidität** *f* Arbeitsunfähigkeit

invariabel (lat) unveränderlich; **Invarianz** *f* Unveränderlichkeit

Invasion *f* (lat) **1.** Eindringen (feindlicher Truppen), **2.** Eindringen von Krankheitserregern

Invektive *f* (lat) Beleidigung, Schmährede

Inventar(ium) *n* (lat) Verzeichnis des Besitzstandes; **Inventarisation** *f* Bestandsaufnahme; **inventarisieren** den Bestand aufnehmen; **Inventur** *f* (regelmäßig erfolgende) Bestandsaufnahme

invers (lat) umgekehrt; **Inversion** *f* **1.** Umkehrung der üblichen Wortfolge, **2.** Umkehrung des Geschlechtstriebs; **invertieren** umkehren

Invertebrat(um) *n* (lat) wirbelloses Tier

investieren (lat) **1.** mit den Zeichen eines Amtes bekleiden, **2.** in ein Amt einsetzen, **3.** Geld anlegen, **4.** auf jmdn. oder etwas viel Zeit, Mühe, Arbeit verwenden; **Investition (Investierung)** *f* Kapitalanlage; **Investment** *n* (engl) Kapitalanlage; **Investor** *m* Kapitalanleger

in vino veritas (lat; »im Wein liegt Wahrheit«) jmd., der etwas getrunken hat, spricht seine wahre Meinung aus

Invokation *f* (lat) Anrufung Gottes oder der Heiligen

Involution *f* (lat) Rückbildung, Rückentwicklung (eines Organs; Med.)

involvieren (lat) **1.** mitenthalten, einschließen, **2.** jmdn. in etwas einbeziehen, verwickeln

Inzest *m* (lat) Geschlechtsverkehr zwischen Blutsverwandten, Blutschande; **inzestuös** in der Art eines Inzests

inzidieren (lat) einen Einschnitt vornehmen (Med.); **Inzision** *f* Einschnitt (Med.); **inzisiv** einschneidend

Ion *n* (gr) elektrisch geladenes Atom oder Molekül; **ionisieren** Atome oder Moleküle mit elektrischer Aufladung versehen

Iris *f* (gr) **1.** Regenbogen, **2.** Regenbogenhaut des Auges; **irisieren** in verschiedenen Farben schillern

Ironie *f* (gr) feiner, versteckter Spott; **ironisch** spöttelnd; **ironisieren** bespötteln, mit Ironie behandeln

Irradiation *f* (lat) Ausstrahlung, Ausbreitung (von Schmerzen; Med.)

irrational (lat) **1.** nicht vernunftgemäß, **2.** vernunftwidrig; **Irrationalität** *f* Vernunftwidrigkeit

irreal (lat) unwirklich; **Irrealität** *f* Unwirklichkeit

irregulär (lat) **1.** nicht der Regel entsprechend, regelwidrig, **2.** ungesetzlich; **Irregulärer** *m* Mitglied eines inoffiziellen Kampfverbandes, Freischärler; **Irregularität** *f* Regellosigkeit

irrelevant (lat) unerheblich, ohne Bedeutung; **Irrelevanz** *f* Bedeutungslosigkeit

irreligiös (lat) nicht religiös

irreparabel (lat) **1.** nicht zu beheben, **2.** unheilbar (Med.)

irreversibel (lat) nicht rückgängig zu machen

Irrigation *f* (lat) **1.** Bewässerung, **2.** Ausspülung (Med.)

irritabel (lat) reizbar, leicht erregbar; **Irritabilität** *f* Reizbarkeit; **irritieren** **1.** reizen, **2.** stören, beirren, ablenken

Isobare *f* (gr) Linie, die auf einer Wetterkarte Orte mit gleichem Luftdruck verbindet

Isolation *f* (lat) **1.** Absonderung, Absperrung, **2.** Abdichtung; **isolieren** **1.** absondern, absperren, **2.** abdichten

isomorph (gr) gleichgestaltig; **Isomorphie** *f* Gleichgestaltigkeit

Isotherme *f* (gr) Linie, die auf einer Wetterkarte Orte mit gleicher Lufttemperatur verbindet

Isthmus *m* (gr) Landenge

Item *n* (engl) Einzelangabe, Bestandteil, Einheit

Iteration (lat) *f* Wiederholung; **iterativ** wiederholend

Itinerar *n* (lat) **1.** Straßen-, Wegeverzeichnis, **2.** Reisehandbuch

J

Jab *m* (engl) kurzer, schneller (Box-)Hieb

Jackpot *m* (engl) **1.** Einsatz von mehreren (Karten-)Spielern, der in eine gemeinsame Kasse gelegt wird, **2.** Gewinnsumme beim Lotto o. ä., die sich erhöht hat, weil bei der vorherigen Ziehung niemand den Hauptgewinn erzielt hat

Jahve, Jahwe (hebr) der Name Gottes im Alten Testament

Jam *n* (engl) Marmelade

Jambus *m* (gr) Versfuß aus kurzer und langer Silbe

Jam Session *f* (engl) spontanes, ungeprobtes Zusammenspiel von (Jazz-)Musikern

Jardiniere *f* (fr) Blumenschale

Jargon *m* (fr) **1.** Sondersprache einer Berufs-, Altersgruppe (z.B. Schülerjargon), **2.** lässige, ungepflegte Ausdrucksweise

Jarmulke *f* (jidd) das von orthodoxen Juden getragene Schädelkäppchen

Jaschmak *m* (türk) türk. Frauenschleier

Jause *f* (slowen) Zwischenmahlzeit

Jazz *m* (engl) moderner von amerik. Farbigen entwickelter, europäisch beeinflußter Musikstil; **Jazzer** *m* Jazzmusiker

Jeep *m* (am) geländegängiges, offenes (Militär-)Fahrzeug mit Vierradantrieb

Jeremiade *f* (hebr) Klagegesang

Jet *m* (engl) Flugzeug mit Düsenantrieb; **Jet-lag** *m* durch das Überfliegen mehrerer Zeitzonen und die Zeitverschiebung, die man dadurch erfährt, ausgelöste (körperliche) Beschwerden

Jeton *m* (fr) Spielmünze, Spielmarke (beim Roulette)

Jet-set *m* (engl) oberste, zu luxuriösem Leben neigende Gesellschaftsschicht

Jetstream *m* (engl) starke Luftströmung in der Stratosphäre (Meteorol.)

jetten (engl) mit einem Jet fliegen

Jeu *n* (fr) Glücksspiel

Jeunesse dorée *f* (fr; »vergoldete Jugend«) leichtlebige, wohlhabende Jugendliche

Job *m* (engl) **1.** Beschäftigung, (Gelegenheits-)Arbeit, **2.** Arbeitsstelle, **3.** Aufgabenstellung für einen Computer (EDV); **jobben** aushilfsweise arbeiten, eine Gelegenheitsarbeit ausführen; **Jobber** *m* **1.** jmd., der jobbt, **2.** Börsenmakler (an der Londoner Börse); **Job-hopping** *n* häufiger Stellungswechsel; **Job-sharing** *n* Aufteilung eines Arbeitsplatzes unter zwei (oder mehr) Personen

joggen (engl) mäßig schnell und locker laufen; **Jogger** *m* jmd., der aus gesundheitlichen Gründen (regelmäßig) joggt

Joint *m* (am) selbstgedrehte Haschisch- oder Marihuanazigarette
Joint-venture *n* (engl) Gemeinschaftsunternehmen, (vorübergehender) Zusammenschluß von Unternehmen zur gemeinsamen Durchführung eines Projekts
Joker *m* (engl) Spielkarte, die für jede andere Karte eintreten kann
jonglieren (fr) **1.** mit artistischem Geschick Gegenstände in die Luft werfen und auffangen, **2.** Geschicklichkeitsübungen vorführen
Jota *n* (gr) giech. Buchstabe; **kein Jota** nicht das geringste
Joule *f* Maßeinheit für den Energieumsatz des menschlichen Körpers
Jour *m* (fr) Tag; **Jour fixe** *m* regelmäßiger Empfangstag, Tag, der für ein regelmäßiges Treffen vereinbart ist
Journaille *f* (fr) Gesamtheit der Journalisten, die für die Skandal-, Sensations-, Hetzpresse arbeiten; **Journal** *n* **1.** Tagebuch (für geschäftliche Zwecke), **2.** Zeitschrift; **Journalismus** *m* **1.** Tätigkeit des Journalisten, **2.** Pressewesen; **Journalist** *m* jmd., der für Zeitungen schreibt, für Fernsehen oder Rundfunk tätig ist
jovial (lat) **1.** leutselig, **2.** entgegenkommend; **Jovialität** *f* Leutseligkeit
Joystick *m* (engl) Steuervorrichtung für Computerspiele (EDV)
Jubilar *m* (lat) Person, die ein Jubiläum feiert; **Jubiläum** *n* Gedenkfeier, Gedenk-, Jahrestag
Judaistik *f* (lat) Wissenschaft von der jüdischen Kultur
Judikative *f* (lat) die richterliche Gewalt des Staates; **judiziell** richterlich
Juice *m* (engl) Frucht-, Gemüsesaft
Jukebox *f* (engl) Musikautomat
Jumbo-Jet *m* (engl-am) Großraumdüsenflugzeug
Jumelage *f* (fr) Partnerschaft zweier Städte verschiedener Länder
junior *m* (lat) der jüngere
Junk food *n* (engl) minderwertige, d. h. kalorienreiche, aber ungesunde Nahrung
Junkie *m* (engl) Drogenabhängiger
Junktim *n* (lat) innerlich notwendige Verbindung von Verträgen, Gesetzesmaßnahmen usw.
junonisch (lat) von stattlicher Schönheit (in bezug auf Frauen)
Junta *f* (span) Ausschuß von Politikern, von Militärmachthabern
Jura *pl* (lat) Rechtswissenschaft; **Jurisdiktion** *f* Rechtsprechung, Gerichtsbarkeit; **Jurisprudenz** *f* Rechtswissenschaft; **Jurist** *m* Rechtsgelehrter; **juristisch (juridisch)** rechtlich, die Rechtswissenschaft betreffend
Juror *m (engl)* **1.** Mitglied einer Jury (1), **2.** Preisrichter; **Jury** *f* **1.** Schwurgericht, **2.** Preisgericht
Jus *n* (fr) Bratensaft
just (fr) gerade, eben
justieren (lat) einstellen, (ein-) richten; **Justierschraube** *f* Stell-

schraube; **Justierung** *f* genaue Einstellung eines Geräts

Justifikation *f* (lat) Rechtfertigung; **justifizieren** rechtfertigen

Justitia *f* (lat) die röm. Göttin der Gerechtigkeit

Justitiar *m* (lat) Rechtsbeistand einer Behörde, eines Unternehmens

Justiz *f* (lat) Rechtswesen, Gerichtsbarkeit

juvenil (lat) jugendlich; **Juvenilität** *f* Jugendlichkeit

K

Kabale *f* (fr) Intrige

Kabarett *n* (fr) **1.** kritische Kleinkunstform, **2.** Kleinkunstbühne, **3.** Gesamtheit der Künstler, die in einem Kabarett auftreten; **Kabarettist** *m* Künstler an einer Kleinkunstbühne; **kabarettistisch** in der Art eines Kabaretts

Kabbala *f* (hebr) jüdische Geheimlehre; **Kabbalistik** *f* Buchstaben-, Zahlenmagie

Kabinett *n* (fr) **1.** kleiner Raum, **2.** kleiner Museumsraum, **3.** Gesamtheit der Minister; **Kabinettstück** *n* **1.** Prachtstück, **2.** einmalige Leistung, bes. geschicktes Vorgehen

Kabrio, Kabriolett *n* (fr) Wagen mit zurückklappbarem Verdeck aus Stoff

Kachexie *f* (gr) Kräfteverfall (infolge einer Krankheit; Med.)

Kadaver *m* (lat) (Tier-)Leichnam; **Kadavergehorsam** *m* (lat-dt) blinder Gehorsam

Kaddisch *n* (hebr) jüdisches Gebet für die Verstorbenen

Kadenz *f* (it) **1.** Abschluß eines Musikstücks, **2.** unbegleitetes Improvisieren des Solisten (Mus.)

Kader *m* (fr) **1.** Kern einer Truppe, **2.** die Stammspieler einer Sportmannschaft

Kader *m* (russ) leitende Parteiangehörige mit politischen, sozialen usw. Sonderaufgaben (in kommunistischen Staaten)

Kadett *m* (fr) Schüler einer Erziehungsanstalt für Offiziere, Offiziersanwärter

Kadi *m* (arab) Richter

Kaftan *m* (arab) langes Obergewand (Tracht orthodoxer Juden)

Kairophobie *f* (gr) Situationsangst (Psychol.); **Kairos** *m* **1.** günstiger Zeitpunkt (Philos.), **2.** wichtiger Augenblick, entscheidende Situation

Kakophonie *f* (gr) Mißklang; **kakophonisch** mißtönend

Kalamität *f* (lat) mißliche Lage, Bedrängnis

Kalaschnikow *f* eine russ. Maschinenpistole (nach dem Konstrukteur benannt)

Kalebasse *f* (span) aus einem ausgehöhlten Flaschenkürbis bestehendes Gefäß

Kaleidoskop *n* (gr) **1.** Gerät in Form eines Fernrohrs, bei dem durch Drehen farbige Glassteine o. ä. ein Bild ergeben, **2.** bunter Wechsel; **kaleidoskopisch** unaufhörlich wechselnd, neue Bilder ergebend

kalendarisch (lat) dem Kalender zufolge; **Kalendarium** *n* Verzeichnis kirchlicher Fest- und Gedenktage

Kalfakter *m* (lat) **1.** jmd., der niedere Arbeiten verrichtet, **2.** Gefangener in einer Strafanstalt, der Hilfsdienste verrichtet

Kaliber *n* (fr) **1.** Innendurchmesser eines Rohrs, des Laufes einer Schußwaffe, **2.** Außendurchmesser eines Geschosses, **3.** Art, Sorte, Gewichtigkeit; **kalibrieren 1.** das Kaliber ermitteln, **2.** Präzisionsmeßinstrumente eichen

Kalkül *m, n* (fr) Berechnung, Überlegung, Planung; **Kalkulation** *f* vorherige Berechnung von anfallenden Kosten; **kalkulatorisch** rechnerisch; **kalkulieren 1.** berechnen, **2.** überschlagen, mutmaßen, **3.** planen

Kalligraphie *f* (gr) kunstvoll ausgeführte, schöne Schrift

Kallus *m* (lat) **1.** nach Verletzungen, Knochenbrüchen usw. sich neu bildendes Gewebe, **2.** Schwiele

Kalme *f* (fr) absolute Windstille; **Kalmenzone** *f* windstille Zone der Erde

Kalo *m* (it) Gewichtsverlust von Waren (beim Versand, bei der Lagerung)

Kalorie *f* (fr) **1.** Maßeinheit für die Wärmemenge (Phys.), **2.** Maßeinheit für den Nährwert; **Kalorik** *f* Wärmelehre; **Kalorimetrie** *f* Messung von Wärmemengen; **kalorisch** die Wärme betreffend

Kalotte *f* (fr) **1.** flache Kuppel, **2.** Schädeldach, **3.** anliegendes Käppchen (von kath. Geistlichen)

Kalumet *n* (fr) Friedenspfeife (der Indianer Nordamerikas)

kalzifizieren (lat) verkalken; **Kalzinose** *f* Verkalkung von Geweben (Med.)

Kamee *f* (fr) (Halb-)Edelstein mit figürlicher Darstellung

Kameralien *pl* (lat) Staatswissenschaft, Volkswirtschaftslehre; **kameralistisch** staatswirtschaftlich

Kamerarecorder *m* (lat-engl) Videoaufzeichnungsgerät (Kombination aus Videokamera und Videorecorder)

Kamikaze *m* (jap) **1.** Selbstmordflieger (2. Weltkrieg), **2.** jmd., der unter Opferung seines eigenen Lebens eine (Gewalt-)Tat, einen terroristischen Akt o. ä. begeht

Kampagne *f* (fr) **1.** (militärischer) Feldzug, **2.** gemeinschaftliche aufwendige Aktion (Wahlkampagne)

Kampanile *m* (it) freistehender Glockenturm

Kanaille *f* (fr) **1.** schurkischer Mensch, **2.** Gesindel

Kanake *m* (polynes; eigtl. »Polynesier«) grober, primitiver Mensch

Kanapee *n* (fr) **1.** Sofa, **2.** kleine belegte Brotscheibe

Kandare *f* (ung.) starre Gebißstange am Zaumzeug des Pferdes; **jmdn. an die Kandare nehmen** jmdn. gewaltsam zügeln, zurückhalten, disziplinieren

Kandelaber *m* (lat) **1.** mehrarmiger Leuchter, **2.** mehrarmige Laterne

Kandidat *m* (lat) **1.** Prüfling, **2.** Anwärter, Bewerber; **Kandidatur** *f* Anwartschaft, Bewerbung; **kandidieren** sich (um ein Amt, eine Stelle) bewerben

kandieren (fr) **1.** Früchte mit Zuckerguß überziehen, **2.** durch Zuckerüberzug haltbar machen

Kaniden *pl* (lat) Hunde und hundeartige Tiere

Kanister *m* (gr-lat) tragbarer Behälter für Flüssigkeiten

Kannae (lat) vernichtende Niederlage (nach der Schlacht von Cannae, 216 v. Chr.)

Kannibale *m* (span) **1.** Menschenfresser, **2.** roher Mensch; **kannibalisch** wild, grausam; **Kannibalismus** *m* **1.** Menschenfresserei, **2.** Unmenschlichkeit

Kanon *m* (gr) **1.** Regel, Richtschnur, **2.** Regelverzeichnis, **3.** Kirchengesetz, **4.** Kettengesang (Mus.); **Kanonikus** *m* Domherr; **kanonisch** **1.** als Leitbild dienend, **2.** dem Kirchengesetz entsprechend; **kanonisieren** **1.** in ein (Regel-)Verzeichnis aufnehmen, **2.** heiligsprechen

Kanossa (Canossa) Selbsterniedrigung; **nach Kanossa gehen** sich erniedrigen, demütigen

kantabel (it) sangbar (Mus.)

Kantate *f* (it) Musikstück für Chor oder Solisten mit Instrumentalbegleitung

Kanter *m* (engl) leichter Galopp; **Kantersieg** *m* müheloser Sieg über einen Gegner (im Sport)

Kantilene *f* (it) getragene, gesangartige Melodie (Mus.)

Kantine *f* (it) Speiseraum in großen Betrieben, Kasernen usw.

Kanton *m* (fr) **1.** Bundesland der Schweiz, **2.** Bezirk; **unsicherer Kantonist** *m* unzuverlässiger Mensch

Kantor *m* (lat) **1.** Vorsänger, **2.** Leiter eines Kirchenchors

Kanüle *f* (fr) **1.** Röhrchen (zum Einführen oder Absaugen einer Flüssigkeit), **2.** Hohlnadel (Med.)

kanzerogen (lat) krebserregend; **kanzerös** krebsartig

Kaolin *n* (chin-fr) Porzellanerde

Kapazität *f* (lat) **1.** Fassungsvermögen, **2.** Leistungsvermögen, **3.** herausragender Fachmann

kapern (lat) **1.** (ein Schiff) aufbringen, **2.** etwas gewaltsam an sich bringen, **3.** jmdn. (gewaltsam) für sich, für etwas gewinnen

kapillar (lat) haarfein (Med.); **Kapillare** *f* Haargefäß, sehr feine Ader (Med.)

kapital (lat) **1.** hauptsächlich, **2.** sehr groß; **Kapital** *n* **1.** Gesamtheit von Bar-, Sachwerten, **2.** Vermögen; **Kapitälchen** *pl* Großbuchstaben in der Größe der kleinen Buchstaben (Buchdr.); **Kapitale** *f* Hauptstadt; **Kapitalflucht** *f* Fortschaffen von Geld oder anderen Werten ins Ausland; **Kapitalismus** *m* **1.** Geldherrschaft, **2.** Wirtschaftssystem, das vom Gewinnstreben bestimmt wird; **Kapitalist** *m* **1.** Person, die über ein Kapital verfügt, **2.** Vermögender, **3.** Anhänger des Kapitalismus (2); **Kapitalverbrechen** *n* besonders schweres Verbrechen

Kapitel *n* (lat) **1.** Abschnitt (eines Buches), **2.** Körperschaft von

Geistlichen (eines Domes oder Stifts)

Kapitell *n* (lat) oberes Abschlußstück einer Säule

Kapitular *m* (lat) Dom-, Stiftsherr

Kapitulation *f* (lat) **1.** Waffenstreckung, **2.** kampfloses Aufgeben; **kapitulieren 1.** die Waffen strecken, **2.** sich ergeben

Kaplan *m* (lat) kath. Hilfsgeistlicher

Kapo *m* (fr) **1.** Unteroffizier, **2.** Häftling, der als Aufseher über andere Häftlinge eingesetzt wird

Kaprice *f* (fr) Laune

Kapriole *f* (it) **1.** Luftsprung, **2.** Schabernack

kaprizieren (fr) sich eigensinnig auf etwas versteifen; **kapriziös** launisch

Karabiner *m* (fr) Gewehr mit kurzem Lauf; **Karabiniere** *m* (it) ital. Polizist

Karaffe *f* (it) Flasche aus geschliffenem Glas

Karambolage *f* (fr) **1.** Zusammenprall, -stoß, **2.** Anstoßen des Spielballs an die anderen Bälle beim Billard; **karambolieren** zusammenstoßen

Karaoke *n* (jap) Instrumentalfassung eines bekannten Schlagers, bei dem man den Gesangspart selbst einfügen kann

Karat *n* (fr-arab) **1.** Gewichtseinheit für Edelsteine, **2.** Feinheitsgrad von Goldlegierungen

Karbatsche *f* (ung-türk) Riemenpeitsche

Karbonat *n* (lat) kohlensaures Salz; **Karbonfaser** *f* (lat-dt) Kohlefaser

Karbunkel *m* (lat) mehrere dicht beieinander liegende Furunkel (Med.)

Kardätsche *f* (it) Striegel zur Pferdepflege

kardial (gr) das Herz betreffend

kardinal (lat) grundlegend, wesentlich (vor allem in Zusammensetzungen, z. B. Kardinalfehler); **Kardinal** *m* ranghöchster kath. Würdenträger nach dem Papst; **Kardinalzahl** *f* Grundzahl

Kardiogramm *n* (gr) graphische Aufzeichnung der Herzbewegungen; **Kardiograph** *m* Gerät zur Aufzeichnung der Herzbewegungen; **Karditis** *f* Herzentzündung

Karenz *f* (lat) **1.** Entbehrung, **2.** Enthaltsamkeit; **Karenzzeit** *f* Wartezeit

Kargo *m* (engl) (Schiffs-)Fracht

Karies *f* (lat) Zahnverfall

Karikatur *f* (lat) komisch übertriebene (zeichnerische) Darstellung; **Karikaturist** *m* berufsmäßiger Zeichner von Karikaturen (für Zeitungen usw.); **karikieren 1.** verzerren, in Art einer Karikatur darstellen, **2.** lächerlich machen

Karitas *f* (lat) Wohltätigkeit, Nächstenliebe; **karitativ** wohltätig, mildtätig

Karkasse *f* (fr) **1.** fester Unterbau eines Gummireifens, **2.** Gerippe, Rumpf von Geflügel, Fischen usw. (Gastr.)

Karma *n* (sanskr) das durch sein

Verhalten in seinem früheren Leben bestimmte gegenwärtige Schicksal eines Menschen (Buddhismus)

karnivor (lat) fleischfressend; **Karnivoren** *pl* Fleischfresser (Tiere, Pflanzen)

Karosse *f* (fr) prunkvolle Kutsche; **Karosserie** *f* Oberbau von Automobilen

Karree *n* (fr) Viereck, Quadrat

Karriere *f* (fr) **1.** schneller Lauf (des Pferdes), **2.** berufliche Laufbahn, **3.** beruflicher Aufstieg; **Karrierist** *m* Mensch, der rücksichtslos um seinen beruflichen Aufstieg kämpft

Kart *m* (engl) Kurzw. für **Go-Kart**

Kartätsche *f* (it) mit kleineren Bleikugeln gefüllte Granate

Kartause *f* (fr) Kloster

Kartell *n* (fr) **1.** Vereinigung von Wirtschaftsunternehmen, **2.** (befristeter) Zweckverband

Kartograph *m* (gr) Zeichner einer Landkarte; **Kartographie** *f* Wissenschaft von der Anfertigung einer Landkarte

Kartomantie *f* (gr) Wahrsagung aus Karten

Kartothek *f* (gr) **1.** Zettelkasten, **2.** Kartei

Kartusche *f* (fr) **1.** (Metall-)Hülse mit der Treibladung eines Geschosses, **2.** ornamentale Einfassung (von Wappen, Initialen usw.)

Karyatide *f* (gr) tragende Säule in Form einer Frauengestalt

Karzer *m* (lat) **1.** Arrestraum, **2.** Arrest

karzinogen (gr) krebserregend; **Karzinom** *n* Krebsgeschwulst

Kasba(h) *f* (arab) Araberviertel in den Städten Nordafrikas

kaschieren (fr) verbergen, verheimlichen

Kaschube *m* (slaw) grobschlächtiger Mensch, Hinterwäldler

Kasel *f* (lat) seidenes Meßgewand

Kasematte *f* (it) schußsicherer, gepanzerter Raum in Festungen

Kasino *n* (it) **1.** Gebäude für gesellige Zusammentreffen, **2.** Aufenthalts- und Speiseraum für Offiziere, **3.** Gebäude für Glücksspiele

Kaskade *f* (it) **1.** (künstlich angelegter) Wasserfall, **2.** verwegener Sprung; **kaskadieren** Zusammenschalten mehrerer Computer zur Erweiterung der Kapazität und der Arbeitsmöglichkeiten (EDV)

Kasko(versicherung) *f* (span) Versicherung gegen Schäden, die am eigenen Fahrzeug entstehen

Kassa *f* (it) Barbestand; **Kassageschäft** *n* Barzahlungsgeschäft

Kassandra *f* (gr) weibliche Person, die Unheil vorausahnt und davor warnt; **Kassandraruf** *m* (gr-dt) Vorhersage von Unheil

Kassation *f* (lat) **1.** Nichtigkeitserklärung, **2.** Aufhebung eines Urteils, **3.** Entwertung

Kassazahlung *f* (it-dt) Barzahlung

Kasserolle *f* (fr) flacher Schmortopf

Kassette *f* (fr) **1.** verschließbares Kästchen, **2.** vertieftes Feld einer

Zimmerdecke, **3.** Magnetband für Tonaufnahmen in einem flachen Kunststoffgehäuse, **4.** Film, der über ein Fernsehgerät abgespielt werden kann; **Kassettendeck** *n* Kassettenabspielgerät (Teil einer Stereoanlage); **Kassettenrecorder** *m* Gerät zum Ab- oder Bespielen von Tonkassetten

Kassiber *m* (hebr-jidd) schriftliche Geheimmitteilung eines Häftlings

kassieren (it) **1.** (Geld) einnehmen, einziehen, **2.** etwas an sich bringen, **3.** etwas hinnehmen, **4.** jmdn. gefangensetzen

Kaste *f* (port-fr) gesellschaftliche Schicht oder Gruppe (im Hinduismus)

kasteien (lat) sich Bußübungen, Entbehrungen auferlegen

Kastell *n* (lat) Burg, Schloß; **Kastellan** *m* Schloßverwalter, Aufsichtsbeamter in Schlössern oder anderen öffentlichen Gebäuden

Kastengeist *m* (fr-dt) engstirnige Standesgesinnung, Standesdünkel

Kastrat *m* (lat) Entmannter; **Kastration** *f* Entmannung; **kastrieren** eine Kastration vornehmen

kasuell (lat) zufällig

kasuistisch (lat) spitzfindig

Kasus *m* **1.** Fall, Vorkommnis, **2.** Fall, Beugungsfall (Sprachw.)

Kat *m* Kurzw. für **Katalysator** (2)

Katachrese *f* (gr) unrichtiger Sprachgebrauch (Vermengung nicht zusammenpassender Bilder); **katachrestisch** in Form einer Katachrese

Katafalk *m* (it) Sarggestell, Gestell, auf dem der Sarg während der Trauerfeier ruht

Kataklysmus *m* (gr) **1.** (erdgeschichtliche) Katastrophe, **2.** Vernichtung; **kataklystisch** vernichtend

Katakombe *f* (it) unterirdische Grabstätte

Katakustik *f* (gr) Lehre vom Widerhall

Katalog *m* (gr) **1.** Verzeichnis, **2.** Preisliste; **katalogisieren** in einen Katalog aufnehmen

Katalysator *m* (gr) **1.** Stoff, der chemische Reaktionen auslöst, sich selbst aber nicht verändert, **2.** Vorrichtung zur Verminderung der Schadstoffe in den Abgasen von Verbrennungsmotoren, **3.** Mensch oder Gegenstand, der ein Ereignis auslöst

Katamaran *m* (tamil-engl) (Sport-)Segelboot mit Doppelrumpf

Katamnese *f* (gr) abschließender Bericht über den Krankheitsverlauf

Katapult *m* (lat) **1.** Schleuder, Wurfmaschine, **2.** Startschleuder (für Flugzeuge); **katapultieren** (weg)schleudern

Katarakt *m* (gr) **1.** Wasserfall, **2.** Stromschnelle, **3.** grauer Star (Med.)

Katarrh *m* (gr) **1.** Schleimhautentzündung (der Atmungsorgane) mit Schleimfluß, **2.** Schnupfen; **katarrhalisch** zum Erscheinungsbild eines Katarrhs gehörig

Katastase *f* (gr) Handlungshöhepunkt vor der Katastrophe (im [antiken] Drama)

Kataster *m, n* (lat) Grundbuch, Grundstückverzeichnis

Katastrophe *f* (gr) **1.** Unglück von großem Ausmaß, **2.** Wendung zum Unheilvollen hin (im Drama); **katastrophal** unheilvoll, verhängnisvoll, folgenschwer

Katechese *f* (gr) Religionsunterricht; **Katechet** *m* Religionslehrer; **Katechismus** *m* Lehrbuch für den Glaubensunterricht; **Katechumene** *m* **1.** (erwachsener) Täufling oder Firmling, der Glaubensunterricht empfängt, **2.** Konfirmand

Kategorie *f* (gr) **1.** Gattung, Klasse, **2.** Art; **kategorisch** **1.** gebieterisch, mit Nachdruck, **2.** unbedingt gültig, **3.** geradezu; **kategorischer Imperativ** *m* unbedingt gültige sittliche Forderung; **kategorisieren** einer Kategorie zuteilen

katexochen (gr) schlechthin, vorzugsweise, eigentlich

Katgut *n* (engl) aus Tierdärmen hergestellter Nähfaden für chirurgische Zwecke

Katharsis *f* (gr) **1.** Reinigung, Läuterung (der Seele), **2.** Befreiung von inneren Konflikten (Psychol.)

Katheder *m, n* (gr) **1.** Lehrerpult, **2.** Lehrstuhl (eines Hochschullehrers)

Kathedrale *f* (lat) (bischöfliche) Hauptkirche; **Kathedralentscheidung** *f* Unfehlbarkeit beanspruchende Entscheidung des Papstes in Glaubensfragen

Kathete *f* (gr) eine der beiden Schenkelseiten des rechten Winkels eines Dreiecks (Math.)

Katheter *m* (gr) in Körperorgane eingeführtes Röhrchen (zum Ablassen von Körperflüssigkeiten, Ausscheidungen usw.)

Kathode *f* (gr) negative Elektrode

katholisch (gr) **1.** allumfassend, allgemein, **2.** dem katholischen Glauben angehörend; **Katholik** *m* Anhänger des katholischen Glaubens; **Katholizismus** *m* Geist (Lehre) der katholischen Kirche

katilinarische Existenz *f* (nach dem röm. Verschwörer Catilina) zu allem fähiger, moralisch verderbter Mensch

kausal (lat) ursächlich; **Kausalgesetz** *n* Grundsatz, nach dem jedem Geschehen eine Ursache zugrunde liegen muß; **Kausalität** *f* **1.** Ursächlichkeit, **2.** Zusammenhang von Ursache und Wirkung; **Kausalnexus** *m* Verbindung von Ursache und Wirkung; **Kausalsatz** *m* Begründungssatz (Sprachw.)

kaustisch (gr) **1.** ätzend, **2.** spöttisch

Kautel *f* (lat) **1.** Absicherung, **2.** vertraglich festgehaltener Vorbehalt

Kaution *f* (lat) **1.** Bürgschaft, **2.** Sicherheitsleistung (durch Hinterlegung von Geld)

Kavalier *m* (fr) ritterlicher, höflicher Mann; **Kavaliersdelikt** *n*

strafbare Handlung, die nicht als ehrenrührig gilt; **Kavalkade** *f* **1.** berittenes Geleit, **2.** Reitertrupp; **Kavallerie** *f* bewaffnete Reitertruppe; **Kavallerist** *m* Angehöriger der Kavallerie

Kaverne *f* (lat) **1.** Höhle, Hohlraum, **2.** Hohlraum im Körpergewebe

Keeper *m* (engl) Kurzw. für **Goal-Keeper**

Keep-smiling! *n* (engl; »immer nur lächeln«) reg dich nicht auf!

Kenotaph *m* (gr) Denkmal in Form eines (leeren) Grabes

Keratitis *f* (gr) Hornhautentzündung

Kernphysik *f* (dt-gr) Wissenschaft vom Aufbau und Verhalten der Atomkerne; **Kernreaktor** *m* Anlage zur Gewinnung von Energie durch Kernkettenreaktion

Kerosin *n* (gr) Bestandteil des Erdöls (Flugzeugtreibstoff)

Keyboard *n* (engl) **1.** Tasteninstrument, **2.** Tastatur von Computern (EDV)

Khaki *m* (pers) **1.** Erdfarbe, **2.** erdfarbener (Uniform-)Stoff

Kibbuz *m* (hebr) jüdische Gemeinschaftssiedlung (in Israel)

Kick *m* (engl) **1.** Anstoß, Tritt (beim Fußball), **2.** Fußtritt, **3.** starke Anregung (durch Drogen); **Kicker** *m* Fußballspieler; **Kickstarter** *m* Fußhebel zum Anlassen von Motorrädern

Kid *n* (engl) Kind, Jugendlicher

Kidnapper *m* (engl) Entführer eines Menschen (insbes. eines Kindes); **kidnappen** entführen

Kif *m* (arab-am) Tabak aus Hanfblättern; **kiffen** Marihuana o. ä. rauchen

killen (engl) **1.** töten, **2.** zunichte machen; **Killer** *m* (berufsmäßiger) Mörder (auch in Zusammensetzungen, z. B. Killerwespe)

Kilo- (fr) das Tausendfache (in Zusammensetzungen vor Maßangaben, z. B. Kilogramm, Kilometer); **Kilobyte** *n* 1024 Byte (EDV)

Kinästhesie *f* (gr) Bewegungsgefühl, -empfindung (Med.); **kinästhetisch** die Kinästhesie betreffend

Kinemathek *f* (gr) Filmarchiv; **kinematographisch** das Filmwesen betreffend

Kinetik *f* (gr) Lehre von den Bewegungen durch Kräfte (Phys.); **kinetisch** auf Bewegung beruhend, die Bewegung betreffend

King *m* (engl; »König«) Anführer, tonangebende Person, Leitfigur; **King-size** *f* (»Königsgröße«) von Übergröße, größer als üblich

Kiosk *m* (türk) Verkaufshäuschen, Verkaufsbude

Kismet *n* (arab) unabwendbares Schicksal

Kit *n* (engl) Satz zusammengehöriger Gegenstände (Werkzeuge o. ä.)

Kitchenette *f* (engl) Kochnische

Kiwi *m* (nach dem gleichnamigen Vogel) Spitzname für einen Neuseeländer

Klassement *n* (fr) **1.** Einteilung, Einordnung, **2.** Reihenfolge (Ergebnis bei Sportwettkämpfen); **Klassifikation**, **Klassifizierung** *f* (lat) Einordnung, Gliederung, Beurteilung; **klassifizieren** **1.** in Klassen einteilen, **2.** beurteilen

Klassik *f* (lat) **1.** Kultur der griechisch-römischen Antike, **2.** Stilrichtung, die sich an der Antike ausrichtet; **Klassiker** *m* **1.** Vertreter der Klassik, **2.** allgemein anerkannter, hervorragender Künstler oder Wissenschaftler, **3.** eine vollkommene und Maßstäbe setzende Sache; **klassisch** **1.** die griechisch-römische Antike betreffend, **2.** vollendet, **3.** seit langem bewährt, **4.** mustergültig; **Klassizismus** *m* Kunststil, der antike Vorbilder nachahmt; **klassizistisch** in der Art des Klassizismus

Klausel *f* (lat) einschränkende Bedingung, Zusatzvereinbarung in einem Vertrag

Klaustrophobie *f* (gr) krankhafte Furcht vor dem Aufenthalt in geschlossenen Räumen (Psychol.)

Klausur *f* (lat) **1.** Abgeschlossenheit, **2.** unter Aufsicht verfaßte schriftliche Prüfungsarbeit

Klaviatur *f* (lat) Gesamtheit der Tasten bei Klavier, Orgel und anderen Tasteninstrumenten

Kleptomanie *f* (gr) krankhafter Trieb zum Stehlen (Psychol.); **Kleptomane** *m* Person, die an Kleptomanie leidet

klerikal (gr) die kath. Geistlichkeit betreffend, der kath. Geistlichkeit angehörend; **Klerikalismus** *m* Gesamtheit der Bestrebungen zur Verstärkung des politischen und gesellschaftlichen Einflusses der kath. Kirche; **Kleriker** *m* kath. Geistlicher; **Klerus** *m* **1.** kath. Geistlichkeit, **2.** Priesterstand

Klient *m* (lat) Kunde (eines Rechtsanwalts oder anderer freiberuflich Tätiger); **Klientel** *f* **1.** Gesamtheit der Klienten, **2.** Auftraggeberkreis

Klima *n* (gr) **1.** Gesamtheit der Luft-, Wärme und Feuchtigkeitsverhältnisse in einem bestimmten Raum (Gebiet), **2.** Gesamtheit der Beziehungen zwischen Personen, Staaten usw., Stimmung; **Klimakterium** *n* Wechseljahre der Frau; **klimatisch** das Klima betreffend; **klimatisieren** bestimmte klimatische Verhältnisse künstlich erzeugen; **Klimatologie** *f* Wissenschaft von den klimatischen Verhältnissen

Klimax *f* (gr) **1.** Steigerung des Ausdrucks, **2.** Höhepunkt

Klinik *f* (gr) Krankenhaus; **Kliniker** *m* Arzt, der gleichzeitig in einem Krankenhaus lehrt; **klinisch** **1.** das Krankenhaus betreffend, **2.** von einem Arzt festgestellt; **Klinikum** *n* (gr-lat) **1.** Gesamtheit der Universitätskliniken, **2.** Teil der ärztlichen Ausbildung; **Klinomobil** *n* Notarztwagen

Klipp *m* (engl) Halteklammer

Klipper *m* (engl) **1.** schnelles Segelfrachtschiff, **2.** großes Flugzeug

Klischee *n* (fr) **1.** Druckstock, **2.** übernommene Darstellungsart,

Abklatsch, **3.** übernommene Vorstellung, **4.** abgegriffene Redensart

Klistier *n* (gr) Einlauf, Einspritzung (in den Darm)

klitoral (gr) die Klitoris betreffend; **Klitoris** *f* Kitzler (Med.)

Kloake *f* (lat) **1.** Abwasserkanal, **2.** Sickergrube

klonen (gr-engl) durch künstliche Vermehrung identische Exemplare von einem Lebewesen schaffen (Biol.)

Knesseth *f* (hebr) das israelische Parlament

Knockdown *m* (engl) Niederschlag (beim Boxen); **Knockout** *m* den (Box-)Gegner kampfunfähig machender Niederschlag

Know-how *n* (engl; »wissen, wie«) (Erfahrungs-)Wissen

Koadjutor *m* (lat) Gehilfe, Stellvertreter eines kath. Geistlichen

Koagulation *f* (lat) Gerinnung (Med.); **koagulieren** gerinnen

koalieren (lat) (sich) verbünden; **Koalition** *f* Vereinigung, Bündnis (von politischen Parteien); **Koalitionsregierung** *f* Regierung, der Mitglieder verschiedener politischer Parteien angehören

Koautor *m* (lat) Mitverfasser

koaxial (lat) gleichachsig

Koda *f* (it) Ausklang, Abschluß eines musikalischen Satzes

Kode *m* (engl/fr) Schlüssel zu Geheimschriften

Kodex *m* (lat) **1.** Gesetzessammlung, **2.** alte Handschrift

kodieren (engl) (einen Text) verschlüsseln

kodifizieren (lat) gesetzlich festlegen; **Kodizill** *n* **1.** Nachtrag, Zusatz zum Testament, **2.** Testament

Koedukation *f* (lat) gemeinsame Erziehung von Jungen und Mädchen

Koeffizient *m* (lat) **1.** Verhältniszahl, **2.** Beizahl

Koexistenz *f* (lat) gleichzeitiges Bestehen verschiedener oder gegensätzlicher (politischer, gesellschaftlicher usw.) Systeme

Kognat *m* (lat) Blutsverwandter mütterlicherseits; **Kognation** *f* Blutsverwandtschaft

kognitiv (lat) die Erkenntnis betreffend, erkennend

Kohabitation *f* (lat) Geschlechtsverkehr

kohärent (lat) zusammenhängend; **Kohärenz** *f* Zusammenhang; **kohärieren** zusammenhängen; **Kohäsion** *f* innerer Zusammenhalt (von Molekülen)

Kohorte *f* (lat) **1.** (altröm.) Truppeneinheit, **2.** Gruppe von gemeinsam handelnden Personen

Koinzidenz *f* (lat) gleichzeitiges Vorkommen mehrerer Ereignisse

Koitus *m* (lat) Geschlechtsverkehr; **koitieren** Geschlechtsverkehr ausüben

Kokarde *f* (fr) **1.** (rundes) Hoheitszeichen an Kopfbedeckungen von Soldaten, Polizisten usw., **2.** Hoheitszeichen an Militärflugzeugen

kokett (fr) eitel, selbstgefällig, gefallsüchtig; **kokettieren** **1.** sich kokett gebärden, **2.** liebäugeln

Kokille *f* (fr) Gußform aus Metall
Kokke *f* (gr) Kugelbakterie (Med.)
Kokon *m* (fr) Hülle um die Eier oder Puppen verschiedener Insekten (insbes. der Seidenraupe)
Kokotte *f* (fr) sexuell freizügige, elegante Dame, Lebedame
Kolchose *f* (russ) landwirtschaftliche Produktionsgenossenschaft (in der ehem. Sowjetunion)
Koleopteren *pl* (gr) Käfer; **Koleopterologie** *f* Käferkunde; **Koleopterologe** *m* Fachmann auf dem Gebiet der Koleopterologie
Kolik *f* (gr) krampfartiger Schmerz in Körperorganen; **Kolitis** *f* Dickdarmentzündung
kollabieren (lat) **1.** einen plötzlichen Schwächeanfall erleiden (Med.), **2.** in sich zusammensinken
Kollaborateur *m* (fr) Person, die mit dem Feind zusammenarbeitet; **Kollaboration** *f* Zusammenarbeit mit einer feindlichen Macht; **kollaborieren 1.** mit einer feindlichen Macht zusammenarbeiten, **2.** mitarbeiten
Kollagen *n* (gr-lat) leimartiger Eiweißstoff im Bindegewebe und in Knochen
Kollaps *m* (lat) **1.** plötzlich auftretender Schwächeanfall (Med.), **2.** Zusammenbruch
kollateral (lat) **1.** seitlich angeordnet, **2.** seitlich, auf derselben Körperseite liegend (Med.)
Kollation *f* (lat) **1.** Vergleich eines Originaltexts mit der Abschrift, **2.** kleine Mahlzeit; **kollationieren** die Abschrift mit der Urschrift vergleichen
Kolleg *n* (lat) **1.** Vorlesung an einer Universität, **2.** (kirchliche) Lehranstalt
Kollegium *n* (lat) **1.** Versammlung von Personen, die dasselbe Amt innehaben, denselben Beruf ausüben (z. B. Lehrerkollegium), **2.** Ausschuß
Kollekte *f* (lat) **1.** Geldsammlung für wohltätige Zwecke (nach dem Gottesdienst), **2.** Altargebet; **Kollektion** *f* Sammlung von Musterstücken; **kollektiv 1.** gemeinschaftlich, **2.** alle Beteiligten betreffend; **Kollektiv** *n* Gruppe, die eine Aufgabe gemeinschaftlich erledigt; **Kollektivbegriff** *m* Sammelbegriff; **Kollektivierung** *f* Überführung von Privatbesitz in Gemeinschaftsbesitz; **Kollektivimprovisation** *f* gemeinsames Stegreifspiel mehrerer Musiker (beim Jazz); **Kollektivismus** *m* (politische) Auffassung, nach der die Interessen der Gesamtgesellschaft Vorrang vor den Interessen des Individuums haben; **Kollektivum** *n* Sammelbezeichnung
kollidieren (lat) **1.** zusammenstoßen, -prallen, **2.** sich gegenseitig ausschließen, einander im Wege sein; **Kollision** *f* (lat) **1.** Zusammenstoß, **2.** Widerstreit gegensätzlicher Interessen, Ansichten usw.
Kollo *n* (it) Frachtstück
kolloquial (lat-engl) **1.** wie im

Gespräch verwendet, **2.** umgangssprachlich; **Kolloquium** *n* (lat) **1.** wissenschaftliches Gespräch, **2.** Prüfung in Gesprächsform, **3.** Zusammenkunft von Wissenschaftlern, Fachleuten usw.

Kolon *n* (gr) **1.** Doppelpunkt, **2.** Sprecheinheit

Kolonialismus *m* (lat) **1.** Bestreben eines Staates nach Begründung und Ausbau von Kolonien, **2.** Unterwerfung und Ausbeutung unterentwickelter Völker; **Kolonialist** *m* Vertreter des Kolonialismus; **Kolonie** *f* **1.** überseeische Besitzung eines Staates, **2.** Niederlassung, **3.** im Ausland lebende Gruppe von Personen aus demselben Heimatland; **Kolonisation** *f* **1.** Begründung und Ausbau einer Kolonie, **2.** Besiedlung; **kolonisieren** **1.** besiedeln, **2.** bewohnbar, urbar machen; **Kolonist** *m* Ansiedler

Kolonnade *f* (fr) Säulengang; **Kolonne** *f* **1.** Marschabteilung von Truppen, **2.** sich in langer Reihe fortbewegende Gruppe von Personen oder Fahrzeugen, **3.** Druckspalte, Zeitungsspalte

Koloratur *f* (it) Ausschmückung, Verzierung des Gesangs; **kolorieren** bunt anmalen, ausmalen; **Kolorit** *n* **1.** Farbgebung, **2.** Klangfarbe (Mus.), **3.** Atmosphäre

Kolportage *f* (fr) **1.** minderwertige, auf vordergründige Wirkung ausgerichtete Literatur, **2.** Verbreiten von Gerüchten; **Kolportageroman** *m* wertloser Unterhaltungsroman; **Kolporteur** *m* Gerüchteverbreiter; **kolportieren** Gerüchte verbreiten

Kolumne *f* (lat) **1.** Druckspalte, **2.** regelmäßig an derselben Stelle einer Zeitschrift erscheinender Artikel eines Verfassers; **Kolumnentitel** *m* Überschrift am Kopf einer Buchseite; **Kolumnist** *m* Verfasser von Kolumnen (2)

Koma *n* (gr) tiefste Bewußtlosigkeit (Med.); **komatös** in tiefster Bewußtlosigkeit befindlich (Med.)

Kombattant *m* (fr) (Mit-)Kämpfer

Kombinat *n* (lat) Zusammenschluß von Industrieunternehmen (in den ehem. sozialistischen Staaten); **Kombination** *f* **1.** Verbindung, **2.** gedankliche Verknüpfung, **3.** Herrenanzug (aus Hose und verschiedenfarbiger Jacke), **4.** Verbindung von mehreren sportlichen Disziplinen, **5.** Schlußfolgerung; **kombinieren** **1.** zusammenstellen, verbinden, **2.** gedanklich verknüpfen, **3.** schlußfolgern

Kombüse *f* (ndl) Schiffsküche

kombustibel (lat) verbrennbar; **Kombustion** *f* Verbrennung

Komet *m* (gr) Schweif-, Haarstern

Komfort *m* (engl) **1.** häusliche Behaglichkeit, **2.** luxuriöse Einrichtung, **3.** Bequemlichkeit; **komfortabel** **1.** behaglich, **2.** luxuriös ausgestattet, **3.** bequem

Komik *f* (fr) **1.** belustigende Wirkung, **2.** Spaßhaftigkeit; **Komi-**

ker *m* Künstler, der durch seine Darbietung das Publikum erheitert; **komisch 1.** belustigend, **2.** sonderbar

Komintern *f* Kommunistische Internationale (Vereinigung der kommunistischen Parteien der verschiedenen Länder von 1919 bis 1943)

Komitee *n* (fr) Ausschuß (von Fachleuten)

Komma *n* (gr) Beistrich

Kommandant *m* (fr) Befehlshaber; **Kommandantur** *f* Amtsgebäude des Befehlshabers; **Kommandeur** *m* Befehlshaber einer größeren militärischen Einheit; **kommandieren** befehlen, befehligen, anordnen

Kommanditgesellschaft *f* Handelsgesellschaft (mit einem oder mehreren persönlich haftenden Gesellschaftern); **Kommanditist** *m* Gesellschafter einer Kommanditgesellschaft, der nur mit seiner Einlage haftet

Kommando *n* (fr) **1.** Befehlsgewalt, **2.** Befehl, **3.** kleinere milit. Einheit mit Sonderauftrag

kommensurabel (lat) **1.** mit gleichem Maß meßbar, **2.** vergleichbar; **Kommensurabilität** *f* Vergleichbarkeit

Komment *m* (fr) (studentischer) Brauch, Verhaltensregel

Kommentar *m* (lat) **1.** Erläuterung, **2.** kritische Stellungnahme, **3.** Anmerkung; **Kommentator** *m* Person, die Erläuterungen gibt; **kommentieren 1.** Erläuterungen geben, **2.** kritische Anmerkungen zu etwas abgeben, **3.** Anmerkungen abgeben

Kommers *m* (lat) studentischer Trinkabend; **Kommersbuch** *n* Sammlung von Studentenliedern

Kommerz *m* (lat) Wirtschaft, Handel; **kommerziell 1.** auf Wirtschaft und Handel beruhend, **2.** auf wirtschaftlichen Gewinn ausgerichtet

Kommilitone *m* (lat) Mitstudent

Kommiß *m* (lat) **1.** Militär, **2.** Militärdienst

Kommissar *m* (lat) Beauftragter; **Kommissariat** *n* Dienststelle eines Kommissars; **kommissarisch 1.** stellvertretend, **2.** vorübergehend; **Kommission** *f* **1.** Ausschuß, Beirat, **2.** Abordnung, **3.** Auftrag

Kommodore *m* (it) Geschwaderführer (Marine und Luftwaffe)

Kommotio *f* (lat) **1.** Gehirnerschütterung, **2.** Erschütterung von Organen

kommun (lat) gemeinsam, gemein; **kommunal** auf eine Gemeinde bezüglich; **kommunalisieren** in Gemeindebesitz überführen; **Kommunarde** *m* Mitglied einer sozialistischen Wohngemeinschaft; **Kommune** *f* **1.** auf sozialistischen Prinzipien beruhende Wohngemeinschaft, **2.** Gemeinde

Kommunikant *m* (lat) Teilnehmer am Abendmahl; **Kommunikation** *f* **1.** Verständigung, **2.** Verbindung, Beziehung, Zusammenhang; **Kommunikationssatellit** *m* Satellit zur Nachrichtenübertragung; **Kommunikationszentrum** *n* Begegnungsort für Personen, die verschiedenen sozialen Gruppen, Altersgruppen usw. angehören; **kommunikativ** **1.** auf die Kommunikation bezogen, **2.** mitteilsam; **Kommunion** *f* **1.** Abendmahlsfeier, **2.** (erster) Empfang des Abendmahls; **Kommunismus** *m* gegen den Kapitalismus gerichtete klassenlose Gesellschaftsordnung, bei der sich alle Produktionsmittel und Erzeugnisse im Besitz der Gesamtheit der Bürger befinden; **kommunistisch** den Kommunismus betreffend; **Kommuniqué** *n* (fr) **1.** amtliche Mitteilung, Verlautbarung, **2.** Denkschrift; **kommunizieren** (lat) **1.** mitteilen, sich verständigen, **2.** zusammenhängen, miteinander in Beziehung stehen, **3.** die Heilige Kommunion empfangen

kommutabel (lat) vertauschbar; **Kommutation** *f* Vertauschbarkeit

Komödiant *m* (lat) **1.** Schauspieler, **2.** jmd., der sich verstellt; **Komödie** *f* **1.** heiteres Bühnenstück, Lustspiel, **2.** unechtes, theatralisches Verhalten

Kompagnon *m* (fr) Gesellschafter, Teilhaber

kompakt (lat) **1.** gedrängt, **2.** massiv, fest

Kompanie *f* (fr) kleinere Truppeneinheit

komparabel (lat) vergleichbar; **Komparabilität** *f* Vergleichbarkeit; **Komparation** *f* **1.** Vergleichen, **2.** Steigerung des Eigenschaftsworts; **Komparatistik** *f* vergleichende Literaturwissenschaft; **komparativ** vergleichend; **Komparativ** *m* zweite Steigerungsstufe des Eigenschaftsworts

Komparse *m* (it) Nebenfigur ohne Sprechrolle (auf der Bühne oder im Film); **Komparserie** *f* Gesamtheit der Komparsen

Kompaß *m* (it) Gerät zur Bestimmung der Himmelsrichtung

kompatibel (lat) **1.** miteinander vereinbar, zueinander passend, **2.** verträglich (Med.); **Kompatibilität** *f* **1.** Vereinbarkeit, **2.** Verträglichkeit (Med.)

Kompendium *n* (lat) Handbuch, kurzes Lehrbuch

Kompensation *f* (lat) **1.** Ausgleich, **2.** Aufhebung, **3.** Suche nach Ersatzbefriedigung zum Ausgleich eines Minderwertigkeitsgefühls (Psychol.); **kompensieren** ausgleichen

kompetent (lat) **1.** zuständig, sachkundig, **2.** fähig; **Kompetenz** *f* **1.** Zuständigkeit, **2.** Fähigkeit

Kompilation *f* (lat) **1.** Zusammenstellung, **2.** aus den Schriften anderer Autoren zusammengetragenes Werk

Komplement *n* (lat) Ergänzung; **komplementär** (sich) ergänzend; **komplementieren** ergänzen

komplett (fr) vollständig, ganz; **komplettieren** vervollständigen, ergänzen

komplex (lat) **1.** vielfältig, -schichtig, **2.** verwickelt; **Komplex** *m* **1.** ein geschlossenes Ganzes (aus Einzelteilen), **2.** Gruppe, **3.** Häuserblock, **4.** verdrängte Vorstellungen, die die Handlungen, Vorstellungen usw. einer Person stark beeinflussen (Psychol.); **Komplexität** *f* Vielschichtigkeit

Komplikation *f* (lat) **1.** Verwicklung, **2.** (unerwartet eintretende) Schwierigkeit; **komplizieren 1.** verwickeln, **2.** erschweren; **kompliziert 1.** verwickelt, **2.** schwierig

Kompliment *n* (fr) **1.** Schmeichelei, **2.** Höflichkeitsbezeigung (durch Worte)

Komplott *n* (fr) **1.** Verschwörung, **2.** gemeinsame Planung einer Straftat

Komponente *f* (lat) **1.** Bestandteil, **2.** mitbestimmende Kraft; **komponieren 1.** zusammensetzen, **2.** ein (musikalisches) Kunstwerk gestalten; **Komposition** *f* **1.** Zusammensetzung, **2.** Musikwerk, **3.** künstlerische Schöpfung, **4.** Aufbau; **Kompositum** *n* zusammengesetztes Wort (Sprachw.)

Kompresse *f* (lat) feuchter Umschlag (Med.)

kompressibel (lat) zusammendrückbar, verdichtbar (von Gasen, Flüssigkeiten); **Kompression** *f* Verdichtung; **Kompressor** *m* Gerät zur Verdichtung von Gasen; **Komprette** *f* (zusammengepreßte) kleine Tablette; **komprimieren** zusammenpressen, verdichten; **komprimiert** kurz dargestellt

Kompromiß *m* (lat) **1.** Ausgleich, **2.** Zugeständnis, **3.** Mittelweg; **kompromittieren** bloßstellen

Komsomol *m* (russ) Kommunistischer Jugendverband der ehem. Sowjetunion; **Komsomolzen** *pl* Mitglieder dieses Verbandes

Komtur *m* (lat) Angehöriger eines geistlichen Ritterordens

Koncha, Konche *f* (fr) **1.** Nebenraum mit halbkreisförmigem Grundriß, **2.** Apsis (Arch.)

Kondensat *n* (lat) Flüssigkeitsniederschlag; **Kondensation** *f* Verdichtung von Gasen und Dämpfen zu Flüssigkeiten; **kondensieren** verdichten

Kondition *f* (lat) **1.** Bedingung, **2.** Beschaffenheit, **3.** körperliche Verfassung, Leistungsfähigkeit; **Konditional(is)** *m* Bedingungsform (Sprachw.); **konditional** bedingend; **konditionell** die Kondition (3) betreffend

Kondolenz *f* (lat) Beileidsbekundung; **kondolieren** Beileid bekunden

Kondom *m* (fr) Empfängnisverhütungsmittel, Gummischutz

Kondominium *n* (lat) **1.** Herrschaft mehrerer Staaten über dasselbe Gebiet, **2.** Gebiet, das von mehreren Staaten beherrscht wird

Kondottiere (it) Anführer eines Söldnerheeres

Kondukt *m* (lat) feierliches Geleit, Trauergeleit

Konfektion *f* (lat) fertige, d. h. fabrikmäßig hergestellte und nicht maßgeschneiderte Kleidung

Konferenz *f* (lat) **1.** Besprechung, **2.** Tagung, **3.** Versammlung; **konferieren** mit anderen beraten

Konfession *f* (lat) **1.** Glaubensgemeinschaft, **2.** Glaubenszugehörigkeit, **3.** (Glaubens-)Bekenntnis; **konfessionell** die Glaubenszugehörigkeit betreffend

Konfirmand *m* (lat) ev. Jugendlicher, der konfirmiert wird; **Konfirmation** *f* feierliche Aufnahme ev. Jugendlicher in die Gemeinde; **konfirmieren** einen ev. Jugendlichen nach entsprechender Vorbereitung in die Gemeinde aufnehmen

Konfiskation *f* (lat) (gerichtliche) Enteignung, Beschlagnahme; **konfiszieren** beschlagnahmen, (gerichtlich) einziehen

Konflikt *m* (lat) **1.** Zwiespalt, **2.** Zwist, Streit, (tätliche) Auseinandersetzung, **3.** militärische Auseinandersetzung

Konföderation *f* (lat) Staatenbund; **konföderieren** sich verbünden

konform (lat) übereinstimmend, einig; **Konformismus** *m* um Anpassung der persönlichen Einstellung an die Gegebenheiten bemühte Geisteshaltung; **Konformist** *m* jmd., der seine persönliche Einstellung immer den allgemein geltenden Ansichten unterwirft, sich anpaßt; **Konformität** *f* Anpassung, Übereinstimmung

Konfrater *m* (lat) Mitbruder, Amtsbruder eines kath. Geistlichen

Konfrontation *f* (lat) **1.** Gegenüberstellung, **2.** Auseinandersetzung; **konfrontieren** **1.** gegenüberstellen, **2.** jmdn. dazu zwingen, sich mit etwas auseinanderzusetzen

konfus (lat) **1.** verwirrt, **2.** durcheinander; **Konfusion** *f* **1.** Verwirrung, **2.** Durcheinander

kongenial (lat) geistig ebenbürtig; **Kongenialität** *f* geistige Ebenbürtigkeit

kongenital (lat) angeboren, seit der Geburt vorhanden (Med.)

Kongestion *f* (lat) Blutandrang

Konglomerat *n* (lat) **1.** Anhäufung, Zusammenballung, **2.** Gemenge; **konglomerieren** zusammenhäufen, -ballen

Kongregation *f* (lat) religiöse Vereinigung

Kongreß *m* (lat) **1.** Tagung, **2.** Zusammenkunft, **3.** Parlament der USA

kongruent (lat) **1.** deckungsgleich, **2.** übereinstimmend; **Kongruenz** *f* **1.** Deckungsgleichheit, **2.** Übereinstimmung; **kongruieren** **1.** sich decken, **2.** übereinstimmen

Koniferen *pl* (lat) Nadelhölzer

konisch (gr) kegelförmig

Konjektur *f* (lat) **1.** Vermutung, **2.** mutmaßlich zutreffende Lesart, Textverbesserung (in einem nicht zuverlässig überlieferten [alten]

Text); **konjektural** auf einer Vermutung beruhend; **konjizieren** Textverbesserungen vornehmen

konjugieren (lat) ein Zeitwort beugen, abwandeln (Sprachw.); **Konjunktion** *f* Bindewort (Sprachw.)

Konjunktiv *m* (lat) Möglichkeitsform des Zeitworts (Sprachw.); **Konjunktiva** *f* Bindehaut des Auges; **konjunktivisch** den Konjunktiv betreffend; **Konjunktivitis** *f* Bindehautentzündung

Konjunktur *f* (lat) (günstige) Wirtschaftslage; **konjunkturell** die wirtschaftliche Lage betreffend

konkav (lat) nach innen gewölbt, vertieft

Konklave *n* (lat) **1.** abgeschlossener Versammlungsraum der Kardinäle bei der Wahl des Papstes, **2.** Versammlung der Kardinäle zur Papstwahl

konkludent (lat) **1.** eine Schlußfolgerung nahelegend, **2.** schlüssig; **konkludieren** schließen, schlußfolgern; **Konklusion** *f* Schlußfolgerung; **konklusiv** folgernd

konkomitant (lat) **1.** begleitend, **2.** nicht von entscheidender Wichtigkeit

konkordant (lat) übereinstimmend; **Konkordanz** *f* **1.** Übereinstimmung, **2.** vergleichende Zusammenstellung von (Bibel-) Textstellen ähnlichen Inhalts; **Konkordat** *n* vertragliches Abkommen zwischen einem Staat und dem Vatikan

konkret (lat) **1.** wirklich, sinnfällig, anschaulich, **2.** sachlich; **konkretisieren** verdeutlichen, veranschaulichen

Konkubinat *n* (lat) eheähnliches Zusammenleben ohne offizielle Eheschließung; **Konkubine** *f* Geliebte

Konkurrent *m* (lat) **1.** Mitbewerber, **2.** Gegner; **Konkurrenz** *f* **1.** Wettbewerb, **2.** Gesamtheit der Gegner, **3.** (sportlicher) Wettkampf; **konkurrieren** mit jmdm. in Konkurrenz (1) treten

Konkurs *m* (lat) Zahlungsunfähigkeit, -einstellung

konnatal (lat) angeboren (Med.)

Konnex *m* (lat) **1.** Zusammenhang, **2.** Verknüpfung; **Konnexion** *f* Beziehung zu einflußreichen Personen

Konnossement *n* (fr) Seefrachtbrief

Konnotation *f* (lat) die mitschwingende Bedeutung eines Wortes, das, was man mit einem Wort assoziiert

Konoid *n* (gr) kegelähnlicher Körper

Konquistador *m* (span) Eroberer (Südamerikas)

Konsekration *f* (lat) liturgische Weihe

konsekutiv (lat) **1.** (aufeinander) folgend, **2.** abgeleitet; **Konsekutivsatz** *m* Folgesatz (Sprachw.)

Konsens *m* (lat) **1.** Zustimmung, Einwilligung, **2.** Übereinstimmung

konsequent (lat) **1.** folgerichtig, **2.** entschlossen, geradlinig, unbeirrt; **Konsequenz** *f* **1.** Folgerichtigkeit, **2.** Beharrlichkeit, **3.** Folge

konservativ (lat) **1.** an dem Althergebrachten festhaltend, **2.** althergebracht, **3.** fortschrittsfeindlich, rückwärtsgewandt; **Konservat(iv)ismus** *m* Festhalten an den bestehenden gesellschaftlichen Zuständen; **Konservator** *m* Denkmalpfleger; **Konservatorium** *n* Musikhochschule

Konserve *f* (fr) **1.** haltbar gemachte Lebensmittel oder andere verderbliche Substanzen (Blutkonserve), **2.** Ton-, Filmaufzeichnungen; **konservieren** haltbar machen, etwas bewahren

konsistent (lat) **1.** fest zusammenhängend, **2.** dick-, zähflüssig, **3.** fest; **Konsistenz** *f* **1.** Zusammenhang, **2.** Festigkeit

Konsistorium *n* (lat) **1.** höchste protestantische Kirchenbehörde, **2.** Versammlung der Kardinäle

Konsole *f* (fr) Mauervorsprung, Wandbrett

Konsolidation, Konsolidierung *f* (lat) Festigung; **konsolidieren** festigen, sichern

Konsonant *m* (lat) Mitlaut; **Konsonanz** *f* **1.** Häufung von Konsonanten, **2.** Zusammenklang (Mus.)

Konsorte *m* (lat) **1.** Genosse, **2.** (meist *pl*) Mitbeteiligte (an einem Streich o. ä.), Mitschuldige; **Konsortium** *n* Unternehmervereinigung, Unternehmensverband

Konspiration *f* (lat) Verschwörung; **konspirativ** an einer Verschwörung teilhabend; **konspirieren** eine Verschwörung anzetteln, sich verschwören

konstant (lat) unveränderlich, stetig; **Konstante** *f* unveränderliche Größe; **Konstanz** *f* **1.** Unveränderlichkeit, **2.** Beharrlichkeit

konstatieren (fr) feststellen

Konstellation *f* (lat) **1.** Lage (der Dinge), **2.** Planetenstand

Konsternation *f* (lat) Bestürzung; **konsterniert** bestürzt

Konstipation *f* (lat) Verstopfung (Med.)

konstituieren (lat) **1.** etwas begründen, **2.** einsetzen; **Konstitution** *f* **1.** (körperliche) Verfassung, **2.** Verfassung eines Staates; **konstitutionell** **1.** verfassungsmäßig; anlagebedingt, von der Konstitution (1) her (Med.); **konstitutiv** bestimmend, grundlegend

Konstriktor *m* (lat) Schließmuskel (Med.); **konstringieren** zusammenziehen (Med.)

konstruieren (lat) **1.** bauen, herstellen, **2.** entwerfen, **3.** gedanklich aufbauen; **Konstrukt** *n* gedankliche Hilfskonstruktion; **Konstrukteur** *m* jmd., der Geräte usw. entwirft und erbaut; **Konstruktion** *f* Bau, Zusammensetzung; **konstruktiv** **1.** die Konstruktion betreffend, **2.** aufbauend, hilfreich, weiterführend (konstruktiver Beitrag)

Konsul *m* (lat) Beamter, der die Interessen seines Staats und seiner -angehörigen im Ausland vertritt; **Konsulat** *n* Dienststelle, Amtssitz eines Konsuls; **Konsulent** *m* Rechtsberater; **Konsultation** *f* Beratung (durch einen Arzt); **konsultativ** beratend; **konsultieren 1.** (einen Arzt) um Rat fragen, **2.** sich besprechen

Konsum *m* (lat) **1.** Verbrauch, **2.** Verzehr (von Nahrungsmitteln); **Konsument** *m* Verbraucher; **konsumieren 1.** verbrauchen, **2.** (Nahrungsmittel) verzehren

Kontagion *f* (lat) Ansteckung mit Krankheitskeimen; **kontagiös** ansteckend

Kontakt *m* (lat) **1.** Verbindung, **2.** Fühlungnahme, **3.** Beziehung, **4.** Stromkreisschließer; **kontaktieren** Kontakt herstellen

Kontamination *f* (lat) **1.** Verschmelzung (von Wörtern; Sprachw.), **2.** (radioaktive) Verseuchung; **kontaminieren 1.** verschmelzen, **2.** verseuchen, verunreinigen

Kontemplation *f* (lat) Betrachtung, beschauliches Nachdenken; **kontemplativ** betrachtend, beschaulich

kontemporär (lat) gleichzeitig, zeitgenössisch

Kontenance *f* (fr) **1.** Haltung, **2.** Selbstbeherrschung

Konter *m* (engl) schneller Gegenangriff, Gegenschlag

Konterbande *f* (fr) **1.** Schmuggelware, **2.** illegale Ware

Konterfei *n* (fr) Bild, Porträt; **konterfeien** abbilden, porträtieren

konterkarieren (fr) etwas vereiteln, (einen Plan) zunichte machen

kontern (engl) **1.** einen schnellen Gegenangriff unternehmen, **2.** entgegnen

Kontext *m* (lat) **1.** Textzusammenhang, **2.** Zusammenhang

Kontinent *m* (lat) **1.** Festland, **2.** Erdteil; **kontinental** festländisch

Kontinenz *f* (lat) **1.** Enthaltsamkeit, **2.** Fähigkeit, Harn und Stuhl zurückzuhalten (Med.)

Kontingent *n* (lat) **1.** (Pflicht-) Anteil, **2.** begrenzte Menge; **kontingentieren** einteilen, zuteilen

kontinuierlich (lat) **1.** fortgesetzt, **2.** ununterbrochen, stetig; **Kontinuität** *f* Stetigkeit, ununterbrochener Fortgang; **Kontinuum** *n* ununterbrochener Zusammenhang

Konto *n* (it) **1.** Rechnung, **2.** Guthaben

Kontorsion *f* (lat) Verdrehung, Verrenkung (Med.)

kontra (lat) gegen, entgegengesetzt; **Kontradiktion** *f* Widerspruch; **kontradiktorisch** sich widersprechend

Kontrahent *m* (lat) **1.** Vertragspartner (Jur.), **2.** Gegner

kontrahieren (lat) sich zusammenziehen (von Muskeln; Med.)

Kontrakt *m* (lat) Vertrag, Abmachung; **kontraktlich** vertraglich

Kontraindikation *f* (lat) Umstand, der die Einnahme eines Medikaments verbietet

Kontraktion *f* (lat) Zusammenziehung (von Muskeln; Med.)

kontraproduktiv (lat) nicht förderlich, ungut

Kontrapunkt *m* (lat) **1.** Gestaltung eines Tonsatzes aus melodisch selbständigen Stimmen (Mus.), **2.** Gegenpol

konträr (lat) **1.** gegenteilig, **2.** gegensätzlich, entgegengesetzt, **3.** widrig

Kontrast *m* (fr) Gegensatz, ausgeprägter Unterschied; **kontrastieren** sich unterscheiden, im Gegensatz stehen zu etwas; **kontrastiv** vergleichend, entgegensetzend

Kontrazeptivum *n* (lat) Mittel zur Empfängnisverhütung

Kontribution *f* (lat) (Zwangs-) Beitrag

Kontrolle *f* (fr) **1.** Überwachung, **2.** Beherrschung; **kontrollieren** **1.** überwachen, beaufsichtigen, **2.** prüfen; **Kontrolleur** *m* **1.** Aufsichtsbeamter, **2.** Prüfer

kontrovers (lat) **1.** strittig, **2.** entgegengesetzt; **Kontroverse** *f* Auseinandersetzung, Streit

Kontur *f* (fr) Umriß, Umrißlinie; **konturieren** (flüchtig) umreißen, andeuten

Kontusion *f* (lat) Quetschung (Med.)

Konus *m* (gr) **1.** Kegel oder Kegelstumpf, **2.** kegelförmiger Stift an Maschinen

Konvaleszenz *f* (lat) Genesung, Genesungsprozeß

Konvenienz *f* (fr) **1.** Bequemlichkeit, **2.** das gesellschaftlich Schickliche; **konvenieren** behagen, passen

Konvent *m* (lat) **1.** Zusammenkunft, Versammlung, **2.** Kloster; **Konventikel** *n* (heimliche) Zusammenkunft

Konvention *f* (lat) **1.** Abkommen, **2.** gesellschaftlich akzeptierte Verhaltensregeln; **Konventionalstrafe** *f* Säumnisstrafe; **konventionell** herkömmlich, gebräuchlich

konvergent (lat) **1.** sich einander nähernd, **2.** übereinstimmend; **Konvergenz** *f* **1.** Annäherung, **2.** Übereinstimmung; **konvergieren** **1.** sich einander nähern, zusammenstreben, **2.** übereinstimmen

Konversation *f* (fr) Gespräch, Unterhaltung; **Konversationslexikon** *n* allgemeines Sachwörterbuch

Konversion *f* (lat) Übertritt zu einer anderen Konfession; **konvertibel** austauschbar; **Konvertibilität, Konvertierbarkeit** *f* Austauschbarkeit verschiedener Währungen; **konvertieren** **1.** die Konfession wechseln, **2.** Währungen tauschen; **Konvertit** *m* Person, die die Konfession gewechselt hat

konvex (lat) nach außen gewölbt, erhaben

Konvikt *n* (lat) Wohnheim für kath. Theologiestudenten

Konvoi *m* (fr) **1.** Geleitzug, **2.** Fahrzeugkolonne

Konvokation *f* (lat) Einberufen (der Mitglieder von Körperschaften)

Konvolut *n* (lat) Bündel von

Schriftstücken, Akten usw.; **Konvolute** *f* spiralförmige Verzierung an Säulen oder Gebäuden (Arch.)

Konvulsion *f* (lat) Schüttelkrampf (Med.); **konvulsivisch** krampfartig (Med.)

konzedieren (lat) zugestehen, einräumen

Konzentrat *n* (lat) **1.** Stoff in verdichteter Form, **2.** Zusammenfassung des Wesentlichen; **Konzentration** *f* **1.** Zusammendrängung, -ballung, **2.** angespannte Aufmerksamkeit, **3.** Ausrichtung auf ein Ziel hin; **konzentrieren 1.** zusammendrängen, -ballen, **2.** verdichten, **3.** sich auf ein Ziel hin ausrichten, **4.** sich geistig sammeln; **konzentriert** gesammelt, aufmerksam; **konzentrisch** mit demselben Mittelpunkt, um denselben Mittelpunkt herum angeordnet

Konzept *n* (lat) **1.** (erster) Entwurf, **2.** Plan; **Konzeption** *f* **1.** Einfall, gedanklicher Entwurf, **2.** Empfängnis, Befruchtung der Eizelle (Med.); **konzeptionell** die Konzeption (1) betreffend

Konzern *m* (engl) Unternehmenszusammenschluß

Konzert *n* (it) **1.** öffentliche Darbietung von Musikstücken, **2.** Komposition für Orchester und Soloinstrumente

konzertiert (fr) verabredet, aufeinander abgestimmt; **konzertierte Aktion** *f* verabredetes, gemeinsames Vorgehen

Konzession *f* (lat) **1.** Zugeständnis, **2.** behördliche Genehmigung; **Konzessionär** *m* Inhaber einer Konzession (2); **konzessionieren** genehmigen; **konzessioniert** genehmigt, zugelassen; **Konzessivsatz** *m* Einräumungssatz (z. B. »*Obwohl er müde war*, arbeitete er weiter«; Sprachw.)

Konzil *n* (lat) Versammlung der höchsten kath. Geistlichen

konziliant (lat) **1.** umgänglich, **2.** versöhnlich; **Konzilianz** *f* freundliches Entgegenkommen, Verbindlichkeit

konzipieren (lat) **1.** (schriftlich) entwerfen, **2.** planen, **3.** schwanger werden (Med.)

konzis (lat) knapp gefaßt, gedrängt

Kooperation *f* (lat) Zusammenarbeit; **kooperativ 1.** gemeinsam handelnd, **2.** zu gemeinsamem Handeln bereit; **kooperieren** zusammenarbeiten

Koordinaten *pl* (lat) mathematische Größen, die die Lage eines Punktes auf einer Ebene oder im Raum bestimmen (Math., Geogr.); **Koordination** *f* **1.** gegenseitiges Abstimmen, **2.** Neben-, Beiordnung von Sätzen oder Satzgliedern (Sprachw.); **koordinieren 1.** aufeinander abstimmen, **2.** nebenordnen (Sprachw.)

Kopie *f* (lat) **1.** Abschrift, **2.** (photographische) Abbildung, **3.** originalgetreue Nachbildung, **4.** (minderwertige) Nachahmung; **kopieren** eine Kopie anfertigen; **Kopierschutz** *m* (lat-dt) Maßnahme (in Form von Befehlen) zur Verhinderung des unerlaubten Kopierens von Computerprogrammen (EDV)

Kopräsenz *f* (lat) gleichzeitiges Vorhandensein

Koproduktion *f* (lat) gemeinsame Herstellung (von Filmen)

Kopulation *f* (sexuelle) Verbindung; **kopulieren** verbinden, Geschlechtsverkehr ausüben

Kordon *m* (fr) Postenkette, Absperrung

Korollar *n* (lat) **1.** Zugabe, **2.** Satz, der aus einem bewiesenen Satz folgt (Philos.)

Korona *f* (lat) **1.** Heiligenschein (bei Heiligenstatuen), **2.** gesellige Runde, Zuhörerkreis, **3.** wüste Horde; **Koronargefäße** *pl* Herzkranzgefäße; **Koronarinsuffizienz** *f* ungenügende Sauerstoffversorgung des Herzmuskels

Korporation *f* (lat) **1.** Körperschaft, **2.** studentische Verbindung; **korporativ** körperschaftlich

Korps *n* (fr) **1.** größerer Truppenverband, **2.** studentische Verbindung; **Korpsgeist** *m* Standes-, Gemeinschaftsbewußtsein

korpulent (lat) beleibt; **Korpulenz** *f* Beleibtheit

Korpus *m* (lat) **1.** Körper, **2.** der Körper Christi am Kreuz (Kunst)

Korral *m* (span) umzäuntes Gehege für Tiere

Korreferat *n* (lat) Nebenbericht; **Korreferent** *m* **1.** Person, die ein Korreferat vorlegt, **2.** zweiter Gutachter

korrekt (lat) **1.** richtig, einwandfrei, vollkommen, **2.** den geltenden Normen entsprechend; **Korrektion** *f* Verbesserung; **Korrektiv** *n* Besserungsmittel; **Korrektor** *m* jmd., der einen Text auf Fehler hin durchsieht; **Korrektur** *f* Berichtigung, Verbesserung

Korrelat *n* (lat) **1.** Ergänzung, **2.** Gegenstück; **Korrelation** *f* **1.** Wechselbeziehung, **2.** Zusammenhang; **korrelativ** sich gegenseitig bedingend

Korrespondent *m* (lat) **1.** Briefpartner, **2.** Berichterstatter (für Zeitung oder Fernsehen); **Korrespondenz** *f* **1.** Briefwechsel, **2.** Übereinstimmung; **korrespondieren** **1.** Briefwechsel führen, **2.** übereinstimmen

Korrigenda *pl* (lat) (Druck-)Fehlerverzeichnis; **korrigieren** verbessern, berichtigen

korrodieren (lat) durch Korrosion zerstören; **Korrosion** *f* chemische Zerstörung eines Stoffes von seiner Oberfläche her (durch Rost o. ä.)

Korso *m* (it) **1.** breite Straße, **2.** Festumzug, -fahrt

korybantisch (gr) wild, ausgelassen

Koryphäe *f* (gr) Person, die auf einem bestimmten Gebiet Außerordentliches leistet, Meister seines Faches

koscher (hebr) **1.** den jüdischen Speisegesetzen entsprechend, **2.** rein, **3.** unverdächtig

Kosmetik *f* (fr) Körper-, Schönheitspflege; **Kosmetika** *pl* Mittel zur Körper- und Schönheitspflege; **kosmetisch** die Kosmetik betreffend; **kosmetische Chirurgie** *f* Schönheitschirurgie

Kosmonaut *m* (gr-lat) russ. Weltraumfahrer

Kosmologie *f* (gr) **1.** Weltkunde, **2.** Lehre von der Entstehung und Entwicklung des Weltalls; **kosmologisch** die Kosmologie betreffend; **Kosmopolit** *m* Weltbürger; **Kosmos** *m* **1.** Weltall, **2.** Weltordnung; **kosmisch** auf das Weltall bezüglich

Kostüm *n* (fr) **1.** Damenkleidung (Jacke und Rock), **2.** (Volks-) Tracht, **3.** Verkleidung; **kostümieren** sich kleiden, verkleiden

Kotau *m* (chines) **1.** tiefe Verbeugung, **2.** Demutsgebärde

Koterie *f* (fr) Klüngel, verschworene Sippschaft

Kothurn *m* (gr) **1.** hoher Bühnenschuh (der Schauspieler im antiken Trauerspiel), **2.** schwülstiger Redestil

Koxitis *f* (gr) Hüftgelenkentzündung

Kral *m* (afrikaans) (befestigtes) Runddorf einiger afrikanischer Stämme

kranial (lat) zum Kopf, zum Schädel gehörend (Med.); **Kraniologie** *f* Lehre vom Bau des Schädels; **Kraniometrie** *f* Schädelmessung

Krater *m* (gr) **1.** Vulkantrichter, **2.** trichterförmige Vertiefung im Boden

Kreation *f* (lat) **1.** (künstlerische) Schöpfung, **2.** Modeschöpfung; **kreativ** schöpferisch, einfallsreich; **Kreativität** *f* schöpferische Kraft; **Kreatur** *f* **1.** Lebewesen, **2.** bedauernswerter Mensch, **3.** verachtenswerter Mensch, **4.** Mensch, der sich zum willenlosen Werkzeug eines anderen macht

kredenzen (it) (Getränke) anbieten, auftischen

Kredit *m* (lat) **1.** Vertrauenswürdigkeit, Ansehen, **2.** Darlehen; **kreditieren** leihen, stunden; **Kreditor** *m* Gläubiger

Kredo *n* (lat) **1.** Glaubensbekenntnis, **2.** Leitsatz

kreieren (fr) **1.** schaffen, **2.** wählen, ernennen

Krematorium *n* (lat) Einäscherungsstätte

krepieren (lat) **1.** zerplatzen, bersten, **2.** (elendig) verenden

Kreszenz *f* (lat) **1.** Wachstum, **2.** Herkunft (von Weinen)

Kretin *m* (fr) **1.** Schwachsinniger (Med.), **2.** dummer Mensch

kriminal (lat) strafrechtlich; **Kriminalist** *m* **1.** Strafrechtslehrer, **2.** Beamter der Kriminalpolizei; **Kriminalität** *f* Straffälligkeit; **kriminell** **1.** verbrecherisch, **2.** zu Straftaten neigend; **Kriminologie** *f* Wissenschaft vom den Straftaten

Krinoline *f* (fr) Reifrock

Krise, Krisis *f* (gr) **1.** Höhepunkt, Wendepunkt, **2.** bedrohliche Lage

Kristallisation *f* (lat) **1.** Ausbildung von Kristallen, **2.** Zusammenschluß; **Kristallographie** *f* Wissenschaft von den Kristallen

Kriterium *n* (gr) **1.** Unterscheidungsmerkmal, Kennzeichen, **2.** sportlicher Wettkampf

Kritik *f* (gr) **1.** Beurteilung, Bewertung, **2.** Mißbilligung, Tadel; **Kritikaster** *m* Nörgler; **Kritiker** *m* **1.** Beurteiler, **2.** jmd., der Besprechungen von Büchern, Theateraufführungen u. ä. schreibt; **kritisch** **1.** beurteilend, urteilsfähig, **2.** tadelnd, **3.** wissenschaftlich verfahrend, **4.** entscheidend, schwierig, **5.** heikel, gefahrvoll; **kritisieren** **1.** beurteilen, **2.** mißbilligen, tadeln

Krösus *m* (gr) überaus reicher Mann (nach dem gleichnamigen lydischen König des 6. Jh.s v. Chr.)

krud(e) (lat) **1.** roh (von Nahrungsmitteln), **2.** roh, grausam

Kruzifere *f* (lat) Kreuzblütler

Kruzifix *n* (lat) Darstellung des gekreuzigten Christus

Kryästhesie *f* (gr) krankhafte Überempfindlichkeit gegen Kälte (Med.); **Kryometer** *n* Thermometer zum Messen sehr tiefer Temperaturen

Krypta *f* (gr) **1.** unterirdischer Kirchenraum, **2.** unterirdische Grabanlage; **kryptisch** unklar, geheimnisvoll; **kryptogen** unbekannten Ursprungs; **Kryptogramm** *n* in Geheimschrift verfaßter Text; **Kryptographie** *f* **1.** Geheimschrift, **2.** Kritzelei (Psychol.)

Kubik- (lat) in 3. Potenz (in Zusammensetzungen; Math.)

kubisch (lat) würfelförmig; **Kubismus** *m* Richtung der Malerei, bei der Figuren, Landschaften, Gegenstände in geometrische Formen aufgelöst werden; **Kubus** *m* **1.** Würfel, **2.** 3. Potenz (Math.)

kujonieren (fr) ärgern, belästigen

kulant (fr) entgegenkommend, großzügig; **Kulanz** *f* Großzügigkeit

Kuli *m* (hindi) **1.** Lastträger, **2.** Arbeiter, der ausgebeutet wird

kulinarisch (lat) **1.** feinschmeckerisch, **2.** auf die hohe Küche bezogen

Kulisse *f* (fr) **1.** Bühnendekoration, **2.** Hintergrund, **3.** äußerer Schein

Kulmination *f* (lat) Höhepunkt; **kulminieren** auf dem Höhepunkt ankommen

Kult(us) *m* (lat) **1.** nach bestimmten Gesetzen vollzogene Religionsausübung, **2.** übertriebene Verehrung einer Person (z.B. Starkult); **kultivieren** **1.** Land urbar machen, **2.** anbauen, **3.** pflegen, **4.** verfeinern; **kultiviert** **1.** verfeinert, **2.** vornehm; **Kultur** *f* **1.** geistiges Vermögen (einer Gruppe oder eines einzelnen Menschen), **2.** Geistesbildung, Erziehung, **3.** Nutzung des Ackerbodens, **4.** Aufzucht von Bakterien; **kulturell** die Kultur betreffend; **Kulturattaché** *m* Auslandsbeamter, der für kulturelle Belange zuständig ist

Kumulation *f* (lat) Anhäufung; **kumulativ** anhäufend; **kumu-**

lieren anhäufen; **Kumulus** *m* Haufenwolke

kupieren (fr) **1.** stutzen, **2.** abschneiden

Kur *f* (lat) Heilbehandlung; **kurabel** heilbar (Med.); **kurieren** heilen

Küraß *m* (fr) Brustpanzer

Kuratel *f* (lat) Pflegschaft, Vormundschaft; **Kurator** *m* **1.** Vormund, **2.** Verwalter; **Kuratorium** *n* Aufsichtsbehörde

Kurie *f* (lat) Zentralbehörde des Vatikan

Kurier *m* (fr) **1.** Bote, **2.** diplomatischer Beamter mit Sonderauftrag

kurios (lat) **1.** sonderbar, merkwürdig, **2.** spaßig; **Kuriosität** *f* Sonderbarkeit, Merkwürdigkeit

Kurrende *f* (lat) evangelischer Jugendchor

Kurs *m* (lat) **1.** Lauf-, Fahrtrichtung, **2.** Preis von Wertpapieren und Devisen, **3.** Rennstrecke, **4.** Lehrgang; **Kursbuch** *n* Fahrplan; **kursieren** umlaufen; **kursiv** schrägliegend; **Kursive** *f* schrägliegende Druckschrift; **kursorisch** **1.** fortlaufend, **2.** rasch; **Kursus** *m* Lehrgang

Kurtisane *f* (fr) Geliebte (eines Adeligen)

Kurve *f* (lat) **1.** gekrümmte Linie, **2.** Straßenbiegung; **kurvig** **1.** gekrümmt, **2.** kurvenreich

Kustode, **Kustos** *m* (lat) Verwalter wissenschaftlicher Sammlungen

kutan (lat) zur Haut gehörend (Med.)

Kuvert *n* (fr) **1.** Briefumschlag, **2.** Tafelgedeck; **kuvertieren** in einen Briefumschlag stecken; **Kuvertüre** *f* Schokoladenüberzug über Gebäck

Kybernetik *f* (gr) Erforschung von (technischen) Steuerungsvorgängen; **Kybernetiker** *m* Wissenschaftler auf dem Gebiet der Kybernetik

Kynologie *f* (gr) Wissenschaft von den Hunden

kyrillisches Alphabet *n* kirchenslawisches Alphabet (nach dem Apostel Kyrill)

L

Label *n* (engl) **1.** Etikett, **2.** Schallplattenetikett; Schallplattenfirma, **3.** Markierung eines Programmbeginns (EDV)

labial (lat) **1.** zu den Lippen gehörend, **2.** mit den Lippen gebildet (Sprachw.); **Labial(laut)** *m* mit den Lippen gebildeter Mitlaut (Sprachw.); **Labiaten** *pl* Lippenblütler

labil (lat) **1.** schwankend, unbeständig, **2.** anfällig, **3.** leicht beeinflußbar; **Labilität** *f* leichte Beeinflußbarkeit, Unsicherheit, Schwäche

Labium *n* (lat) Lippe

Labor, Laboratorium *n* (lat) Forschungsstätte, Versuchsanstalt; **Laborant** *m* technische Hilfskraft in einem Labor; **laborieren** **1.** sich mit etwas abmühen, **2.** an etwas kranken

Labour Party *f* (engl) engl. Arbeiterpartei

Labyrinth *n* (gr) **1.** Irrgarten, **2.** Wirrsal, Durcheinander, **3.** Innenohr (Med.); **labyrinthisch** windungsreich, verschlungen

lädieren (lat) verletzen, beschädigen; **lädiert** verletzt, beschädigt

Lady *f* (engl) Dame; **Ladykiller** *m* Frauenverführer, -held; **ladylike** damenhaft; **Ladyshave** *m* elektrischer Rasierapparat für Damen

Lafette *f* (fr) Untergestell von Geschützen

Lag *m* (engl) Verzögerung, zeitliche Verschiebung

Lago *m* (it) See

lagrimando, lagrimoso (it) klagend (Mus.)

Lagune *f* (it) **1.** durch Inseln, Landzungen o. ä. vom Meer abgetrenntes Flachwassergebiet in Küstennähe, **2.** von Korallenbänken umgebene Wasserfläche eines Atolls

Laie *m* (lat) **1.** Nichtgeistlicher, **2.** Nichtfachmann; **laisieren** einen Geistlichen wieder in den Stand eines Laien (1) versetzen

Laissez-aller, Laissez-faire *n* (fr) (politische) Nichteinmischung, Duldung (von Ereignissen)

Lakai *m* (fr) **1.** Diener (eines Adeligen), **2.** unterwürfiger Untergebener

lakonisch (gr) **1.** wortkarg, **2.** kurz und bündig im Ausdruck; **Lakonismus** *m* Kürze des Ausdrucks

Laktation *f* (lat) **1.** Milchabsonderung (Med.), **2.** das Stillen; **Laktationsperiode** *f* Stillzeit; **Laktose** *f* Milchzucker

Laletik *f* (gr) Sprechkunde; **Lalopathie** *f* Sprachstörung

Lama *m* (tibet) buddhistischer Priester, Mönch; **Lamaismus** *m* in Tibet praktizierte Form des Buddhismus

Lambris *m* (fr) Wandverkleidung aus Holz oder Marmor

Lambskin *n* (engl) Lammfellimitation; **Lambswool** *f* (Strickwaren aus) Lammwolle

Lamé *m* (fr) mit feinen Metallfäden durchwirkter Stoff

Lamelle *f* (lat) **1.** Blättchen (unter dem Hut von Pilzen), **2.** Plättchen, Scheibchen

Lamentation *f* (lat) Gejammer, weinerliches Geklage; **lamentieren** jammern, klagen; **Lamento** *n* Gejammer; **lamentoso** (it) klagend, traurig (Mus.)

laminieren (fr) einen Buchdeckel mit Folie überziehen

lancieren (fr) **1.** in die Öffentlichkeit bringen, **2.** jmdn. in den Sattel heben, zum Erfolg verhelfen

Land-art *f* (am) moderne Kunstrichtung, bei der die Landschaft durch Veränderungen zum Kunstobjekt erhoben wird

Landrover *m* (engl) geländegängiges Fahrzeug mit Vierradantrieb

Lanolin *n* (lat) Wollfett

Lanzette *f* (fr) kleines Chirurgenmesser

lapidar (lat) **1.** wuchtig, **2.** inschriftenartig, **3.** kurz und bündig; **Lapidarium** *n* Sammlung von Steindenkmälern, Gedenksteinen usw.

Lappalie *f* (lat) Unerheblichkeit, Kleinigkeit

Lapsus *m* (lat) Versehen, Fehler, Ausrutscher; **Lapsus linguae** *m* Versprecher

Laptop *m* (engl) tragbarer Computer

Laren *pl* (lat) altröm. Schutzgeister, Hausgötter

large (engl) groß (Kleidergröße)

largo (it) sehr langsam, gedehnt (Mus.); **Largo** *n* sehr langsames Musikstück

larmoyant (fr) weinerlich, wehleidig, voller Selbstmitleid; **Larmoyanz** *f* Weinerlichkeit

L'art pour l'art *n* (fr) Kunst um der Kunst willen, zweckfreie Kunst

Larve *f* (lat) **1.** Puppe von Insekten, **2.** Gesichtsmaske, **3.** Gesicht

Laryngal *m* (gr) Kehlkopflaut; **laryngeal** den Kehlkopf betreffend; **Laryngitis** *f* Kehlkopfentzündung; **Laryngologie** *f* Kehlkopfkunde

Laser *m* (engl) Gerät zur Erzeugung eines gebündelten Lichtstrahls

lasieren (lat) mit durchsichtiger Farbe oder Lack überziehen

Läsion *f* (lat) Verletzung (Med.)

last, but not least (engl) **1.** der (das) Letzte der Reihenfolge, aber nicht dem Rang (Wert) nach, **2.** nicht zu vergessen

Last-minute-Angebot *n* (engl-dt) kurzfristig wahrzunehmendes Angebot von Reiseveranstaltern, die freigebliebene Plätze in Flugzeuge o. ä. verbilligt abgeben

Lasur *f* (lat) durchsichtige Farb- oder Lackschicht

lasziv (lat) von anstößiger Sinnlichkeit, aufdringlich erotisch

Lätare *m* (lat) 4. Sonntag der Fastenzeit

late-night (engl) spät in der

Nacht (zur Kennzeichnung von Veranstaltungen, Fernsehsendungen u. ä.)

latent (lat) **1.** versteckt, **2.** vorhanden, aber nicht offenkundig; **Latenz** *f* **1.** Verborgensein, **2.** unentdecktes Vorhandensein einer Krankheit; **Latenzzeit** *f* s. **Inkubationszeit**

lateral (lat) **1.** seitlich, **2.** an der Seite gelegen

Latifundien *pl* (lat) **1.** Großgrundbesitz, **2.** umfangreiche Liegenschaften

Latinismus *m* (lat) lateinische Spracheigentümlichkeit in einer anderen Sprache; **latinisieren** der lateinischen Sprache nachbilden; **Latinist** *m* Kenner der lateinischen Sprache

Latin Lover *m* (engl) südländischer oder südländisch wirkender, temperamentvoller Liebhaber

Latitüde *f* (fr) geographische Breite

Latrine *f* (lat) **1.** einfache Toilette, **2.** Sickergrube

Laudatio *f* (lat) Lobrede

Laureat *m* (lat) **1.** (ein mit einem Lorbeerkranz) Geehrter, **2.** Preisträger

Lava *f* (it) aus Vulkanen austretender Schmelzfluß und das daraus durch Erstarrung entstehende Gestein

lavieren (ndl) mit äußerster Vorsicht zu Werke gehen, sich durch Schwierigkeiten hindurchschlängeln

Lavoir *n* (fr) Waschschüssel

Law-and-order (engl; »Recht und Ordnung«) innenpolitische Linie, die die Aufrechterhaltung der Ordnung und die Bekämpfung des Verbrechens (durch Polizeimaßnahmen) an oberste Stelle setzt

Lawn-Tennis *n* (engl) Rasenplatz-Tennis

lax (lat) (nach)lässig, schlaff; **Laxativ(um)** *n* Abführmittel; **laxativ** abführend

Layout *n* (engl) (Entwurf von) Text- und Bildgestaltung (Bücher, Zeitschriften, Plakate usw.); **Layouter** *m* Fachmann für die Erstellung eines Layouts

Lazarett *n* (fr/it) Militärkrankenhaus

Lazarus *m* von Plagen Heimgesuchter, leidender Mensch (nach der biblischen Gestalt)

Lazeration *f* (lat) Riß, Zerreißung (Med.)

LCD-Anzeige *f* (engl-dt; *L*iquid *c*rystal *d*isplay) Flüssigkristallanzeige

Lead *n* (engl) Führungsstimme in Jazzorchestern; **Leadgitarre** *f* (elektrische) Gitarre, auf der die Melodie eines Musikstücks gespielt wird

Leader *m* (engl) **1.** Leiter einer Jazz-, Rockband, **2.** Spitzenreiter

Lean Management *n* (engl; »schlankes Management«) Reduzierung von Führungskräften eines Unternehmens aus Kostengründen

leasen (engl) etwas (z. B. ein Auto) mieten oder pachten (mit der Möglichkeit, es später zu kaufen)

legal (lat) gesetzlich, rechtmäßig, erlaubt; **Legalisation** *f* Beglaubigung; **legalisieren 1.** gerichtlich bestätigen, **2.** legal machen; **Legalität** *f* Gesetzlichkeit, Gesetzmäßigkeit

Legasthenie *f* (lat-gr) Lese-, Schreibschwäche; **Legastheniker** *m* Person, die an Legasthenie leidet

Legat *m* (lat) (päpstlicher) Gesandter

Legat *n* (lat) Vermächtnis; **Legator** *m* Erblasser, Stifter

legato (it) gebunden (Mus.)

legendär (lat) **1.** sagenhaft, **2.** unwahrscheinlich; **Legende** *f* **1.** Heiligengeschichte, **2.** Sage, **3.** unglaubwürdige, unwahrscheinliche Geschichte, **4.** Zeichenerklärung

leger (fr) **1.** ungezwungen, lässig, **2.** bequem (Kleidung), **3.** nachlässig

Leggin(g)s *pl* (am) enganliegendes hosenartiges Kleidungsstück (aus Leder oder Trikotstoff)

legieren (lat) **1.** verschiedene Metalle miteinander verschmelzen, **2.** Saucen andicken; **Legierung** *f* Metallmischung

Legion *f* (lat) **1.** altröm. Truppeneinheit, **2.** Söldnertruppe, **3.** große Anzahl; **Legionär** *m* Soldat einer Legion

Legislation *f* (lat) Gesetzgebung; **legislativ** gesetzgebend; **Legislative** *f* gesetzgebende Gewalt des Staates; **Legislatur** *f* Gesetzgebung; **Legislaturperiode** *f* Amtszeit einer gewählten Volksvertretung

legitim (lat) **1.** gesetzlich, rechtmäßig, **2.** ehelich, **3.** begründet; **Legitimation** *f* **1.** Berechtigung, **2.** Ausweis; **legitimieren 1.** für rechtmäßig erklären, **2.** ermächtigen, **3.** sich ausweisen; **Legitimität** *f* Rechtmäßigkeit

Leguminosen *pl* (lat) Hülsenfrüchtler

Legwarmer *m* (engl) langer Strumpf ohne Fußteil

Lektion *f* (lat) **1.** Unterricht, Unterrichtsstunde, **2.** Abschnitt in einem Lehrbuch, **3.** Zurechtweisung; **Lektor** *m* **1.** Sprachlehrer an Hochschulen, **2.** Verlagsangestellter, der Texte überprüft und druckreif macht; **Lektüre** *f* (fr) **1.** das Lesen, **2.** Lesestoff

Lemma *n* (gr) **1.** Stichwort (in einem Lexikon), **2.** Hilfssatz, der für eine Beweisführung gebraucht wird (Math., Philos.)

Lemuren *pl* (lat) Geister von Verstorbenen, Gespenster; **lemurenhaft** gespenstisch

lentamente (it) langsam (Mus.)

lentikular (lat) **1.** linsenförmig (Med.), **2.** die Linse des Auges betreffend

lento (it) langsam (Mus.)

Lepidopteren *pl* (gr) Schmetterlinge; **Lepidopterologie** *f* Schmetterlingskunde

Lepra *f* (gr) Aussatz; **leprös** aussätzig

leptosom (gr) schmalwüchsig (Med.)

Lesbierin *f* (gr) Frau, die sich sexuell zu anderen Frauen hingezogen fühlt; **lesbisch** gleichgeschlechtlich empfindend (von Frauen)

letal (lat) tödlich, todbringend (Med.); **Letalität** *f* Sterblichkeit (Med.)

Lethargie *f* (gr) **1.** Schlafsucht (Med.), **2.** körperliche oder geistige Trägheit, Gleichgültigkeit; **lethargisch 1.** schlafsüchtig (Med.), **2.** träge, gleichgültig

Letter *f* (lat) **1.** Druckbuchstabe, **2.** Drucktype

Leukämie *f* (gr) Blutkrebs, krankhafte Vermehrung weißer Blutkörperchen; **Leukozyten** *pl* weiße Blutkörperchen

Levante *f* (it) die östlichen Mittelmeerländer; **Levantiner** *m* **1.** Bewohner der Levante, **2.** Nachkomme eines Europäers und einer Orientalin

Level *m* (engl) **1.** (Rang-)Stufe, Stand, Niveau, **2.** Spielebene mit wechselndem Schwierigkeitsgrad (bei Computerspielen)

Lever *n* (fr) Morgenaudienz eines Fürsten

Leviathan *m* (hebr) Ungeheuer (in Gestalt eines Drachen)

Levit *m* (hebr) **1.** Tempeldiener, **2.** Hilfspriester; **jmdm. die Leviten lesen** jmdn. zur Rede stellen, scharf zurechtweisen

Lex *f* (lat) **1.** Gesetz, **2.** Gesetzesantrag

Lexem *n* (russ-gr) **1.** sprachliche Bedeutungseinheit, **2.** Wortschatzeinheit in einem Wörterbuch (Sprachw.)

Lexik *f* (gr) der Wortschatz einer (Fach-)Sprache; **lexikographisch** auf ein Lexikon bezüglich; **Lexikon** *n* **1.** Nachschlagewerk, **2.** Wörterbuch, **3.** der Wortschatz einer Sprache

Liaison *f* (fr) Liebschaft, Liebesverhältnis

Libell *n* (lat) Streit-, Schmähschrift

liberal (lat) freiheitlich, freisinnig, freigebig, freiheitsliebend, ohne Zwang; **liberalisieren** freiheitlicher gestalten; **Liberalität** *f* freiheitliche Gesinnung, Großzügigkeit

Libero *m* (it) Fußballspieler in der Abwehr, der keinen direkten Gegner hat

Liberté, Égalité, Fraternité (fr) Freiheit, Gleichheit, Brüderlichkeit (Schlagworte der Französischen Revolution)

Libertin *m* (fr) **1.** Freigeist, **2.** Wüstling

Liberty Ship *n* (engl; »Freiheits-Schiff«) von den USA während des Zweiten Weltkriegs gebautes Einheitsfrachtschiff

liberum arbitrium *n* (lat) Willens-, Entscheidungsfreiheit

libidinös (lat) **1.** die Libido betreffend, **2.** wollüstig; **Libido** *f* sexuelle Begierde, Trieb

Librettist *m* (it) Verfasser eines Librettos; **Libretto** *n* Textbuch von Opern, Operetten usw.

Lichenes *pl* (lat) Flechten (Bot.); **Lichenologie** *f* Flechtenkunde

Lido *m* (it) Strand zwischen einer Lagune und dem Meer

Lifestyle *m* (engl) Lebensstil

Lift *m* (engl) **1.** Fahrstuhl, Aufzug,

2. Skilift; **liften** 1. (hoch)heben, 2. die Gesichtshaut straffen; **Lifting** *n* Straffung der Gesichtshaut durch einen chirurgischen Eingriff

Liga *f* (it) 1. Bündnis, 2. Klasse, in der mehrere Sportmannschaften zusammengefaßt sind

Ligatur *f* (lat) 1. Verbindung von Noten durch einen Haltebogen, 2. Abbindung von Blutgefäßen (Med.)

light (engl) leicht, d. h. kalorienreduziert (von Nahrungsmitteln), weniger Inhaltsstoffe enthaltend

liieren (fr) 1. sich (geschäftlich) mit jmdm. verbinden, 2. ein Liebesverhältnis eingehen

Liliputaner *m* (engl) zwergenwüchsige Person

Limbus *m* (lat) (nach kath. Lehre) die Vorhölle

Limerick *m* meist fünfzeiliges (Unsinns-)Gedicht (nach der gleichnamigen irischen Stadt)

Limes *m* (lat) 1. altröm. Grenzwall, 2. mathematischer Grenzwert

Limit *n* (engl) 1. Grenze, 2. Grenzwert, der nicht überschritten werden darf, 3. Mindestleistung, die für eine Qualifikation erforderlich ist (Sport); **Limitation** *f* (lat) Einschränkung; **limitativ** beschränkend; **limited** (engl) (Gesellschaft) mit beschränkter Haftung; **limitieren** (lat) 1. begrenzen, einschränken, 2. eine Preisgrenze vereinbaren

Limnologie *f* (gr) Wissenschaft von den Binnengewässern

limos (lat) sumpfig, schlammig (Bot.)

Limousine *f* (fr) geschlossener Personenwagen

limpid (lat) 1. durchsichtig, 2. hell

Lineal *n* (lat) (mit einer Zentimeterskala versehener) Stab zum Ziehen von Geraden; **Lineament** *n* Hautlinie in Hand oder Gesicht; **linear** 1. geradlinig, 2. gleichbleibend

Liner *m* (engl) Linienschiff, Überseedampfer, -flugzeug

Lingua franca *f* (lat-it) die in einem größeren Gebiet gebräuchliche Verkehrssprache

Linguist *m* (lat) Sprachwissenschaftler; **Linguistik** *f* Sprachwissenschaft

Linie *f* (lat) 1. längerer Strich, 2. gerade Strecke, 3. Verkehrsverbindung, 4. Abstammung

Liniment *n* (lat) flüssiges Mittel zum Einreiben (Med.)

Link *n* (engl) Bindeglied; **Linker** *m* Computerprogramm, das mehrere Programmteile zu einem Ganzen verbindet (EDV)

Lip gloss *n* (engl) kosmetisches Mittel, das Lippen Glanz verleiht

Lipide *pl* (gr) Fette; **lipoid** fettähnlich

Liquefaktion *f* (lat) Verflüssigung (Chem.); **Liqueszenz** *f* Flüssigsein (Chem.)

liquet (lat) es ist erwiesen

liquid (lat) 1. flüssig, 2. zahlungsfähig; **Liquidation** *f* Geschäftsauflösung, Abrechnung; **liquidieren** 1. eine Geschäftsauflösung vornehmen, 2. beseitigen, töten; **Liquidität** *f* Zahlungsfähigkeit

lirico (it) lyrisch (Mus.)

Listing *n, m* (engl) Computerausdruck

Litanei *f* (gr) **1.** Wechselgebet, **2.** eintöniges Gerede, endlose Aufzählung

Litera *f* (lat) Buchstabe; **literarisch** **1.** die Literatur betreffend, **2.** schriftstellerisch; **Literat** *m* Schriftsteller; **Literatur** *f* (schöngeistiges) Schrifttum

Lithograph *m* Steinzeichner, Drucker, der Lithographien herstellt; **Lithographie** *f* Steindruck

litoral (lat) zur Küstenzone gehörig; **Litoral** *n* Küstenzone

Litotes *f* (gr) Bejahung durch doppelte Verneinung oder Verneinung des Gegenteils (z.B. »es ist *nicht unmöglich*, daß ...«)

Liturgie *f* (gr) äußere Form des Gottesdienstes; **Liturgik** *f* Lehre von der äußeren Gestaltung des Gottesdienstes

live (engl) **1.** direkt übertragen (Rundfunk-, Fernsehsendungen), **2.** bei einem Konzert (nicht im Studio) mitgeschnitten (Tonaufnahmen), **3.** persönlich

livid(e) (lat) fahl, fahlblau (Med.)

Livree *f* (fr) uniformähnliche Bediententracht; **livriert** mit einer Livree bekleidet

Lizenz *f* (lat) **1.** Erlaubnis, Genehmigung, **2.** Befugnis, **3.** Nutzungsrecht; **lizenzieren** eine Lizenz erteilen

Lob *m* (engl) hoch geschlagener Ball (beim Tennis)

Lobby *f* (engl) **1.** Wandelhalle im (engl. und amerik.) Parlamentsgebäude, **2.** Gruppe von Personen, die (in der Lobby) Kontakt mit Parlamentsabgeordneten aufnimmt, um ihre Interessen durchzusetzen; **Lobbyist** *m* Angehöriger einer Lobby

Loch *m* (schott) schottischer Binnensee (mit Verbindung zum Meer)

Locus amoenus *m* (lat; »lieblicher Ort«) Darstellung einer idyllischen Landschaft in der Literatur; **Locus communis** *m* Gemeinplatz, abgedroschene Redensart

Lodge *f* (engl) **1.** Pförtnerhäuschen, **2.** Ferienhotel

Loft *m* (engl) **1.** Speicher, **2.** Etage in einer ehemaligen Fabrik als Wohnung

Loge *f* (fr) **1.** kleiner abgetrennter Zuschauerraum im Theater, **2.** Pförtnerraum, **3.** Geheimgesellschaft, Vereinigung von Freimaurern

Loggia *f* (it) **1.** Bogenhalle, -gang, **2.** überdachter, nur auf einer Seite offener balkonartiger Raum

logieren (fr) (vorübergehend) wohnen

Logik *f* (gr) **1.** Lehre vom folgerichtigen Denken, **2.** folgerichtiges Denken, **3.** Vermögen, folgerichtig zu denken; **Logiker** *m* **1.** Wissenschaftler im Bereich der Logik (1), **2.** Person mit scharfem Verstand

Logis *n* (fr) Wohnung, (notdürftige) Bleibe

logisch (gr) **1.** folgerichtig,

schlüssig, vernunftgemäß, **2.** selbstverständlich; **Logistik** *f* **1.** Denklehre im mathematischen Bereich, **2.** Versorgungswesen, Nachschubwesen (beim Militär); **Logizität** *f* Denkbarkeit

Logo *m, n* (engl) Markenzeichen, Firmenzeichen

Logopädie *f* (gr) Sprachheilkunde; **Logopathie** *f* Sprachstörung

Logos *m* (gr) **1.** Wort, **2.** menschliche Rede, **3.** menschliche Vernunft, **4.** Vernunft Gottes

Loipe *f* (skand) Spur für den Skilanglauf

lokal (lat) **1.** örtlich, **2.** örtlich beschränkt; **Lokal** *n* **1.** Gaststätte, **2.** Räumlichkeit; **Lokalanästhesie** *f* örtliche Betäubung; **Lokalderby** (lat-engl) *n* Spiel zweier Sportmannschaften, die in derselben Stadt zu Hause sind; **Lokalisation** *f* Bestimmung des Ortes; **lokalisieren** **1.** örtlich begrenzen, **2.** örtlich bestimmen; **Lokalität** *f* Örtlichkeit; **Lokalmatador** *m* örtliche Berühmtheit; **Lokaltermin** *m* **1.** gerichtliche Besichtigung des Tatorts, **2.** gerichtliche Verhandlung am Tatort; **Lokus** *m* Ort, Platz

Lokution *f* (lat) Redewendung

Lombard *m, n* (it) Beleihung; **lombardieren** beleihen

Long Drink *m* (engl) alkoholisches Getränk, das mit Wasser, Fruchtsäften u. ä. verlängert ist

Longe *f* (fr) Laufleine für Pferde

Longseller *m* (engl) Buch, das sich über einen langen Zeitraum hinweg gut verkauft

Look *m* (engl) **1.** Aussehen, Erscheinungsbild, **2.** Modestil

Looping *m* (engl) senkrechte Schleife beim Kunstflug

Lost Generation *f* (engl; »verlorene Generation«) Gruppe junger Intellektueller (insbes. amerik. Schriftsteller), die durch die Erfahrung des Ersten Weltkriegs desillusioniert wurden

Lotion *f* (fr) flüssiges Hautreinigungs- und Pflegemittel

Lounge *f* (engl) **1.** Gesellschaftsraum in Hotels, **2.** Hotelhalle

Love (engl) Null Punkte (beim Tennis)

Love-in *n* (engl) öffentlich ausgeführte Liebeshandlungen als Form des Protests

Lover *m* (engl) **1.** Liebhaber, **2.** Freund

loyal (fr) **1.** gesetzestreu, **2.** treu, **3.** rechtschaffen, anständig; **Loyalität** *f* Treue, Redlichkeit

lukrativ (lat) gewinnbringend, einträglich

lukullisch (lat) **1.** üppig, **2.** genießerisch; **Lukull(us)** *m* Feinschmecker, Schlemmer

Lullaby *n* (engl) Wiegenlied

Lumbago *f* (lat) Hexenschuß (Med.)

Lumber(jack) *m* (engl) **1.** Holzfällerjacke, **2.** Jacke mit Taillenbund

Lumen *n* (lat) **1.** Licht, Leuchte, **2.** kluge Person, Gelehrter; **luminös** leuchtend

Luna *f* (lat) Mond(göttin); **lunar** den Mond betreffend; **Lunatiker**

m Mondsüchtiger; **lunatisch** mondsüchtig
Lunch *m* (engl) leichtes Mittagsmahl
lusingando (it) schmeichelnd (Mus.)
Lustration *f* (lat) (kultische) Reinigung, Sühnung; **lustrieren** reinigen, weihen
Luxation *f* (lat) Verrenkung (Med.)
luxuriös (lat) üppig, verschwenderisch; **Luxus** *m* **1.** (übertriebener) Aufwand, **2.** Verschwendung
luzid (lat) **1.** licht, hell, **2.** klarsichtig (Med.)
Lymphe *f* (gr) Gewebsflüssigkeit
lynchen (am) ohne Gerichtsverhandlung hinrichten
Lyra *f* (gr) Leier, harfenähnliches Saiteninstrument; **Lyrik** *f* **1.** gefühlsbetonte, durch Reim, Rhythmus, Vers, Strophe gekennzeichnete Dichtungsgattung, **2.** Lieddichtung; **Lyriker** *m* Verfasser von Lyrik; **lyrisch** **1.** in der Art von Lyrik, **2.** stimmungsvoll
Lyssa *f* (gr) Tollwut

M

Mäander *m* **1.** Windung, **2.** Flußwindung, **3.** geschlängeltes Zierband (nach dem gleichnamigen Fluß in Kleinasien); **mäandern** sich wellenförmig vorwärtsbewegen, sich schlängeln

Macchia *f* (it) Buschwald in den Mittelmeerregionen

Machete *f* (span) Buschmesser

Machiavellismus *m* durch keine moralischen Bedenken eingeschränkte Machtpolitik (nach dem ital. Staatsmann Machiavelli)

Machination *f* (lat) Kniff; *pl* Machenschaften

Machismo *m* (span) **1.** übertrieben männliches Gebaren, **2.** übersteigertes männliches Selbstgefühl; **Macho** *m* sich übertrieben männlich gebärdender Mann

Machorka *m* (russ) russ. Tabak

made in ... (engl) hergestellt in ...

Madonna *f* (it) **1.** Gottesmutter, **2.** Marienbild, -statue

Madrigal *n* (it) mehrstimmiger Gesang

maestoso (it) feierlich, getragen (Mus.)

Maestro *m* (it) **1.** Meister, **2.** bedeutender Musiker

Mäeutik *f* (gr) Anleitung zum Erkennen durch Fragestellung

Magazin *n* (fr) **1.** Lager-, Vorratshaus, **2.** Zeitschrift, Radio- oder Fernsehsendung mit Beiträgen zu aktuellen Themen, **3.** Aufbewahrungskasten für Diapositive, **4.** Patronenkammer; **magazinieren** **1.** einlagern, **2.** zusammenstellen

Magie *f* (lat) **1.** Zauberkraft, **2.** Zauber-, Geheimkunst; **magisch** **1.** die Magie betreffend, **2.** zauberhaft

Magister *m* (lat) akademischer Titel (Magister Artium, M. A. »Meister der Künste«)

Magistrat *m* (lat) Stadtverwaltung

Magma *n* (gr) heiße geschmolzene Gesteinsmasse im Erdinnern

Magnat *m* (lat) Unternehmer, der in seiner Branche eine Führungsposition innehat

Magnet *m* (gr) **1.** Eisenstück, das andere metallene Körper anzieht, **2.** anziehende, wirkungsvolle Person; **Magnetband** *n* (gr-dt) mit Metallspänen beschichtetes Kunststoffband zur Speicherung von Informationen; **magnetisch** die Eigenschaft eines Magnets aufweisend; **Magnetismus** *m* **1.** Eigenschaft, Metalle anzuziehen, **2.** Wissenschaft von den magnetischen Erscheinungen

Magnifikat *n* (lat) Lobgesang Marias (Rel.); **Magnifizenz** *f* Titel des Rektors einer Hochschule

Magnum *f* (lat) (Wein-)Flasche mit 1,5 Liter Fassungsvermögen

Mahatma *m* (sanskr; »Große Seele«) ind. Ehrentitel
Mahdi *m* (arab) von den Anhängern des Islam erwarteter Erlöser
Mailing *n* (engl) Postversand (von Werbebroschüren)
Mainstream *m* (engl) Stilrichtung des Jazz, die traditionelle Spielweisen leicht modernisiert fortsetzt
Maître de plaisir *m* (fr) Person, die sich bei Gesellschaften um die Unterhaltung der Gäste kümmert
Majestät *f* (lat) **1.** Herrlichkeit, **2.** Titel von Königen und Kaisern; **majestätisch 1.** herrlich, **2.** hoheitsvoll, stattlich
Majolika *f* (span) bemalte und glasierte Töpferwaren
Major *m* (lat) militärischer Dienstgrad; **Majorat** *n* **1.** Erstgeburtsrecht, **2.** vom Erstgeborenen ererbter (Land-)Besitz; **Majorität** *f* (Stimmen-)Mehrheit
Majuskel *f* (lat) Großbuchstabe
makaber *f* **1.** mit dem Tod Spott treibend, **2.** unheimlich
Make-up *n* (engl) **1.** das Schminken des Gesichts, **2.** Mittel zur Verschönerung des Gesichts, **3.** äußere Aufmachung
Makrobefehl *m* (gr-dt) Befehl zum Abrufen von standardisierten Unterprogrammen (EDV); **Makrobiose** *f* (gr) Langlebigkeit (Med.); **Makrobiotik** *f* **1.** Lehre, das Leben zu verlängern, **2.** natürliche Ernährungsweise; **makrobiotische Lebensmittel** *pl* naturbelassene, lebensverlängernde Lebensmittel; **Makrokosmos** *m* Weltall; **makroskopisch** mit bloßem Auge erkennbar
Makulatur *f* (lat) **1.** Altpapier, **2.** Unsinn
malad(e) (fr) angekränkelt, unwohl
mala fide (lat) wider besseres Wissen, mit böser Absicht
Malaise *f* (fr) **1.** Unbehagen, Übelkeit, **2.** Unglück
Malakologie *f* (gr) Lehre von den Weichtieren
Malheur *n* (fr) Mißgeschick, Pech
maligne (lat) bösartig (Med.); **Malignom** *n* bösartiges Geschwür
maliziös (fr) arglistig, boshaft
Mall *f* (engl) Einkaufspassage, Einkaufszentrum
malträtieren (fr) mißhandeln, schlecht behandeln
Malus *m* (lat) **1.** Zuschlag zur Versicherungsprämie bei hoher Schadenshäufigkeit, **2.** Punktabzug zum Ausgleich statistisch unterschiedlicher Ausgangspositionen
Mamilla, Mamille *f* (lat) Brustwarze (Med.); **Mammalia** *pl* Säugetiere; **Mammographie** *f* Röntgenuntersuchung der weiblichen Brust
Mammon *m* (hebr) Geld
Mammoplastik *f* (lat) plastische Operation der weiblichen Brust
Mamsell *f* (fr) **1.** Fräulein, **2.** Hausgehilfin
Management *n* (engl) Unternehmensführung; **managen 1.** leiten, **2.** bewerkstelligen, **3.** einen

Künstler, Sportler usw. beraten und betreuen; **Manager** *m* **1.** Führungskraft eines großen Unternehmens, **2.** Betreuer von Künstlern, Sportlern usw.

Mandala *n* (sanskr) religiöses Bild, das die Meditation fördern soll (Buddhismus)

Mandant *m* (lat) Auftraggeber (eines Rechtsanwalts); **Mandat** *n* **1.** Auftrag (an einen Rechtsanwalt), Vollmacht, **2.** politisches Amt, Abgeordnetenamt, **3.** Erlaß

Mandorla *f* (it) mandelförmiger Strahlenschein um eine Christus- oder Mariengestalt

Manege *f* (fr) kreisförmige Vorführfläche im Zirkus

Manen *pl* (lat) die Geister der Toten (nach altröm. Glauben)

Manie *f* (gr) Wahn, Sucht, Besessenheit

Manier *f* (fr) **1.** Art und Weise, **2.** Eigentümlichkeit, **3.** Stil, Gestaltungsart, **4.** Künstelei; **Manieren** *pl* Umgangsformen; **manieriert** gekünstelt, unnatürlich; **Manieriertheit** *f* Gekünsteltheit, Geziertheit; **manierlich** wohlerzogen

manifest (lat) **1.** offensichtlich, **2.** erkennbar; **Manifest** *n* **1.** Programm, schriftliche Grundsatzerklärung, **2.** Aufruf; **Manifestation** *f* **1.** Offenbarung, **2.** Sichtbarmachung, **3.** öffentliche Kundgebung; **manifestieren** **1.** offenbaren, **2.** sichtbar machen

Maniküre *f* (fr) **1.** Hand-, Nagelpflege, **2.** Handpflegerin

Manipulation *f* (lat) **1.** gezielte Beeinflussung eines Menschen, **2.** bewußte Verfälschung (von Informationen), **3.** Machenschaft; **manipulieren** **1.** steuern, beeinflussen, **2.** falsch wiedergeben, **3.** handhaben

manisch (gr) **1.** auf eine Manie zurückgehend, **2.** übersteigert; **manisch-depressiv** abwechselnd übertrieben heiter und schwermütig (Psychol.)

Manko *n* (it) **1.** Fehlbetrag, **2.** Fehler, Mangel

Manna *n* (hebr) Nahrung, die man auf wundersame Weise erhält, die auf wundersame Weise belebt

Manometer *n* (gr) Druckmesser für Flüssigkeiten oder Gase

Manöver *n* (fr) **1.** Truppenübung, **2.** Bewegung, die mit einem Fahrzeug ausgeführt wird, **3.** Täuschungsversuch, listiger Schachzug; **manövrieren** **1.** ein Fahrzeug geschickt lenken, **2.** geschickt zu Werke gehen

Mansarde *f* (fr) ausgebautes Dachgeschoß

Mantik *f* (gr) Wahrsagekunst

Manual *n* (lat) **1.** Handbuch, **2.** Tastatur der Orgel; **manuell** **1.** von Hand, **2.** die Hand betreffend; **Manufaktur** *f* Großbetrieb, in dem von Hand gearbeitet wird

manu propria (lat) eigenhändig

Manuskript *n* (lat) **1.** Handschrift, mit der Hand geschriebener Text, **2.** (hand- oder maschinenschriftliche) Druckvorlage

manus manum lavat (lat) eine Hand wäscht die andere
Maquis *m* (fr) **1.** Buschwald in Mittelmeerregionen, **2.** franz. Widerstandsbewegung im Zweiten Weltkrieg
Marathon *n* (gr) **1.** Langstreckenlauf, **2.** etwas sehr lange Dauerndes und sehr Anstrengendes
marcato (it) mit Nachdruck, betont (Mus.)
Mare *n* (lat; »Meer«) große Ebene auf dem Mond und dem Mars
Marge *f* (fr) **1.** Abstand, **2.** Spielraum, **3.** Gewinnspanne
marginal (lat) am Rand stehend, liegend; **Marginalie** *f* Randbemerkung
marianisch (lat) die Gottesmutter Maria betreffend
Marihuana *n* (span) aus indischem Hanf hergestelltes Rauschgift
marin (lat) **1.** das Meer betreffend, **2.** aus dem Meer stammend, im Meer lebend
Marina *f* (ital) kleinerer Hafen für Sportboote
Marinade *f* (fr) gewürzte Beize (für Fleisch, Fisch u.a.); **marinieren** in eine Beize legen
Marine *f* (fr) **1.** (Kriegs-)Flotte, **2.** die Gesamtheit der seegängigen Schiffe eines Landes
Mariolatrie *f* (gr) Marienverehrung; **Mariologie** *f* kath. Marienlehre
maritim (lat) **1.** das Meer betreffend, **2.** die Seeschiffahrt betreffend
markant (fr) auffallend, ausdrucksvoll, ausgeprägt
Marketing *n* (engl) Marktforschung, Absatzverbesserung; **Marketing-Research** *n* Absatzforschung
markieren (fr) **1.** kenntlich machen, **2.** hervorheben, **3.** vortäuschen
marode (fr) erschöpft, entkräftet; **Marodeur** *m* Plünderer; **marodieren** plündern
Marseillaise *f* (fr) franz. Nationalhymne (aus einem Lied der Französischen Revolution entstanden)
martialisch (lat) **1.** kriegerisch, **2.** grimmig
Märtyrer *m* (gr) **1.** jmd., der wegen seines Glaubens den Tod erleidet, **2.** Blutzeuge, **3.** jmd., der für seine Überzeugung Opfer bringt und leidet; **Martyrium** *n* **1.** Opfertod, **2.** schweres Leiden
Mary Jane *n* (engl) Marihuana
Maschine *f* (fr) **1.** aus beweglichen Teilen bestehendes Gerät, das Arbeit verrichtet, **2.** Flugzeug, **3.** Motorrad; **maschinell** mit einer Maschine hergestellt; **Maschinensprache** *f* (fr-dt) Programmiersprache eines Computers (EDV); **Maschinerie** *f* Gesamtheit aufeinander abgestimmter Maschinen; **Maschinist** *m* jmd., der Maschinen bedient und/oder wartet
Maske *f* (fr) **1.** künstliche Gesichtsform, **2.** Gesichtsschutz, **3.** für Bühnenzwecke verändertes Gesicht, **4.** Schablone (EDV); **Maskerade** *f* **1.** Verkleidung, **2.** Maskenfest; **maskieren** **1.** eine

Maske anlegen, **2.** sich verkleiden, **3.** verbergen
Maskottchen *n* (fr) Glücksbringer, Talisman
maskulin (lat) männlich; **Maskulinum** *n* männliches Hauptwort
Masochismus *m* Empfinden von (sexuellem) Vergnügen beim Mißhandeltwerden
Massaker *n* (fr) Blutbad, Gemetzel; **massakrieren** niedermetzeln, abschlachten
Massel *m* (hebr-jidd) Glück; **massel tov!** viel Glück!
massiv (fr) **1.** ganz und gar aus demselben Stoff bestehend, **2.** fest, dichtgedrungen, **3.** grob, **4.** beleibt; **Massiv** *n* geschlossene Gebirgseinheit
Master *m* (engl) **1.** Meister, **2.** junger Herr (alte Anredeform), **3.** akademischer Titel, **4.** Schallplattenmatrize
Mastodon *n* (lat) urweltlicher Elefant
Masturbation *f* (lat) sexuelle Selbstbefriedigung; **masturbieren** sich selbst befriedigen
Match *n* (engl) sportlicher Wettkampf; **Matchball** *m* spielentscheidender Ball (Tennis)
Mater *f* (lat; »Mutter«) **1.** Matrize, **2.** die ein Organ einhüllende Haut (Med.)
Mater dolorosa *f* (lat; »Schmerzensmutter«) Muttergottes mit dem toten Jesus im Schoß
Material *n* (lat) **1.** Rohstoff, **2.** Werkstoff, **3.** schriftliche Unterlagen, **4.** Hilfsmittel; **Materialisation** *f* Verstofflichung; **Materialismus** *m* **1.** Lehre, die nur das Stoffliche als wirklich anerkennt, **2.** Streben nach dem Besitz (weltlicher) Güter; **materialistisch** **1.** den Materialismus (1) betreffend, **2.** nur auf eigenen Vorteil bedacht; **Materie** *f* **1.** Urstoff, **2.** Stoff, **3.** Inhalt, **4.** Sachgebiet; **materiell** **1.** stofflich, **2.** sichtbar, greifbar
Maternität *f* (lat) Mutterschaft (Med.)
Matinee *f* (fr) (künstlerische) Vormittagsveranstaltung
Mätresse *f* (fr) Geliebte (eines verheirateten Mannes)
Matriarchat *n* (lat) **1.** Mutterrecht, **2.** Mutterherrschaft
Matrikel *f* (lat) Verzeichnis der Studenten einer Hochschule
Matrix *f* (lat) **1.** Matrize, **2.** Mutterboden, Mutterleib, Gebärmutter
Matrize *f* (lat) **1.** (Wachs-)Form zur Herstellung von Vervielfältigungen, **2.** Negativform für die Herstellung von Schallplatten
Matrone *f* (lat) **1.** würdige ältere Frau, **2.** füllige ältere Frau
Matura *f* (lat) Reifeprüfung (österr.); **Maturität** *f* Reife (Med.)
Matutin *f* (lat) Frühmesse
Mausoleum *n* (gr) prunkvolles Grabmal (in Form eines Bauwerks)
mauve (fr) malvenfarbig
Maxi *m*, *n* (engl-lat) knöchellanges Kleidungsstück (Rock, Mantel usw.)
maximal (lat) **1.** so groß wie

möglich, **2.** höchstens; **Maximalist** *m* jmd., der immer das Höchste anstrebt, fordert; **Maxime** *f* Leitsatz; **maximieren** **1.** vergrößern, **2.** steigern; **Maximum** *n* **1.** das Größte, Äußerste, **2.** der höchste Wert

Mayday (fr-engl) internationaler Funknotruf

Mayor *m* (engl) Bürgermeister (England, USA)

Mäzen *m* (lat) **1.** Gönner, Geldgeber, **2.** Förderer (von Künstlern)

mea culpa! (lat; »Meine Schuld«) Ich bekenne!

Mechanik *f* (gr) **1.** Wissenschaft vom Gleichgewicht und der Bewegung der Körper unter dem Einfluß von Kräften, **2.** Triebwerk, Getriebe, **3.** selbständig ablaufender Prozeß; **Mechaniker** *m* **1.** Feinschlosser, **2.** Fachmann für den Bau, die Bedienung, die Reparatur von Maschinen; **mechanisch** **1.** maschinenmäßig, **2.** gewohnheitsgemäß, gedankenlos, unbewußt; **mechanisieren** **1.** Arbeitsvorgänge, die von Menschen erledigt wurden, von Maschinen durchführen lassen, **2.** auf maschinelle Produktion umstellen; **Mechanismus** *m* **1.** Triebwerk, Getriebe, **2.** selbsttätiger Ablauf, **3.** Zusammenhang

Medaille *f* (fr) Gedenkmünze; **Medaillon** *n* **1.** rundes oder ovales Bild, **2.** runde Fleischscheibe

Media *f* (lat) stimmhafter Verschlußlaut (Sprachw.); **Mediaanalyse** *f* (lat-gr) Untersuchung der Wirksamkeit von Werbemitteln

Mediation *f* (lat) politische Vermittlung

mediäval (lat) mittelalterlich; **Mediävistik** *f* Mittelalterkunde

Medien *pl* (**Medium** *sg*) (lat) Einrichtungen zur Vermittlung von Informationen und Meinungen (Presse, Rundfunk, Fernsehen)

Medikament *n* (lat) Arzneimittel, Heilmittel; **Medikation** *f* Verordnung von Arzneimitteln

Meditation *f* (lat) Nachdenken, -sinnen (als religiöse Übung)

mediterran (lat) den Mittelmeerraum betreffend

meditieren (lat) nachsinnen, grübeln, sinnend betrachten

medium (engl) mittelgroß (Kleidergröße); **Medium** *n* (lat) **1.** Mittel, **2.** Mittelsperson, **3.** Person, die die Verbindung zum Übersinnlichen herstellt, **4.** Einrichtung zur Vermittlung von Informationen (**Medien** *pl*)

Medizin *f* (lat) **1.** Heilkunde, **2.** Arznei-, Heilmittel; **medizinal** heilkundlich, ärztlich; **Mediziner** *m* Arzt; **medizinisch** heilkundlich, ärztlich

Medley *n* (engl; »Gemisch«) Zusammenstellung verschiedenartiger (meist verkürzter) bekannter Melodien, Lieder usw.

Meeting *n* (engl) **1.** Zusammenkunft, Tagung, **2.** kleinere Sportveranstaltung

Megabyte *n* (gr-engl) 1 048 576 Byte (EDV)

Megalith *m* (gr) großer unbehauener (für vorgeschichtliche Gräber verwendeter) Steinblock

Megalomanie *f* (gr) Größenwahn, Überschätzung der eigenen Person

Megalopolis *f* (gr) Riesenstadt, die aus mehreren benachbarten und zusammengewachsenen Großstädten besteht

Megaphon *n* (gr) Sprachrohr, tragbarer Lautsprecher

Megäre *f* (gr) wütende Frau

Mekka *n* (arab) **1.** die heilige Stadt der Moslime, **2.** Ort, der an einer bestimmten Sache Interessierte anzieht (z.B. »New Orleans, das Mekka der Jazzfans«)

Melancholie *f* (gr) Schwermut, Niedergeschlagenheit; **Melancholiker** *m* Schwermütiger, pessimistischer Mensch; **melancholisch** schwermütig, trübsinnig

Melange *f* (fr) **1.** Mischung, **2.** Milchkaffee (österr.), **3.** Garn aus verschieden gefärbten Einzelfäden

Melanom *n* (gr) bösartiges schwärzliches Geschwür (Med.)

meliert (fr) **1.** aus verschiedenen Farben gemischt, scheckig, **2.** angegraut (von Haaren)

Melioration *f* (lat) Bodenverbesserung durch Be- oder Entwässerung

Melodie *f* (gr) **1.** Tonfolge, **2.** Gesang, Singweise; **Melodik** *f* Lehre von der Melodie; **melodiös** reich an Melodien; **melodisch** wohlklingend; **Melodram(a)** *n* **1.** Schauspiel mit Musikbegleitung, **2.** an die Gefühle appellierendes unterhaltendes Theaterstück (oder Film)

Member of Parliament *n* (engl) Abgeordneter des brit. Unterhauses

Membran *f* (lat) **1.** dünnes Häutchen, **2.** mitschwingendes Häutchen, **3.** Filterhäutchen

Memento *n* (lat) **1.** Erinnerung, Mahnmal, **2.** kath. Bittgebet; **Memento mori** *n* etwas, das an den Tod, die Sterblichkeit erinnert

Memoiren *pl* (fr) **1.** Denkwürdigkeiten, **2.** Lebenserinnerungen (einer berühmten Person); **Memo, Memorandum** *n* **1.** Denkschrift, **2.** Merkzettel; **memorieren** auswendig lernen

Memorial *n* (lat-engl) Sportveranstaltung zur Erinnerung an einen großen Verstorbenen

Menage *f* (fr) kleines Gestell mit Essig- und Ölbehälter; **Menagerie** *f* Tierschau

Mendikant *m* (lat) Bettelmönch

Menetekel *n* (hebr) unheilverkündendes Zeichen, Warnung

Menhir *m* (bret-fr) vorgeschichtliche Säule aus einem unbearbeiteten länglichen Stein

Meningitis *f* Hirnhautentzündung

Meniskus *m* (gr) Kniegelenkknorpel

Menopause *f* (gr) altersbedingtes Aufhören der Monatsblutungen der Frau; **Menorrhagie** *f* überstarke Monatsblutung; **Menor-**

rhöe *f* Monatsblutung; **Menostase** *f* Ausbleiben der Monatsblutung

Mensa *f* (lat) **1.** Altartisch, **2.** Kantine für Hochschulangehörige

Menses *pl* (lat) Monatsblutung der Frau

Menstruation *f* (lat) Monatsblutung der Frau; **menstruieren** die Monatsblutung haben

Mensur *f* (lat) **1.** mit Fechtwaffen ausgetragener studentischer Zweikampf, **2.** Meßglas (Chem.), **3.** Durchmesser des Rohres von Blechblasinstrumenten; **mensurabel** meßbar

mental (lat) **1.** das Kinn betreffend (Med.), **2.** geistig, das Denken betreffend; **Mentalität** *f* Denkart, Einstellung

Mentor *m* (gr) **1.** Ratgeber, Erzieher, **2.** Betreuer von Studenten und Studienrefrendaren

Menü *n* (fr) **1.** Speisenfolge, **2.** auf dem Computerbildschirm erscheinendes Verzeichnis von Kommandos (EDV)

Meridian *m* (lat) **1.** Längenkreis (Geo.), **2.** Mittagslinie (Astron.); **meridional** **1.** den Längenkreis betreffend, **2.** südlich

Meriten *pl* (lat) Verdienste

merkantil (lat) kaufmännisch, auf den Handel bezogen

Mesalliance *f* (fr) nicht standesgemäße eheliche Verbindung, Mißheirat

Mesolithikum *n* (gr) mittlere Steinzeit

Mesozoikum *n* (gr) erdgeschichtliches Mittelalter

Message *f* (engl) **1.** Nachricht, Botschaft, **2.** Gehalt, Aussage

Messias *m* (hebr) der Erlöser

Mestize *m* (span) Abkömmling eines weißen und eines indian. Elternteils

mesto, mestoso (it) traurig (Mus.)

Metabasis *f* (gr) Gedankensprung, Abschweifung

Metabolismus *m* (gr) **1.** Umgestaltung, **2.** Stoffwechsel (Med.)

mettalic (engl) metallisch glänzend (von Lacken u. ä.)

Metallographie *f* (gr) Lehre von den Metallen; **Metallurgie** *f* Hüttenkunde

Metamorphose *f* (gr) **1.** Umbildung, Umwandlung, **2.** Verwandlung

Metapher *f* (gr) bildhafter Ausdruck; **metaphorisch** bildlich, übertragen verwendet

Metaphysik *f* (gr) philosophische Richtung, die sich mit dem auseinandersetzt, das jenseits des sinnlich Erfahrbaren liegt; **metaphysisch** **1.** zur Metaphysik gehörend, **2.** die sinnliche Erfahrung übersteigend

Metastase *f* (gr) Tochtergeschwulst (Med.)

Metempsychose *f* (gr) Seelenwanderung

Meteor *m* (gr) Feuerkugel, Himmelserscheinung; **Meteorologe** *m* **1.** Wissenschaftler, der sich mit der Erforschung des Wetters beschäftigt, **2.** Wetterkundiger; **Meteorologie** *f* Wetterkunde; **meteorologisch** zur Meteorologie gehörend

Methode *f* (gr) **1.** wissenschaftliches Verfahren zur Erlangung von Erkenntnissen, **2.** festgelegte, planmäßige Vorgehensweise; **Methodik** *f* **1.** Wissenschaft von den Verfahrensweisen (der Wissenschaft), **2.** Unterrichtslehre; **methodisch 1.** die Methode betreffend, **2.** planmäßig, wohldurchdacht, **3.** schrittweise

Metier *n* (fr) Handwerk, Beruf, Arbeitsgebiet

Metonymie *f* (gr) übertragener Gebrauch eines Wortes für einen verwandten Begriff (z.B. »Blei« für »Kugel«)

Metrik *f* (gr) **1.** Verslehre, **2.** Lehre vom Takt (Mus.); **metrisch 1.** im Versmaß, **2.** auf den Meter bezogen; **Metronom** *n* Taktmesser, Gerät, das den Takt vorgibt

Metropole *f* (lat) Hauptstadt, Weltstadt; **Metropolit** *m* **1.** kath. Erzbischof, **2.** hoher Geistlicher der orthodoxen Kirche

Metrum *n* (lat) **1.** Versmaß, **2.** Zeitmaß (Mus.)

Mezzanin *n* (it) Zwischengeschoß zwischen dem Erdgeschoß und dem ersten Obergeschoß

mezzo (it) halb, mittel; **Mezzogiorno** *m* Süditalien; **Mezzosopran** *m* Stimmlage zwischen Sopran und Alt

Miasma *n* (gr) Gifthauch, angeblich Krankheiten auslösende Ausdünstung (aus dem Boden); **miasmatisch** giftig

Midi (engl-fr) halblanges Kleidungsstück (Rock, Mantel usw.)

Midlife-crisis *f* (engl) Krise in der Lebensmitte (des Mannes)

Migräne *f* (fr) (einseitiger) starker Kopfschmerz

Migration *f* (lat) Wanderung, Abwanderung; **migratorisch** wandernd

mikro- (gr) klein, sehr klein (in Zusammensetzungen); **Mikrobe** *f* Kleinstlebewesen; **Mikrobiologie** *f* Wissenschaft von den Kleinstlebewesen; **Mikrofauna** *f* Kleintierwelt; **Mikrofiche** *n* extrem verkleinerte, reihenweise angeordnete photographische Reproduktionen von Texten; **Mikrofilm** *m* extrem verkleinerte, photographische Reproduktion von Texten; **Mikrokosmos** *m* **1.** die (kleine) Welt des Menschen als Abbild des Universums, **2.** Welt der Kleinlebewesen; **Mikroorganismen** *pl* Kleinlebewesen; **Mikrophotographie** *f* Photographie eines Objekts mit Hilfe eines Mikroskops; **Mikroprozessor** *m* auf einem Chip zusammengefaßte Computereinheit (EDV); **Mikroskop** *n* stark vergrößerndes optisches Gerät; **mikroskopisch** winzig klein, nur mit einem Mikroskop zu erkennen

Milieu *n* (fr) **1.** Umfeld, Umgebung, Lebensumstände, äußere Lebensbedingungen, **2.** Welt der Prostituierten und kleinen Verbrecher; **Milieutheorie** *f* Theorie, nach der das Milieu die Entwicklung eines Menschen prägt

militant (lat) **1.** kriegerisch,

2. gewalttätig; **Militär** *n* Soldatenstand, Heerwesen; **militärisch** 1. das Militär betreffend, 2. soldatisch, 3. streng; **Militaria** *pl* Schriften, die Militärisches zum Inhalt haben; Gegenstände, die zum Militär in Beziehung stehen (z.B. Orden, Uniformstücke); **Militarismus** *m* Hervorhebung militärischer Grundsätze in der Politik

Military *n* (engl) Vielseitigkeitsprüfung im Reitsport; **Military Police** *f* amerik. und engl. Militärpolizei

Miliz *f* (lat) 1. Bürgerwehr, 2. militärisch ausgebildete Polizeitruppe

Milkshake *m* (engl) Milchmischgetränk

Mille *n* (lat) Tausend; **Millennium** *n* Jahrtausend

Mime *m* (lat) Schauspieler; **mimen** 1. schauspielern, nachahmen, 2. vortäuschen; **Mimesis** *f* Nachahmung der Natur in der Kunst; **mimetisch** nachahmend; **Mimik** *f* Gebärdensprache, Mienenspiel; **Mimikry** *f* (engl) Schutzanpassung (von Tieren) an die Umwelt (z.B. durch Veränderung der Hautfarbe)

Minarett *n* (arab) Turm einer Moschee

Mine *f* (fr) 1. Bergwerk, 2. Sprengkörper, 3. Bleistift-, Kugelschreibereinlage

Mineral *n* jeder in der Erdrinde enthaltene chemisch einheitliche natürliche Stoff; **mineralisch** 1. aus Mineralien entstanden, 2. Mineralien enthaltend; **Mineralogie** *f* Wissenschaft von den Mineralien und Gesteinen

mini- (lat) klein- (in Zusammensetzungen); **Mini** *m* (engl) sehr kurzer Damenrock; **Miniatur** *f* (lat) kleines Bild, Illustration einer (mittelalterlichen) Handschrift; **miniaturisieren** verkleinern

minieren (fr) 1. unterhöhlen, 2. unterirdische Gänge graben

minimal (lat) 1. sehr klein, winzig, 2. mindestens; **minimalisieren** 1. stark verkleinern, 2. auf ein Mindestmaß reduzieren; **Minimum** *n* 1. Mindestmaß, 2. tiefster Wert

Minister *m* (lat) leitender Verwalter eines Geschäftsbereichs in der Regierung eines Landes; **ministerial** von einem Ministerium ausgehend; **ministeriell** einen Minister, ein Ministerium betreffend; **Ministerium** *n* höchste Verwaltungsbehörde eines Staates (oder Bundeslandes); **Ministrant** *m* (lat) kath. Meßdiener; **ministrieren** als Meßdiener tätig sein

Minorat *n* (lat) 1. Erbvorrecht des Jüngsten, 2. vom Jüngsten ererbter (Land-)Besitz; **Minorität** *f* Minderzahl, Minderheit

Minstrel *m* (engl) fahrender Sänger (im mittelalterlichen England)

minus (lat) 1. abzüglich, weniger, 2. unter dem Gefrierpunkt liegend; **Minus** *n* 1. Fehlbetrag, 2. Mangel

Minuskel *f* (lat) Kleinbuchstabe

minuziös (fr) äußerst genau, sehr gründlich

Mirakel *n* (lat) Wunder, wunderbares Ereignis

Misandrie *f* (gr) krankhafter Haß (von Frauen) auf Männer, Männerverachtung (Med., Psychol.); **Misanthrop** *m* Menschenhasser; **Misanthropie** *f* Menschenhaß; **misanthropisch** menschenfeindlich, menschenscheu

Mise-en-scène *f* (fr) Inszenierung

miserabel (lat) **1.** sehr schlecht, **2.** erbärmlich, **3.** nichtswürdig; **Misere** *f* Notlage, Bedürftigkeit, Elend; **Miserere** *n* Bußgesang

Misogamie *f* (gr) krankhafte Scheu vor der Ehe; **Misogynie** *f* krankhafter Haß (von Männern) auf Frauen, Frauenverachtung (Psychol., Med.)

Miss *f* (engl) **1.** unverheiratete Frau (Anrede), **2.** Schönheitskönigin

Missal(e) *n* (lat) Meßbuch; **Missale Romanum** *n* offizielles Meßbuch der röm.-kath. Kirche

Missile *n* (engl) Flugkörpergeschoß, Rakete

Missing link *n* (engl) fehlendes Zwischenglied (entwicklungsgeschichtliche Übergangsform) zwischen Affe und Mensch

Mission *f* (lat) **1.** Auftrag, Berufung, Sendung, **2.** Ausbreitung eines religiösen Glaubens unter Andersgläubigen, **3.** Gruppe von Personen, die einen besonderen Auftrag erhalten hat; **Missionar** *m* Priester, der Andersgläubige zu seinem eigenen Glauben zu bekehren sucht; **missionieren** bekehren; **Missiv** *n*, **Missive** *f* Sendschreiben

Mißmanagement *n* (dt-engl) **1.** schlechte Verwaltung, **2.** Mißwirtschaft

misterioso (it) geheimnisvoll (Mus.)

Mist *m* (engl) leichter Nebel, Dunst

Miszellen *pl* (lat) vermischte Schriften, kurze Aufsätze, die verschiedene Themen behandeln

Mitra *f* (gr) Kopfbedeckung eines Bischofs

Mix *m* (engl) Mischgetränk; **Mixed** *f* gemischtes Doppel (beim Tennis); **mixen** **1.** (Getränke) mischen, **2.** Speisen zerkleinern und mischen, **3.** getrennt vorgenommene Tonaufzeichnungen zusammenführen (z.B. Musik und Dialog beim Film); **Mixer** *m* **1.** jmd., der (alkoholische) Getränke mischt, **2.** Elektrogerät zum Zerkleinern und Mischen von Speisen, **3.** Tontechniker; **Mixtum compositum** *n* (lat) Mischmasch; **Mixtur** *f* (lat) Mischung; Heiltrank

Mneme *f* (gr) Gedächtnis, Erinnerung; **Mnemotechnik** *f* Technik, sich etwas einzuprägen; **mnemotechnisch** die Mnemotechnik betreffend

Mob *m* (engl) Pöbel, Gesindel; **Mobbing** *n* systematisches Schikanieren eines Arbeitskollegen

mobil (lat) **1.** beweglich, **2.** kriegsbereit, **3.** gesund; **mobile**

(it) beweglich (Mus.); **Mobile** *n* (engl) an Drähten oder Fäden befestigte Objekte, die durch einen Luftzug in Bewegung gesetzt werden; **Mobiliar** (fr) *n* Einrichtungsgegenstände; **Mobilien** *pl* (lat) bewegliche Habe; **mobilisieren** **1.** Truppen in Kriegsbereitschaft setzen, **2.** jmdn. zum Eingreifen, Handeln veranlassen, **3.** bereit machen, aufbieten; **Mobilität** *f* Beweglichkeit

Mobster *m* (engl-am) Gangster

modal (lat) den Modus betreffend; **Modalität** *f* Art und Weise, Ausführungsart

Model *m* (lat) **1.** vertiefte Guß-, Gebäckform, **2.** erhabene Druckform

Model (engl) *n* **1.** Mannequin, **2.** Fotomodell

Modell *n* (it) **1.** Vorbild, Vorlage, Muster, **2.** (verkleinerter) Entwurf, **3.** Kleidungsstück in Einzelausfertigung; **modellieren** **1.** Modelle anfertigen, **2.** etwas formen, gestalten

Moderation *f* (lat) Mäßigung; **moderato** (it) gemäßigt (Mus.)

Moderator *m* (lat) Kommentator, der durch eine Fernseh- oder Rundfunksendung führt; **moderieren** **1.** als Moderator tätig sein; **2.** mäßigen

modern (lat) **1.** neuzeitlich, gegenwärtig, zeitgemäß, **2.** aufgeschlossen, fortschrittlich; **Moderne** *f* **1.** Kultur des späten 19. und des 20. Jh.s, **2.** die gegenwärtige Zeit; **modernisieren** dem augenblicklichen Geschmack entsprechend umändern; **Modernität** *f* **1.** neuzeitliches Verhalten, neuzeitlicher Charakter, **2.** Neuheit

modest (lat) bescheiden, gesittet

Modifikation *f* (lat) Abänderung, Einschränkung; **modifizieren** abändern, einschränken

Modulation *f* (lat) **1.** Übergang von einer Tonart in eine andere, **2.** Abstufung; **modulieren** in eine andere Tonart übergehen

Modus *m* (lat) **1.** Art und Weise, **2.** Vorgehensweise, **3.** Aussageform des Zeitworts; **Modus vivendi** *m* erträgliche Form des Zusammenlebens

mokant (fr) spöttisch; **mokieren** **1.** bespötteln, **2.** sich über jmdn., etwas lustig machen

Molar *m* (lat) Mahlzahn, Backenzahn (Med.)

Molekül *n* (lat) kleinstes Teilchen einer chemischen Verbindung; **molekular** Moleküle betreffend

Molluske *f* (lat) Weichtier

Moloch *m* (hebr) **1.** grausamer Gott, **2.** grausame Macht, die ständig neue Opfer fordert und alles zu zerstören droht

molto (it) sehr

Moment *m* (lat) **1.** Augenblick, Zeitpunkt, **2.** kurze Zeit; *n* **1.** entscheidender Umstand, **2.** Merkmal; **momentan** **1.** augenblicklich, **2.** kurze Zeit andauernd

Monade *f* (gr) das Nichtzusammengesetzte, einfache unteilbare Einheit (Philos.)

Monarch *m* (gr) Alleinherrscher; **Monarchie** *f* **1.** Alleinherrschaft,

2. Staatsform, in der ein Monarch die Herrschaft innehat; **monarchisch** einen Monarchen, die Monarchie betreffend; **Monarchist** *m* Anhänger der Monarchie

Monasterium *n* (lat) Kloster; **monastisch** klösterlich, mönchisch

monaural (lat) **1.** ein Ohr betreffend, **2.** einkanalig (von Tonwiedergaben)

mondän (fr) **1.** weltläufig, von Welt, **2.** elegant

mondial (fr) weltweit

monetär (lat) das Geld, die Finanzen betreffend

monieren (lat) beanstanden

Monitor *m* (engl) Bildschirm, Kontrollbildschirm

Monitum *n* (lat) Mahnung, Rüge

mono- (gr) ein- (in Zusammensetzungen); **mono, monophon** einkanalig (von Tonwiedergaben); **monochrom** einfarbig; **Monochromasie** *f* Farbenblindheit; **Monodie** *f* einstimmiger Gesang; **Monogamie** *f* Einehe; **Monogramm** *n* Namenszeichen, Anfangsbuchstaben des Namens; **Monographie** *f* Schrift über ein einziges Sachgebiet; **Monokratie** *f* Einzelherrschaft; **Monokultur** *f* Anbau einer einzigen Feldfruchtart; **Monolith** *n* großer einzelner Steinblock; **Monolog** *m* **1.** Selbstgespräch, **2.** längere Rede, die von einer einzelnen Person (während eines Gesprächs) gehalten wird; **monologisch** in der Art eines Monologs; **Monomanie** *f* einseitige Zwangsvorstellung (Psychol.); **monoman** von einer einzigen Zwangsvorstellung beherrscht (Psychol.); **Monophobie** *f* krankhafte Angst vor dem Alleinsein (Psychol.); **Monophthong** *m* Selbstlaut, der nur aus einem einzigen Laut besteht (Sprachw.); **Monopol** *n* **1.** Alleinrecht, **2.** Alleinvertrieb; **Monoposto** *m* (it) einsitziges Auto; **Monopteros** *m* (gr) kleiner (Zier-)Tempel; **Monosyllabum** *n* einsilbiges Wort; **Monotheismus** *m* Glaube an einen einzigen Gott; **Monotheist** *m* jmd., der an einen einzigen Gott glaubt; **monoton** **1.** eintönig, gleichförmig, **2.** langweilig; **Monotonie** *f* Eintönigkeit, (langweilige) Gleichförmigkeit

Monster *n* (engl) (riesiges) Ungeheuer

Monstranz *f* (lat) (Prunk-)Gefäß, in dem die geweihte Hoste aufbewahrt wird

monströs (fr) **1.** ungeheuerlich, **2.** mißgestaltet; **Monstrosität** *f* (lat) **1.** Ungeheuerlichkeit, **2.** Mißbildung; **Monstrum** *n* (lat) **1.** Ungeheuer, **2.** etwas Riesengroßes, **3.** Mißgeburt (Med.)

Montage *f* (fr) Zusammenbau, -setzung

montan (lat) den Bergbau betreffend

Monteur *m* (fr) Facharbeiter, der etwas montiert; **montieren** zusammenbauen, -setzen

Montur *f* (fr) (militärische) Dienstkleidung

Monument *n* (lat) Denkmal; **monumental** **1.** in der Art eines Denkmals, **2.** gewaltig, großartig

Moonboots *pl* (engl; »Mondstiefel«) besonders dick gefütterte Stiefel

Moral *f* (lat) **1.** System von sittlichen Grundsätzen, Sittlichkeit, **2.** sittliche Lehre, **3.** lehrreiche Nutzanwendung, **4.** Kampfgeist, Einsatzbereitschaft; **moralisch** **1.** im Einklang mit der Moral (1) stehend, **2.** sittlich, sittenstreng; **moralisieren** Sittlichkeit predigen; **Moralist** *m* **1.** Sittenprediger, **2.** Sittenlehrer; **Moralität** *f* Sittlichkeit

Moräne *f* (fr) von einem Gletscher abgelagertes Geröll

Moratorium *n* (lat) Stundung, Aufschub

morbid (lat) **1.** hinfällig, angekränkelt, **2.** krankhaft, **3.** sittlich verfallen; **Morbidität** *f* **1.** Hinfälligkeit, **2.** Krankheitshäufigkeit (innerhalb einer bestimmten Bevölkerungsgruppe) (Med.)

Mores *pl* (lat) Sitten

morganatisch (lat) unstandesgemäß (verheiratet)

moribund (lat) im Sterben liegend, dem Tode geweiht

Morph, Morphem *n* (gr) kleinstes bedeutungstragendes Element in der Rede (Sprachw.)

Morphinismus *m* (gr) Morphiumsucht; **Morphinist** *m* Morphiumsüchtiger

Morphologie *f* (gr) **1.** Lehre von den Gestalten und Formen, **2.** Gestaltlehre; **morphologisch** die Morphologie betreffend

Mortalität *f* (lat) Sterblichkeit, Sterblichkeitsrate (Med.)

Mosaik *n* (fr) bildliche Darstellung, Ornament aus bunten Steinen

mosaisch jüdischen Glaubens (nach dem Religionsstifter Moses)

Moschee *f* (arab) islamisches Gotteshaus

Moslem *m* (arab) Anhänger des Islam; **moslemisch** die Moslime betreffend

mosso (it) bewegt (Mus.)

Motel *n* (am) (an Überlandstraßen gelegenes) Hotel mit Garagen oder Abstellplätzen für Autos

Motette *f* (it) mehrstimmiger Kirchengesang

Motherboard *m* (engl) Grundplatte eines Computers, auf der alle wesentlichen Baugruppen enthalten sind (EDV)

Motion-Picture *n* (engl) (Spiel-) Film

Motiv *n* (lat) **1.** Beweggrund, Ursache, **2.** Thema, Gegenstand einer künstlerischen Darstellung, **3.** kleinste musikalische Einheit; **Motivation** *f* Beweggrund für eine Handlung; **motivieren** den Beweggrund liefern, zu etwas anregen; **motivisch** das Motiv (2) betreffend

Moto-Cross *n* (engl) Geländeprüfung für Motorradsportler

Motor *m* (lat) **1.** Maschine, die etwas bewegt, **2.** treibende Kraft; **Motorik** *f* **1.** Gesamtheit der aktiven körperlichen Bewegungen eines Lebewesens, **2.** Gesamtheit regelmäßig ablaufender Bewegungen; **motorisch 1.** bewegend, treibend, **2.** die Motorik (1) betreffend

Motto *n* (it) Leit-, Wahlspruch

Mountainbike *n* (engl) Geländefahrrad

Mouse *f* (engl) Gerät zum Bewegen des Cursors über den Computerbildschirm (EDV)

moussieren (fr) schäumen (von Weinen)

Movens *n* (lat) Beweggrund

Movie *n* (engl) (Spiel-)Film

Muezzin *m* (arab) moslemischer Gebetsrufer

multi- (lat) viel- (in Zusammensetzungen); **Multi** *m* Kurzw. für multinationaler Konzern; **multidisziplinär** viele Disziplinen umfassend; **multifunktional** viele Funktionen erfüllend; **multikulturell** viele Kulturen umfassend; **multilateral** vielseitig, mehrere Seiten betreffend; **Multimedia-Show** *f* (lat-engl) Unterhaltungsveranstaltung, bei der verschiedene Medien (Bild und Ton) eingesetzt werden; **multinational** aus mehreren Nationen gebildet; **Multiple-choice-Verfahren** *n* (engl-dt) Prüfungsverfahren, bei dem der Prüfling die richtige von mehreren vorgegebenen Antworten auf eine Frage ermitteln muß

Multiplikand *m* (lat) zu multiplizierende Zahl; **Multiplikation** *f* Vervielfältigung, Malnehmen; **Multiplikator** *m* Zahl, mit der multipliziert wird; **multiplizieren** vervielfältigen, malnehmen

mumifizieren (arab) **1.** einbalsamieren, **2.** eintrocknen (lassen)

Munition *f* (fr) Schießmaterial (Geschosse, Sprengladungen usw.); **munitionieren** (mit Munition) ausrüsten

Muse *f* (gr) eine der neun griech. Göttinnen der schönen Künste; **museal 1.** ins Museum gehörend, **2.** veraltet, überholt; **Museum** *n* Gebäude, in dem Kunstgegenstände oder wissenschaftliche Objekte gesammelt und ausgestellt werden

Musical *n* (engl) Mischform aus Drama, Operette, Ballett und Revue

Musik *f* (gr) Tonkunst; **musikalisch** tonkünstlerisch, musikbegabt; **Musikalität** *f* **1.** künstlerische Wirkung eines Tonstücks, **2.** Empfinden, Begabung für Musik; **Musikant** *m* Musiker, der zum Tanz, zu Umzügen o. ä. aufspielt; **Musiker** *m* **1.** jmd., der berufsmäßig Musik macht, **2.** Mitglied eines Orchesters; **Musikkassette** *f* mit Musik bespielte Tonkassette; **musizieren** Musik machen

musisch (gr) **1.** die schönen Künste betreffend, **2.** künstlerisch veranlagt

Muskete *f* (fr) Gewehr; **Musketier** *m* Infanterist

muskulär (lat) die Muskeln betreffend; **Muskulatur** *f* Gesamtheit der Muskeln; **muskulös** sehr kräftig

mutabel (lat) veränderlich; **Mutabilität** *f* Veränderlichkeit; **Mutation** *f* **1.** Veränderung der Erbanlagen, **2.** Stimmbruch; **mutieren 1.** sich in bezug auf die Erbanlagen ändern, **2.** im Stimmbruch sein

Muting *n* (engl) Dämpfung, Stummschaltung von elektroakustischen Signalen

Mutilation *f* (lat) Verstümmelung (Med.)

Mutismus *m* (lat) Stummheit (Med.)

mutual, mutuell (lat) wechselseitig, gegenseitig

Mykologie *f* (gr) Pilzkunde

Myokarditis *f* (gr) Herzmuskelentzündung; **Myom** *n* Muskelgewebegeschwulst

Myopie *f* (gr) Kurzsichtigkeit; **myop(isch)** kurzsichtig

Myriade *f* (gr) Unzahl, Unmenge

Mystagoge *m* (gr) Lehrer eines Geheimkults; **Myste** *m* Person, die in einen Geheimkult eingeweiht ist; **Mysterien** *pl* Geheimkulte; **mysteriös** geheimnisvoll; **Mysterium** *n* **1.** (religiöses) Geheimnis, **2.** (religiöse) Geheimlehre; **Mystifikation** *f* Täuschung, Vorspiegelung; **mystifizieren** täuschen, vorspiegeln

Mystik *f* (gr) Streben nach Vereinigung mit dem göttlichen Wesen durch innere Versenkung; **Mystiker** *m* Anhänger der Mystik; **mystisch 1.** die Mystik betreffend, **2.** geheimnisvoll

Mythe *f*, **Mythos** *m* (gr) Götter-, Helden-, Vorzeitsage; **mythisch 1.** sagenhaft, legendär, **2.** erdichtet; **Mythologie** *f* **1.** Gesamtheit der Mythen (eines bestimmten Volkes), **2.** Wissenschaft von den Mythen

N

Nabob *m* (hind-engl) **1.** Gouverneur einer indischen Provinz, **2.** überaus reicher Mann

naiv (fr) **1.** unbefangen, arglos, **2.** unerfahren, einfältig; **Naivität** *f* **1.** Natürlichkeit, Unbefangenheit, **2.** Einfalt

Name-dropping *n* (engl) das Erwähnen (der Namen) prominenter Personen, um den Anschein zu erwecken, daß man persönlich mit ihnen bekannt ist

Nänie *f* (lat) Totenklage, Klagelied

Nanismus *m* (gr) Zwergwuchs (Med.)

Napalm *n* (am) hochbrennbarer Stoff zur Füllung von Brandbomben

Nargileh *f* (pers) Wasserpfeife

Narkose *f* (gr) **1.** Betäubung, **2.** Schmerz-, Bewußtseinsausschaltung (Med.); **Narkotikum** *n* Betäubungsmittel, Rauschmittel; **Narkotiseur** *m* Facharzt, der eine Narkose vornimmt; **narkotisch** betäubend, berauschend; **narkotisieren** betäuben

narrativ (lat) **1.** erzählend, **2.** in erzählerischer Form; **narratorisch** erzählerisch

Narziß *m* (gr) in sich selbst verliebter Mensch, Mensch, der sich selbst bewundert; **Narzißmus** *m* Verliebtsein in die eigene Person

nasal (lat) **1.** auf die Nase bezüglich, **2.** durch die Nase gesprochen

Natalität *f* (lat) Geburtenhäufigkeit

Nation *f* (lat) Volks-, Staatsgemeinschaft; **national** **1.** zur Nation gehörend, landeseigen, **2.** vaterländisch, die Interessen der eigenen Nation vertretend; **nationalisieren** **1.** einbürgern, **2.** verstaatlichen; **Nationalisierung** *f* **1.** Verleihung der Staatsangehörigkeit, **2.** Verstaatlichung; **Nationalismus** *m* ausgeprägte (oder übertriebene) Wertschätzung der eigenen Nation; **Nationalist** *m* Verfechter des Nationalismus; **nationalistisch** im Sinne des Nationalismus; **Nationalität** *f* Staatsangehörigkeit; **Nationalsozialismus** *m* nach dem Ersten Weltkrieg entstandene extrem nationalistische, imperialistische und rassistische Bewegung und die darauf aufbauende faschistische Regierung 1933–1945 in Deutschland

nativ (lat) **1.** angeboren (Med.), **2.** ursprünglich, unverfälscht

Native speaker *m* (engl) Muttersprachler

Natur *f* (lat) **1.** Gesamtheit des ohne Zutun des Menschen Entstandenen, **2.** ursprüngliche Beschaffenheit, **3.** Wesen, **4.** Eigentümlichkeit, Eigenart; **Natu-**

ralien *pl* Naturprodukte, Rohstoffe; **Naturalisation** *f* Einbürgerung; **naturalisieren** einbürgern; **Naturalismus** *m* **1.** Wirklichkeitstreue, **2.** Nachahmung der Wirklichkeit in der Kunst; **naturell** **1.** natürlich, **2.** ohne Zusätze; **Naturell** *n* Wesensart

Nausea *f* (gr) **1.** Übelkeit, **2.** Seekrankheit (Med.)

Nautik *f* (gr) **1.** Seefahrtskunde, **2.** Kunst, ein Schiff zu führen; **nautisch** auf die Seefahrt bezüglich

Navigation *f* (lat) **1.** Positions- und Kursbestimmung bei Schiffen und Flugzeugen, **2.** Steuermannskunst; **navigieren** ein Schiff (oder Flugzeug) steuern

Navy *f* (engl) (Kriegs-)Flotte

nebulös (lat) nebelhaft, unklar, verschwommen

Necessaire *n* (fr) Behältnis mit Gegenständen für die Körperpflege (für die Reise)

Necking *n* (engl) Austausch von körperlichen Liebkosungen

Negation *f* (lat) **1.** Verneinung, **2.** Verneinungswort; **negativ** **1.** verneinend, **2.** abschlägig, **3.** ungünstig, schlecht, ungut; **Negativ** *n* (photographische) Abbildung, bei der die Helligkeitswerte gegenüber dem Original umgekehrt sind; **negieren** **1.** verneinen, **2.** abstreiten

Negligé *n* (fr) dünner Morgenmantel

negrid (lat-span) zur afrikanischen Rasse gehörend; **negroid** Rassemerkmale eines Schwarzafrikaners aufweisend

Negro-Spiritual *n* (engl) religiöser Gesang der nordamerikanischen Schwarzen

Nekrolog *m* (gr) Nachruf auf einen Verstorbenen; **Nekrophilie** *f* krankhafter auf Leichen gerichteter Sexualtrieb; **Nekropole** *f* große Begräbnisstätte, Gräberfeld; **Nekroskopie** *f* Leichenschau

Nektar *m* (gr) **1.** Göttertrank (der griech. Sage), **2.** von Pflanzen ausgeschiedene Zuckerlösung, **3.** mit Zucker versetzter Fruchtsaft

Nemesis *f* (gr) ausgleichende Gerechtigkeit (Göttin der griech. Mythologie)

neo- (gr) neu- (in Zusammensetzungen); **Neolithikum** *n* jüngere Steinzeit; **Neologismus** *m* neu gebildetes Wort; **Neoplasma** *n* Neubildung von Gewebe (Med.)

Nephralgie *f* (gr) Nierenschmerz; **Nephritis** *f* Nierenentzündung

Nepotismus *m* (lat) Vetternwirtschaft, (politische, finanzielle usw.) Begünstigung von Verwandten

nervig (lat) kraftvoll; **nervös** **1.** die Nerven betreffend, **2.** unruhig, leicht erregbar; **Nervosität** *f* Ruhelosigkeit, Reizbarkeit

Nervus rerum *m* (lat) **1.** Hauptsache, **2.** Geld als Triebfeder menschlichen Handelns

Nestor *m* **1.** bedeutender ältester Vertreter einer wissenschaftlichen Disziplin, **2.** Ältester innerhalb einer bestimmten Gruppe (nach dem gleichnamigen homerischen Helden)

netto (it; »rein«) nach Abzug (von Verpackung, Unkosten, Steuern usw.); **Nettogewicht** *n* Gewicht ohne Verpackungsmaterial; **Nettopreis** *m* Endpreis

Network *n* (engl) **1.** Rundfunkverbundsystem, **2.** Datenverbundsystem (EDV)

Neume *f* (lat) mittelalterliches Notenzeichen

Neuralgie *f* (gr) Nervenschmerz; **neuralgisch 1.** auf Neuralgie zurückzuführen, **2.** kritisch; **Neurasthenie** *f* nervöse Erschöpfung, Nervenschwäche; **Neurastheniker** *m* an Neurasthenie Leidender; **Neuritis** *f* Nervenentzündung; **neurogen** durch die Nerven verursacht; **Neurologe** *m* Nervenarzt; **Neurologie** *f* Nervenheilkunde; **Neurose** *f* seelische Störung, Verhaltensanomalie; **Neurotiker** *m* an Neurose Leidender

neutral (lat) **1.** unabhängig, **2.** unparteiisch, keiner Interessensgruppe angehörend, **3.** sächlich (Sprachw.); **neutralisieren 1.** außer Kraft setzen, **2.** Kräfte gegenseitig aufheben, **3.** (ein Gebiet) von Militär räumen; **Neutralität** *f* **1.** unparteiische Haltung, **2.** Nichtbeteiligung, Nichteinmischung; **Neutrum** *n* sächliches Hauptwort (Sprachw.)

Newcomer *m* (engl) Neuling

New Look *m* (engl) neuester (Mode-)Stil

News *pl* (engl) Neuigkeiten, Nachrichten

Nexus *m* (lat) Zusammenhang, Verbindung

Nightclub *m* (engl) Nachtklub, Nachtbar

Nihilismus *m* (lat) **1.** Glaube an die Nichtigkeit alles Seienden, **2.** völlige Verneinung aller bestehenden Werte; **Nihilist** *m* Vertreter des Nihilismus; **nihilistisch 1.** den Nihilismus betreffend, **2.** zerstörerisch

Nimbus *m* (lat) **1.** Heiligenschein, Strahlenkranz, **2.** Ansehen

Nimrod *m* (hebr) begeisterter Jäger (nach der gleichnamigen biblischen Gestalt)

Nirwana *n* (sanskr) (nach der buddhist. Lehre) Erlöschen des Lebens, Zustand seliger Ruhe

Niveau *n* (fr) **1.** Höhenstufe, Rang, (Bildungs-)Grad, **2.** waagerechte, ebene Fläche; **nivellieren** einebnen, gleichmachen

nobel (fr) **1.** vornehm, **2.** großzügig; **nobilitieren** adeln; **Nobility** *f* (engl) engl. Hochadel; **Noblesse** *f* (fr) vornehme, adelige Gesinnung; **noblesse oblige** Adel verpflichtet

Nobody *m* (engl; »niemand«) unbedeutende Person

Nocturne *n, f* (fr) träumerisches Musikstück

Noema *n* (gr) Gedanke, Gedachtes; **Noesis** *f* geistiges Wahrnehmen, Denken, Erkennen

No future! (engl) keine (Aussichten für die) Zukunft! (Schlagwort Jugendlicher)

no iron (engl) bügelfrei (von Stoffen)

nolens volens (lat) **1.** wohl oder übel, **2.** gezwungenermaßen

Nomade *m* (gr) **1.** Angehöriger eines Hirten- oder Wandervolks, **2.** ruheloser Mensch; **nomadisch 1.** nicht seßhaft, **2.** ruhelos

Nom de guerre *m* (fr; »Kriegsname«) Deckname; **Nom de plume** *m* (»Federname«) Deckname eines Schriftstellers

Nomen *n* (lat) Nennwort; **nomen est omen** im Namen liegt eine Vorbedeutung; **Nomenklatur** *f* Verzeichnis von Fachausdrücken; **nominal 1.** ein Nomen betreffend, **2.** zum Nennwert; **Nominativ** *m* erster Beugefall; **nominell** (nur) dem Namen nach; **nominieren** be-, ernennen

No-name-Produkt *n* (engl-lat) Ware ohne Markenzeichen auf der Verpackung

Nonchalance *f* (fr) Lässigkeit, Unbekümmertheit; **nonchalant** lässig, formlos

Non-Cooperation *f* (engl; »Nicht-Mitarbeit«) gewaltloser Widerstand als politische Waffe

None *f* (lat) **1.** neunte Stufe der Tonleiter, **2.** Intervall von neun Stufen auf der Tonleiter

Non-fiction *n* (engl) Sachbuch, Fachbuch

Non-food-Abteilung *f* (engl-dt) in Einkaufszentren Abteilung, in der keine Lebensmittel verkauft werden

Nonkonformismus *m* (lat) Nichtübereinstimmung, Unangepaßtheit in politischer, weltanschaulicher Hinsicht; **Nonkonformist** *m* Vertreter des Nonkonformismus, Person, die ihre eigenen Anschauungen vertritt

non liquet (lat) es ist nicht klar (Rechtsw.)

Nonplusultra *n* (lat) Unübertreffliches

Nonsens *m* (engl) Unsinn

nonstop *n* (engl) ohne (Zwischen-)Halt

non troppo (it) nicht zuviel (Mus.)

nonverbal (lat) nicht durch Sprache (vermittelt)

Norm *f* (lat) **1.** Maßstab, Richtschnur, **2.** Regel, Durchschnitt, **3.** vorgeschriebenes Maß, vorgeschriebene Form; **normal 1.** der Norm entsprechend, regelrecht, **2.** geläufig, üblich, **3.** geistig gesund; **normalisieren 1.** vereinheitlichen, auf ein normales Maß (zurück-)bringen, **2.** zum Üblichen zurückkehren; **Normalität** *f* **1.** normaler Zustand, **2.** Vorschriftsmäßigkeit; **normativ 1.** maßgebend, **2.** Normen setzend; **normieren 1.** vereinheitlichen, **2.** regeln, festsetzen

Nosographie *f* (gr) Krankheitsbeschreibung; **Nosologie** *f* Krankheitslehre

Nostalgie *f* (gr) Heimweh, Sehnsucht

Nota *f* (lat) **1.** kurze Aufzeichnung, **2.** Rechnung

Notabeln *pl* (fr) angesehene Personen

nota bene (lat) wohlgemerkt, übrigens; **Notabene** *n* Vermerk

Notar *m* (lat) vereidigter Rechtswissenschaftler, der Urkunden,

Verträge u. ä. aufsetzt und beglaubigt; **Notariat** *n* **1.** Amt des Notars, **2.** Büro des Notars; **notariell** von einem Notar vorgenommen und beglaubigt

Notation *f* (lat) **1.** Aufzeichnen von Musik in Notenschrift, **2.** Festlegung der Abfolge von Rechenoperationen (EDV); **Note** *f* **1.** Eigenart, Merkmal, **2.** Anmerkung, **3.** Leistungsbewertung, Zensur, **4.** Tonschriftzeichen, **5.** diplomatisches Schriftstück, Denkschrift; **Notebook** *m* (engl; »Notizbuch«) Computer in Größe eines Buches; **notieren 1.** aufzeichnen, **2.** in Notenschrift aufzeichnen, **3.** den Preis eines Wertpapiers feststellen; **Notierung** *f* **1.** das Aufzeichnen, **2.** das Aufzeichnen in Notenschrift, **3.** Feststellung des Preises von Wertpapieren; **Notiz** *f* **1.** Nachricht, **2.** Vermerk

notorisch (lat) **1.** offenkundig, **2.** bekannt, berüchtigt

Notturno *n* (it) träumerisch-stimmungsvolles Musikstück

Nouveauté *f* (fr) (Mode-)Neuheit

Nouvelle Cuisine *f* (fr) neue Richtung der Kochkunst (seit ungefähr 1970), die ernährungswissenschaftliche Erkenntnisse berücksichtigt

Nova *f* (lat) (aufgrund von Explosionen in seinem Inneren) hellaufleuchtender Stern

Novelle *f* (it) **1.** kurze Prosaerzählung, **2.** Gesetzesergänzung; **Novellierung** *f* Abänderung, Ergänzung eines Gesetzes; **Novellist** *m* Verfasser von Novellen (1); **novellistisch** in Art einer Novelle

Novität *f* (lat) Neuheit, Neuerscheinung

Novize *m*, **Novizin** *f* (lat) Mönch bzw. Nonne während der Probezeit; **Noviziat** *n* Probezeit für Ordensneulinge

Novum *n* (lat) **1.** Neues, Neuheit, **2.** Erstmaligkeit

Nuance *f* (fr) **1.** Abstufung, Abtönung, **2.** Kleinigkeit; **nuancieren 1.** abstufen, abtönen, **2.** Unterschiede machen

Nudität *f* (lat) Nacktheit; **Nudismus** *m* Freikörperkultur; **Nudist** *m* Anhänger der Freikörperkultur

Nugget *n* (engl) Goldklumpen

nuklear (lat) **1.** den Atomkern betreffend, **2.** die Kernspaltung betreffend; **Nuklearwaffen** *pl* Kernwaffen; **Nukleus** *m* (Zell-)Kern

Nullifikation *f* Nichtigkeitserklärung; **nullifizieren** für nichtig erklären; **Nullität** *f* **1.** Nichtigkeit, Ungültigkeit, **2.** Wertlosigkeit

Numen *n* (lat) Gottheit, göttliches Wesen

Numerale *n* (lat) Zahlwort (Sprachw.); **numerieren** beziffern, mit Ziffern versehen; **numerisch** der Zahl nach; **Numerus** *m* Zahlform des Hauptworts (Einzahl oder Mehrzahl); **Numerus clausus** *m* Zulassungsbeschränkung für Hochschulen usw.

numinos (lat) göttlich

Numismatik *f* (gr) Münzkunde;

Numismatiker *m* Münzkundiger, -sammler

Nuntius *m* (lat) päpstlicher Gesandter

Nurse *f* (engl) Kinderpflegerin

Nus *m* (gr) **1.** Verstand, Geist, **2.** der weltordnende Geist (Philos.)

Nutriment *n* (lat) Nahrungsmittel (Med.); **nutritiv** nahrhaft, nährend (Med.)

Nympha *f* (gr) Schamlippe; **Nymphe** *f* altgriech. Naturgöttin; **Nymphomanie** *f* gesteigerter Geschlechtstrieb (bei Frauen), Mannstollheit

O

Oase *f* (gr) **1.** fruchtbarer Ort mit Wasserstelle in der Wüste, **2.** Ort, an dem man sich erholen kann

Obduktion *f* (lat) Leichenöffnung (zur Ermittlung der Todesursache); **obduzieren** Leichen öffnen

Obelisk *m* (gr) rechteckige spitzzulaufende Säule

Obesität *f* (lat) Fettleibigkeit (Med.)

Objekt *n* (lat) **1.** Gegenstand (auf den sich das Handeln richtet), **2.** das außerhalb des Bewußtseins Existierende, **3.** Satzergänzung, **4.** Wertgegenstand, **4.** modernes aus verschiedenen Materialien zusammengefügtes plastisches Kunstwerk; **objektiv 1.** außerhalb des Bewußtseins bestehend, **2.** sachlich, gegenständlich, **3.** unvoreingenommen; **Objektiv** *n* Vorderlinse von optischen Geräten; **Objektivation** *f* Vergegenständlichung; **objektivieren 1.** sachlich darstellen, **2.** vergegenständlichen; **Objektivität** *f* **1.** Sachlichkeit, **2.** Vorurteilslosigkeit, Unparteilichkeit; **Objektsatz** *m* Ergänzungssatz

Oblate *f* (lat) **1.** Abendmahlshostie, **2.** dünne eßbare Unterlage für Gebäck, **3.** kleines Bild zum Einkleben in ein Poesiealbum

obligat (lat) **1.** unerläßlich, **2.** üblich, unvermeidlich; **Obligation** *f* **1.** Verpflichtung, **2.** Schuldverschreibung, Pfandbrief; **obligatorisch 1.** verpflichtend, bindend, **2.** zwingend vorgeschrieben

obliterieren (lat) **1.** tilgen, **2.** verstopfen (Med.)

Obolus *m* (gr) **1.** Beitrag, **2.** kleine Geldspende

Obsequien *pl* (lat) Trauergottesdienst

Observation *f* (lat) Beobachtung; **Observatorium** *n* Sternwarte; **observieren 1.** beobachten, beachten, **2.** beschatten

Obsession *f* (lat) Zwangsvorstellung (Med., Psychol.) **obsessiv** zwanghaft, in Art einer Zwangsvorstellung

obskur (lat) **1.** dunkel, unklar, **2.** zweifelhaft, anrüchig; **3.** unbekannt

obsolet (lat) veraltet, nicht mehr gültig

obstinat (lat) eigensinnig, beharrlich, widerspenstig

Obstipation *f* (lat) Stuhlverstopfung (Med.)

Obstruktion *f* (lat) **1.** Widerstand, **2.** Behinderung der Geschäfte einer Volksvertretung, **3.** Verstopfung (Med.); **obstruieren** Widerstand **1.** leisten, hemmen, behindern, **2.** verstopfen (Med.); **obstruktiv 1.** hemmend, **2.** verstopfend (Med.)

obszön (lat) unanständig, das Schamgefühl verletzend; **Obszönität** *f* Unzüchtigkeit, Schamlosigkeit

Ocean-dumping *n* (engl) Verunreinigung der Meere durch Abfälle, Abwässer usw.; **Ocean-Liner** *m* großes Überseepassagierschiff

Odaliske *f* (türk) Haremssklavin

Odds *pl* (engl) **1.** Vorgaben (bei Sportwettkämpfen), **2.** Verhältnis vom Einsatz zum Gewinn (bei Pferdewetten)

Ode *f* (gr) feierlich-erhabenes Gedicht

Ödem *n* (gr) Gewebewassersucht (Med.)

Odeur *n* (fr) **1.** Duft, Wohlgeruch, **2.** merkwürdiger Geruch

Odium *n* (lat) widerwärtiger Beigeschmack (der einer Sache, einer Begebenheit anhaftet)

Odontalgie *f* (gr) Zahnschmerz; **Odontologie** *f* Zahnheilkunde

Odor *m* (lat) Geruch (Med.)

Odyssee *f* (gr) Irrfahrt, lange Reise (nach dem gleichnamigen Epos Homers)

Œuvre *n* (fr) (Gesamt-)Werk eines Künstlers

offensiv (lat) angreifend; **Offensive** *f* Angriff

offerieren (lat) anbieten; **Offerte** *f* **1.** Angebot, **2.** Preisangebot

Office *n* (engl) Büro

Offizial *m* (lat) hoher kath. Beamter; **offiziell 1.** amtlich, **2.** öffentlich, verbürgt; **offizinal**, **offizinell** arzneilich; **offiziös** halbamtlich

off limits! (engl) kein Zutritt!; **Off-Shore-Bohrung** *f* Bohrung nach Erdöl von einer der Küste vorgelagerten Plattform aus; **offside** abseits (beim Fußball); **Off-Stimme** *f* Stimme, die bei einer Bühnenproduktion, einer Fernsehsendung o. ä. zu hören ist, ohne daß man den Sprecher sieht

Oger *m* (lat-fr) Menschenfresser

Okkasion *f* (lat) **1.** Gelegenheit, **2.** Gelegenheitskauf; **okkasionell** gelegentlich

okkult (lat) verborgen, geheim; **Okkultismus** *m* **1.** Geheimlehre, **2.** Sammelbezeichnung für Lehren und Praktiken, die sich mit dem Übersinnlichen befassen; **Okkultist** *m* Anhänger des Okkultismus; **okkultistisch** den Okkultismus betreffend

Okkupation *f* (lat) Eroberung, Besetzung (fremden Gebiets); **okkupieren** erobern, besetzen

Ökologie *f* (gr) Lehre von den Beziehungen zwischen Lebewesen und Umwelt; **ökologisch** die Ökologie betreffend; **Ökonom** *m* **1.** Landwirt, **2.** Wirtschaftswissenschaftler; **Ökonomie** *f* **1.** Wirtschaftswissenschaft, **2.** Wirtschaft, (sparsame) Haushaltung; **ökonomisch 1.** die Wirtschaft betreffend, **2.** wirtschaftlich, **3.** sparsam

Oktaeder *n* (gr) Achtflächner; **Oktant** *m* **1.** Achtelkreis, **2.** nautisches Gerät; **Oktav** *n* Achtelbogenformat (bei Büchern, Heften usw.); **Oktave** *f* achte Stufe der Tonleiter; **Oktogon** *n* **1.** Achteck, **2.** achteckiger Bau; **oktogonal** achteckig

oktroyieren (fr) auferlegen, aufzwingen

Okular *n* (lat) Linse in Augennähe (von optischen Geräten); **Okulation** *f* Veredlung einer Pflanze durch Pfropfen; **okulieren** Pflanzen pfropfen, veredeln

Ökumene *f* (gr) **1.** der bewohnte Teil der Erde, **2.** Gesamtheit der christlichen Konfessionen; **ökumenisch 1.** die bewohnte Erde betreffend, **2.** die Gesamtheit der christlichen Konfessionen betreffend

Okzident *m* (lat) **1.** Abendland, **2.** Westen; **okzidental(isch) 1.** abendländisch, **2.** westlich

Oldie *m* (engl) **1.** alter Schlager, **2.** älterer Mensch

Oldtimer *m* (engl) **1.** altes Automobil, **2.** Person, die von Anfang an an einem Projekt o. ä. beteiligt ist

olfaktorisch (lat) den Geruchssinn betreffend (Med.)

Oligarchie *f* (gr) Herrschaft einer kleinen Gruppe; **oligarchisch** die Oligarchie betreffend

oligodynamisch (gr) in sehr kleinen Mengen wirksam

olim (lat) einst, einstmals

Olymp *m* (gr) **1.** Göttersitz (in der griech. Mythologie), **2.** überlegener geistiger Standort; **Olympiade** *f* olympische Spiele; **Olympier** *m* große, die anderen überragende Persönlichkeit; **Olympionike** *m* Teilnehmer an den olympischen Spielen; **olympisch** erhaben, hoheitsvoll; **olympische Spiele** *pl* alle vier Jahre stattfindende internationale Sportwettkämpfe

Ombrometer *n* (gr) Regenmesser

Ombudsmann *m* (schwed) (Parlaments-)Beauftragter, der die verfassungsmäßigen Rechte der Bürger vor Verletzungen durch die Behörden schützt

Omen *n* (lat) Vorzeichen, Vorbedeutung

Omertà *f* (ital) Schweigepflicht (innerhalb der Mafia)

ominös (lat) **1.** unheilvoll, **2.** verdächtig, anrüchig

omnipotent (lat) **1.** allmächtig, **2.** allgewaltig; **Omnipotenz** *f* Allmacht; **omnipräsent** allgegenwärtig; **Omnipräsenz** *f* Allgegenwart

Onanie *f* (hebr) geschlechtliche Selbstbefriedigung; **onanieren** sich selbst befriedigen

Ondit *n* (fr; »Man sagt«) Gerücht

Ondulation *f* (fr) das Wellen der Haare; **ondulieren** Haare wellen

One-man-Show *f* (engl) Show eines Alleinunterhalters

Onkologie *f* (gr) Lehre von den (bösartigen) Geschwülsten (Med.)

on line (engl) in direkter Verbindung mit einer Datenverarbeitungsanlage (EDV)

Önologie *f* (gr) Wein-, Weinbaukunde; **önologisch** die Önologie betreffend

Onomasiologie *f* (gr) Namenkunde, Wissenschaft, die untersucht, wie etwas bezeichnet wird;

Onomastikon *n* Namen-, Wörterverzeichnis; **Onomatopöie** *f* Lautmalerei, Klangnachahmung (bei der Bildung von Wörtern; z.B. »fauchen«); **onomatopoetisch** klangnachahmend, lautmalerisch

on the road (engl) auf der Straße, unterwegs

on the rocks (engl) mit Eiswürfeln (Getränke)

ontisch (gr) (unabhängig vom Bewußtsein) seiend; **Ontogenie, Ontogenese** *f* Entwicklung des Einzelwesens von der Eizelle zur Geschlechtsreife (Biol.); **Ontologie** *f* Lehre vom Seienden; **ontologisch** die Ontologie betreffend

opak (lat) undurchsichtig

Open-air-Festival *n* (engl) kulturelle Veranstaltung im Freien

open end (engl) mit offenem Ende, ohne festgesetztes zeitliches Ende

Oper *f* (it) Musikdrama; **Opera buffa** *f* heitere Oper; **Opera seria** *f* ernste Oper

Operateur *m* (fr) Chirurg; **Operation** *f* (lat) **1.** Eingriff des Chirurgen, **2.** militärisches Unternehmen, **3.** Handlung, **4.** (engl) Durchführung eines Befehls einer Datenverarbeitungsanlage (EDV); **Operations-Research** *f* (engl) Unternehmensforschung; **Operator** *m* Fachmann, der eine Datenverarbeitungsanlage bedient (EDV)

Operette *f* (it) leichtes, unterhaltendes musikalisches Bühnenwerk; **Operettenstaat** *m* unbedeutender, nicht ernst zu nehmender Staat

operieren (lat) **1.** einen chirurgischen Eingriff vornehmen, **2.** (militärisch) vorgehen, handeln; **operativ** **1.** eine Operation (1) betreffend, **2.** strategisch

Ophir *n* (hebr-gr) sagenhaftes Goldland (im Alten Testament)

Ophthalmiatrik *f* (gr) Augenheilkunde; **Ophthalmie** *f* Augenentzündung; **ophthalmisch** das Auge betreffend; **Ophthalmologe** *m* Augenarzt; **Ophthalmologie** *f* Augenheilkunde

Opponent *m* (lat) Widersacher, Person, die eine andere Meinung vertritt; **opponieren** **1.** widersprechen, **2.** sich gegen jmdn. stellen

opportun (lat) vorteilhaft, angebracht, zweckmäßig; **Opportunismus** *m* bedingungslose Anpassung an die jeweiligen Verhältnisse um des eigenen Vorteils willen; **Opportunist** *m* Person, die sich um des eigenen Vorteils willen bedingungslos an die bestehenden Verhältnisse anpaßt

Opposition *f* (lat) **1.** Widerstand, **2.** Gegensatz, **3.** Gegnerschaft, **4.** die an der Regierung nicht beteiligten Parteien; **oppositionell** **1.** gegnerisch, gegensätzlich, **2.** die Opposition (4) betreffend

Optik *f* (gr) **1.** Wissenschaft vom Licht, **2.** Sehweise, **3.** Erscheinungsbild; **Optiker** *m* Hersteller und Verkäufer von Brillen und anderen optischen Geräten; **op-**

tisch **1.** das Licht betreffend, **2.** die Augen (das Sehen) betreffend

optimal (lat) bestmöglich; **optimieren** etwas bestmöglich gestalten; **Optimismus** *m* heitere, lebensbejahende Einstellung; **Optimist** *m* heiterer, lebensbejahender Mensch; **optimistisch** heiter, lebensbejahend; **Optimum** *n* das Beste

Option *f* Anwartschaft auf den Kauf einer Sache

opulent (lat) **1.** üppig, **2.** kostbar; **Opulenz** *f* Üppigkeit

Opus *n* (lat) künstlerisches Werk; **Opuskulum** *n* kleines Werk, kleine Schrift

ora et labora! (lat) bete und arbeite!

Orakel *n* (lat) **1.** Rätselspruch, **2.** Weissagung

oral (lat) **1.** den Mund betreffend (Med.), **2.** mündlich

Orangerie *f* (fr) Gewächshaus (zum Überwintern von exotischen Pflanzen)

ora pro nobis! (lat) bitte für uns! (Formel zur Anrufung der Heiligen)

Oration *f* (lat) Gebet; **Orator** *m* Redner; **oratorisch** rednerisch; **Oratorium** *n* **1.** Bethaus, Kapelle, **2.** Musikwerk geistlichen Inhalts

Orbit *m* (lat) Umlaufbahn (eines Satelliten); **Orbita** *f* Augenhöhle (Med.)

Orchester *n* (gr) **1.** Raum für die Musiker vor der Bühne, **2.** Gruppe von Instrumentalmusikern; **Orchestik** *f* Tanzkunst; **orchestral** zum Orchester (2) gehörig; **orchestrieren** ein Musikstück für ein Orchester bearbeiten

Orchis *m* (gr) Hoden (Med.)

Ordal *n* (lat) Gottesurteil

Order *f* (fr) **1.** Auftrag, Befehl, **2.** Bestellung

Ordinalzahl *f* (lat) Ordnungszahl; **ordinär** (fr) **1.** gebräuchlich, alltäglich, **2.** gewöhnlich, niedrig; **Ordinariat** (lat) *n* Amt eines Ordinarius; **Ordinarius** *m* **1.** Klassenleiter, **2.** ordentlicher Professor; **Ordination** *f* **1.** Amtseinführung, **2.** Priesterweihe, **3.** ärztliche Verordnung; **ordinieren** **1.** zum Priester weihen, **2.** ärztlich verordnen; **Ordo** *m* **1.** Rangordnung, **2.** Stand des Priesters; **Ordonnanz** *f* Befehlsüberbringer (Mil.)

Organ *n* (gr) **1.** Sinn, **2.** Körperteil, **3.** Stimme, **4.** Behörde, **5.** Zeitschrift (eines Verbandes o. ä.); **Organik** *f* Wissenschaft vom Organismus; **Organisation** *f* **1.** planmäßige Gestaltung, **2.** Interessengruppe, Vereinigung; **organisch** **1.** ein Organ (2) betreffend, **2.** belebt, der belebten Natur zugehörig, **3.** nach innerem Gesetz sich entwickelnd; **organisieren** **1.** Teile vorbereiten, systematisch planen und aufbauen, **2.** sich zusammenschließen; **Organismen** *pl* Lebewesen; **Organismus** *m* **1.** Lebewesen, **2.** innerer Zusammenhang aller Teile untereinander und mit dem Ganzen; **Organologie** *f* Wissenschaft von den Organen und den Organismen; **Organotherapie** *f* Behandlung mit tierischen Organen oder Hormonen

Orgasmus *m* (gr) Höhepunkt der geschlechtlichen Erregung; **orgastisch** in Art eines Orgasmus

Orgiasmus *m* (gr) wilde Ausschweifung; **orgiastisch** ausschweifend, zügellos; **Orgie** *f* ausschweifendes Gelage

Orient *m* (lat) **1.** Morgenland, Vorder- und Mittelasien, **2.** Osten; **orientalisch** den Orient betreffend; **Orientalist** *m* Erforscher der Sprachen und Kulturen des Orients; **orientieren** **1.** eine Richtung finden, **2.** nach etwas ausrichten, **3.** unterrichten; **Orientierung** *f* **1.** das Sichzurechtfinden, **2.** geistige Ausrichtung, **3.** Unterrichtung

original (lat) **1.** ursprünglich, echt, **2.** urschriftlich, **3.** eigentümlich; **Original** *n* **1.** Urfassung, Urbild, **2.** Urschrift, **3.** eigentümlicher Mensch; **Originalität** *f* **1.** Ursprünglichkeit, **2.** Eigentümlichkeit; **originell** **1.** ursprünglich, **2.** eigenartig, eigentümlich

Orkus *m* (lat) Unterwelt

Ornament *n* (lat) Verzierung; **ornamental** schmückend, zierend

Ornat *m* (lat) Amtstracht (eines Priesters) für feierliche Anlässe

Ornis *f* (gr) Vogelwelt; **Ornithologe** *m* Vogelkundler; **Ornithologie** *f* Vogelkunde

Orogenese *f* (gr) Gebirgsbildung; **Orogenie** *f* Lehre von der Gebirgsbildung; **Orographie** *f* Gebirgsbeschreibung

orthodox (gr) **1.** rechtgläubig, strenggläubig, **2.** der offiziellen Lehrmeinung entsprechend; **Orthodoxie** *f* **1.** Rechtgläubigkeit, **2.** Strenggläubigkeit; **Orthogon** *n* Rechteck; **orthogonal** rechteckig; **Orthographie** *f* Rechtschreibung; **orthographisch** rechtschreibungsgemäß; **Orthopäde** *m* Facharzt auf dem Gebiet der Orthopädie; **Orthopädie** *f* Wissenschaft von der Entstehung und Behandlung von Schäden an den Haltungs- und Bewegungsorganen; **orthopädisch** die Orthopädie betreffend

Oscar *m* (am) Bezeichnung für die Statuette, die jährlich als Preis von der amerik. Filmakademie verliehen wird

Osmose *f* (gr) Konzentrationsausgleich von zwei Flüssigkeiten durch eine durchlässige Scheidewand hindurch; **osmotisch** in Art einer Osmose

ossal (lat) die Knochen betreffend; **Ossarium** *n* Beinhaus; **Ossifikation** *f* Knochenbildung, Verknöcherung (Med.); **ossifizieren** verknöchern (Med.)

Ostealgie *f* (gr) Knochenschmerz

ostensibel (fr) **1.** zeigbar, **2.** auffällig; **ostensiv** **1.** augenscheinlich, **2.** anschaulich darlegend; **ostentativ** unübersehbar, herausfordernd, nachdrücklich

Osteogenie *f* (gr) Knochenbildung; **Osteologie** *f* Wissenschaft von den Knochen; **Osteoporose**

f Abbau des festen Knochengewebes

ostinat(o) (it) beharrlich, stetig wiederkehrend (auf musikalische Baßthemen bezogen)

Ostitis *f* (gr) Knochenentzündung

Östrogen *n* (gr) weibliches Sexualhormon

Oszillation *f* (lat) Schwingung; **oszillatorisch** schwankend, zitternd; **oszillieren** schwingen, schwanken

Otagra *n*, **Otalgie** *f* (gr) Ohrenschmerz; **Otiatrie** *f* Ohrenheilkunde; **Otitis** *f* Ohrenentzündung

Otium *n* (lat) Muße

out (engl) nicht mehr gefragt, nicht mehr von Interesse, nicht mehr in Mode

Outboard *m* (engl) Außenbordmotor

Outcast *m* (engl) **1.** gesellschaftlicher Außenseiter, **2.** Ausgestoßener

outen (engl) **1.** sich in der Öffentlichkeit zu etwas (bes. zu seiner homosexuellen Veranlagung) bekennen, **2.** etwas über eine andere Person und gegen deren Willen in der Öffentlichkeit bekannt machen

Outfit *n* (engl) **1.** Ausstattung, **2.** Kleidung

Outlaw *m* (engl) **1.** Geächteter, **2.** Verbrecher

Output *n* (engl) **1.** (Güter-)Ausstoß, **2.** Ausgangsleistung einer Antenne, **3.** Datenausgabe (EDV)

Outsider *m* (engl) Außenseiter

outrieren (fr) übertreiben, übertrieben darstellen

Ouvertüre *f* (fr) (musikalisches) Vorspiel

oval (lat) eiförmig, länglichrund; **Ovarium** *n* Eierstock (Med.)

Ovation *f* (lat) Huldigung, Beifall

Overall *m* (engl) einteiliger Schutzanzug

overdressed (engl) (für einen bestimmten Anlaß) zu vornehm gekleidet

Overkill *m* (engl) Möglichkeit, den Gegner (aufgrund der Zahl der Waffen) mehrfach vernichten (töten) zu können

oversized (engl) zu groß, größer als nötig

Overstatement *n* (engl) (verbale) Übertreibung

Ovulation *f* (lat) Ausstoßung des reifen Eies aus dem Eierstock; **Ovulum, Ovum** *n* Ei, Eizelle

Oxyd *n* (gr) Sauerstoffverbindung; **Oxydation** *f* chemische Verbindung eines Stoffes mit Sauerstoff; **oxydieren** sich mit Sauerstoff verbinden

Oxymoron *n* (gr) Zusammenstellung zweier sich widersprechender Begriffe (z. B. »schaurig-schön«)

Ozean *m* (lat) (Welt-)Meer; **ozeanisch** zum Meer gehörig; **Ozeanographie** *f* Meereskunde

Ozon *m*, *n* (gr) Form des Sauerstoffs; **Ozonloch** *n* Zerstörung der Ozonsphäre durch bestimmte chemische Verbindungen; **Ozonsphäre** *f* Schicht der Erdatmosphäre, die durch eine besondere Konzentration an Ozon gekennzeichnet ist

P

Pace *f* (engl, »Schritt«) Geschwindigkeit, Tempo; **Pacemaker** *m* **1.** Schrittmacher, jmd., der bei einem Rennen das Tempo angibt, **2.** Herzschrittmacher

Packagetour *f* (engl) durch ein Reisebüro organisierte Reise im eigenen Auto

Pädagoge *m* (gr) **1.** Lehrer, Erzieher, **2.** Erziehungswissenschaftler; **Pädagogik** *f* Erziehungswissenschaft; **pädagogisch** **1.** die Pädagogik betreffend, **2.** erzieherisch

Paddock *m* (engl) Gehege für Pferde

Päderast *m* (gr) Mann, der sich von Jungen sexuell angezogen fühlt; **Päderastie** *f* Knabenliebe

Pädiater *m* (gr) Kinderarzt; **Pädiatrie** *f* Kinderheilkunde

Pädophilie *f* (gr) sexuelle Zuneigung von Erwachsenen zu Kindern

pagan (lat) heidnisch; **Paganismus** *m* **1.** Heidentum, **2.** heidnisches Element im christlichen Glauben

Page *m* (fr) junger (Hotel-)Diener

Page *f* (engl) Seite (EDV); **paginieren** (lat) mit Seitenzahlen versehen

Paideia *f* (gr) vor allem die musische, körperliche und politische Bildung umfassendes Erziehungsideal der griech. Antike

paille (fr) strohfarben, strohgelb

Paillette *f* (fr) Metallplättchen, das zur Verzierung auf ein Kleidungsstück aufgenäht ist

Pair *m* (fr) Angehöriger des französischen Hochadels

Pakt *m* (lat) **1.** Vertrag, Übereinkommen, **2.** (politisches) Bündnis; **paktieren** **1.** einen Vertrag schließen, sich verbünden, **2.** gemeinsame Sache machen

Paläoanthropologie *f* (gr) Wissenschaft vom vorgeschichtlichen Menschen; **Paläontologie** *f* Wissenschaft von den Lebewesen vergangener Erdzeitalter

Palästra *f* (gr) altgriech. Ringschule, Übungsplatz für Ringer

palatal (gr) den Gaumen betreffend; **Palatal** *m* am harten Teil des Gaumens gebildeter Laut (Sprachw.)

Palaver *n* (engl-port) langes, ergebnisloses Gerede (mehrerer Personen)

Palazzo *m* (it) Palast

Palette *f* (fr) **1.** (hölzernes) Mischbrett für Farben, **2.** Hubplatte zum Stapeln von Waren

Palindrom *n* (gr) Buchstaben- oder Wortfolge, die vor- und rückwärts gelesen dasselbe ergibt (z. B. »Retter«)

Palingenese *f* (gr) Wiedergeburt der Seele

Palisade *f* (fr) **1.** Schanzpfahl, **2.**

Pfahlwerk, Wand aus mehreren Palisaden (1)

Palladium *n* (gr) schützendes Heiligtum, Hort

palliativ (lat) schmerzlindernd (Med.); **Palliativ(um)** *n* schmerzlinderndes Mittel

Palmarum (lat) Palmsonntag

palpabel (lat) **1.** (unter der Haut) tastbar, greifbar (Med.), **2.** offenbar; **Palpation** *f* ärztliche Untersuchung durch Befühlen und Tasten; **Palpitation** *f* Herzklopfen (Med.)

Pampas *pl* (indian-span) südamerik. Grassteppe

Pamphlet *n* (fr) Schmäh-, Streit-, Flugschrift; **Pamphletist** *m* Verfasser eines Pamphlets

Panazee *f* (gr) Wundermittel, Allheilmittel

panchromatisch (gr) empfindlich für alle Farben (von Filmen)

Pandämonium *n* (gr) Gesamtheit aller Dämonen, bösen Geister usw.

Pandekten *pl* (lat) Sammlung von Auszügen aus dem altröm. Recht

pandemisch (gr) sich über mehrere Länder ausbreitend (von Krankheiten; Med.)

Paneel *n* (ndl) Holztäfelung; **paneelieren** mit Holz vertäfeln

Panegyrikos *m* (gr) Lobrede, Lobgedicht; **panegyrisch** (überschwenglich) lobend

Panel *n* (engl) **1.** für eine Meinungsbefragung ausgewählter Personenkreis, der als repräsentativ für eine bestimmte (gesellschaftliche) Gruppe gilt, **2.** (elektronische) Schalttafel

panem et circenses (lat; »Brot und Zirkusspiele«) Vergnügungen zur Zufriedenstellung der Massen

Panentheismus *m* (gr) Lehre, daß die gesamte Welt in Gott eingeschlossen ist

Paneuropa *n* (gr-lat) politische und wirtschaftliche Gemeinschaft aller europäischen Staaten (als Ziel); **paneuropäisch** gesamteuropäisch

Pangermanismus *m* (gr-lat) Alldeutschtum (Bewegung, die eine Vereinigung aller Deutschsprechenden anstrebt)

panhellenisch (gr-lat) die Gesamtheit aller Griechen betreffend; **Panhellenismus** *m* Allgriechentum

Panier *n* (fr) Wahlspruch

panieren (fr) mit Ei und Semmelbröseln überkrusten

Panik *f* (gr) übermächtige Angst (die vernünftiges Denken unmöglich macht); **panisch** angsterfüllt, vor Schrecken gelähmt

Pankarditis *f* (gr) Herzwandentzündung

Pankreas *n* (gr) Bauchspeicheldrüse

Panlogismus *m* (gr) Lehre vom logischen Aufbau des gesamten Universums

Panoptikum *n* Sammlung von Sehenswürdigkeiten, Wachsfigurensammlung

Panorama *n* (gr) **1.** (umfassender) Rundblick, **2.** Rundbild

Panslawismus *m* (gr-lat) Allslawentum

Pantheismus *m* (gr) **1.** Lehre, daß Gott und Welt eins sind; **2.** Allgottheitslehre, **Pantheist** *m* Vertreter des Pantheismus

Pantheon *n* (gr) **1.** Tempel für alle Götter, **2.** Gesamtheit aller Götter, **3.** Ehrentempel

Pantokrator *m* (gr) Allherrscher (Ehrentitel Gottes)

Pantomime *f* (gr) (schauspielerische) Darstellung einer Szene durch Gesten und Mienenspiel; **pantomimisch** durch Gesten und Mienenspiel dargestellt

Pantry *f* (engl) **1.** Vorratskammer, **2.** Anrichte (auf Schiffen und in Flugzeugen)

Pänultima *f* (lat) vorletzte Silbe eines Wortes

Papa *m* (lat) Bezeichnung des Papstes; **papal** päpstlich

Papagallo *m* (it; »Papagei«) Schürzenjäger, Frauenheld

Paper *n* (engl) Informationsschrift, Schriftstück; **Paperback** *n* (engl) Buch mit kartoniertem Einband

Papeterie *f* (fr) Schreib-, Papierwarenhandlung

Papiermaché *n* (fr) formbare Masse aus Papier und Leim

Papismus *m* (lat) Papsttum (nur abwertend gebraucht)

Papyrus *m* (gr) **1.** im Altertum gebräuchliches aus der Papyrusstaude hergestelltes Schreibmaterial, **2.** aus dem Altertum stammendes beschriftetes Papyrusblatt

Par *n* (engl) beim Golf Anzahl von Schlägen, die für jedes Loch als Norm festgesetzt sind

Para, Parachutist *m* (fr) Fallschirmjäger

Parabel *f* (gr) **1.** lehrhafte Dichtung, Gleichnis, **2.** Kegelschnitt (Math.)

Parabolantenne *f* (gr) Antenne in Form eines parabelförmig gekrümmten Spiegels

parabolisch (gr) **1.** gleichnishaft, **2.** parabelförmig gekrümmt

Parade *f* (fr) **1.** Truppen-, Flottenschau, Vorbeimarsch von Soldaten; **2.** Abwehr eines Hiebs (beim Fechten), Abwehr eines Angriffs (bei Sportwettkämpfen); **paradieren 1.** vorbeimaschieren, -schreiten, **2.** mit etwas prunken, sich aufspielen

Paradentose *f* (lat) Zahnfleischentzündung

Paradies *n* (pers-gr) **1.** Garten Gottes, **2.** Land der Seligen, **3.** Ort, der ein glückliches Leben ermöglicht; **paradiesisch** das Paradies (1) betreffend, **2.** überwältigend schön, wunderbar

Paradigma *n* (gr) **1.** Beispiel, Erzählung beispielhafter Art, **2.** Muster; **paradigmatisch** beispielhaft

paradox (gr) **1.** widersinnig, vernunftwidrig, **2.** äußerst merkwürdig; **Paradoxie** *f* das Widersinnige, Widerspruch in sich; **Paradox, Paradoxon** *n* **1.** etwas, das paradox (1) ist, **2.** widersinnig wirkende Aussage, die einen höheren Sinn in sich birgt

Paragliding *n* (engl) das Fliegen von Bergkuppen mit einem Gleitsegel (als Sport)

Paragraph *m* (gr) **1.** (numerierter) Abschnitt eines (Gesetzes-) Textes, **2.** das Zeichen für einen solchen Abschnitt (§); **paragraphieren** in Paragraphen gliedern

Paralipomenon *n* (gr) **1.** Ergänzungen, Nachträge (zu einem literarischen Werk), **2.** die Bücher der Chronik im Alten Testament

parallel (gr) **1.** im gleichen Abstand nebeneinander verlaufend, gleichlaufend, **2.** (sich) entsprechend, **3.** gleichzeitig, zugleich; **Parallele** *f* **1.** Gerade mit einer anderen gleichgerichteten Geraden, **2.** Entsprechung, ähnlicher Fall; **parallelisieren** vergleichend gegenüberstellen; **Parallelität** *f* Gleichlauf, Entsprechung, Übereinstimmung verschiedener Dinge, Geschehnisse usw.; **Parallelogramm** *n* Viereck mit paarweise gleichlaufenden Seiten

Paralogie *f* (gr) Vernunftwidrigkeit; **Paralogismus** *m* Fehlschluß

Paralyse *f* (gr) Lähmung; **paralysieren** lähmen, entkräften; **Paralytiker** *m* Gelähmter; **paralytisch** gelähmt

Parameter *m* (gr) **1.** kennzeichnende Größe, **2.** veränderliche Größe

paramilitärisch (gr-lat) militärähnlich

Paränese *f* (gr) Ermahnung, Ermahnungsschrift; **paränetisch** ermahnend

Paranoia *f* (gr) Wahnvorstellungen (z. B. Verfolgungswahn); **Paranoiker** *m* jmd., der an Paranoia leidet

paranormal (gr-lat) übernatürlich, übersinnlich

Paraphe *f* (fr) Namenszug, -zeichen; **paraphieren** (einen Vertrag) mit dem Namen unterzeichnen

Paraphrase *f* (gr) **1.** Umschreibung mit anderen Ausdrücken, **2.** freie Übertragung eines fremdsprachlichen Textes, **3.** freie Bearbeitung einer Melodie; **paraphrasieren** **1.** mit anderen Ausdrücken umschreiben, **2.** (eine Melodie) ausschmücken

Parapsychologie *f* (gr) Wissenschaft von den übersinnlichen Erscheinungen

Parasit *m* (gr) Schmarotzer, Lebewesen, das auf Kosten eines anderen lebt; **parasitär, parasitisch** schmarotzerhaft; **Parasitologie** *f* Wissenschaft von den pflanzlichen und tierischen Schmarotzern

Parästhesie *f* (gr) abnorme Körperempfindung (Med.)

parat (lat) bereit, zur Verfügung stehend, zum Aufbruch fertig

parataktisch (gr) neben-, gleichgeordnet (Sprachw.); **Parataxe** *f* Nebenordnung (Sprachw.)

Paravent *m* (fr) Windschutz, spanische Wand

par avion (fr) mit Luftpost

parboiled (engl) (von Lebensmitteln, insbes. Reis) zur Erhaltung der Vitamine vorbehandelt

par distance (fr) aus der Ferne

Pardon *m* (fr) **1.** Verzeihung, Gnade, **2.** Straferlaß

Parenchym *n* (gr) Organgewebe (Med.)

parental (lat) elterlich, die Parentalgeneration betreffend; **Parentalgeneration** *f* Elterngeneration; **Parentel** *f* die gesamte Nachkommenschaft eines Stammvaters

Parenthese *f* (gr) **1.** Einschaltung in einen Satz (in Klammern, Gedankenstrichen usw.) **2.** Klammer(zeichen), Gedankenstriche; **parenthetisch 1.** die Parenthese betreffend, **2.** eingeschoben, am Rande bemerkt

Parese *f* (gr) leichte Lähmung, Schwächung eines Muskels (Med.)

par excellence (fr) in Vollendung, schlechthin

par exprès (fr) durch Eilboten

par force (fr) **1.** mit Gewalt, gewaltsam, **2.** unbedingt; **Parforcejagd** *f* Hetzjagd (zu Pferd); **Parforceritt** *m* Gewaltritt; **Parforcetour** *f* Gewaltmarsch

Parfüm, Parfum *n* (fr) **1.** Duft, **2.** wohlriechende Flüssigkeit; **Parfümerie** *f* Geschäft für Parfüms, Kosmetika usw.; **parfümieren** (mit Hilfe von Parfüm) wohlriechend machen

Paria *m* (ind) **1.** Angehöriger der niedrigsten ind. Kaste, **2.** Ausgestoßener, Rechtloser

parieren (lat) **1.** bedingungslos gehorchen, **2.** (it) einen Angriff abwehren (beim Fechten), **3.** (fr) ein Pferd in eine langsamere Gangart oder zum Stehen bringen

Parität *f* (lat) **1.** Gleichstellung, Gleichheit, **2.** Austauschverhältnis zwischen verschiedenen Währungen; **paritätisch** gleichberechtigt, gleichgestellt

Park and Ride *n* (engl-am) System, bei dem Autofahrer ihre Fahrzeuge auf außerhalb der Innenstadt gelegenen Parkplätzen abstellen und von dort mit öffentlichen Verkehrsmitteln weiterfahren

Parkett *n* (fr) **1.** holzgetäfelter Fußboden, **2.** vordere Sitzreihen im Kino oder Theater

Parlament *n* (fr) **1.** Versammlung der Volksvertreter, **2.** Gebäude, das ein Parlament beherbergt; **Parlamentär** *m* Unterhändler (zwischen feindlichen Parteien); **Parlamentarier** *m* Angehöriger eines Parlaments, Abgeordneter; **parlamentarisch** das Parlament (1) betreffend

Parnaß (gr) *m* mythisches Reich der Dichtkunst

Parochie *f* (gr) Amtsbezirk eines Pfarrers

Parodie *f* (gr) verspottende Nachahmung (eines Kunstwerks); **parodieren** verspottend nachahmen; **parodistisch** in Art einer Parodie

Parole *f* (fr) **1.** Erkennungswort, Losung, **2.** Leitspruch, **3.** Falschmeldung, unwahre Behauptung;

Parole d'honneur *n* Ehrenwort

Paroli *n* (it): **Paroli bieten** Widerstand leisten

paroxysmal (gr) anfallartig (Med.); **Paroxysmus** *m* **1.** Krankheitsanfall, **2.** Vulkanausbruch

Pars pro toto *n* (lat) Redefigur, bei der ein Teil für das Ganze gesetzt wird (z.B. »Segel« für »Schiff«)

Part *m* (lat-fr) **1.** Rolle (in einem Film oder Theaterstück), **2.** Stimme eines Musikstücks

Parterre *n* (fr) **1.** Erdgeschoß, **2.** Sitzreihen zu ebener Erde in einem Zuschauerraum

Parthenogenese *f* (gr) **1.** Jungfrauengeburt (Rel.), **2.** jungfräuliche Zeugung (Biol.)

partial (lat) teilweise

Partie *f* (fr) **1.** Abschnitt, **2.** Spielrunde, **3.** (Waren-)Menge, **4.** Ausflug, **5.** Schauspielerrolle, **6.** Heirat; **partiell** teilweise

Partikel *f* (lat) Teilchen; **partikular** einzeln; **Partikularismus** *m* Kleinstaaterei, Bemühen von Teilgebieten eines Staates, ihre Interessen gegenüber der staatlichen Gemeinschaft durchzusetzen; **partikularistisch** den Partikularismus betreffend; **Partikularität** *f* Besonderheit; **Partikulier** *m* Schiffsführer auf eigenem Schiff

Partisan *m* (fr) Freischärler, bewaffneter Widerstandskämpfer

partitiv (lat) Teilung ausdrückend (Sprachw.)

Partitur *f* (it) Zusammenstellung aller Stimmen eines Tonwerks in Notenschrift

Partizip *n* (lat) Mittelwort eines Verbs; **Partizipation** *f* Beteiligung, Teilnahme; **partizipieren** Anteil haben

partout (fr) durchaus, unbedingt

Partus *m* (lat) Geburt, Entbindung (Med.)

Party *f* (engl) Fest, Feier

Parvenü *m* (fr) Emporkömmling

Parzelle *f* (fr) abgemessenes Grundstück; **parzellieren** ein größeres Grundstück aufteilen

Pas *m* (fr) (Tanz-)Schritt

Pascha *m* (türk; »Exzellenz«) **1.** herrischer Mann, **2.** Mann, der es liebt, bedient zu werden

Pasquill *n* (it) Schmähschrift, Spottschrift; **Pasquillant** *m* Verfasser einer Schmähschrift

passabel (fr) annehmbar, brauchbar, erträglich

Passage *f* (fr) **1.** Durchgang, **2.** Überfahrt (mit Schiff oder Flugzeug), **3.** überdachte Ladenstraße, **4.** zusammenhängender Textteil, **5.** Tonfolge; **Passagier** *m* Fahr-, Fluggast; **Passant** *m* Fußgänger

passé (fr) vergangen, veraltet, unmodern

Passepartout *n* (fr) **1.** Hauptschlüssel, **2.** Umrahmung aus Karton o. ä. für Bilder

Passeport *m* (fr) Reisepaß

passierbar (fr) wegsam, gangbar; **passieren** **1.** durchqueren, durchgehen, **2.** sich ereignen, **3.** durchsieben, durch ein Sieb drücken

passim (lat) da und dort, allenthalben

Passion *f* (lat) **1.** Leidensgeschichte (Christi), **2.** Leidenschaft, **3.** Vorliebe, Begeisterung; **passioniert** leidenschaftlich, begeistert

passiv (lat) duldend, tatenlos, teilnahmslos; **Passiva** *pl* Schuldenmasse, Verbindlichkeiten; **passive Resistenz** *f* gewaltloser Widerstand; **passives Mitglied** *n* nur zahlendes Mitglied (eines Vereins); **Passivität** *f* Teilnahmslosigkeit; **Passiv(um)** *n* Leideform des Verbs

Passus *m* (lat) Textstelle, -abschnitt

Pasta *f* (it) Teig, Teigwaren

Paste *f* (lat) **1.** streichbare (eßbare) Masse, **2.** streichbare Masse als Basis für Salben u. ä.

Pastell *n* (it) **1.** Farbstift, Farbkreide, **2.** mit Pastellfarben gemaltes Bild

pasteurisieren (fr) keimfrei (und dadurch haltbar) machen

Pastille *f* (lat) Lutschtablette

Pastor *m* (lat; »Hirt«) ev. Geistlicher, Seelsorger; **pastoral 1.** ländlich-idyllisch, **2.** pfarramtlich, **3.** feierlich, **4.** salbungsvoll; **Pastorale** *f, n* **1.** ländlich-idyllisches Musikstück, Schäferspiel, **2.** Darstellung von Hirtenszenen in der Malerei; **Pastorat** *n* Pfarramt

pastos (it) **1.** teigig, dickflüssig, **2.** mit dick aufgetragenen Farben gemalt

Patchwork *n* (engl; »Flickwerk«) Kleiderstoffe, Decken u. ä., die aus verschiedenfarbigen Flicken zusammengesetzt sind

patent (lat) brauchbar, geschickt, fähig; **Patent** *n* **1.** (Ernennungs-)Urkunde, **2.** Recht zur alleinigen Verwertung einer Erfindung, Erfindungsschutz; **patentieren** Erfindungsschutz zuteilen; **Patentrezept** *n* Lösung für alle Probleme

Pater *m* (lat; »Vater«) kath. Ordenspriester; **Paterfamilias** *m* Familienoberhaupt; **Paternität** *f* Vaterschaft; **Paternoster** *n* das Vaterunser; *m* Endlosaufzug

patetico (it) leidenschaftlich (Mus.)

pathétique (fr) leidenschaftlich (Mus.)

pathetisch (gr) **1.** ausdrucksvoll, feierlich, erhaben, **2.** übertrieben, schwülstig

pathogen (gr) krankheitserregend; **Pathogenese** *f* Gesamtheit der eine Krankheit auslösenden Ursachen; **Pathologie** *f* **1.** Wissenschaft von den Krankheiten, **2.** die pathologische Abteilung eines Krankenhauses, Instituts o. ä.; **pathologisch** die Pathologie (1) betreffend, **2.** krankhaft

Pathos *n* (gr) **1.** Ergriffenheit, Feierlichkeit, **2.** Gefühlsüberschwang

Patient *m* (lat) von einem Arzt behandelte Person

Patina *f* (it) **1.** grünliche Schicht auf Kupfer(legierungen), Edelrost, **2.** äußeres Zeichen dafür, daß etwas schon älter ist; **patinieren** etwas mit einer Patina überziehen, künstlich älter machen

Patio *m* (span) Innenhof eines Wohnhauses

Patriarch *m* (gr) **1.** biblischer Erzvater, **2.** hoher Würdenträger der griechisch-orthodoxen Kirche, **3.** autoritär herrschender Familienvater; **patriarchalisch** **1.** vaterrechtlich, vom Vater beherrscht, **2.** altehrwürdig, würdevoll, **3.** bevormundend; **Patriarchat** *n* Vaterrecht, -herrschaft

Patriot *m* (lat) sich für das eigene Vaterland einsetzende, es liebende Person; **patriotisch** sich für das eigene Vaterland einsetzend, es liebend; **Patriotismus** *m* Liebe zum eigenen Vaterland

Patrizier *m* (lat) **1.** vornehmer Bürger einer Stadt, **2.** Angehöriger des Stadtadels (im antiken Rom)

Patron *m* (lat) **1.** Schutzheiliger, **2.** Schutz-, Schirmherr, Gönner, **3.** Schuft, Spitzbube; **Patronat** *n* Schirmherrschaft; **patronisieren** beschirmen, begünstigen

Patrouille *f* (fr) **1.** militärische Streife, **2.** Streifgang; **patroullieren** auf Streife gehen

Patt *n* (it) **1.** Situation, in der keiner der an einer Auseinandersetzung beteiligten Gegner den (die) anderen schlagen kann, **2.** als unentschieden geltende Stellung beim Schachspiel

Pattern *n* (engl) (Verhaltens-)Muster

Pauperismus *m* (lat) Massenverarmung, -verelendung

pauschal (lat) ohne weitere Spezifizierung, alles umfassend; **Pauschale** *f* einmalige Abfindungssumme

Pause *f* (fr) durchgezeichnete Kopie (auf transparentem Papier); **pausen** durchzeichnen

Pavillon *m* (fr) **1.** Festzelt, **2.** kleines freistehendes (Garten-)Haus, **3.** Einzelbau auf einem Messe-, Ausstellungsgelände

Pax *f* (lat) Friede; **Pax vobiscum!** Friede sei mit euch!

Paying guest *m* (engl) im Ausland bei einer Familie wohnender Gast, der für seine Unterbringung bezahlt

Pazifikation *f* (lat) Befriedung, Beruhigung; **Pazifismus** *m* Streben nach Frieden auf der gesamten Welt, Ablehnung des Krieges; **Pazifist** *m* Anhänger des Pazifismus

Peak *m* (engl) **1.** Berggipfel, **2.** Gipfelpunkt, Maximum im Verlauf einer Kurve (Math., Chem.)

Pedal *n* (lat) **1.** Fußhebel, -taste, **2.** Tretkurbel (beim Fahrrad), **3.** mit dem Fuß zu bedienende Orgeltaste

Pedant *m* (it) übergenaue Person, Kleinigkeitskrämer, Federfuchser; **Pedanterie** *f* Übergenauigkeit, Kleinigkeitskrämerei; **pedantisch** übertrieben genau

Pedigree *m* (engl) Stammbaum (von Zuchttieren und -pflanzen)

Pediküre *f* (fr) **1.** Fußpflege, **2.** Fußpflegerin

Pedologie *f* (gr) Bodenkunde

Peeling *n* (engl) (Gesichts-)Hautschälung als Mittel der Schönheitspflege

Peep-Show *f* (engl) Schauvorführung einer entkleideten Frau, die von den Zuschauern aus Einzelkabinen beobachtet wird

Peer *m* (engl) **1.** Angehöriger des höchsten engl. Adels, **2.** Mitglied des engl. Oberhauses

Pegasos, Pegasus *m* (gr) geflügeltes Roß der altgriech. Sage (Sinnbild für die Phantasie des Dichters)

Pejoration *f* (lat) Bedeutungsverschlechterung eines Wortes (Sprachw.); **pejorativ** abwertend

pektoral (lat) die Brust betreffend (Med.); **Pektorale** *n* **1.** Brustkreuz hoher kath. Geistlicher, **2.** Brustschmuck (an mittelalterlichen Gewändern)

pekuniär (lat) geldlich, finanziell

pelagial, pelagisch (gr) das freie Meer betreffend; **Pelagial** *n* **1.** das Gebiet des freien Meeres, **2.** die Lebewesen des freien Meeres

pêle-mêle (fr) durcheinander

Pelerine *f* (fr) Regencape

Pelvis *f* (lat) **1.** das Becken (Med.), **2.** beckenförmiges Organ (Med.)

Penalty *m* (engl) Strafstoß (beim Eishockey)

Penaten *pl* (lat) altröm. Haus-, Schutzgeister

PEN-Club *m* (engl) internationale Schriftstellervereinigung

Pendant *n* (fr) Gegenstück, Entsprechung

penetrant (lat) **1.** durchdringend, beißend (von Gerüchen), **2.** aufdringlich; **Penetranz** *f* **1.** penetrante (1) Beschaffenheit, **2.** Aufdringlichkeit; **Penetration** *f* Ein-, Durchdringen; **penetrieren** ein-, durchdringen

penibel (fr) **1.** gewissenhaft, peinlich genau, **2.** unangenehm; **Penibilität** *f* Genauigkeit

Peninsula *f* (lat) Halbinsel; **peninsular** in Art einer Halbinsel, zu einer Halbinsel gehörend

Penis *m* (lat) Glied des Mannes (Med.)

Pennäler *m* (lat) Schüler einer höheren Schule

pensieroso (it) gedankenvoll, schwermütig (Mus.)

Pension *f* (fr) **1.** Ruhestand, **2.** Ruhegehalt, **3.** Unterkunft einschließlich Verpflegung, **4.** kleineres Hotel; **Pensionär** *m* **1.** Ruheständler, **2.** Ruhegehaltsempfänger; **Pensionat** *f* Erziehungsinstitut, in dem die Schüler auch wohnen und verpflegt werden; **pensionieren** in den Ruhestand versetzen

Pensum *n* (lat) **1.** in einer bestimmten Zeit zu erledigende Arbeit, **2.** in einer bestimmten Zeit zu lernender Unterrichtsstoff

Pentaeder *n* (gr) Fünfflächner; **Pentagon** *n* Fünfeck; **Pentagon** *n* (am) das amerik. Verteidigungsministerium; **Pentagramm** *n* (gr) fünfeckiger Stern, Drudenfuß; **Pentameter** *m* fünffüßiger Vers; **Pentateuch** *m* die fünf Bücher Mose im Alten Testament; **Pentekoste** *f* **1.** Pfingsten (der 50. Tag nach Ostern), **2.** der Zeitraum zwischen Ostern und Pfingsten

Penthouse *n* (engl-am) (luxuriöses) Appartement auf dem flachen Dach eines höheren Wohnhauses

Peon *m* (span) **1.** mittelloser Tagelöhner, **2.** Viehhirt (in Süd- und Mittelamerika)

Pep *m* (engl; aus *pepper* »Pfeffer«) Schwung, Spritzigkeit

Pepsin *n* (gr) **1.** Enzym der Magenflüssigkeit, **2.** aus dem Enzym hergestelltes Medikament

per (lat) **1.** durch, mit (z.B. »per Schiff reisen«), **2.** je (z.B. »per Kilo verkaufen«), **3.** bis zu(m) (z.B. »per 5. April anfertigen«)

per acclamationem (lat) durch Zuruf (jmdn. wählen z.B.)

per Adresse (lat) (wohnhaft) bei (als Postanschrift)

per conto (lat) auf Rechnung

Percussion *f* (engl) Schlagzeug, Gesamtheit der Schlaginstrumente

per definitionem (lat) wie es das Wort ausdrückt

perdendosi (it) sehr leise werdend (Mus.)

perdu (fr) verloren, weg

perennierend (lat) **1.** ausdauernd, **2.** mehrjährig (von Pflanzen)

Perestroika *f* (russ) Neugestaltung (der sowjetischen Wirtschaft und Gesellschaft)

perfekt (lat) **1.** vollendet, zum Abschluß gekommen, **2.** gültig; **Perfekt** *n* Zeitform des Verbs, mit der ein Geschehen als vollendet bezeichnet wird (»vollendete Vergangenheit«); **Perfektion** *f* Vollkommenheit, Vollendung; **Perfektionismus** *m* übertriebenes Streben nach Vollkommenheit

perfid(e) (lat) hinterhältig, heimtückisch; **Perfidie** *f* **1.** Hinterhältigkeit, Heimtücke, **2.** perfide Tat, perfide Äußerung

Perforation *f* (lat) **1.** Durchlöcherung, **2.** Lochung, Trennlinie (z.B. bei Briefmarken); **perforieren 1.** durchlöchern, **2.** lochen, mit einer Trennlinie versehen

Performance *f* (engl) (künstlerische) Vor-, Aufführung

Performanz *f* (lat) Gebrauch der Sprache

Pergament *n* (lat) **1.** geglättete Tierhaut als Schreibmaterial, **2.** alte Handschrift auf Pergament

Pergola *f* (it) Laube, Laubengang

Perihel *n* (gr) sonnennächster Punkt einer Planetenbahn

Perikarditis *f* (gr) Herzbeutelentzündung

Perimeter *n* (gr) Gesichtsfeldmesser (Med.)

Periode *f* (gr) **1.** Zeitabschnitt, -spanne, **2.** etwas regelmäßig Wiederkehrendes, **3.** Satzgefüge, **4.** Monatsblutung der Frau; **Periodikum** *n* in regelmäßigen Zeitabständen erscheinende Zeitschrift; **periodisch 1.** regelmäßig wiederkehrend, **2.** von Zeit zu Zeit

Periost *n* (gr) Knochenhaut;

Periostitis *f* Knochenhautentzündung

Peripetie *f* (gr) Wendepunkt (im Drama)

peripher (gr) **1.** am Rande gelegen, **2.** nebensächlich; **Peripherie** *f* **1.** Umfangslinie (des Kreises), **2.** Randbezirk (von Städten)

Periphrase *f* (gr) Umschreibung eines Begriffs, einer Person usw. durch Nennung typischer Eigenschaften; **periphrasieren** umschreiben; **pheriphrastisch** umschreibend

Periskop *n* (gr) **1.** ausfahrbares Fernrohr, **2.** Sehrohr von Unterseebooten

peristaltisch (gr) die Bewegung der Magen- und Darmwand betreffend

Peristase *f* (gr) Einfluß der Umwelt auf den Organismus

Peritoneum *n* (gr) Bauchfell (Med.); **Peritonitis** *f* Bauchfellentzündung

Perkolator *m* Gerät zur Gewinnung von Pflanzenauszügen

Perkussion *f* (lat) **1.** medizinische Untersuchung durch Beklopfen, **2.** Zündung durch einen Schlag

perkutan (lat) durch die Haut hindurch (Med.)

Perlustration *f* (lat) Untersuchung (eines Verdächtigen)

permanent (lat) andauernd, ununterbrochen; **Permanenz** *f* ununterbrochene Dauer

permeabel (lat) durchdringbar, durchlässig; **Permeabilität** *f* Durchlässigkeit

permissiv (lat) gewähren lassend; **Permissivität** *f* das Gewährenlassen

Permit *n* (engl) Erlaubnis(schein), Zulassung

Permutation *f* (lat) Vertauschung, Umstellung; **permutieren** tauschen, umstellen

perniziös (lat) bösartig, verderblich, unheilbar (Med.)

per pedes (lat) zu Fuß

Perpendikel *m, n* (lat) Uhrpendel; **perpendikulär** senkrecht

perpetuieren (lat) **1.** andauern, **2.** etwas unverändert fortsetzen

perplex (lat) bestürzt, fassungslos, völlig überrascht; **Perplexität** *f* Ratlosigkeit, Fassungslosigkeit

per se (lat) an und für sich, von selbst

Persenning *f* (ndl) wasserdichte Schutzplane

Perseveranz *f* (lat) Ausdauer; **perseverieren** **1.** bei etwas beharren, **2.** immer wieder in Erscheinung treten

Persiflage *f* (fr) Verspottung (durch Nachahmung); **persiflieren** durch Persiflage verspotten

Persistenz *f* (lat) **1.** Beharrlichkeit, **2.** Anhalten eines Zustands über lange Zeit (Med.); **persistieren** **1.** auf etwas beharren, **2.** (hartnäckig) bestehenbleiben (Med.)

Person *f* (lat) **1.** Mensch, **2.** individuelles Wesen, **3.** Figur in einem Film, einem Roman usw.; **Persona grata** *f* willkommener, beliebter Mensch; **Personal** *n* Gesamtheit der Angestellten, Betriebsangehörigen usw.; **Perso-**

nalcomputer *m* (engl) kleinerer Computer zur Textverarbeitung u. ä.; **Personalien** *pl* (lat) Angaben zur Person; **Personalität** *f* Wesen eines Menschen; **personaliter** persönlich; **Personalpronomen** *n* persönliches Fürwort; **Personality Show** *f* (engl) (Fernseh-)Schau, in deren Mittelpunkt ein einziger Künstler steht; **Persona non grata** *f* (lat) unerwünschte Person; **personell** **1.** das Personal betreffend, **2.** die Person betreffend; **personifizieren** **1.** vermenschlichen, **2.** verkörpern

Perspektiv *n* (lat) Fernglas; **Perspektive** *f* **1.** räumliche Darstellung eines Gebildes auf einer ebenen Fläche, **2.** Aussicht (für die Zukunft), **3.** Sichtweise, Blickwinkel; **perspektivisch** **1.** die Perspektive (1) betreffend, **2.** in die Zukunft gerichtet

Perspiration *f* (lat) Hautatmung (Med.); **perspirieren** ausatmen, durch die Haut ausdünsten

persuadieren (lat) überreden; **Persuasion** *f* Überredung

per ultimo (lat) zahlbar am Monatsletzten

pervers (lat) **1.** widernatürlich, **2.** (sexuell) andersartig veranlagt; **Perversität** *f* perverse Verhaltensweise; **pervertieren** **1.** entarten, **2.** verfälschen

perzeptibel (lat) wahrnehmbar; **Perzeption** *f* Wahrnehmung; **perzeptiv** auf Wahrnehmung bezüglich; **perzipieren** wahrnehmen

pesante (it) schleppend (Mus.)

Pessimismus *m* (lat) negative Grundhaltung, Schwarzseherei, -malerei; **Pessimist** *m* Mensch mit negativer Grundeinstellung, Schwarzseher; **pessimistisch** schwarzseherisch, bedrückt; **Pessimum** *n* ungünstigste Lebensbedingung (für Tiere und Pflanzen)

Pestilenz *f* (lat) Pest, Seuche; **pestilenzialisch** **1.** seuchenartig, **2.** stinkend; **Pestizid** *n* chemisches Schädlingsbekämpfungsmittel

Petit *f* (fr) kleiner Schriftgrad (Druckw.)

Petition *f* (lat) Bittschrift, Eingabe; **petitionieren** eine Eingabe einreichen

Petit mal *n* (fr) schwacher epileptischer Anfall (Med.)

Petit point *n* (fr) feine Stickarbeit

Petrefakt *n* (gr-lat) Versteinerung von Tieren oder Pflanzen; **petrifizieren** versteinern

Petrochemie *f* (gr-lat) **1.** Wissenschaft von der chemischen Zusammensetzung der Gesteine; **2.** chemische Gewinnung von Rohstoffen aus Erdöl oder Erdgas; **Petrogenese** *f* Geschichte der Entstehung der Gesteine; **Petroglyphen** *pl* Felszeichnungen; **Petrographie** *f* Gesteinskunde; **Petroleum** *n* Stein-, Erdöl

Petschaft *n* (tschech) Handstempel, Siegel

Petticoat *m* (engl) versteifter Unterrock

Petting *n* (am) sexuelle Kontaktaufnahme durch Streicheln, Betasten usw.

peu à peu (fr) nach und nach

Phalanx *f* (fr) **1.** geschlossene Schlachtreihe (des griech. Heeres in der Antike), **2.** geschlossene Front

phallisch (gr) den Phallus betreffend; **Phallus** *m* Glied des Mannes

Phänomen *n* (gr) **1.** Erscheinung, das Erscheinende (Philos.), **2.** außergewöhnlicher Vorfall, **3.** außergewöhnlicher Mensch; **phänomenal** außergewöhnlich, beeindruckend auffallend; **Phänomenalismus** *m* Lehre von der Beschränktheit der Erkenntnis auf die Erscheinungswelt; **Phänomenologie** *f* Erscheinungslehre; **Phänotyp(us)** *m* durch Erbfaktoren und Umwelteinflüsse geprägtes Erscheinungsbild eines Organismus

Phantasie *f* (gr) **1.** Vorstellungs-, Einbildungskraft, **2.** Einbildung, Hirngespinst; **phantasieren 1.** sich ausdenken, sich ausmalen, **2.** wirr reden, **3.** aus dem Stegreif spielen; **Phantasma** *n* Sinnestäuschung (Psychol.); **Phantasmagorie** *f* Truggebilde; **Phantast** *m* Träumer, Schwärmer; **phantastisch 1.** schwärmerisch, **2.** wunderlich, **3.** einmalig, großartig; **Phantom** *n* **1.** (Schreck-) Gespenst, **2.** Trugbild; **Phantomschmerz** *m* (gr-dt) Schmerzen, die man in einem amputierten, d.h. nicht mehr vorhandenen Körperglied spürt (Med.)

Pharisäer *m* (hebr-gr-lat) **1.** Angehöriger einer altjüdischen religiös-politischen Partei, **2.** Heuchler, Kriecher; **pharisäisch** die Pharisäer (1) betreffend, **2.** heuchlerisch

Pharmakon *n* (**Pharmaka** *pl*) (gr) Arzneimittel; **Pharmaindustrie** *f* Arzneimittelindustrie; **Pharmakologie** *f* Arzneimittellehre; **Pharmazie** *f* Arzneimittellehre; **Pharmazeut** *m* Wissenschaftler auf dem Gebiet der Pharmazie; **pharmazeutisch** die Pharmazie, die Herstellung von Arzneimitteln betreffend

Pharyngologie *f* (gr) Lehre vom Kehlkopf und seinen Krankheiten

Phase *f* (gr) **1.** Zeitabschnitt, **2.** Entwicklungsstufe, **3.** Durchgangszustand; **phasisch** in bestimmten Zeitabständen wiederkehrend

Phiale *f* (gr) flache (Opfer-)Schale

Philanthrop* *m* (gr) Menschenfreund; **Philanthropie** *f* Menschenliebe; **philanthropisch** menschenfreundlich, gütig, mildtätig

Philatelie *f* (gr) **1.** Briefmarkenkunde, **2.** das Sammeln von Briefmarken; **Philatelist** *m* **1.** jmd., der sich (auf wissenschaftlicher Basis) mit Briefmarken beschäftigt, **2.** Briefmarkensammler

Philharmonie *f* (gr) **1.** Gebäude mit einem Konzertsaal, **2.** Name für Orchester; **philharmonisch** musikpflegend

Philippika *f* (gr) Straf-, Kampfrede

Philister *m* (gr) Spießbürger, Kleingeist; **philiströs** spießbürgerlich engstirnig

Philologe *m* (gr) Sprach- und Literaturwissenschaftler; **Philologie** *f* Sprach- und Literaturwissenschaft; **philologisch** die Philologie betreffend

Philosoph *m* (gr; »Freund der Weisheit«) **1.** jmd., der nach der Wahrheit, dem Wesen der Welt usw. fragt, **2.** Weiser, Denker; **Philosophem** *n* Vernunftlehre, Weisheitssatz; **Philosophie** *f* Streben nach Erkenntnis; Seinslehre; **philosophieren 1.** Philosophie betreiben, **2.** nachsinnen, -grübeln; **philosophisch** die Philosophie betreffend

Phiole *f* (gr) weitbauchiges Glasgefäß mit langem, engem Hals

Phlegma *n* (gr) Trägheit (des Geistes), Schwerfälligkeit, Stumpfheit; **Phlegmasie** *f* Entzündung (Med.); **Phlegmatiker** *m* schwerfälliger, träger Mensch; **phlegmatisch** träge, schwerfällig, leidenschaftslos

phlogistisch (gr) entzündlich (Med.); **phlogogen** entzündungserregend (Med.); **Phlogosis** *f* Entzündung

Phobie *f* (gr) krankhafte Angst; **phobisch** in Art einer Phobie

Phon *n* (gr) Lautstärkemaß; **Phonem** *n* kleinste bedeutungsbestimmende Einheit, die selber keine Bedeutung trägt (Sprachw.; z.B. »*B*aß – *P*aß«); **Phonetik** *f* Lautlehre, Stimmbildungslehre; **phonetisch** die Phonetik betreffend, lautlich; **phonisch** die Stimme betreffend

Phönix *m* (gr) Vogel der altägypt. Sage, der sich im Feuer verjüngt, Symbol für Auferstehung und Erneuerung (»wie ein Phönix aus der Asche ...«)

Phonologie *f* (gr) Lehre von den Funktionen der Laute; **Phonophobie** *f* **1.** krankhafte Angst vor dem Sprechen, **2.** krankhafte Angst vor Geräuschen; **Phonothek** *f* Sammlung von Tonträgern; **Phonotypistin** *f* Sekretärin, die nach einem Diktiergerät schreibt

Phosphoreszenz *f* (gr) Nachleuchten zuvor mit Licht bestrahlter Stoffe im Dunkeln, Selbstleuchten; **phosphoreszieren** im Dunkeln nachleuchten

photogen (gr) photographisch bildwirksam; **Photograph** *m* jmd., der (berufsmäßig) Photographien anfertigt; **Photographie** *f* Lichtbild; **photographieren** Lichtbilder anfertigen; **Photokopie** *f* Lichtbild von Schriftstücken und Bildern; **Photolithographie** *f* Übertragung von Lichtbildern auf Stein; **Photometrie** *f* Lichtmessung; **Photomontage** *f* aus Einzelbildern zusammengestelltes Bild; **Photophobie** *f* erhöhte Lichtempfindlichkeit (Med.); **Photosphäre** *f* leuchtender Dunstkreis der Sonne; **Phototaxis** *f* Hinwendung der Pflanzen zum Licht; **Phototypie** *f* Lichtdruck

Phrase *f* (gr) **1.** (inhaltslose) Redensart, Redewendung, **2.** Satzteil, **3.** in sich geschlossene Tonfolge; **Phraseologie** *f* **1.** Lehre von den eigentümlichen Redewendungen einer Sprache, **2.** Sammlung von Redewendungen; **phrasieren** ausdrucksvoll vortragen

Phrenesie *f* (gr) Wahnsinn (Med.); **phrenetisch** wahnsinnig, rasend

Phthisis *f* (gr) **1.** Körperverfall (Med.), **2.** Lungentuberkulose (Med.)

Phylakterion *n* (gr) Gebetsriemen orthodoxer Juden

Phylogenie *f* (gr) Stammesgeschichte der Lebewesen (Biol.)

Physiater *m* (gr-lat) Naturheilkundiger; **Physiatrie** *f* Naturheilkunde

Physik *f* (gr) Wissenschaft von den mechanischen Gesetzmäßigkeiten der unbelebten Natur; **physikalisch** die Physik betreffend; **Physiker** *m* Wissenschaftler auf dem Gebiet der Physik; **Physikum** *n* medizinisches Vorexamen

Physiognomie *f* (gr) äußere Erscheinung, Gesichtsausdruck; **physiognomisch** die Physiognomie betreffend

Physiologie *f* (gr) Wissenschaft von den normalen Lebensvorgängen; **physiologisch** **1.** die Physiologie betreffend, **2.** die Lebensvorgänge des Organismus betreffend; **Physiotherapie** *f* Heilbehandlung durch natürliche Mittel (wie Wasser und Licht)

Physis *f* (gr) **1.** die Natur, das Wirkliche, das Erfahrbare, **2.** die körperliche Beschaffenheit eines Lebewesens; **physisch** **1.** natürlich, **2.** körperlich

phytogen (gr) **1.** aus Pflanzen entstanden (z. B. Kohle), **2.** durch Pflanzen ausgelöst (Med.); **Phytogeographie** *f* Wissenschaft von der Verbreitung der Pflanzen; **Phytologie** *f* Pflanzenkunde; **Phytopathologie** *f* Lehre von den Pflanzenkrankheiten; **phytophag** pflanzenfressend; **Phytotherapie** *f* Wissenschaft von der medizinischen Behandlung mit pflanzlichen Stoffen

piacevole (it) lieblich, gefällig (Mus.)

piangendo (it) klagend (Mus.)

pianissimo sehr leise (Mus.); **piano** sanft, leise (Mus.)

Piazza *f* (it) Platz; **Piazetta** *f* kleiner Platz

Picador *m* (span) mit einer Lanze bewaffneter Reiter beim Stierkampf

Picaro *m* (span) Gauner, Schelm

Pick-up *m* (engl) Tonabnehmer für Schallplatten

Pidgin(-Englisch) *n* Verkehrssprache, die aus vereinfachtem Englisch und Elementen aus anderen (meist asiat. oder afrik.) Sprachen besteht

Pie *f* (engl) Fleisch-, Obstpastete

Pièce *f* (fr) Theaterstück, Tonstück

Piedestal *n* (fr) Sockel, Ständer in Art eines Sockels
pieno (it) vollstimmig (Mus.)
Pierrot *m* (fr) Lustspielfigur, Spaßmacher
Pieta *f* (it) Darstellung Marias mit Christi Leichnam
Pietät *f* (lat) Achtung, Ehrfurcht
Pig *m* (engl; »Schwein«) abwertende Bezeichnung für einen Polizisten
Pigment *n* (lat) (Körper-)Farbstoff
pikant (fr) **1.** appetitanregend, stark gewürzt, **2.** reizvoll, **3.** anzüglich, zweideutig; **Pikanterie** *f* **1.** Reiz, **2.** Zweideutigkeit
pikieren (fr) junge Pflanzen auseinanderpflanzen; **pikiert** verletzt, gekränkt
Pikkolo *m* Kellnerlehrling; *f* kleine Sektflasche
Piktogramm *n* (gr) graphisches Symbol mit allgemein festgelegter Bedeutung (z.B. Blitz als Zeichen für Elektrizität)
Pilaster *m* (it) flacher Wandpfeiler
pillieren (fr) kleine Samenkörner mit einer Masse umhüllen und zu einer Kugel formen
Pilot *m* (fr) **1.** Flugzeugführer, **2.** Autorennfahrer; **Pilotfilm** *m* erster Film einer Filmserie, der den Zuschauer auf die kommenden Folgen aufmerksam machen soll
Pin *m* (engl) **1.** Kegel beim Bowling, **2.** chirurgischer Stift, Stecknadel
Pinakothek *f* (gr) Gemäldesammlung
Pinboard *n* (engl) Wandtafel (aus weichem Holz, Kork o. ä.), an die man mit Stecknadeln, Reißzwecken usw. etwas anheften kann
Pin-up-girl *n* (engl) **1.** Bild eines leichtbekleideten, erotisch anziehenden Mädchens (zum Anheften), **2.** hübsches, erotisch anziehendes Mädchen
pinxit (lat) hat gemalt (zusammen mit dem Namen des Künstlers auf Gemälden)
Pinzette *f* (fr) kleine Greifzange
Pionier *m* (fr) **1.** Bahnbrecher, Vorkämpfer, Schrittmacher, **2.** Soldat der technischen Truppe
Pipeline *f* (engl) Rohrleitung für Erdöl, Gas usw.
Pipette *f* (fr) Saugröhrchen
Pirouette *f* (fr) Drehung um die eigene Körperachse, Drehsprung
Piscina *f* (lat) altchristlicher Taufbrunnen
Pissoir *n* (fr) Bedürfnisanstalt für Männer
Piste *f* (fr) **1.** künstlich angelegte Strecke für Skiabfahrten, Autorennen, **2.** Rollbahn für Flugzeuge, **3.** unausgebaute Straße in der Wüste
Piston *n* (fr) **1.** Ventil der Blechblasinstrumente, **2.** Pumpenkolben
Pithekanthropus *m* (gr) Frühmenschentyp; **pithekoid** affenähnlich
pittoresk (it) malerisch
più (it) mehr (Mus.; z.B. *più forte* »lauter«)
pizzikato (it) mit den Fingern

gezupft (bei Streichinstrumenten; Mus.)

Placebo *n* (lat) Scheinmedikament

Placet *n* (lat) Genehmigung

plädieren (fr) **1.** vor Gericht einen Schlußvortrag halten, **2.** für etwas stimmen; **Plädoyer** *n* **1.** Schlußvortrag eines Staats- oder Rechtsanwalts, **2.** Befürwortung

Plafond *m* (fr) (flache) Zimmerdecke

Plagiat *n* (fr) **1.** unerlaubtes Nachahmen eines von einem anderen geschaffenen künstlerischen Werks o. ä., Diebstahl geistigen Eigentums, **2.** das Werk, das durch unerlaubtes Nachahmen entstanden ist; **Plagiator** *m* Person, die ein Plagiat begeht; **plagiieren** ein Plagiat begehen

Plaid *n* (engl) (Reise-)Decke, Wolldecke

plakativ (niederl-fr) **1.** plakatartig, **2.** auffällig, zur Schau gestellt

Plakette *f* (fr) kleine Platte mit Inschrift oder figürlicher Darstellung

plan (lat) eben, flach

Planche *f* (fr) Fechtbahn

Planet *m* (gr) Himmelskörper, der sich um eine Sonne bewegt; **Planetarium** *n* Vorrichtung zur Darstellung der Gestirne und ihrer Bewegungen; **Planetoid** *m* kleiner Planet

planieren (fr) (ein)ebnen

Planimeter *n* (gr) Instrument zur Bestimmung des Flächeninhalts ebener Flächen; **Planimetrie** *f* Flächenlehre

Plankton *n* (gr) im Wasser schwebende (Kleinst-)Lebewesen

Plantage *f* (fr) Pflanzung (in den Tropen)

Plaque *f* (fr) **1.** etwas erhabener Fleck auf der Haut (Med.), **2.** Zahnbelag

Pläsier *n* (fr) Vergnügen, Spaß

Plasma *n* (gr) Blutflüssigkeit

Plastics *pl* (engl) **1.** Kunststoffe, **2.** Gegenstände aus Kunststoff

Plastik *f* (gr) **1.** Bildhauerkunst, **2.** Werk eines Bildhauers; *n* (engl.) Kunststoff; **Plastiker** *m* Bildhauer; **plastisch 1.** bildhauerisch, **2.** gegenständlich, anschaulich, **3.** dreidimensional; **Plastizität** *f* **1.** Formbarkeit, **2.** Anschaulichkeit

Plateau *n* (fr) Hochebene, Hochland

Platitüde *f* (fr) Plattheit, Abgedroschenheit, Gemeinplatz

platonisch (gr) **1.** die Philosophie Platos betreffend, **2.** rein geistig, nicht sinnlich

plausibel (lat) einleuchtend

Playback *n* (engl) Abstimmung der Bildaufnahme beim Film mit der vorher hergestellten Tonaufnahme; **Playboy** *m* (junger) Lebemann, der nur seinen Vergnügungen nachgeht; **Playgirl** *n*, **Playmate** *f* Gefährtin eines Playboys; **Play-off** *n* Ausscheidungssystem im Sport

Plazenta *f* (lat) Nachgeburt, Mutterkuchen (Med.)

Plebejer *m* (lat) **1.** Angehöriger der unteren Volksschicht (im antiken Rom), **2.** ungehobelter,

grober Mensch; **plebejisch** ungebildet, pöbelhaft
Plebiszit *n* (lat) Volksabstimmung
Plebs *f* (lat) **1.** das niedere Volk (im antiken Rom), **2.** Pöbel, Gesindel
Pleinpouvoir *f* (fr) unbeschränkte Vollmacht
Plektron *n* (gr) hartes Plättchen aus Schildpatt oder Kunststoff zum Anreißen der Saiten von Zupfinstrumenten
Plenarsaal *m* (lat-dt) Saal für eine Vollsitzung; **Plenarversammlung** *f* Vollversammlung; **Plenum** *n* Gesamtheit der Abgeordneten, Vollversammlung
pleomorph (gr) vielgestaltig
Pleonasmus *m* (gr) überflüssige Häufung sinngleicher oder -ähnlicher Wörter (z. B. »winziger Zwerg«); **pleonastisch** doppelt ausgedrückt
Pleura *f* (gr) Brust-, Rippenfell (Med.); **Pleuritis** *f* Brust-, Rippenfellentzündung
plexiform (lat) geflechtartig (Med.); **Plexus** *m* Nervengeflecht
Plinthe *f* (gr) Fußplatte unter Säulen
Plissee *n* (fr) **1.** gefältetes Gewebe, **2.** gleichmäßig gelegte Falten; **plissieren** in Falten legen; **plissiert** gefältelt
Plombe *f* (fr) **1.** Metallsiegel, **2.** Zahnfüllung; **plombieren 1.** mit einer Plombe versiegeln, **2.** Zähne füllen
Plot *m* (engl) Handlungsablauf (eines Films, eines Romans usw.)
Plümeau *n* (fr) Federdeckbett
Plural *m* (lat) Mehrzahl; **Pluraletantum** *n* Wort, das nur im Plural vorkommt (z. B. »Eltern«); **pluralisch** den Plural betreffend, im Plural üblich; **Pluralis majestatis** *m* Bezeichnung der eigenen Person durch die Mehrzahl (z. B. »Wir, Wilhelm der II., ...«); **Pluralismus** *m* **1.** Vielgestaltigkeit, **2.** Anschauung, daß sich ein Staat aus einer Vielheit verschiedener Interessengruppen zusammensetzt; **pluralistisch** vielgestaltig
plus (lat) zuzüglich; **Plus** *n* **1.** Mehrbetrag, Gewinn, Überschuß, **2.** Vorteil; **Plusquamperfekt** *n* Vorvergangenheitsform des Verbs (Sprachw.)
Plutokratie *f* (gr) Geldherrschaft
Pneuma *n* (gr) **1.** Hauch, Lebenshauch (Philos.), **2.** Geist Gottes (Theol.); **Pneumatik** *f* Wissenschaft vom Verhalten der Gase; **Pneu** *m* mit Luft gefüllter Gummireifen; **pneumatisch 1.** luftgefüllt, **2.** durch Luftdruck bewegt, **3.** die Luft, das Atmen betreffend (Med.); **Pneumonie** *f* Lungenentzündung
Pocketbook *n* (engl) Taschenbuch; **Pocketkamera** *f* kleine (in die Tasche zu steckende) Kamera
Podagra *n* (gr) Fußgicht
Podest *n, m* (lat) **1.** Treppenabsatz, **2.** kleines Podium
Podium *n* (lat) **1.** Rednerpult, **2.** erhöhte Bühne; **Podiumsdiskussion** *f* Diskussion vor einem Publikum
Poem *n* (gr) Gedicht; **Poesie** *f* **1.** Dichtung, Dichtkunst, **2.**

dichterische Stimmung, dichterischer Zauber; **Poet** *m* Dichter; **Poetaster** *m* Dichterling; **Poetik** *f* Lehre von der Dichtkunst; **poetisch** **1.** dichterisch, **2.** stimmungsvoll

Pogrom *m, n* (russ; »Verwüstung«) gewalttätige Ausschreitungen gegen religiöse, rassische, nationale Minderheiten (insbes. gegen Juden)

Pointe *f* (fr) abschließender Höhepunkt, Schlußeffekt; **pointieren** betonen; **pointiert** nachdrücklich betont, zugespitzt

Pokal *m* (it) **1.** Kelchglas, **2.** Trophäe in Form eines Pokals, **3.** Kurzw. für Wettbewerb um einen Pokal (Sport)

Pokerface *n* (am) unbeteiligter, keine Gefühle verratender Gesichtsausdruck; **pokern** etwas unter hohem Risiko wagen

Pol *m* (gr) **1.** Drehpunkt, Mittelpunkt, **2.** Endpunkt der Erdachse, **3.** Aus- und Eintrittspunkt von elektrischem Strom; **polar** **1.** die Erdpole betreffend, aus der Region der Erdpole stammend, **2.** gegensätzlich; **polarisieren** Gegensätze herstellen oder vertiefen; **Polarität** *f* Gegensätzlichkeit; **Polarstern** *m* Nordstern

Polaroidkamera *f* (Kunstw.) Sofortbildkamera

Polemik *f* (gr) **1.** Meinungsstreit, (wissenschaftliche) Auseinandersetzung, **2.** (übertrieben) harte und unsachliche Kritik; **Polemiker** *m* jmd., der gerne unsachliche Kritik übt; **polemisieren** jmdn. mit Worten hart angreifen, (übertrieben) harte und unsachliche Kritik üben

Pole-position *f* (engl) vorderster Platz im Starterfeld eines Autorennens

Police *f* (fr) Versicherungsschein

polieren (fr) **1.** glätten, schleifen, **2.** blank putzen

Poliklinik *f* (gr) Krankenhaus für ambulante Behandlung

Polio, Poliomyelitis *f* (gr) Kinderlähmung

Polis *f* (gr) altgriech. Stadtstaat

Politesse *f* (gr) Höflichkeit; (Kunstw.) Gemeindeangestellte zur Überwachung des Verkehrs

Politik *f* (gr) **1.** Tätigkeit für ein Gemeinwesen, **2.** berechnendes, zielgerichtetes Handeln; **Politiker** *m* Staatsmann; **Politikum** *n* Ereignis, Tatsache von politischer Bedeutung; **politisch** staatsmännisch, ein Gemeinwesen betreffend

Politur *f* (lat) **1.** Glanz, **2.** Mittel, um Glanz zu erzeugen

Poll *m* (engl) **1.** Meinungsumfrage, **2.** Wahl

Pollution *f* (lat) unwillkürlicher Samenerguß (Med.)

Polyämie *f* (gr) krankhafter Blutüberschuß (Med.); **Polyandrie** *f* Vielmännerei (Ehe einer Frau mit mehreren Männern); **Polyarthritis** *f* Gelenkrheumatismus; **Polychromie** *f* Vielfarbigkeit; **polychrom(isch)** vielfarbig, bunt; **Polyeder** *n* Vielflächner; **Polygamie** *f* Vielweiberei (Ehe eines Mannes mit mehreren Frauen); **Polygamist** *m* mit mehreren Frauen verheirateter Mann; **polygen** vielfachen Ursprungs; **polyglott** vielsprachig, mehrere Sprachen sprechend; **Polyglottie** *f* Vielsprachigkeit; **Polygon** *n* Vieleck; **Polyhistor** *m* Gelehrter, der sich auf vielen Wissensgebieten auskennt; **polymorph** vielgestaltig; **Polymorphie** *f* Vielgestaltigkeit; **Polyp** *m* **1.** Krake, **2.** Geschwulst der Schleimhäute; **polyphag** **1.** verschiedenste Nahrung fressend, **2.** gefräßig; **Polyphagie** *f* Gefräßigkeit (Med.); **polyphon** vielstimmig; **Polyphonie** *f* Vielstimmigkeit; **polyvalent** mehrfachwirksam; **Polytechnikum** *n* technische Hochschule; **Polytheismus** *m* Vielgötterei

Pomologe *m* (lat) Fachmann für Obstbau; **Pomologie** *f* Obstbaukunde

Pompon *m* (fr) Wollquaste

pomposo (it) feierlich (Mus.)

pönalisieren (lat) unter Strafe stellen

Pönitent *m* (lat) Beichtender, Büßer; **Pönitenz** *f* Bußübung

Pontifex *m* (lat) Oberpriester im alten Rom; **Pontifex maximus** **1.** oberster Priester im antiken Rom, **2.** Titel des Papstes; **Pontifikalamt** *n* von höheren kath. Geistlichen gelesene Messe; **Pontifikat** *n* Amtszeit und Würde des Papstes oder eines Bischofs

Ponton *m* (fr) Brückenschiff, Schwimmkörper

Pool *m* (engl) **1.** Interessengemeinschaft (von Unternehmen), **2.** Kurzw. für **Swimming-Pool**

Pop *m*, **Pop-Musik** *f* (am) populäre Musik, moderne Unterhaltungsmusik

Popanz *m* (slaw) **1.** Schreckensgestalt, **2.** Mensch ohne eigenen Willen, der von einem anderen abhängig ist

Pop-art *f* (am) Richtung der modernen Kunst, die mit Objekten des alltäglichen Lebens arbeitet

Pope *m* (russ) **1.** Priester der orthodoxen Kirche, **2.** abwertende Bezeichnung für einen Priester

Popper *m* (engl) betont modisch und elegant gekleideter Jugendlicher

populär (fr) **1.** (beim Volk) beliebt, **2.** volkstümlich, gemeinverständlich; **popularisieren** **1.** gemeinverständlich darstellen, **2.** in die Öffentlichkeit bringen; **Popularität** *f* **1.** Beliebtheit, **2.** Volkstümlichkeit; **Population** *f* (lat) Bevölkerung

Pornographie *f* (lat) Darstellung geschlechtlicher Vorgänge in Wort oder Bild mit Betonung des rein Körperlichen; **pornographisch** unzüchtig, anstößig

porös (gr) durchlässig, löchrig

Port *m* (fr) Zufluchtsort, Ziel

portable (engl) tragbar (von technischen Geräten)

Portal *n* (lat) Haupteingang, prunkvolles Tor

Portefeuille *n* (fr) **1.** Brieftasche, -mappe, **2.** Geschäfts-, Zuständigkeitsbereich eines Ministers

Portiere *f* (fr) Türvorhang
Portikus *m* (lat) Säulenhalle, Wandelgang
Portion *f* (lat) **1.** Teil, Anteil, **2.** größere Menge
Porto *n* (it) Postgebühr
Porträt *n* (fr) **1.** Bild eines Menschen, **2.** Charakterbild (in schriftlicher oder mündlicher Form); **porträtieren 1.** ein Porträt herstellen, **2.** jmdn. charakterisieren
Posament *n* (fr) Zierband, -schnur, -quaste
Pose *f* (fr) unnatürliche Körperhaltung (die Wirkung erzielen soll); **posieren** eine Pose einnehmen, sich gekünstelt verhalten
Position *f* (lat) **1.** berufliche Stellung, **2.** Lage, **3.** Standort, **4.** Standpunkt, Einstellung, **5.** Einzelposten einer Liste
positiv (lat) **1.** bejahend, **2.** vorteilhaft, **3.** für das Bestehen einer Erkrankung sprechend; **Positiv** *m* Grundstufe des Eigenschaftsworts; *n* in den Farbwerten der Vorlage entsprechendes Lichtbild; **positive Wissenschaft** *f* Erfahrungs-, Naturwissenschaft; **Positivismus** *m* philosophische Richtung, die das Tatsächliche, Wirkliche, Erfahrbare in den Blickpunkt nimmt
Positur *f* (lat) Stellung, wirkungsvolle Körperhaltung
Possession *f* (lat) Besitz (Rechtsw.); **possessiv 1.** besitzanzeigend (Sprachw.), **2.** für sich beanspruchend, vereinnahmend; **Possessiv** *n* besitzanzeigendes Fürwort
post (lat) nach (auch als Wortbildungselement, z.B. »Postmoderne«)
Postament *n* (lat) Denkmalsockel
post Christum natum (lat) nach Christi Geburt
poste restante (fr) postlagernd
Poster *n* (engl) plakatartiges Bild
post festum (lat; »nach dem Fest«) nachträglich
posthum (postum) (lat) nach dem Tod einer Person erfolgt, vorgenommen (z.B. eine Ordensverleihung), nach dem Tode veröffentlicht, nachgelassen
postieren (fr) einen Platz anweisen, einnehmen
Postille *f* (lat) Predigtsammlung
Postillon d'amour (fr) Liebesbote, Überbringer von Liebesbriefen
Postludium *n* (lat) Nachspiel (Mus.)
post meridiem (lat) nachmittags, nach dem Mittag (bei Angaben der Uhrzeit)
post mortem (lat) nach dem Tode
Postskript(um) *n* (lat) Nachschrift (zu einem Brief)
Postulant *m* (lat) Bewerber; **Postulat** *n* **1.** (sittliche) Forderung, **2.** notwendige Voraussetzung, These; **postulieren 1.** fordern, **2.** feststellen
Pot *n* (engl) Marihuana
Potemkinsche Dörfer *pl* (russ) **1.** Trugbilder, **2.** Vortäuschungen
potent (lat) **1.** leistungsfähig, **2.**

mächtig, **3.** zeugungsfähig; **Potentat** *m* Machthaber, Herrscher; **potential** möglich; **Potential** *n* **1.** Leistungsfähigkeit, **2.** Gesamtheit der zur Verfügung stehenden Mittel u. ä.; **Potentialis** *m* Möglichkeitsform (Sprachw.); **potentiell** denkbar, möglich, der Möglichkeit nach; **Potenz** *f* **1.** Kraft, Fähigkeit, **2.** Zeugungskraft; **potenzieren** **1.** steigern, vermehren, **2.** eine Zahl mit sich selbst vervielfältigen

Potpourri *n* (fr) **1.** Allerlei, bunte Mischung, **2.** Zusammenstellung von verschiedenen Melodien

power (fr) armselig, dürftig

Power *f* (engl) Kraft, Stärke, Gewalt; **Powerplay** *n* gemeinsames Spiel der Feldspieler auf das gegnerische Tor (beim Eishockey); **Powerslide** *n* kontrolliertes Schleudern durch eine Kurve (beim Automobilrennsport)

Prä *n* (lat) Vorrang; **prä-** Wortbildungselement mit der Bedeutung »vor«, »voraus«

Präambel *f* (lat) **1.** Einleitung, Vorwort, **2.** Vorspiel (Mus.)

Prädestination *f* (lat) **1.** (göttliche) Vorherbestimmung, **2.** Vorherbestimmtsein, besonderes Geeignetsein für etwas; **prädestinieren** vorherbestimmen; **prädestiniert** berufen, besonders geeignet für etwas

Prädikat *n* (lat) **1.** Satzaussage, Satzwort (Sprachw.), **2.** (Ehren-) Titel, **3.** Zensur

prädisponieren (lat) **1.** im voraus bestimmen, **2.** aufnahmebereit, empfänglich machen; **Prädisposition** *f* Empfänglichkeit (für Krankheiten)

Prädomination *f* (lat) das Vorherrschen; **prädominieren** vorherrschen, überwiegen

praecox (lat) vorzeitig (Med.)

Präfekt *m* (lat) Statthalter; **Präfektur** *f* Amtssitz des Statthalters

Präferenz *f* (lat) Vorrang, Vorzug

Präfiguration *f* (lat) **1.** Vorgestaltung, **2.** Urbild

Präfix *n* (lat) Vorsilbe

Pragmatik *f* (gr) Sachbezogenheit, Ausgerichtetsein auf das Nützliche; **pragmatisch** sachlich, handlungsbezogen; **Pragmatismus** *m* **1.** Lehre vom Vorrang des Handelns gegenüber dem Denken, **2.** pragmatische Einstellung, Handlungsweise

prägnant (lat) treffend, gehaltvoll, in gedrängter Form; **Prägnanz** *f* Genauigkeit, Ausdrucksschärfe

Prähistorie *f* (lat) Vorgeschichte

Präjudiz *n* (lat) **1.** vorgefaßte Meinung, Vorurteil, **2.** Urteil, das bei der Entscheidung späterer Rechtsfälle berücksichtigt wird; **präjudizieren** der Entscheidung vorgreifen

Praktik *f* (gr) **1.** Art des Vorgehens, Verfahrensart, **2.** (nicht ganz einwandfreies) Vorgehen, Kunstgriff; **praktikabel** **1.** ausführbar, **2.** benutzbar; **Praktikabilität** *f* Ausführbarkeit; **Praktikant** *m* Person, die eine praktische Ausbildungszeit durchläuft; **Praktiker** *m* Fachmann, praktisch Begabter; **Praktikum** *n* **1.** Übungsstunde zur praktischen Anwendung des Erlernten, **2.** Zeit der praktischen Berufsausbildung; **praktisch 1.** zweckmäßig, **2.** geschickt, **3.** die Wirklichkeit betreffend, tatsächlich; **praktizieren 1.** einen Beruf ausüben, **2.** ins Werk setzen

Prälat *m* (lat) **1.** kath. geistlicher Würdenträger, **2.** höherer ev. Geistlicher

Präliminarien *pl* (lat) **1.** (diplomatische) Vorverhandlungen, **2.** Einleitungen

präludieren (lat) mit einem Vorspiel einleiten (Mus.); **Präludium** *n* Vorspiel (Mus.)

prämatur (lat) **1.** vorzeitig, **2.** frühreif (Med.); **Prämaturität** *f* Frühreife (Med.)

Prämie *f* (lat) **1.** Belohnung, Ehrenpreis **2.** zusätzlich gezahlter Geldbetrag, **3.** Versicherungsbeitrag, **4.** Gewinn in einer Lotterie o. ä.; **prämieren** durch Preisverleihung auszeichnen; **prämiert** preisgekrönt

Prämisse *f* (lat) **1.** Voraussetzung, **2.** Vordersatz eines logischen Schlusses

prämortal (lat) vor dem Tode (Med.)

pränatal (lat) vor der Geburt (Med.)

Präokkupation *f* (lat) **1.** Vorwegnahme, **2.** Voreingenommenheit, Befangenheit

Präparat *n* (lat) **1.** wissenschaftlich zubereiteter Stoff, Arzneimittel, **2.** für naturwissenschaftliche Zwecke haltbar gemachtes Objekt (Pflanzen, Tiere usw.); **Präparation** *f* **1.** Vorbereitung, **2.** Herstellung eines Präparats; **Präparator** *m* Person, die Präparate (2) herstellt; **präparieren 1.** vorbereiten, **2.** Präparate (2) herstellen

präponieren (lat) voranstellen; **Präposition** *f* Verhältniswort; **präpositional** die Präposition betreffend

Prärogativ *n*, **Prärogative** *f* (lat) Vorrecht (eines Herrschers)

Präsens *n* (lat) Gegenwartsform des Verbs; **präsent 1.** gegenwärtig, anwesend, **2.** zur Verfügung; **Präsent** *n* (fr) (kleines) Geschenk; **präsentabel** ansehnlich; **Präsentation** *f* **1.** Überreichung, **2.** Vorführung, -stellung; **präsentieren 1.** überreichen, **2.** vorzeigen, vorführen, vorstellen, **3.** mit einer Waffe eine militärische Ehrenbezeigung ausführen; **Präsenz** *f* Gegenwart, Anwesenheit

Präservativ *n* (lat) Empfängnisverhütungsmittel, Kondom; **präservieren 1.** schützen, **2.** haltbar machen

Präses *m* (lat) **1.** Vorsitzender, Vorstand eines kath. Vereins, **2.** Vorsitzender einer ev. Synode, Kirchenpräsident; **Präsident** *m* **1.** Vorsitzender, Leiter, **2.** Staatsoberhaupt in einer Republik; **präsidial** den Präsidenten, das Präsidium betreffend; **präsidieren** den Vorsitz führen, eine Versammlung leiten; **Präsidium** *n* **1.** Vorsitz, Vorstand, Leitung (einer Versammlung), **2.** Amtsgebäude eines Präsidenten

prästabilieren (lat) vorher festsetzen; **prästabiliert** vorher festgesetzt, unveränderlich

präsumieren (lat) voraussetzen, vermuten; **Präsum(p)tion** *f* Voraussetzung, Vermutung; **präsumtiv** wahrscheinlich, vermutlich

Prätendent *m* (fr) Person, die Ansprüche auf ein Amt o. ä. erhebt; **prätendieren 1.** etwas beanspruchen, fordern, **2.** behaupten; **Prätention** *f* Anspruch, Anmaßung; **prätentiös 1.** anspruchsvoll, **2.** anmaßend, hochmütig

Präteritum *n* (lat) Vergangenheitsform des Verbs

prävalent (lat) überwiegend, vorherrschend; **Prävalenz** *f* das Vorherrschen

prävenieren (lat) zuvorkommen, vereiteln; **Prävention** *f* vorbeugende Maßnahme; **präventiv** vorbeugend, verhütend

Praxis *f* (gr) **1.** Ausübung, Verrichtung, **2.** Erfahrung, **3.** Handhabung, **4.** Tätigkeitsbereich eines Arztes oder Rechtsanwalts, **5.** Arbeits-, Büroräume eines Arztes oder Rechtsanwalts

Präzedenzfall *m* (lat) vorhergehender Fall, der richtungweisend wird, Beispielsfall

präzis(e) (fr) genau, eindeutig, klar; **präzisieren** genau darlegen; **Präzision** *f* Genauigkeit

precipitando (it) beschleunigend (Mus.)

Précis *m* (fr) kurze Inhaltsangabe

prekär (fr) schwierig, heikel

Premiere *f* (fr) Erst-, Uraufführung

Premier(minister) *m* (fr) der Erste der Minister, Ministerpräsident

premium (engl) von bester Qualität

Presbyter *m* (gr) Angehöriger des ev. Kirchenvorstands; **Presbyterium** *n* ev. Kirchenvorstand

Pre-Shave *n* (engl) vor der Rasur anzuwendendes Gesichtswasser

pressant (fr) dringend, eilig; **pressieren** drängend, eilig sein; **Pression** *f* Druck, Zwang

Prestige *n* (fr) Ansehen, Geltung

presto (it) schnell (Mus.); **prestissimo** sehr schnell (Mus.)

Prêt-à-porter *n* (fr; »fertig zum Tragen«) Konfektionskleid(ung)

preziös (lat) geziert, gezwungen; **Preziosen** *pl* Wertsachen, Edelsteine

Prim *f* (lat) **1.** Morgengebet, **2.** Grundton der Tonleiter; **prima** (it) erstklassig, vorzüglich; **Prima** *f* (lat) die beiden obersten Klassen einer höheren Schule; **Primaballerina** *f* (it) Vortänzerin eines Balletts; **Primadonna** *f* **1.** erste Bühnensängerin, die die Hauptrolle übernimmt, **2.** verwöhnte Person, die eine Sonderbehandlung verlangt; **Primaner** *m* (lat) Schüler einer Prima; **primär** (fr) **1.** ursprünglich, **2.** vordringlich, **3.** grundlegend; **Primärliteratur** *f* (dichterische) Texte als Gegenstand einer wissenschaftlichen Untersuchung; **Primarstufe** *f*

Grundschule; **Primas** *m* (lat) **1.** Titel hoher kirchlicher Würdenträger, **2.** Vorgeiger einer Zigeunerkapelle; **Primat** *m*, *n* **1.** Vorrang(stellung), **2.** (nur *m*) höchstentwickeltes Tier in der Gruppe der Säugetiere (Mensch, Affe, Halbaffe); **Primeur** *m* (fr) junger franz. Rotwein; **primitiv** (lat) **1.** urtümlich, urwüchsig, **2.** ungebildet, **3.** armselig, notdürftig, behelfsmäßig; **Primitivität** *f* **1.** Ursprünglichkeit, **2.** Ungebildetheit, **3.** Einfachheit, Behelfsmäßigkeit; **Primiz** *f* erste Messe eines neugeweihten kath. Priesters; **Primiziant** *m* neugeweihter kath. Priester; **Primogenitur** *f* Erstgeburtsrecht; **primordial** uranfänglich; **Primus** *m* Klassenerster; **Primus inter pares** *m* Erster unter Ranggleichen; **Primzahl** *f* Zahl, die nur durch 1 und sich selbst teilbar ist

print (engl) drucken; **printed in** ... gedruckt in ...; **Printer** *m* **1.** automatisches Kopiergerät, **2.** Gerät zum Ausdrucken von Daten (EDV)

Prinzip *n* (lat) **1.** Regel, Grundsatz, Richtlinie, **2.** Gesetzmäßigkeit; **Prinzipal 1.** Leiter einer Theatertruppe, **2.** Geschäftsinhaber; **prinzipiell 1.** grundsätzlich, **2.** aus Prinzip

Prior *m* (lat) Klostervorsteher; **Priorat** *n* Amt des Klostervorstehers; **Priorität** *f* **1.** zeitliches Vorhergehen, **2.** Vorrang, Vorrecht

Prise *f* (fr) **1.** im Krieg erbeutetes Handelsschiff mit Ladung, **2.** kleine (zwischen zwei Fingern zu greifende) Menge eines körnigen oder pulvrigen Stoffes

Prisma *n* (gr) lichtdurchlässiger, lichtbrechender Körper

Prisoner of war *m* (engl) Kriegsgefangener

privat (lat) **1.** die eigene Person betreffend, **2.** nicht öffentlich, außeramtlich, -dienstlich, nicht offiziell, **3.** nicht staatlich, **4.** vertraulich, **5.** nur wenigen zugänglich; **Privatdozent** *m* nichtbeamteter Hochschullehrer; **Privatier** *m* Rentner; **privatim** in vertraulicher Weise, unter vier Augen; **privatisieren 1.** staatliche Betriebe in private umwandeln, **2.** als Privatmann von eigenem Kapital leben; **Privatisierung** *f* Umwandlung von Staatseigentum in Privateigentum; **Privatissimum** *n* Hochschulvorlesung für einen ausgewählten Hörerkreis

Privileg *n* (lat) Vorrecht, Sonderrecht, Begünstigung; **privilegieren** mit Vorrecht ausstatten, begünstigen

Prix *m* (fr) Preis

pro (lat) je; **pro anno** jährlich

probabel (lat) wahrscheinlich, glaubhaft; **Probabilität** *f* Wahrscheinlichkeit

Proband *m* (lat) **1.** Versuchsperson, **2.** auf Bewährung entlassener Strafgefangener; **probat** erprobt, bewährt

Problem *n* (gr) **1.** schwierige, noch nicht gelöste Aufgabe, **2.** Schwierigkeit; **Problematik** *f*

Schwierigkeit, die sich aus einer Frage, einem Sachverhalt usw. ergibt; **problematisch** **1.** schwierig, **2.** zweifelhaft, ungelöst

Procedere *n* (lat) Vorgehensweise, Verfahrensweise

pro domo (lat) für die eigene Person, in eigener Sache

Producer *m* (engl) **1.** Hersteller, **2.** Film-, Musikproduzent

Produkt *n* (lat) **1.** Erzeugnis, **2.** Ergebnis, Folge; **Produktion** *f* **1.** Erzeugung, Herstellung, **2.** Herstellung eines Films o. ä.; **produktiv** **1.** ergiebig, **2.** fruchtbar, leistungsfähig, schöpferisch; **Produktivität** *f* **1.** Ergiebigkeit, **2.** Schaffenskraft; **Produzent** *m* **1.** Hersteller, **2.** Leiter einer Produktion (2); **produzieren** **1.** herstellen, erzeugen, **2.** einen Film o. ä. herstellen; **sich produzieren** mit etwas die Aufmerksamkeit auf sich ziehen

profan (lat) **1.** unheilig, weltlich, **2.** alltäglich; **Profanation, Profanierung** *f* Entweihung, Entwürdigung; **profanieren** entweihen, entwürdigen

Profession *f* (fr) Beruf, Gewerbe; **Professional** *m* (engl) **1.** jmd., der etwas berufsmäßig und gekonnt ausübt, **2.** Berufssportler; **professionell** **1.** berufsmäßig, **2.** fachmännisch, gekonnt; **Professor** *m* Hochschullehrer; **Professur** *f* Lehramt an Hochschule

Profi *m* (engl) **1.** Fachmann, **2.** Berufssportler

Profil *n* (fr) **1.** Seitenansicht (eines Gesichts), Aufriß, **2.** Querschnitt, **3.** persönliche Eigenart, positive Eigenschaften eines Menschen, **4.** Riffelung bei Gummireifen, Schuhsohlen u. ä.; **profilieren** sich im Profil (1) abzeichnen, **2.** im Querschnitt, in Seitenansicht darstellen, **3.** sich durch Leistung auszeichnen; **profiliert** **1.** von ausgeprägter Eigenart, **2.** gerillt; **Profilneurose** *f* übertriebenes Geltungsstreben

Profit *m* (fr) **1.** Gewinn, Erlös, Nutzen, **2.** Ertrag aus Kapital; **profitabel** **1.** gewinn-, nutzbringend, **2.** einträglich; **profitieren** Nutzen, einen Vorteil haben

pro forma (lat) **1.** (nur) der Form halber, **2.** zum Schein

profund (lat) **1.** tief, gründlich, **2.** tiefliegend (Med.)

Progenie *f* (lat-gr) starkes Vorstehen des Unterkiefers oder Kinns (Med.)

Prognose *f* (gr) Vorhersage von Zukünftigem auf Grund einer Beurteilung des Gegenwärtigen; **Prognostik** *f* Wissenschaft von der Prognose; **Prognostikon, Prognostikum** *n* Vorzeichen, Vorbedeutung; **prognostizieren** vorhersagen, vorhersehen

Programm *n* (gr) **1.** Plan, Ablauf, **2.** Bekanntgabe öffentlicher Darbietungen, **3.** (schriftlich vorgelegte) Zielsetzung, **4.** Computersoftware, der in einen Computer eingegebene Rechengang; **Programmatiker** *m* Person, die ein Programm (3) aufstellt; **programmatisch** richtungweisend, zielsetzend; **Program-**

mierer *m* Fachmann für die Erarbeitung von Rechengängen für Datenverarbeitungsmaschinen (EDV)

Progreß *m* Fortgang, Fortschreiten; **Progression** *f* **1.** stufenweises Fortschreiten, Steigerung, **2.** Zahlenreihe; **progressiv** **1.** stufenweise fortschreitend, sich steigernd, **2.** fortschrittlich

Prohibition *f* (lat) staatlich erlassenes Alkoholverbot

Projekt *n* (lat) Entwurf, Plan, Vorhaben; **projektieren** entwerfen, planen; **Projektil** *n* Geschoß; **Projektion** *f* **1.** Wiedergabe eines Bildes mit einem Bildwerfer, **2.** Übertragen von eigenen Gefühlen usw. auf andere Personen (Psychol.); **projizieren** **1.** mit dem Bildwerfer darstellen, **2.** eigene Gefühle usw. auf eine andere Person übertragen

Proklamation *f* (lat) öffentliche Bekanntmachung, offizielle Verkündigung, Erklärung; **proklamieren** **1.** verkündigen, erklären, **2.** aufrufen

Prokrustesbett *n* unangenehme Situation, Zwangslage (nach einer Gestalt der altgriech. Sage)

Prokura *f* (it) Ermächtigung zur Geschäftsführung, Handlungsvollmacht; **Prokurist** *m* Geschäftsbevollmächtigter

Prolegomenon *n* (gr) Vorbemerkung, Vorwort

Prolet, Proletarier *m* (lat) **1.** Angehöriger der besitzlosen Gesellschaftsklasse (im antiken Rom), **2.** ungebildeter Mensch, **Proletariat** *n* besitzlose Gesellschaftsklasse

proliferieren (lat) sich schnell und üppig vermehren, wuchern

Prolog *m* (gr) Vorrede eines literarischen Texts, Vorspiel eines Dramas

Prolongation *f* (lat) Verlängerung, Stundung; **prolongieren** verlängern, stunden

pro memoria (lat) zum Gedenken (an)

Promenade *f* (fr) **1.** Spaziergang, **2.** breiter Spazierweg; **promenieren** spazierengehen

Promille *n* (lat) ein Tausendstel

prominent (lat) **1.** hervorragend, **2.** berühmt, allgemein bekannt; **Prominenz** *f* **1.** Gesamtheit der berühmten Personen, **2.** das Berühmtsein

promiscue (lat) vermischt, durcheinander; **Promiskuität** *f* Geschlechtsverkehr mit häufig wechselnden Partnern

Promoter *m* (engl) Veranstalter von sportlichen Wettkämpfen; **Promotion** *f* Absatzförderung (durch Werbemaßnahmen)

Promotion *f* (lat) Erlangung, Verleihung des Doktorgrades; **promovieren** **1.** eine Doktorarbeit schreiben, die Doktorwürde erlangen, **2.** die Doktorwürde verleihen

Pronomen *n* (lat) Fürwort; **pronominal** das Pronomen betreffend, fürwörtlich

prononziert (fr) **1.** deutlich und scharf ausgesprochen, **2.** ausgeprägt

Proömium *n* (gr) Einleitung, Vorrede

Propädeutik *f* (gr) vorbereitende Einweisung in die Grundlagen einer Wissenschaft; **propädeutisch** einführend

Propaganda *f* (lat) **1.** Verbreitung von Ideen, **2.** Werbung; **Propagation** *f* Fortpflanzung; **propagieren** **1.** Ideen verbreiten, allgemein bekanntmachen, **2.** werben

pro patria (lat) für das Vaterland

Prophet *m* (gr) **1.** Seher, Weissager, **2.** (von Gott berufener) Verkünder, Mahner; **Prophetie** *f* Voraussage, Weissagung; **prophetisch** vorausschauend; **prophezeien** voraussagen, weissagen

prophylaktisch (gr) vorbeugend, schützend (Med.); **Prophylaxe** *f* vorbeugende Maßnahme

Proportion *f* (lat) (Größen-) Verhältnis, Ebenmaß; **proportional** verhältnismäßig, angemessen; **proportioniert** ebenmäßig; **Proporz** *m* Verteilung von Ämtern innerhalb einer Personengruppe unter Berücksichtigung der Konfessions-, Geschlechtszugehörigkeit u. ä.

propria manu (lat) eigenhändig

Prorogation *f* (lat) Verlängerung, Vertagung; **prorogieren** verlängern, vertagen

Prosa *f* (lat) **1.** ungebundene Sprache, **2.** Sachlichkeit, Nüchternheit; **prosaisch** **1.** in Prosa, **2.** nüchtern, sachlich, trocken; **Prosaist** *m* Schriftsteller, der Prosa verfaßt

Proselyt *m* (gr) Neubekehrter; **Proselytenmacherei** *f* unangenehm aufdringliche Werbung für eine Weltanschauung, einen Glauben o. ä.

proskribieren (lat) ächten; **Proskription** *f* Ächtung

Proskynese *f* (gr) Demutsbezeigung (durch Kniefall o. ä.)

Prosodie *f* (gr) **1.** Silbenmessung, **2.** Lehre von Metrik und Rhythmik der Sprache

Prospekt *m* (lat) **1.** Übersichtsblatt, Werbeschrift, **2.** Preisverzeichnis, **3.** (gemalter) Bühnenhintergrund, **4.** Vorderwand der Orgel

prosperieren (lat) gedeihen, wachsen; **Prosperität** *f* Wohlstand, Blüte

Prostata *f* (gr) Vorsteherdrüse (Med.)

prostituieren (lat) **1.** (sich) herabwürdigen, **2.** Prostitution treiben; **Prostituierte** *f* Dirne; **Prostitution** *f* **1.** Herabwürdigung, **2.** gewerbsmäßige Unzucht

Proszenium *n* (gr) Vorderbühne, Teil der Bühne vor dem Vorhang

Protagonist *m* (gr) **1.** Hauptfigur, **2.** Hauptdarsteller (in einem Schauspiel, Film u. ä.), **3.** Vorkämpfer

Protégé *m* (fr) Schützling, Günstling; **protegieren** begünstigen, fördern

Protein *n* (gr) Eiweißkörper (Chem.)

Protektion *f* (lat) **1.** Begünstigung, Fürsprache, Förderung,

2. Schutz; **Protẹktor** *m* Beschützer, Schirmherr; **Protektorat** *n* 1. Schutzherrschaft, 2. unter Schutzherrschaft eines fremden Staats stehendes Gebiet

Protẹst *m* (lat) Ein-, Widerspruch, Auflehnung; **Protestạnt** *m* 1. Angehöriger der ev. Kirche, 2. jmd., der gegen etwas protestiert; **protestạntisch** die ev. Kirche oder Religion betreffend; **protestieren** widersprechen, Einspruch erheben, aufbegehren; **Protẹstsong** *m* (engl) Lied (sozial)kritischen Inhalts

Prothese *f* (gr) 1. künstliches Glied, 2. künstliches Gebiß

Protokọll *n* (lat) 1. Niederschrift einer Aussage, schriftliche Zusammenfassung einer Sitzung o. ä.; 2. polizeiliche Strafverfügung, 3. Höflichkeitsregeln; **protokollieren** ein Protokoll anfertigen

Prototyp *m* (gr) 1. Urbild, Muster, 2. erstes angefertigtes Exemplar eines Autos, Flugzeugs usw.; **prototypisch** den Prototyp (1) betreffend

Protozoen *pl* (gr) einzellige Urtiere

Protuberạnz *f* (lat) beulenartiger Vorsprung an Organen (Med.)

Pro und Kọntra *n* (lat) Für und Wider

Proveniẹnz *f* (lat) Ursprung, Herkunft

Provẹrb *n* (lat) Sprichwort; **proverbial, proverbiẹll** sprichwörtlich

providentiẹll (lat) von der Vorsehung bestimmt; **Providẹnz** *f* Vorsehung

Provịnz *f* (lat) 1. Amtsbezirk, 2. Gebiet außerhalb der (Haupt-) Stadt, Hinterland, 3. rückständige Gegend; **provinziẹll** 1. nichtstädtisch, 2. rückständig, zurückgeblieben; **Provịnzler** *m* (abwertend) Bewohner der Provinz, zurückgebliebener Mensch

Provision *f* (lat) Vermittlungsgebühr, -entgelt

provisorisch (lat) vorläufig, behelfsmäßig; **Provisorium** *n* vorläufige Einrichtung, Behelf

Provokation *f* (lat) Herausforderung, Reizung; **provokatorisch** herausfordernd; **provozieren** 1. herausfordern, reizen, 2. etwas bewußt auslösen, hervorlocken

Prozedur *f* (lat) Verfahren

Prozẹnt *n* (it) 1. vom Hundert, Hundertstel, 2. Gewinnanteil; **prozentual** 1. in Prozenten ausgedrückt, 2. anteilmäßig

Prozẹß *m* (lat) 1. Gerichtsverfahren, Rechtsstreit, 2. Entwicklung, Ablauf; **prozessieren** einen Rechtsstreit führen, den Rechtsweg beschreiten

Prozession *f* (lat) feierlicher Bittgang, Umzug

Prüderie *f* (fr) Verschämtheit, Befangenheit (in sexuellen Dingen)

Psạlm *m* (gr) geistliches Lied; **psalmodieren** eintönig singen

pseudo- (gr) falsch, unecht (in Zusammensetzungen); **pseudonym** unter einem Decknamen (geschrieben); **Pseudonym**

n erfundener Name, Deckname (eines Künstlers)

Psyche *f* (gr) **1.** Seele, Seelenleben eines Menschen, **2.** seelische Eigenart, Wesen; **Psychedelics** *pl* (engl) bewußtseinsverändernde Drogen; **psychedelisch** in einem (durch Drogen verursachten) tranceartigen glücklichen Bewußtseinszustand befindlich; **Psychiater** *m* (gr) Facharzt für seelische Störungen und Geisteskrankheiten; **Psychiatrie** *f* Seelenheilkunde; **psychisch** die Seele betreffend; **Psychoanalyse** *f* wissenschaftliche Untersuchung und Behandlung seelischer Störungen; **psychoanalytisch** die Psychoanalyse betreffend; **psychogen** seelisch bedingt; **Psychologe** *m* Wissenschaftler auf dem Gebiet der Psychologie (1); **Psychologie** *f* **1.** Wissenschaft vom bewußten und unbewußten Seelenleben, **2.** das Denken und Fühlen eines Menschen, **3.** Verständnis für die menschliche Psyche; **psychologisch** die Psychologie betreffend; **Psychopathie** *f* Störung des seelischen Verhaltens; **Psychose** *f* krankhafte seelische Störung; **Psychosomatik** *f* Wissenschaft von der Auswirkung seelischer Störungen auf den Körper; **Psychotherapeut** *m* Facharzt für Seelenheilkunde, Facharzt auf dem Gebiet der Psychotherapie; **Psychotherapie** *f* **1.** Wissenschaft von der Heilung psychischer Krankheiten durch systematische Einwirkung auf das Seelenleben, **2.** Behandlung durch einen Psychotherapeuten

Pub *m, n* (engl) Wirtshaus, Kneipe

pubertär (lat) die Pubertät betreffend; **Pubertät** *f* Geschlechtsreife, Zeit der beginnenden Geschlechtsreife; **pubertieren** geschlechtsreif werden

Publicity *f* (engl) **1.** öffentliche Bekanntheit, **2.** Reklame, Werbung

Public Relations *pl* (engl; »öffentliche Beziehungen«) Öffentlichkeitsarbeit eines Unternehmens, einer Person usw. mit dem Ziel, Vertrauen zu erwecken

publik (fr) öffentlich, offenkundig, bekannt; **Publikation** *f* **1.** veröffentlichtes Werk, **2.** die Veröffentlichung; **Publikum** *n* **1.** Öffentlichkeit, **2.** Zuhörerschaft, Zuschauerschaft; **publizieren** veröffentlichen; **Publizist** *m* Zeitungsschriftsteller, Journalist; **Publizistik** *f* **1.** Tätigkeitsbereich, in dem mit Medien wie Zeitungen, Fernsehen, Radio gearbeitet wird, **2.** Zeitungswissenschaft; **publizistisch** die Publizistik betreffend; **Publizität** *f* Öffentlichkeit, Bekanntheit

pueril (lat) **1.** kindlich, **2.** kindisch; **Puerilität** *f* **1.** Kindlichkeit, **2.** Kindischsein

Pulmo *m* (lat) Lunge; **pulmonal** auf die Lunge bezüglich; **Pulmonie** *f* Lungenentzündung

Puls *m* (lat) **1.** Herzschlag, **2.** Schlagader, **3.** regelmäßige Folge gleichartiger Impulse; **Pulsation** *f* Klopfen des Herzens, Pulsschlag; **pulsieren** 1. rhythmisch klopfen, 2. umlaufen, fließen

pulverisieren (lat) (zu Pulver) zerreiben, zerkleinern

Punk *m* (engl; »Abfall«) sich bewußt antibürgerlich gebender (und kleidender) Jugendlicher

punktieren (lat) 1. mit Punkten versehen, 2. Flüssigkeiten aus Körperhöhlen entnehmen

Punze *f* (it) Stahlgriffel; **punzieren** 1. mit dem Stahlgriffel Muster in Metall, Leder o. ä. einarbeiten, 2. Gold oder Silber mit dem Feingehaltsstempel auszeichnen

Purgation *f* (lat) Reinigung; **Purgativ** *n* Abführmittel; **Purgatorium** *n* Fegefeuer; **purgieren** 1. reinigen, 2. abführen

Purismus *m* (lat) Streben nach (Sprach-)Reinheit

puritanisch (engl) 1. sittenstreng, 2. bewußt einfach

puschen (engl) anstoßen, in Schwung bringen

pushen (engl) mit Rauschgift handeln; **Pusher** *m* Rauschgifthändler

putativ (lat) vermeintlich (Rechtsw.)

Putrefaktion, **Putreszenz** *f* (lat) Fäulnis, Verwesung (Med.); **putreszieren** in Fäulnis übergehen, verwesen (Med.); **putrid** faulig (riechend) (Med.)

Putte *f*, **Putto** *m* (it) kleine Engelsfigur (in Gestalt eines nackten Knaben)

Putter *m* (engl) Golfschläger, mit dem der Ball eingelocht wird

Puzzle(spiel) *n* (engl) Geduldspiel, Zusammensetzspiel

Pykniker *m* (gr) Mensch von untersetztem, stämmigem Körperbau

Pylon *m* (gr) 1. Pfeiler (einer Hängebrücke), 2. Kegel zur Absperrmarkierung auf Straßen

pyramidal (gr) 1. pyramidenförmig, 2. gewaltig; **Pyramide** *f* 1. geometrischer Körper mit viereckiger gleichseitiger Grundfläche und dreieckigen Seitenflächen, deren Spitzen sich vereinigen, 2. Grabmal altägypt. Könige

Pyromanie *f* (gr) krankhafter Brandstiftungstrieb; **Pyrotechnik** *f* Herstellung und Verwendung von Feuerwerkskörpern

pythisch (gr) orakelhaft, rätselhaft

Q

Quader *m* (lat) behauener Stein mit sechs rechteckigen Seitenflächen

Quadragesima *f* (lat) vierzigtägige Fastenzeit vor Ostern

Quadrangel *n* (lat) Viereck; **quadrangulär** viereckig

Quadrant *m* (lat) **1.** Viertelkreis, **2.** ein Viertel des Äquators oder eines Meridians, **3.** Sternhöhenmesser

Quadrat *n* (lat) **1.** gleichseitiges Rechteck, **2.** Ergebnis der Vervielfältigung einer Zahl mit sich selbst; **quadratisch** in Form eines Quadrats; **Quadratur** *f* Umwandlung einer ebenen Fläche in ein Quadrat mit dem gleichen Flächeninhalt; **quadrieren** eine Zahl mit sich selbst vervielfältigen

Quadriga *f* (lat) (Streit-)Wagen mit vier Pferden, Viergespann

quadrophon (lat-gr) über vier Kanäle laufende Klangübertragung

Quadrupede *m* (lat) Vierfüßler

Quai *m* (fr) Hafendamm, Anlegestelle

Qualifikation *f* (lat) **1.** Befähigung, Eignung, **2.** Teilnahmeberechtigung; **qualifizieren 1.** sich weiterbilden, die eigene Fähigkeit steigern, **2.** kennzeichnen; **sich qualifizieren 1.** sich auszeichnen, **2.** die Teilnahmeberechtigung erwerben; **qualifiziert 1.** befähigt, **2.** fachgerecht

Qualität *f* (lat) **1.** Beschaffenheit, **2.** Güte, Güteklasse; **qualitativ** der Qualität nach, die Qualität betreffend

quantifizieren (lat) zahlenmäßig angeben; **Quantität** *f* Menge, Anzahl; **quantitativ** mengenmäßig, der Menge nach; **Quantité négligeable** (fr) nicht zu berücksichtigende Größe, Belangslosigkeit; **Quantum** *n* (lat) bestimmte Menge, Anteil, Maß

Quarantäne *f* (fr) Absonderung einer Person, die im Verdacht steht, an einer ansteckenden Krankheit zu leiden

Quartal *n* (lat) Vierteljahr; **Quart(e)** *f* vierte Stufe der Tonleiter

Quarterdeck *n* (engl) Hinterdeck eines Schiffes

Quartett *n* (it) vierstimmiges Musik-, Gesangsstück

Quartier *n* (fr) **1.** Unterkunft, Unterkommen, **2.** Stadtviertel (von franz. Städten)

Quasar *m* (Kunstw.) sternähnliches Objekt im Kosmos

quasi (lat) sozusagen, gleichsam, gewissermaßen

Quästor *m* (lat) **1.** altröm. Finanzbeamter, **2.** Schatzmeister an Hochschulen; **Quästur** *f* Universitätskasse

Quatember *m* (lat) kath. Fasttag

Quattrocento *n* (it) fünfzehntes Jahrhundert (Frührenaissance)

Queen *f* (engl) **1.** die englische Königin, **2.** Königin im übertragenen Sinn (z.B. Queen of Rock and Roll), **3.** Homosexueller

Querele *f* (lat) Streit; **Querulant** *m* Streitsüchtiger, Nörgler; **querulieren** unaufhörlich Beschwerde führen, nörgeln

Queue *n* (fr) Billardstock

Quickie *n* (engl) ohne große Umschweife vollzogener Geschlechtsakt

Quidam *m* (lat) ein gewisser Jemand

Quidproquo *n* (lat) **1.** Mißverständnis, Verwechslung, **2.** Ersatz

Quietiv(um) *n* (lat) Beruhigungsmittel

quieto (it) ruhig (Mus.)

Quinte *f* (lat) fünfte Stufe der Tonleiter

Quintessenz *f* (lat) das Wesentliche, Hauptsache, Ergebnis

Quintett *n* (it) fünfstimmiges Musik- oder Gesangsstück

Quisquilien *pl* (lat) Unwichtiges, Belanglosigkeiten

quitt (fr) **1.** frei, los, **2.** ausgeglichen; (engl) Computerbefehl zum »Verlassen« eines Programms; **quittieren** (fr) **1.** (den Empfang) bescheinigen, **2.** ein Amt aufgeben, **3.** auf etwas reagieren; **Quittung** *f* **1.** Empfangsbescheinigung, **2.** unangenehme Folgeerscheinung

Quivive *n* (fr), **auf dem Quivive sein** auf der Hut sein

Quiz *n* (engl) Ratespiel; **Quizmaster** *m* Fragesteller bei einer öffentlichen Quizveranstaltung

quod erat demonstrandum (lat; »was zu beweisen war«) es ist deutlich geworden (Kommentar am Ende einer Rede)

Quote *f* (lat) **1.** Anteil, Anzahl, **2.** Rate; **Quotation** *f* Kursnotierung an der Börse; **Quotenregelung** *f* (lat-dt) Festlegung z.B. des Frauenanteils in (öffentlichen) Institutionen

quotidian (lat) täglich (Med.)

Quotient *m* (lat) **1.** Bruch (Math.), **2.** Ergebnis einer Teilung; **quotieren** angeben, notieren

quo vadis? (lat; »wohin gehst du?«) wer weiß, wie das ausgehen wird?

R

Rabatt *m* (it) Preisnachlaß
Rabatte *f* (fr) schmales Gartenbeet
Rabbi *m* (hebr) Titel jüdischer Gesetzeslehrer; **Rabbiner** *m* jüdischer Seelsorger und Religionslehrer
rabiat (lat) **1.** rücksichtslos, roh, **2.** wütend; **Rabies** *f* (lat) Tollwut (Med.)
Rabulist *m* (lat) Ränkeschmied, Wortverdreher; **Rabulistik** *f* Wortverdreherei
Race *n* (engl) (Pferde-)Rennen; **Racingreifen** *m* (engl-dt) Rennreifen
Rack *n* (engl) Gestell zum Unterbringen der einzelnen Geräte einer Stereoanlage
Racket *n* (engl) Tennisschläger
radial (lat) strahlenförmig von einem Mittelpunkt ausgehend, auf einen Mittelpunkt hinlaufend; **Radialreifen** *m* Gürtelreifen; **Radiation** *f* Strahlung; **Radiator** *m* Heizkörper
radikal (lat) **1.** grundlegend, gründlich, **2.** rücksichtslos, kompromißlos, **3.** eine extreme politische, religiöse usw. Einstellung vertretend, **4.** die Wurzel betreffend (Math.); **radikalisieren** verschärfen, unerbittlich machen; **Radikalität** *f* Unnachgiebigkeit, Unerbittlichkeit; **Radikalismus** *m* extreme politische, religiöse usw. Richtung; **Radikand** *m* Zahl, deren Wurzel gezogen werden soll
Radio *n* (lat) **1.** Rundfunk, **2.** Rundfunkgerät; **Radioaktivität** *f* Zerfall von Atomkernen unter Aussendung von Strahlen; **Radiometer** *n* Strahlungsmesser
Radius *m* (lat) Halbmesser des Kreises
Radix *f* (lat) **1.** Pflanzenwurzel, **2.** Bauteil eines Organs; **radizieren** die Wurzel (aus einer Zahl) ziehen
Raffinade *f* (fr) gereinigter, feiner Zucker; **Raffinement** *n* **1.** Verfeinerung, **2.** Durchtriebenheit; **Raffinerie** *f* Anlage zur Reinigung und Veredelung von Öl, Zucker und anderen Naturstoffen; **raffinieren** (Naturstoffe) verfeinern, reinigen; **raffiniert** **1.** gereinigt, **2.** durchtrieben, gewitzt
Rafting *n* (engl) Wildwasserfahren im Schlauchboot
Rag(time) *m* (am) nordamerik. Musikform mit starker Synkopierung
Rage *f* (fr) Wut, Raserei, Aufregung
Raid *m* (engl) **1.** militärischer Streifzug, **2.** Angriff
rainproof (engl) regenundurchlässig (von Textilien)

Rakete *f* (it) **1.** Feuerwerkskörper, **2.** (militärischer) Flugkörper

rallentando (it) verlangsamend (Mus.)

Rallye *f* (engl) aus mehreren Einzelprüfungen bestehender Automobilwettbewerb, Automobil-Sternfahrt

Ramadan *m* (arab) islamischer Fastenmonat

Rambla *f* (span) breite Straße, Prachtstraße

Rambo *m* (engl) (gewalttätiger) Muskelprotz

Ramifikation *f* (lat) Verzweigung (von Pflanzen)

ramponieren (fr) beschädigen

Ranch *f* (engl) nordamerik. Viehfarm

Ranger *m* (am) **1.** nordamerik. Polizist, **2.** Aufseher in den nordamerik. Nationalparks, **3.** im Nahkampf ausgebildeter Soldat

Rankune *f* (fr) Groll, Rachsucht

Rap *m* (engl-am) rhythmischer Sprechgesang

rapid(e) (lat) sehr schnell, ungestüm; **rapidamente** (it) schnell (Mus.)

Rapier *n* (fr) Fechtdegen

Rapport *m* (fr) **1.** Bericht, Berichterstattung, **2.** Beziehung; **rapportieren** berichten

Rapprochement *n* (fr) Wiederannäherung, Versöhnung (zwischen zwei verfeindeten Staaten)

Raptus *m* (lat) plötzlicher Zornanfall, Wutausbruch

Rarität *f* (lat) Seltenheit, Kostbarkeit

rasant (fr) **1.** sehr schnell, **2.** meisterhaft, mitreißend

Räson *f* (fr) Vernunft, Einsicht; **Räsonnement** *n* vernünftige Überlegung, Beurteilung

Rasta(fari) *m* (engl) Mitglied einer jamaikanischen religiösen Bewegung

rastrieren (lat) Notenlinien ziehen

Ratifikation, Ratifizierung *f* (lat) Gültigkeitserklärung, Unterzeichnung von Abkommen durch die zuständigen staatlichen Organe; **ratifizieren** durch Unterzeichnung in Kraft setzen

Rating *n* (engl) Einschätzung, Beurteilung

Ratio *f* (lat) Vernunft; **Ration** *f* (fr) zugeteilte Menge, Anteil; **rational** (lat) vernunftmäßig, verstandesmäßig; **rationalisieren 1.** zweckmäßiger gestalten, straffen, **2.** ein gefühlsbestimmtes Verhalten nachträglich verstandesmäßig begründen; **Rationalismus** *m* Vernunftglaube; **Rationalist** *m* Vernunftmensch; **rationell 1.** zweckmäßig, durchdacht, **2.** wirtschaftlich; **rationieren** (fr) zuteilen, abmessen

Razzia *f* (arab) polizeiliche Fahndungsaktion, Durchsuchung

Reader *m* (engl) Buch mit Auszügen aus verschiedenen Werken und erläuternden Zwischentexten

Reagens, Reagenz *n* (lat) Stoff, der in Verbindung mit einem anderen Stoff chemische Reaktionen hervorruft; **Reagenzglas** *n*

Prüfglas für chemische Untersuchungen; **reagieren** **1.** rückwirken, ansprechen auf etwas, **2.** auf etwas einwirken (Chem.); **Reaktion** *f* **1.** Rück-, Gegenwirkung, **2.** Entgegnung, **3.** (politische) Fortschrittsfeindlichkeit; **reaktionär** *m* (politisch) rückschrittlich, fortschrittsfeindlich

reaktivieren (lat) wieder in Tätigkeit setzen

Reaktor *m* (lat) Atommeiler, Kernreaktor

real (lat) **1.** gegenständlich, dinglich, **2.** wirklich, tatsächlich, bestehend; **Realenzyklopädie** *f* Sachwörterbuch; **Realien** *pl* **1.** wirklich Vorhandenes, Tatsachen, **2.** die Naturwissenschaften, **3.** Sachkenntnisse; **Realinjurie** *f* tätliche Beleidigung; **Realisation** *f* **1.** Verwirklichung, **2.** Herstellung eines Films, **3.** Umwandlung von Sachwerten in Kapital; **realisieren** **1.** verwirklichen, ausführen, **2.** veräußern, in Geld umwandeln, **3.** genau erkennen, begreifen; **Realismus** *m* **1.** Wirklichkeitssinn, **2.** die Wirklichkeit nachahmende künstlerische Darstellungsweise; **Realist** *m* **1.** sachlicher, nüchterner Mensch, **2.** Vertreter des Realismus (2); **realistisch** **1.** wirklichkeitsnah, **2.** sachlich, illusionslos, **3.** den Realismus (2) betreffend; **Realität** *f* Wirklichkeit; **Realitäten** *pl* Grundbesitz, Immobilien; **Reality-Show** *f* (engl) Fernsehsendung, in der wirkliche Ereignisse nachgestellt werden

Reanimation *f* (lat) Wiederbelebung (durch künstliche Beatmung u. ä.); **reanimieren** wiederbeleben

Rebell *m* (fr) Aufständischer, Aufrührer; **rebellieren** aufbegehren, sich auflehnen; **Rebellion** *f* Aufstand, Aufruhr; **rebellisch** **1.** aufständisch, **2.** aufrührerisch, aufsässig

Rebus *m, n* (lat) Bilderrätsel

Receiver *m* (engl) **1.** Rundfunkempfänger und Verstärker, **2.** Hochfrequenzkomponente für Satellitenempfang

Rechaud *n* (fr) Gerät zum Warmhalten von Speisen

Recherche *f* (fr) Ermittlung, Nachforschung; **recherchieren** ermitteln, nachforschen

Recital *n* (engl) Konzertdarbietung eines Solisten

recitando (it) erzählend (Mus.)

recommandé (fr) eingeschrieben (von Postsendungen)

Recorder *m* (engl) Gerät zur Aufzeichnung (und Wiedergabe) von Bild-, Tonsignalen

recte (lat) recht, richtig

Recycling *n* (engl) Wiederverwertung von benutzten Rohstoffen nach Wiederaufbereitung

Redakteur *m* (fr) Schriftleiter, Person, die für eine Zeitung, Zeitschrift, für den Rundfunk, das Fernsehen Beiträge auswählt, bearbeitet und/oder selbst schreibt; **Redaktion** *f* **1.** Schriftleitung, Tätigkeit des Redakteurs, **2.** die Gesamtheit der Redakteure, die für eine Zeitung, Zeitschrift usw. tätig sind; **Redaktor** *m* wissenschaftlicher Herausgeber eines Texts; **redigieren** (einen Text) überarbeiten, korrigieren, druckfertig machen

redivivus (lat) wiedererstanden

Reduktion *f* (lat) **1.** Zurückführung, **2.** Herabsetzung, Verringerung, Schwund

redundant (lat) **1.** (über)reichlich vorhanden, **2.** überflüssig; **Redundanz** *f* **1.** Überfülle, Überfluß, **2.** Vorhandensein von überflüssigen Informationselementen

reduzieren (lat) herabsetzen, verringern, mindern, einschränken

Reeducation *f* (engl) (politische) Umerziehung

reell (fr) **1.** ehrlich, zuverlässig, anständig, **2.** den Erwartungen entsprechend, **3.** wirklich vorhanden

Refektorium *n* (lat) Speisesaal eines Klosters

Referat *n* (lat) **1.** Sachbericht, **2.** Vortrag, **3.** Gesamtheit der Sachbearbeiter, Abteilung; **Referee** *m* (engl) Schiedsrichter; **Referendar** *m* (lat) Anwärter auf eine Beamtenstellung nach der ersten Staatsprüfung; **Referendum** *n* Volksentscheid; **Referent** *m* **1.** Berichterstatter, **2.** Sachbearbeiter; **Referenz** *f* Empfehlung; **referieren** Bericht erstatten

reflektieren (lat) **1.** zurückstrahlen, widerspiegeln, **2.** nachdenken, erwägen, **3.** abzielen auf; **Reflex** *m* **1.** Widerschein, Rückstrahlung, **2.** unwillkürliche Bewegung, Reaktion auf einen Reiz; **Reflexion** *f* **1.** Spiegelung, das Zurückgeworfenwerden von Licht, Schallwellen usw., **2.** Nachdenken, Erwägung; **reflexiv** **1.** zurückwirkend, rückbezüglich, **2.** die Reflexion (2) betreffend; **Reflexivum** *n* rückbezügliches Fürwort

Reform *f* (lat) Neugestaltung, Verbesserung; **Reformation** *f* **1.** Verbesserung, **2.** Bewegung zur Erneuerung der Kirche; **Reformator** *m* **1.** Umgestalter, Erneuerer, **2.** Begründer der Reformation (2); **reformatorisch** **1.** umgestaltend, nach Erneuerung strebend, **2.** die Reformation (2) betreffend; **Reformer** *m* (engl) Erneuerer, Verbesserer; **reformieren** (lat) erneuern, verbessern

Refrain *m* (fr) Kehrreim, wiederholt aufgenommene (Schluß-) Verse

Refrigerantia *pl* (lat) abkühlende Mittel (Med.); **Refrigeration** *f* Erkältung (Med.); **Refrigerator** *m* Gefriermaschine

Refugium *n* (lat) Zufluchtsstätte, Unterschlupf

Regatta *f* (it) Wettsegeln, -rudern

Regeneration *f* (lat) **1.** Erneuerung, Verjüngung, **2.** Wiederherstellung; **regenerativ** erneuernd; **regenerieren** **1.** erneuern, **2.** wieder gebrauchsfähig machen

Regens *m* (lat) Leiter, Vorsteher; **Regent** *m* Herrscher

Regesten *pl* (lat) zeitlich geordnete Sammlung von Urkunden in Auszügen

Regie *f* (fr) (Spiel-)Leitung, Führung

regieren (lat) **1.** herrschen, leiten, **2.** bedienen, lenken

Regime *n* (fr) Herrschaft, Regierung

Regiment *n* (lat) **1.** größerer Truppenverband, **2.** Herrschaft, Führung

Region *f* (lat) **1.** Gebiet, Gegend, Landschaft, **2.** Körpergegend; **regional 1.** gebietsweise, örtlich, **2.** eine Körpergegend betreffend

Regisseur *m* (fr) Spielleiter, künstlerischer Leiter

Register *n* (lat) **1.** alphabetisches Verzeichnis, Aufstellung, **2.** Orgelzug, **3.** Tonlage der menschlichen Stimme; **Registratur** *f* **1.** das Registrieren (1), **2.** Aktenablage; **registrieren 1.** aufzeichnen, vermerken, **2.** bemerken, erfassen

Reglement *n* (fr) Dienstordnung, Satzung, Gesamtheit von Vorschriften für einen bestimmten Bereich; **reglementarisch** vorschriftsmäßig, bestimmungsgemäß; **reglementieren 1.** durch Vorschriften festlegen, vorschreiben, **2.** einschränken

Regnum *n* (lat) Königreich, Herrschaft(szeit)

Regreß *m* (lat) Erstattungsanspruch; **Regression** *f* **1.** Rückbewegung, -bildung, **2.** Rückgang, Minderung; **regressiv** nachlassend, rückläufig

regulär (lat) **1.** regelrecht, ordnungsmäßig, **2.** gängig, normal geläufig; **Regularität** *f* Gesetzmäßigkeit, Regelmäßigkeit; **Regulation** *f* Festlegung einer Richtschnur; **Regulativ** *n* (**Regulative** *f*) regelnde Verordnung; **regulativ** regelnd, richtunggebend; **regulieren 1.** regeln, **2.** (einen Fluß) begradigen, **3.** (eine Rechnung) begleichen; **Regulierung** *f* **1.** Regelung, **2.** (Fluß-) Begradigung

Rehabilitation *f* (lat) Wiedereingliederung ins Berufsleben, in die Gesellschaft; **rehabilitieren 1.** das gesellschaftliche Ansehen wiederherstellen, **2.** wiedereingliedern; **Rehabilitierung** *f* **1.** Wiederherstellung des gesellschaftlichen Ansehens, **2.** Rehabilitation

Reinkarnation *f* (lat) **1.** Wiederverkörperung, **2.** Übergang der Seele in einen neuen Körper (nach buddhistischer Lehre)

Reintegration *f* (lat) Wiedereingliederung; **reintegrieren** wiedereingliedern

Re-issue *n* (engl) Wiederherausgabe einer Schallplatte, eines Buches usw.

reiteretur (lat) zu wiederholen (auf Rezepten)

Rekapitulation *f* (lat) Wiederholung, Zusammenfassung; **rekapitulieren 1.** wiederholen, zusammenfassen, **2.** dem Gedächtnis einprägen, üben

Reklamation *f* (lat) Beanstandung; **reklamieren 1.** beanstanden, **2.** zurückfordern

Rekognoszierung *f* (lat) **1.** Erkundung, **2.** Identifizierung

rekonstruieren (lat) den alten Zustand wiederherstellen, nachbilden, **2.** den Ablauf eines Geschehens nachvollziehen; **Rekonstruktion** *f* **1.** Wiederherstellung des alten Zustands, Nachbildung, **2.** das Nachvollziehen eines Geschehens

Rekonvaleszent *m* (lat) Genesender; **Rekonvaleszenz** *f* **1.** Genesung, **2.** Genesungszeit

Rekord *m* (engl) **1.** (sportliche) Höchstleistung, **2.** Höchstmaß

Rekreation *f* (lat) Erholung; **rekreieren** erholen

Rekrut *m* (fr) neu eingezogener Soldat; **rekrutieren 1.** ausheben, zum Wehrdienst einziehen, **2.** sich zusammensetzen

rektal (lat) **1.** den Mastdarm betreffend, **2.** durch den Mastdarm erfolgend (Med.)

Rektor *m* (lat) Leiter einer (Hoch-)Schule; **Rektorat** *n* Amt, Amtszimmer des Rektors

Rektoskop *n* (lat) Mastdarmspiegel; **Rektoskopie** *f* Mastdarmspiegelung

Rekurs *m* (lat) **1.** Bezug auf etwas, **2.** Beschwerde, Einspruch

Relais *n* (fr) Schalteinrichtung (Elektrotechnik)

Relaps *m* (lat) Rückfall (Med.)

Relation *f* (lat) Verhältnis, Beziehung; **relational** in Beziehung stehend; **relativ 1.** vergleichsweise, **2.** verhältnismäßig, **3.** ziemlich; **relativieren 1.** in das richtige Verhältnis bringen, **2.** einschränken; **Relativpronomen** *n* bezügliches Fürwort

relaxed (engl) entspannt, zwanglos; **relaxen** sich entspannen

Release-Center *n* (engl) Zentrum zur Betreuung und Heilung Drogensüchtiger

Relegation *f* (lat) Verweisung von der Schule; **relegieren** von der Schule verweisen, ausschließen

relevant (fr) erheblich, wichtig, von Belang; **Relevanz** *f* Erheblichkeit, Wichtigkeit

Relief *n* (fr) **1.** plastisches, aus einer Fläche herausgearbeitetes Bild, **2.** plastische Nachbildung der Oberfläche eines Geländes

Religion *f* (lat) **1.** Glaubenslehre, **2.** Glaubensrichtung; **religiös 1.** die Religion betreffend, **2.** fromm, gläubig, gottesfürchtig; **Religiosität** *f* Gläubigkeit, Frömmigkeit; **religioso** (it) andächtig, fromm (Mus.)

Relikt *n* (lat) Überbleibsel, Rest

Reliquiar *n* (lat) Behälter zur Aufbewahrung von Reliquien; **Reliquie** *f* religiös verehrter Überrest eines Heiligen (Körperstück, Kleidungsteil o. ä.)

Remake *n* (engl) **1.** Neuverfilmung eines alten Spielfilms, **2.** Neufassung eines künstlerischen Werks

Remedium *n* (lat) **1.** Heilmittel (Med.), **2.** zulässiges Mindergewicht von Münzen

remilitarisieren (lat) wiederbewaffnen; **Remilitarisierung** *f* Wiederbewaffnung

Reminiszenz *f* (lat) **1.** Erinnerung, **2.** Andenken, Überbleibsel

remis (fr) unentschieden

Remise *f* (fr) Geräteschuppen, Wagenunterstellraum

Remittẹnde *f* (lat) an den Verlag zurückgesandtes unverkauftes oder fehlerhaftes Buch; **remittieren** zurückgeben

Remọnte *f* (fr) junges, noch nicht zugerittenes Militärpferd

Renaissance *f* (fr; »Wiedergeburt«) **1.** Wiederaufleben, **2.** Rückbesinnung auf die Antike (Kunststil zu Beginn der Neuzeit)

renal (lat) die Nieren betreffend (Med.)

Renaturierung *f* (lat) Wiederherstellung des Naturzustands

Rendezvous *n* (fr) Treffen, Verabredung

Rendite *f* (it) Ertrag, Verzinsung

Renegat *m* (lat) (Glaubens-)Abtrünniger

renitẹnt (lat) widerspenstig, aufsässig; **Renitẹnz** *f* Aufsässigkeit

Renkontre *n* (fr) feindliche Begegnung, Auseinandersetzung

Renommee *n* (fr) Leumund, Ruf, Berühmtheit; **renommieren** prahlen

Renovation, Renovierung *f* (lat) Erneuerung, Instandsetzung; **renovieren** erneuern, ausbessern, instand setzen

rentabel (fr) lohnend, einträglich, gewinnbringend; **Rentabilität** *f* Ergiebigkeit, Wirtschaftlichkeit; **Rẹnte** *f* regelmäßiges Einkommen aus Versicherungsansprüchen oder angelegtem Kapital; **rentieren** einträglich sein, Nutzen bringen, sich lohnen

Renvoi *m* (fr) Rücksendung

Reorganisation *f* (fr) Neuordnung, Neugestaltung; **reorganisieren** neugestalten

Reparation *f* (lat) **1.** Wiederherstellung, **2.** Kriegsentschädigung, Wiedergutmachungsleistung für Kriegsschäden; **reparabel** wiederherstellbar; **Reparatur** *f* Ausbesserung, Instandsetzung; **reparieren** ausbessern, wiederherstellen, instand setzen

repatriieren (lat) **1.** die Staatsbürgerschaft wieder zuerkennen, **2.** aus der (Kriegs-)Gefangenschaft in die Heimat entlassen

Repeat *n* (engl) **1.** Wiederholung, **2.** Wiederholungsprogramm (EDV)

Repẹllents *pl* (engl) abstoßend wirkende Stoffe (z.B. Schutzanstriche)

Repertoire *n* (fr) **1.** Spielplan, Rollenverzeichnis, **2.** Bestand, Vorrat

Repertorium *n* (lat) Nachschlagewerk

repetieren durch Wiederholen lernen, einüben; **Repetition** *f* Wiederholung; **Repetitorium** *n* **1.** Wiederholungsunterricht, **2.** Wiederholungsbuch

Replik *f* (fr) **1.** Antwort, Erwiderung, **2.** Kopie eines Kunstwerks (durch den Künstler selbst)

Repọrt *m* (fr) Bericht; **Reportage** *f* Berichterstattung, Bericht eines Reporters in einer Zeitung, im Fernsehen, Funk usw.; **Re-**

porter *m* (engl) Berichterstatter für eine Zeitung, das Fernsehen, den Funk usw.

repräsentabel (fr) **1.** wirkungsvoll, **2.** stattlich; **Repräsentant** *m* (lat) **1.** Vertreter (einer größeren Gruppe), **2.** Bevollmächtigter, Vertreter einer Firma, **3.** Volksvertreter, Abgeordneter; **Repräsentation** *f* **1.** Vertretung (einer größeren Gruppe), **2.** ständige Vertretung eines Geschäftsunternehmens im Ausland, **3.** aufwendiger auf Wirkung bedachter Lebensstil, **4.** geistige Vergegenwärtigung; **Repräsentationsräume** *pl* Gesellschaftsräume; **repräsentativ 1.** stellvertretend, **2.** typisch, vorbildlich, **3.** eindrucksvoll; **repräsentieren 1.** vertreten, **2.** verkörpern, **3.** mit Würde auftreten, **4.** wert sein

Repressalie *f* (lat) **1.** Vergeltungsmaßnahme, Druckmittel, **2.** legale politische Maßnahme eines Staates gegen einen anderen

Repression *f* (lat) **1.** Unterdrückung von Trieben (Psychol.), **2.** gewaltsame Unterdrückung (gesellschaftlichen Widerstands); **repressiv** unterdrückend, hemmend

Reprint *m* (engl) unveränderter Neudruck eines Textes

Reprise *f* (fr) **1.** Wiederaufnahme, Wiederholung, **2.** Neuauflage (einer Schallplatte)

reprivatisieren (lat) entstaatlichen

Reproduktion *f* (lat) **1.** Nachbildung, Wiedergabe, **2.** Wiedergabe, Vervielfältigung eines Buches, eines Bildes usw., **3.** Fortpflanzung; **reproduktiv** nachschaffend, nachbildend; **reproduzieren 1.** nachbilden, **2.** vervielfältigen, eine Reproduktion (2) herstellen, **3.** sich fortpflanzen

Reptil *n* (lat) Kriechtier

Republik *f* (lat) Staat, in dem die Staatsgewalt vom Volke ausgeht und bei der die Regierenden vom Volk oder dessen Repräsentanten gewählt werden; **Republikaner** *m* Anhänger einer republikanischen Staatsform; **republikanisch** die Republik betreffend

Repulsion *f* (lat) Zurückstoßung; **repulsiv** ab-, zurückstoßend (Techn.)

Reputation *f* (lat) Ansehen, Ruf

Requiem *n* (lat) **1.** kath. Toten-, Seelenmesse, **2.** Musik zur Totenmesse

requiescat in pace! (lat) er ruhe in Frieden!

requirieren (lat) **1.** beschlagnahmen, **2.** (auf illegale Weise) beschaffen, **3.** Nachforschungen anstellen; **Requisit** *n* **1.** Zubehör für Theateraufführung, Ausstattungsgegenstand, **2.** zur Erledigung einer Sache benötigter Gegenstand; **Requisition** *f* **1.** Beschlagnahmung, **2.** Untersuchung

Research *n* (engl) Meinungs-, Marktforschung

Resektion *f* (lat) operative Entfernung eines erkrankten Organteils

Reservat *n* (lat) **1.** Sonderrecht, **2.**

Schutzzone, Naturschutzgebiet; **reservatio mentalis** *f* heimlicher Vorbehalt; **Reservation** *f* den nordamerik. Indianern vorbehaltenes Gebiet

Reserve *f* (fr) **1.** Zurückhaltung, **2.** Vorrat, **3.** Ersatzleute, Ersatztruppe; **reservieren 1.** aufbewahren, **2.** für jmdn. sicherstellen, zurücklegen; **reserviert 1.** für jmdn. sichergestellt, vorbestellt, **2.** zurückhaltend; **Reservist** *m* Angehöriger einer Ersatztruppe, -mannschaft

Reservoir *n* (fr) **1.** Stausee, Sammelbecken, Vorratsbehälter, **2.** Reservebestand

resident (engl) ständig im Speicher eines Computers vorhanden; **Residenz** *f* (lat) Hauptstadt, Sitz der Regierung, Wohnsitz des regierenden Fürsten; **residieren** seinen Wohnsitz haben (in bezug auf die Regierenden)

Residuum *n* (lat) Rückstand, Rest

Resignation *f* (lat) **1.** Entsagung, Niederlegen eines Amtes, **2.** das Sichfügen, Niedergeschlagenheit; **resignieren 1.** entsagen, ein Amt niederlegen, **2.** sich in eine Lage fügen

Résistance *f* (fr) franz. Widerstandsbewegung gegen die deutsche Besatzungsmacht im Zweiten Weltkrieg

resistent (lat) **1.** widerstandsfähig, **2.** auf bestimmte Medikamente, chemische Substanzen usw. nicht mehr ansprechend; **Resistenz** *f* **1.** Widerstand, Gegenwehr, **2.** (gesteigerte) Widerstandsfähigkeit

resolut (lat) entschieden, entschlossen, energisch; **Resolution** *f* Entschließung, (schriftliche) Willenserklärung

resonant (lat) widerhallend, tönend; **Resonanz** *f* **1.** Widerhall, Anklang, Zustimmung, **2.** das Mitschwingen

resorbieren (lat) in die Blutbahn aufnehmen, aufsaugen; **Resorption** *f* das Resorbieren

Resozialisierung *f* (lat) Wiedereingliederung von Straffälligen nach ihrer Haftentlassung in die Gesellschaft

Respekt *m* (lat) **1.** Ehrerbietung, Achtung, **2.** Scheu; **respektabel 1.** achtbar, angesehen, **2.** beachtlich, stattlich; **Respektabilität** *f* Ansehen, Achtbarkeit; **respektieren 1.** achten, ehren, **2.** anerkennen; **respektive** beziehungsweise, vielmehr

Respiration *f* (lat) Atmung (Med.); **respirieren** atmen

Respons *m* (lat) Reaktion auf eine Bemühung

Responsorium *n* (lat) religiöser Wechselgesang

Ressentiment *n* (fr) Abneigung

Ressort *n* (fr) **1.** Arbeitsbereich, -gebiet, **2.** Amtsbereich; **Ressortchef** *m* Abteilungsleiter

Ressource *f* (fr) **1.** Bestand an Bodenschätzen, Ackerfläche usw., der der Wirtschaft (eines Landes) zur Verfügung steht, **2.** Hilfsmittel, **3.** Geldmittel

Restauration *f* (lat) **1.** Erneuerung, Ausbesserung **2.** Wiederherstellung früherer politischer Verhältnisse; **Restaurator** *m* Fachmann zur Wiederherstellung oder Ausbesserung beschädigter Kunstwerke; **restaurieren** **1.** wiederherstellen, erneuern, ausbessern, **2.** frühere politische Verhältnisse wiederherstellen

restituieren (lat) **1.** wiederherstellen, **2.** zurückerstatten, **3.** ersetzen

Restriktion *f* (lat) Einschränkung, Beschränkung; **restriktiv** einschränkend, einengend

Resultat *n* (lat) **1.** Ergebnis, Summe, **2.** Ergebnis, Folge; **resultieren** **1.** zum Ergebnis, zur Folge haben, **2.** sich herleiten

Resümee *n* (fr) **1.** Zusammenfassung, Inhaltsangabe, **2.** das wesentliche Ergebnis, die Schlußfolgerung, die sich aus etwas ziehen läßt; **resümieren** **1.** zusammenfassen, **2.** als Ergebnis festhalten

Resurrektion *f* (lat) Auferstehung (Rel.)

retardieren (lat) verzögern, hemmen, aufhalten; **retardierendes Moment** *n* verzögernder Umstand

retikulär (lat) netzartig, netzförmig (Med.)

Retina *f* (lat) Netzhaut des Auges; **Retinitis** *f* Netzhautentzündung

retirieren (fr) sich (schnell) zurückziehen, fliehen

Retorsion *f* (lat) Vergeltungsmaßnahme

Retorte *f* (fr) Kolbenglas, Destillationsgefäß; **Retortenbaby** *n* (fr-engl) Kind, das sich aus einer Eizelle entwickelt, welche außerhalb der Gebärmutter befruchtet und dann in diese zurückgepflanzt wurde

retour (fr) zurück, in umgekehrter Richtung; **retournieren** rücksenden

Retraite *f* (fr) Rückzug

Retraktion *f* (lat) Zusammenziehung, Schrumpfung (Med.)

Retribution *f* (lat) Wiedererstattung

Retrieval *n* (engl) Suchen und Auffinden gespeicherter Daten (EDV)

retrograd (lat) rückläufig, rückwirkend

Retrospektion *f* (lat) Rückblick; **retrospektiv** rückblickend, rückschauend; **Retrospektive** *f* **1.** Rückblick, **2.** Ausstellung, Filmreihe o. ä., die in einer Rückschau das Gesamtwerk eines Künstlers, Regisseurs präsentiert

Return *m* (engl) Rückschlag des Balls (beim Tennis)

Retusche *f* (fr) verbesserndes Überarbeiten (eines Fotos); **retuschieren** überarbeiten, übermalen

reüssieren (fr) erfolgreich sein, Erfolg haben

Revanche *f* (fr) **1.** Rache, Vergeltung, **2.** Gegenleistung, **3.** Gelegenheit, eine Niederlage auszugleichen; **revanchieren** **1.** sich rächen, **2.** einen Gegendienst erweisen, eine Gegenleistung erbringen

Revelation *f* (lat) Enthüllung, Offenbarung

Revenant *m* (fr) Gespenst, Wiedergänger

Revenue *f* (fr) Einkünfte, Einkommen

Reverend *m* (lat-engl) Geistlicher in England und den USA

Reverenz *f* (lat) **1.** Ehrerbietung, **2.** Verbeugung

Reverie *f* (fr) **1.** Träumerei, **2.** träumerisches Klavierstück

Revers *m, n* (fr) Aufschlag an Kleidungsstücken; *m* Rückseite; *m* (lat) Verpflichtungsschein

reversibel (lat) **1.** umkehrbar, **2.** heilbar (Med.)

revidieren (lat) **1.** überprüfen, untersuchen, **2.** nach einer Prüfung ändern, berichtigen

Revier *n* (fr) **1.** Bereich, Bezirk, **2.** Jagdgebiet, **3.** Polizeibüro, **4.** Abbaugebiet (Bergbau)

Review *f* (engl) Rundschau (Titelbestandteil von Zeitschriften)

Revision *f* (lat) **1.** Prüfung, Durchsicht, **2.** Änderung (nach Überprüfung), **3.** Berufung, Forderung nach Überprüfung eines Urteils; **Revisionismus** *m* Streben nach Änderung eines bestehenden Zustandes; **Revisor** *m* Rechnungsprüfer

revitalisieren (lat) neubeleben

Revival *n* (engl) Wiederbelebung (eines Musik-, Kunststils)

Revokation *f* (lat) Widerruf

Revolte *f* (fr) Aufstand, Erhebung, Aufruhr; **revoltieren** sich erheben, aufbegehren

Revolution *f* (lat) Umsturz (bes. der politischen Verhältnisse), Aufstand, **2.** Umwälzung auf dem Gebiet der Wissenschaften, des Denkens durch neue Erkenntnisse; **Revolutionär** *m* Aufrührer; **revolutionär** **1.** aufrührerisch, umstürzlerisch, **2.** umwälzend, fortschrittlich; **revolutionieren** **1.** die bestehende Ordnung umstürzen, **2.** grundlegend verändern, erneuern

revozieren (lat) abberufen, widerrufen

Revue *f* (fr) **1.** Rundschau (Titelbestandteil von Zeitschriften), **2.** Übersicht, **3.** unterhaltsame Bühnendarbietung, Schau

Rex *m* (lat) König

Rezensent *m* (lat) Verfasser von Rezensionen; **rezensieren** eine Rezension verfassen; **Rezension** *f* Besprechung von künstlerischen Arbeiten

rezent (lat) neu

Rezept *n* (lat) **1.** schriftliche Anweisung eines Arztes an einen Apotheker, **2.** Kochanleitung; **rezeptibel** empfänglich; **Rezeptibilität** *f* Empfänglichkeit; **Rezeption** *f* **1.** Übernahme, Aufnahme (von fremden Ideen, Werten usw.), **2.** Aufnahme eines Buches durch den Leser, eines Films durch den Zuschauer usw.; (fr) Empfangshalle eines Hotels; **rezeptiv** aufnehmend; **Rezeptur** *f* Herstellung (von Arzneimitteln) nach einem Rezept

Rezession *f* (lat) wirtschaftlicher Rückgang; **rezessiv** **1.** zurückgehend (in bezug auf Erbanlagen), **2.** die Rezession betreffend

rezidiv (lat) wiederkehrend (Med.); **Rezidiv** *n* Rückfall (Med.)

Rezipient *m* (lat) Person, die ein Kunstwerk (in sich) aufnimmt; **rezipieren** **1.** fremdes Gedankengut in sich aufnehmen, **2.** ein Kunstwerk in sich aufnehmen

reziprok (lat) gegenseitig, wechselseitig; **Reziprozität** *f* Gegen-, Wechselseitigkeit

Rezitation *f* (lat) Vortrag, künstlerische Darbietung eines Textes; **Rezitativ** *n* Sprechgesang (in der Oper); **Rezitator** *m* Vortragskünstler, Person, die etwas rezitiert; **rezitieren** vortragen, aufsagen, vorlesen

Rhabdomantie *f* (gr) Wahrsagen (mit der Wünschelrute)

Rhapsodie *f* (gr) **1.** erzählendes Gedicht, **2.** Gedicht in freien Rhythmen, **3.** Musikstück mit Volksliedmotiven, Musikstück, das den nationalen Charakter hervorhebt; **rhapsodisch** die Rhapsodie betreffend; bruchstückartig

rhenanisch (lat) rheinisch

Rhetor *m* (gr) Redner; **Rhetorik** *f* Redekunst, Wissenschaft von der Gestaltung der Rede; **Rhetoriker** *m* Lehrer der Redekunst, Redekünstler; **rhetorisch** rednerisch, redekünstlerisch; **rhetorische Figur** *f* Redefigur; **rhetorische Frage** *f* Frage, auf die keine Antwort erwartet wird

Rheuma *n*, **Rheumatismus** *m* (gr) Gelenk-, Muskel-, Nervenerkrankung; **rheumatisch** den Rheumatismus betreffend

Rhinallergose *f* (gr) Heuschnupfen; **Rhinitis** *f* Schnupfen, Nasenschleimhautentzündung; **Rhinologie** *f* Nasenheilkunde; **Rhinoplastik** *f* Herstellung einer künstlichen Nase; **Rhinozeros** *n* Nashorn

rhizoid (gr) wurzelartig; **Rhizom** *n* Wurzelstock (Bot.)

rhombisch (gr) rautenförmig; **Rhomboid** *n* Parallelogramm mit paarweise ungleichen Seiten; **Rhombus** *m* Parallelogramm mit gleichen Seiten, Raute

Rhythm and Blues *m* (engl) amerik. Musikstil, der Elemente des Blues mit einem ausgeprägten Rhythmus verbindet

Rhythmik *f* (gr) **1.** Lehre vom musikalischen Zeitmaß, **2.** taktmäßige Gestaltung; **rhythmisch** **1.** in einem bestimmten Rhythmus (1) ablaufend, erfolgend, **2.** gleichmäßig; **Rhythmus** *m* **1.** Takt, Gleichmaß (der Töne), **2.** regelmäßige Wiederkehr, **3.** regelmäßige Gliederung

ridikül (fr) lächerlich

rigid(e) (lat) **1.** starr, steif, **2.** unnachgiebig; **Rigidität** *f* **1.** Starrheit, **2.** Unnachgiebigkeit

Rigorismus *m* (lat) Strenge, Unerbittlichkeit; **rigoros** strikt, streng, unerbittlich; **Rigorosität** *f* Härte, Unerbittlichkeit, Rücksichtslosigkeit; **Rigorosum** *n* mündliches Doktorexamen

Rikscha *f* (jap-engl) zweirädriger

von einem Menschen gezogener Wagen zur Personenbeförderung

rilasciando (it) langsamer werdend (Mus.)

Rinascimento *n* (it) ital. Bezeichnung für **Renaissance**

rinforzando (it) stärker werdend (Mus.)

Risiko *n* (it) **1.** Wagnis, **2.** Gefahr

riskant (fr) gewagt, gefährlich, halsbrecherisch; **riskieren** wagen, aufs Spiel setzen

ristornieren (it) eine Buchung rückgängig machen

risvegliando (it) wieder munterer werdend (Mus.)

ritardando (it) langsamer werdend (Mus.)

rite (lat) **1.** ordnungsgemäß, **2.** genügend (niedrigstes Prädikat bei Doktorprüfungen)

ritenuto (it) verhalten (Mus.)

Ritual *n* (lat) **1.** religiöser Brauch, **2.** Gesamtheit der gottesdienstlichen Gebräuche, **3.** nach bestimmten, wiederkehrenden Mustern vorgenommene Handlung; **rituell** in Art eines Ritus, zeremoniell; **Ritus** *m* **1.** (religiöser) Brauch, **2.** Vorgehen nach einem bestimmten wiederkehrenden Muster

Rivale *m* (fr) Gegenspieler, Nebenbuhler, Mitbewerber; **rivalisieren** wetteifern, kämpfen um; **Rivalität** *f* Nebenbuhlerschaft, Gegnerschaft

Roadie *m* (engl) Person, die eine Rockgruppe begleitet und für den Transport der Instrumente, Aufbau der Lautsprecheranlage u. ä. verantwortlich ist

Roadster *m* (engl) offener, zweisitziger Sportwagen

Robinsonade *f* **1.** Abenteuer, **2.** Abenteuerroman (nach der Titelgestalt des Romans von Daniel Defoe)

roboten (slaw) schwer arbeiten; **Roboter** *m* **1.** Maschinenmensch, **2.** elektronische Apparatur zur Ausführung von Arbeitsvorgängen

robust (lat) kräftig, stämmig, handfest, derb

Rocaille *f* (fr) muschelförmiges Dekorationselement

Rocker *m* (engl) antibürgerlich eingestellter Jugendlicher (meist in Lederkleidung und motorisiert), der zu einer Gruppe Gleichgesinnter gehört

Rodeo *m* (span) Reiterschau der nordamerik. Cowboys

roger! (engl) **1.** verstanden! (bei Funksprüchen), **2.** einverstanden!

Rom *m* (**Roma** *pl*) (romani-sanskr) Angehöriger einer in Europa verbreiteten Volksgruppe ursprünglich indischer Herkunft, die früher als Zigeuner bezeichnet wurde

Romancier *m* (fr) Romanschriftsteller

Rollerskate *m* (engl) Schuh mit festmontierten Laufrädern

romanisch (lat) Bez. für die aus dem Vulgärlateinischen entstandenen Sprachen (insbes. Französisch, Italienisch, Spanisch, Portugiesisch und Rumänisch); **Ro-**

manịst *m* Lehrer, Student der romanischen Sprachen und Literatur; **Romanịstik** *f* Wissenschaft von den romanischen Sprachen und der romanischen Literatur

romạntisch (fr) **1.** gefühlvoll, schwärmerisch, **2.** stimmungsvoll

Romạnze *f* (span) **1.** volksliedhaft-epische Gedichtform, **2.** Musikstück erzählenden Inhalts, **3.** Liebesabenteuer

Rondẹll *n* (fr) rundes Beet

Rọndo *n* (it) Tonstück mit häufiger Wiederholung des Hauptthemas

Röntgenogrạmm *n* (gr) Röntgenaufnahme; **Röntgenolo̲ge** *m* Facharzt für Röntgenuntersuchungen; **Röntgenologi̲e** *f* Teilgebiet der Medizin, das sich mit der Anwendung der Röntgenstrahlen befaßt

Ro̲o̲ming-ịn *n* (engl) gemeinsame Unterbringung von Mutter und (neugeborenem) Kind im Krankenhaus

Ro̲o̲m-sẹrvice *m* (engl) Bedienung im Hotelzimmer

Rosa̲rium *n* (lat) kath. Rosenkranzgebet

Rosẹtte *f* (fr) **1.** Verzierung in Form einer Rose, **2.** Rundfenster im gotischen Stil

Ro̲ta *f* (it) höchstes Gericht der kath. Kirche

Rotatio̲n *f* (lat) **1.** Drehung (um eine Achse), Umdrehung, **2.** regelmäßiger Wechsel; **Rotato̲rien** *pl* Rädertierchen; **roti̲e̲ren** **1.** sich um (eine Achse) drehen, **2.** regelmäßig wechseln; **Ro̲tor** *m* **1.** sich drehendes Bestandteil einer elektrischen Maschine, **2.** Drehflügel eines Hubschraubers

Rotụnde *f* (lat) Rundtempel, Rundbau

Roue̲ *m* (fr) gewissenloser Lebemann

Ro̲u̲ge *m* (fr) rotes Make-up

Ro̲u̲nd-Ta̲ble-Konferẹnz *f* (engl) Beratung am runden Tisch (bei der alle Gesprächsteilnehmer gleichberechtigt sind)

Ro̲u̲te *f* (fr) **1.** Weg, Wegstrecke, **2.** Reiseweg, Schiffsweg, Flugstrecke, **3.** Richtung, in der man vorgehen will

Routi̲ne *f* (fr) **1.** Gewohnheit, gewohnheitsmäßige Ausführung einer Aufgabe, **2.** Gewandtheit infolge Übung oder Erfahrung; **routini̲e̲rt** erfahren, gewandt, fachgerecht

Ro̲wdy *m* (engl) Flegel, Rohling

roya̲l (fr) königlich; **Royalịsmus** *m* Königstreue; **Royalịst** *m* Anhänger des Königtums

Rubri̲k *f* (lat) **1.** Spalte, **2.** Abteilung, Fach; **rubrizi̲e̲ren** in eine bestimmte Abteilung einordnen, nach Fächern einteilen; **Ru̲brum** *n* kurze Inhaltsangabe (in Form einer Überschrift)

Rudimẹnt *n* (lat) Rest, Bruchstück; **rudimentä̲r** nur noch in Resten vorhanden, verkümmert, nicht voll ausgebildet

Rui̲n *m* (fr) **1.** Untergang, Verfall, Unglück, **2.** Bankrott

Rui̲ne *f* (lat) **1.** verfallener Bau,

2. Trümmer, Überbleibsel; **ruinieren** 1. zugrunde richten, vernichten, 2. zerstören, beschädigen; **ruinös** 1. baufällig, 2. zerstörerisch, verderblich

rumoren (lat) 1. lärmen, 2. Geräusche machen

Run *m* (engl) Ansturm, Andrang

Runway *m, f* (engl) Start-, Landebahn für Flugzeuge

Ruptur *f* (lat) Zerreißung (Med.)

rural (lat) ländlich, bäuerlich

Rush-hour *f* (engl) Hauptverkehrszeit

rustikal (lat) 1. ländlich, dörflich, 2. derb, bäuerisch

S

Sabbat *m* (hebr) der Ruhetag der jüdischen Woche (Samstag)

Sabotage *f* (fr) vorsätzliche Sachbeschädigung, um den Fortgang von Militäroperationen, Arbeitsvorgängen usw. zu verhindern; **Saboteur** *m* Person, die einen Sabotageakt ausführt; **sabotieren** einen Sabotageakt ausführen

Sadhu *m* (sanskr) streng asketisch lebender indischer Mönch

Sadismus *m* (fr) Erzielung geschlechtlicher Lust durch Ausführung grausamer Handlungen; **Sadist** *m* Mensch, der durch die Ausführung grausamer Handlungen sexuellen Lustgewinn erfährt; **sadistisch** grausam, peinigend

Safari *f* (arab) **1.** mehrtägiger Jagdzug oder mehrtägige Fahrt zur Beobachtung und zum Photographieren von afrik. Großwild, **2.** Karawanenreise

Safe *m* (engl) Bankfach, Geldschrank

Safer Sex *m* (engl; »Sicherer Sex«) Sexualpraktik, die das Risiko einer Infektion (vor allem mit Aids) herabsetzt

Saga *f* (altnord) **1.** altisländ. Prosaerzählung, **2.** literarisch gestaltete oder verfilmte Geschichte einer bestimmten Familie

Sahib *m* (hindi) Herr (Europäern gegenüber übliche Anrede in Kolonial-Indien)

Saison *f* (fr) **1.** Hauptbetriebszeit, Hauptreisezeit, **2.** Spielzeit (Theater); **saisonal** saisonbedingt, jahreszeitlich bedingt; **Saisonarbeiter** *m* (fr-dt) Arbeiter, der nur zu einer bestimmten Zeit des Jahres beschäftigt ist; **Saisonausverkauf** *m* Sommer-, Winterschlußverkauf

sakral (lat) **1.** heilig, **2.** gottesdienstlich; **Sakrament** *n* christliches Gnadenmittel (z. B. Taufe); **Sakralbau** *m* jeder Bau, der religiösen Zwecken dient (Kirche, Synagoge, Moschee usw.); **sakramental** **1.** heilig, **2.** zu einem Sakrament gehörend; **Sakrifizium** *n* Opfer, Meßopfer; **Sakrileg** *n* Gotteslästerung, Frevel; **Sakristan** *m* kath. Kirchendiener; **Sakristei** *f* Aufbewahrungsraum für die gottesdienstlichen Gegenstände; **sakrosankt** hochheilig, unantastbar

säkular (lat) **1.** alle hundert Jahre wiederkehrend, **2.** weltlich, diesseitig; **Säkularfeier** *f* Hundertjahrfeier; **Säkularisation**, **Säkularisierung** *f* **1.** Beschlagnahmung kirchlicher Güter, **2.** Verweltlichung; **Säkulum** *n* **1.** Jahrhundert, **2.** Zeitalter

Salam aleikum (arab; »Friede sei mit euch!«) arab. Gruß

Salär *n* (fr) Lohn
saldieren (it) ein Konto ausgleichen; **Saldo** *m* Ausgleichsbetrag zwischen der Soll- und der Habenseite eines Kontos
Sales Manager *m* (engl) Verkaufsleiter; **Sales Promoter** *m* Wirtschaftsfachmann, der für die Verkaufsförderung (durch Werbung u. ä.) veranwortlich ist
Saline *f* (lat) Betrieb zur Gewinnung von Kochsalz; **salinisch** salzartig
Salivation *f* (lat) Speichelfluß
salomonisch überaus weise (nach dem biblischen König)
Salon *m* (fr) **1.** großes Gesellschaftszimmer, Repräsentationsraum, **2.** sich in regelmäßigen Abständen versammelnder Kreis von künstlerisch Interessierten, **3.** eleganter Geschäftsraum, **4.** Ausstellungsraum, Ausstellung; **salonfähig** gesellschaftsfähig
salopp (fr) **1.** zwanglos, **2.** nachlässig, bequem (von Kleidung)
Salsa *m* (span) Rockmusik mit lateinamerikanischen Elementen
Salto *m* (it) Sprung (mit Überschlag in der Luft); **Salto mortale** *m* Todessprung, Salto in großer Höhe
Salut *m* (fr) militärischer Ehrengruß, Ehrenbezeigung; **salutieren** militärisch grüßen
Salvation Army *f* (engl) die Heilsarmee
salve! (lat) sei gegrüßt!
Salve *f* (fr) aus mehreren Geschützen gleichzeitig abgegebene Schüsse
Sample *n* (engl) **1.** Stichprobe, **2.** Warenmuster; **Sampler** *m* Schallplatte mit Einspielungen verschiedener Interpreten
sanabel (lat) heilbar (Med.); **Sanatorium** *n* Kurheim, Heilstätte
Sancta Sedes *f* (lat) der Heilige Stuhl; **Sanctus** *m* **1.** Heiliger, **2.** *n* kath. Lobgesang
Sandwichbauweise *f* (engl-dt) Bauverfahren, bei dem Platten aus unterschiedlichem Material zusammengefügt werden
Sanguiniker *m* (lat) lebhafter Mensch; **sanguinisch** (»blutvoll«) lebhaft, leichtblütig
sanieren (lat) **1.** heilen, **2.** instand setzen, modernisieren, **3.** Wirtschaftsunternehmen wieder konkurrenzfähig machen; **Sanierung** *f* **1.** Heilung, **2.** Instandsetzung, Modernisierung, **3.** Aufbesserung
sanitär (lat) **1.** gesundheitsfördernd, **2.** das Gesundheitswesen betreffend; **Sanitäter** *m* Krankenpfleger
Sanktifikation *f* (lat) Heiligsprechung
Sanktion *f* (lat) **1.** (gesetzliche) Bestätigung, Genehmigung, **2.** Zwangsmaßnahme, Vergeltungsmaßnahme; **sanktionieren** **1.** (gesetzlich) anerkennen, billigen, genehmigen, **2.** Sanktionen (2) verhängen
Sanktuar(ium) *n* (lat) **1.** Altarraum einer kath. Kirche, **2.** Aufbewahrungsort von Reliquien
Saprämie *f* (gr) Blutvergiftung (Med.)

sardonisch (gr) hämisch, boshaft

Sarkasmus *m* (gr) **1.** bitterer Spott, Hohn, **2.** verletzende spöttische Äußerung; **sarkastisch** spöttisch, höhnisch

Sarkophag *m* (gr) steinerner Prunksarg

Satellit *m* (lat) **1.** kleinerer Himmelskörper, der einen größeren umkreist, **2.** künstlicher Himmelskörper, Raumflugkörper, **3.** von einem größeren abhängiger kleinerer Staat

Satire *f* (lat) **1.** spöttig-witzige Darstellung menschlicher Schwächen, **2.** Spottgedicht, -schrift; **Satiriker** *m* Verfasser von Satiren (2), **2.** Spötter; **satirisch 1.** spöttisch, **2.** in Art einer Satire

Satisfaktion *f* (lat) Genugtuung

Saturation *f* (lat) Sättigung; **saturieren 1.** sättigen, **2.** Ansprüche befriedigen; **saturiert 1.** gesättigt, zufriedengestellt, **2.** selbstzufrieden

Saturnalien *pl* (lat) ausgelassene Feier

Satyr *m* (gr) **1.** Waldgeist der griech. Sage, **2.** lüsterner Mensch

sautieren (fr) unter Schwenken der Pfanne kurz braten

sauve qui peut (fr) rette sich, wer kann

Savoir-faire *n* (fr) Geschicklichkeit; **Savoir-vivre** *n* Lebensart

sazerdotal (lat) priesterlich

Scanner *m* (engl) Gerät, das mittels eines Elektronen-, Lichtstrahls einen Gegenstand oder einen Text abtastet und die erhaltenen Daten weiterverarbeitet

Schablone *f* (fr) **1.** Vervielfältigungsvorlage, **2.** überliefertes, herkömmliches Muster

Schafott *n* (fr) Gerüst für Hinrichtungen

Schalom (hebr) Frieden! (hebr. Gruß)

Schamane *m* (tungus) Zauberpriester

Schamott *m* (it) feuerfester Ton

schanghaien einen Matrosen entführen und zum Dienst pressen (nach der chin. Stadt)

Scharade *f* (fr) Worträtsel, bei dem der zu erratende Begriff durch Gesten, Mimik usw. dargestellt wird

Scharlatan *m* (fr) **1.** Schwätzer, Aufschneider, **2.** Schwindler, Betrüger

Scharmützel *n* (it) Geplänkel, kurzes Gefecht

Scharnier *n* (fr) Drehgelenk für Türen, Fenster usw.

schassen (fr) fortjagen, entlassen, hinauswerfen

Schelf *m, n* (engl) vom Meer überspülter Festlandsockel

Schema *n* (gr) **1.** Muster, **2.** Vorstellung, die man von etwas hat und nach dem man sich richtet; **schematisch** einem Schema folgend, **2.** gedankenlos, eingefahren; **schematisieren 1.** in eine Übersicht bringen, einem Schema entsprechend behandeln; **2.** zu stark vereinfachen; **Schematismus** *m* unschöpferische Nachahmung

scherzando (it) scherzend, heiter (Mus.); **Scherzo** *n* heiteres Musikstück; **scherzoso** heiter, scherzend (Mus.)

Schibboleth *n* (hebr) Erkennungszeichen

Schikane *f* (fr) **1.** Böswilligkeit, einer anderen Person in den Weg gelegte Schwierigkeit, **2.** Hindernis (Sport); **schikanieren** jmdn. böswillig behindern, quälen

Schimäre *f* (gr) Hirngespinst; **schimärisch** trügerisch

Schisma *n* (gr) Kirchenspaltung; **Schismatiker** *m* Abtrünniger; **schismatisch 1.** ein Schisma betreffend, **2.** ein Schisma verursachend

Schizogenie *f* (gr) ungeschlechtliche Vermehrung durch Spaltung; **Schizomyzeten** *pl* Spaltpilze; **schizophren** an Bewußtseinsspaltung leidend; **Schizophrenie** *f* **1.** Bewußtseinsspaltung, **2.** innere Widersprüchlichkeit; **schizothym** Veranlagung zu Schizophrenie (1) besitzend

Schlemihl *m* (hebr) **1.** Unglücksrabe, **2.** durchtriebener Mensch

Schock *m* (engl) **1.** seelische Erschütterung, großer Schreck; **2.** plötzliches Kreislaufversagen (Med.); **Schocker** *m* Buch oder Film mit erschreckendem Inhalt; **schockieren** jmdn. einen Schock versetzen, erschrecken; **Schocktherapie** *f* (engl-gr) Behandlung von seelisch Kranken mit Hilfe eines künstlich ausgelösten Schocks

Scholar *m* (lat) fahrender Schüler, Student (des Mittelalters); **Scholastik** *f* **1.** philosophische Richtung des Mittelalters, die das natürliche Denken mit den Dogmen der kath. Kirche in Einklang bringt, **2.** engstirnige Schulweisheit; **Scholastiker** *m* Vertreter der Scholastik (1); **scholastisch 1.** die Scholastik betreffend, **2.** spitzfindig

schraffieren (it) stricheln; **Schraffur** *f* **1.** schraffierte Fläche, **2.** Strichelung

Schwadron *f* (it) Truppeneinheit der Kavallerie; **Schwadroneur** *m* Schwätzer; **schwadronieren** schwätzen, schwafeln

Science-fiction *f* (engl) abenteuerlich-utopische Literatur (oder Film) auf naturwissenschaftlich-technischer Grundlage

sciolto (it) ungebunden, gelöst (Mus.)

Scoop *m* (engl) Erstveröffentlichung einer Sensationsmeldung

Score *m* (engl) Spielergebnis, Zahl der erreichten Punkte; **scoren** einen Punkt machen, einen Treffer erzielen

Scout *m* (engl) **1.** Pfadfinder, **2.** jmd., der für einen Verlag im Ausland nach erfolgversprechenden Büchern Ausschau hält, **3.** jmd., der für ein Unternehmen geeignete Mitarbeiter, für einen Fußballverein Spieler usw. ausfindig macht

Screen *m* (engl) Bildschirm (EDV); **Screening** *n* Bildschirmreihenuntersuchung (Med.)

Script *n* (engl) **1.** Drehbuch, **2.**

Mitschrift einer Hochschulvorlesung; **Script-girl** *n* Assistentin des Aufnahmeleiters (Film)

Séance *f* (fr) spiritistische Sitzung

Season *f* (engl) s. **Saison**

secco (it) trocken (auch bei Schaumweinen); **Seccomalerei** *f* (it-dt) Wandmalerei auf bereits getrocknetem Putz

secondhand (engl) aus zweiter Hand, gebraucht; **Secondhand-Shop** *m* Geschäft, in dem gebrauchte Gegenstände (vor allem Kleider) angeboten werden

Secret Service *m* (engl) brit. Geheimdienst

Sectio caesarea *f* Kaiserschnitt (Med.)

sedativ (lat) beruhigend, schmerzlindernd; **Sedativum** *n* Beruhigungsmittel (Med.)

Sediment *n* (lat) Bodensatz einer Flüssigkeit, Ablagerung; **sedimentär** durch Ablagerung entstanden; **Sedimentation** *f* Bodensatzbildung, Ablagerung

Segment *n* (lat) Teilstück, Abschnitt; **segmentieren** zerlegen, zerteilen, aufteilen

Segno *n* (it) Zeichen (Mus.)

Segregation *f* (engl-am) Absonderung einer Menschengruppe (z.B. Rassentrennung); **segregieren** absondern

Seismik *f* (gr) Erdbebenkunde; **seismisch** **1.** die Seismik betreffend, **2.** Erdbeben betreffend, durch Erdbeben hervorgerufen; **Seismograph** *m* Erdbebenmesser; **Seismologie** *f* Erdbebenkunde; **Seismologe** *m* Wissenschaftler auf dem Gebiet der Seismologie

Sekante *f* (lat) Schnittlinie, Gerade, die eine Kurve schneidet (Math.)

sekkant (it) lästig, quälend; **sekkieren** quälen, ärgern

sekret (lat) geheim, abgesondert; **Sekret** *n* abgesonderter Stoff (Körperflüssigkeit), Ausscheidung; **Sekretär** *m* **1.** Schriftführer, Person, die für eine andere den Schriftverkehr erledigt, **2.** Schreibschrank; **Sekretariat** *n* **1.** mit der Organisation beauftragte Abteilung einer Behörde, Institution usw., **2.** Geschäftszimmer des Sekretariats (1); **sekretieren** **1.** unter Verschluß bringen, geheimhalten, **2.** absondern, ausscheiden (Med.); **Sekretion** *f* Drüsenabsonderung

Sekte *f* (lat) **1.** religiöse Sondergruppe, **2.** Splittergruppe; **Sektierer** *m* **1.** Anhänger einer Sekte, **2.** jmd., der von der herrschenden (politischen) Richtung abweicht; **sektiererisch** in der Art eines Sektierers

Sektion *f* (lat) **1.** Unterabteilung, **2.** Fachgebiet, **3.** Leichenöffnung; **Sektionschef** *m* Abteilungsleiter; **Sektor** *m* Teilgebiet, Sachgebiet

Sekundant *m* (lat) **1.** Helfer, Berater beim sportlichen Wettkampf, **2.** Zeuge beim Duell

sekundär (lat) **1.** zweitrangig, untergeordnet, nebensächlich, **2.** nachträglich hinzukommend; **Sekundärliteratur** *f* wissenschaftliche Literatur über Werke der **Primärliteratur**

sekundieren (lat) 1. helfen, Beistand leisten, 2. beipflichten

Sekurität *f* (fr) Sicherheit, Sorglosigkeit

selektieren (lat) (das für einen Zweck Geeignete) auswählen; **Selektion** *f* 1. Auswahl, Aussonderung, 2. Auslese, Zuchtwahl; **selektiv** auswählend, auf Auswahl beruhend

Selenographie *f* (gr) Beschreibung des Mondes; **Selenologie** *f* Wissenschaft von der Beschaffenheit des Mondes

Selenzelle *f* Fotozelle, die Lichtimpulse in Stromschwankungen umsetzt (und damit einen Mechanismus auslöst)

Selffulfilling prophecy (engl) sich selbst erfüllende Voraussage (Psychol.)

Selfgovernment *n* (engl) Selbstverwaltung

Selfmademan *m* (engl) jmd., der sich aus eigener Kraft, ohne fremde Hilfe emporgearbeitet hat

Selfservice *m* (engl) Selbstbedienung (in Restaurants)

Semantik *f* (gr) 1. Wissenschaft von den sprachlichen Zeichen und ihrer Bedeutung, 2. Bedeutung eines Wortes; **semantisch** 1. die Semantik (1) betreffend, 2. den Inhalt eines sprachlichen Zeichens betreffend

Semaphor *m* (gr) Signalmast

Semasiologie *f* (gr) Bedeutungslehre (Sprachw.)

Semem *n* (gr) die Bedeutung eines sprachlichen Zeichens

Semen *n* (lat) Pflanzensamen

Semester *n* (lat) 1. Halbjahr, Studienhalbjahr, 2. Jahrgang

semi- (lat) halb- (in Zusammensetzungen); **Semifinale** *n* Vorschlußrunde (Sport); **Semikolon** *n* Strichpunkt; **semilunar** halbmondförmig

Seminar *n* (lat) 1. Lehrerbildungsanstalt, 2. Universitätsinstitut, 3. Lehrveranstaltung an einer Universität, 4. Anstalt zur Heranbildung von Geistlichen; **Seminarist** *m* Angehöriger eines Seminars (1, 4)

Semiologie *f* (gr) Lehre von den Zeichen

Semiotik *f* (gr) Bedeutungslehre; **semiotisch** 1. die Semiotik betreffend, 2. das sprachliche Zeichen betreffend

Semitist *m* Erforscher der semitischen Sprache und Literatur

semplice (it) schlicht (Mus.)

Senat *m* (lat) 1. Regierungsbehörde, 2. Verwaltungsbehörde einer Hochschule, 3. Richterkollegium; **Senator** *m* Mitglied eines Senats (1)

senil (lat) 1. greisenhaft, altersschwach, 2. verkalkt; **Senilität** *f* Altersschwäche, Greisenhaftigkeit

senior (lat) der ältere; **Senior** *m* 1. der ältere Mann, 2. Vater, 3. Altmeister, Alterspräsident; **Seniorat** *n* Amt des Vorsitzenden, Ältestenwürde

Senographie (it-gr) Röntgenuntersuchung der (weiblichen) Brust

Sensation *f* (fr) **1.** körperliche Empfindung (Med.), **2.** aufsehenerregendes Ereignis; **sensationell** aufsehenerregend, eindrucksvoll

sensibel (lat) **1.** empfindsam, feinfühlig; **2.** schmerzempfindlich; **sensibilisieren** empfindlich machen; **Sensibilität** *f* Empfindlichkeit, Zartgefühl; **sensitiv** überempfindlich; **Sensitivität** *f* Überempfindlichkeit; **Sensor** *m* (engl) elektronischer Fühler; **sensorisch** (lat) Sinnesempfindungen betreffend; **Sensorium** *n* Gespür, Empfindungsvermögen; **Sensualismus** *m* Lehre von der Herkunft aller Erkenntnis aus Sinneseindrücken; **Sensualität** *f* Empfindungsvermögen der Sinnesorgane (Med.); **sensuell** **1.** die Wahrnehmung durch Sinnesorgane betreffend, **2.** mit den Sinnen wahrnehmbar; **Sensus** *m* Empfindungsvermögen eines Sinnesorgans; **Sensus communis** *m* gesunder Menschenverstand

Sentenz *f* (lat) **1.** Denk-, Sinnspruch, einprägsame, treffend formulierte Äußerung, **2.** Urteilsspruch; **sentenziös** nach Art eines Denkspruchs

Sentiment *n* (fr) Gefühl, Gefühlsäußerung; **sentimental** (engl) empfindsam, rührselig, gemütvoll; **Sentimentalität** *f* Empfindsamkeit, Gefühlsseligkeit

senza (it) ohne

separat (lat) **1.** gesondert, abgetrennt, **2.** einzeln; **Separata** *pl* Sonderdrucke; **Separation** *f* **1.** Absonderung, **2.** Gebietsabtrennung; **Separatismus** *m* Streben nach Abtrennung eines Landesteils, um einen unabhängigen Staat zu gründen; **Separatist** *m* Anhänger des Separatismus; **separatistisch** den Separatismus betreffend; **Separator** *m* Zentrifuge zur Trennung der verschiedenen Stoffe einer Flüssigkeit; **Séparée** *n* abgetrennter Raum in einem Lokal; **separieren** trennen, absondern

Sephardim *pl* (hebr) die Juden spanisch-portugiesischer oder orientalischer Herkunft

sepia (lat) graubraun

Sepsis *f* (gr) Blutvergiftung durch Fäulniserreger

septentrional (lat) nördlich

Septett *n* (it) **1.** siebenstimmiges Musikstück, **2.** siebenköpfige Musikgruppe

Septime *f* (lat) siebte Stufe der Tonleiter

septisch (gr) **1.** durch Fäulniserreger verursacht, die Sepsis betreffend, **2.** nicht keimfrei (Med.)

Septum *n* (lat) Trennwand, Scheidewand (Med.)

sequentiell (engl) fortlaufend, nacheinander zu bearbeiten (EDV); **Sequenz** *f* (lat) **1.** Folge, Abfolge, **2.** Befehlsfolge (EDV)

Sequester *m* (lat) Zwangsverwalter; **Sequestration** *f* Zwangsverwaltung

Seraph *m* (**Seraphim** *pl*) (hebr)

Engel; **seraphisch** **1.** zu den Engeln gehörend, **2.** engelgleich, **3.** verzückt

Serenade *f* (fr) **1.** musikalische Komposition, die aus einer Reihe von Einzelstücken besteht, **2.** Ständchen

Sergeant, **Sergeant** *m* (fr, engl) Unteroffizier

Serial *n* (engl) **1.** Fernsehserie, **2.** Fortsetzungsroman

Serie *f* (lat) **1.** Folge, Reihe, Satz gleichartiger Dinge, **2.** Radio- oder Fernsehsendung in mehreren Folgen, **3.** Aufeinanderfolge gleichartiger oder ähnlicher Ereignisse usw.; **seriell** (fr) zeitlich aufeinander folgend (EDV)

seriös (fr) **1.** ernsthaft, **2.** anständig, **3.** glaubwürdig, vertrauenswürdig; **Seriosität** *f* Ernsthaftigkeit

Sermon *m* (lat) **1.** Strafpredigt, **2.** Gerede, Geschwätz

Serpentine *f* (lat) **1.** Schlangenlinie, windungsreicher Weg, **2.** Windung, Kehre

Serum *n* (lat) **1.** Blutflüssigkeit, **2.** Impfstoff

Service *m* (engl) **1.** Bedienung, **2.** Kundendienst, **3.** Aufschlag beim Tennis

Service *n* (fr) Eßgeschirr

servieren **1.** bedienen, auftragen, vorlegen, **2.** den Ball aufschlagen (Tennis)

servil (lat) unterwürfig, knechtisch; **Servilität** *f* Unterwürfigkeit

Servobremse *f* (lat-dt) Bremse mit Bremskraftverstärker; **Servolenkung** *f* Lenkung mit Lenkkraftverstärker; **Servomotor** *m* Hilfsmotor

Session *f* (lat) Sitzung, Sitzungsperiode

Session *f* (engl) **1.** Aufnahmesitzung im Tonstudio, **2.** zwangloses Zusammenspiel von (Jazz-)Musikern

Set *m* (engl) **1.** Satz zusammengehörender Gegenstände, Serie, **2.** Gedeckunterlage, **3.** Szenerie (Film)

Settlement *n* (engl) Ansiedlung, Kolonie

Sex *m* (engl) **1.** Geschlechtlichkeit, **2.** Geschlechtsverkehr, **3.** Geschlecht; **Sex-Appeal** *m* erotische Anziehungskraft; **Sex and Crime** (»Sex und Verbrechen«) Kennzeichnung von Zeitungen, Filmen usw., die vorwiegend das Interesse des Publikums an diesen beiden Themen befriedigen; **Sexismus** *m* übertriebene Wertschätzung des eigenen Geschlechts mit gleichzeitiger Geringschätzung des anderen; **sexistisch** den Sexismus betreffend; **Sexologie** *f* (lat) Wissenschaft vom Geschlechtsleben; **sexologisch** die Sexologie betreffend; **Sexshop** *m* (engl) Geschäft, in dem erotische Literatur, Hilfsmittel für den Geschlechtsverkehr u. ä. verkauft werden

Sextant *m* (lat) **1.** Sechstelkreis, **2.** Gerät zur Bestimmung des Standorts eines Schiffes

Sexte *f* (lat) sechste Stufe der Tonleiter

Sextett *n* (it) **1.** sechsstimmiges Musikstück, **2.** sechsköpfige Musikgruppe

Sextourismus *m* (engl) Tourismus (meist in Länder der Dritten Welt), um sexuelle Bedürfnisse zu befriedigen

sexual (lat) geschlechtlich; **Sexualdelikt** *n* Vergehen an einer anderen Person aus sexuellen Motiven, Vergewaltigung; **Sexualethik** *f* Lehre von den sittlichen Forderungen im Bereich des menschlichen Geschlechtslebens; **Sexualität** *f* Geschlechtsleben, Geschlechtlichkeit; **Sexualobjekt** *n* Person, die zur Befriedigung der sexuellen Lust dient; **Sexualpädagogik** *f* Lehre von der sexuellen Aufklärung; **Sexualpathologie** *f* Wissenschaft von den krankhaften Störungen des Geschlechtslebens; **Sexualpsychologie** *f* psychologische Erforschung des Geschlechtsverhaltens; **sexuell** geschlechtlich, das Geschlechtsleben betreffend; **sexy** (engl) erotisch anziehend

Sezession *f* (lat) **1.** Abspaltung (einer Künstlergruppe), **2.** Abtrennung eines Landesteils

sezieren (lat) Leichen öffnen

sforzato (it) stark betont (Mus.)

sfumato (it) mit verschwimmenden Umrissen gemalt

Sgraffito *n* (it) in den Untergrund einer Wand eingeritzte Zeichnung

Shake *m* (engl) Mixgetränk; **Shakehands** *n* das Händeschütteln; **Shaker** *m* Mixbecher, Schüttelbecher

Shanty *n* (engl) Seemannslied

Share *m* (engl) Aktie

Shirt *n* (engl) Hemd, hemdartiges Kleidungsstück

Shit *n* (am; »Scheiße«) Haschisch

shocking (engl) anstößig, peinlich

Shooting-Star *m* (engl) **1.** Senkrechtstarter, **2.** Unterhaltungskünstler, der sehr schnell Erfolg hat

Shop *m* (engl) Geschäft, Laden; **Shopping** *n* das Einkaufen, Einkaufsbummel; **Shopping-Center** *n* Einkaufszentrum

Short Story *f* (engl) Kurzgeschichte

Show *f* (engl) Schauvorstellung, Unterhaltungssendung mit musikalischen Einlagen (Fernsehen); **Show-Biz** *n* (am), **Show-Business** *n* (engl) Unterhaltungsindustrie, Showgeschäft; **Showdown** *m* Kraftprobe, letzte entscheidende Auseinandersetzung; **Showmaster** *m* Präsentator einer Unterhaltungsveranstaltung

Shredder *m* (engl) Zerkleinerungsmaschine

sibyllinisch (lat) rätselhaft, geheimnisvoll

sic! (lat) wirklich so! (mit Bezug auf vorangegangenen Fehler)

sic transit gloria mundi! (lat) so vergeht die Herrlichkeit der Welt!

sideral, siderisch (lat) die Sterne betreffend

Siderurgie *f* (lat) Eisenbearbeitung; **siderurgisch** die Eisenverarbeitung betreffend

siena (it) rotbraun

Sigel *n* (lat) Abkürzungszeichen für Wörter oder Wortgruppen

Sightseeing *f* (engl) Stadtbesichtigung, Besichtigung von Sehenswürdigkeiten

Signal *n* (fr) **1.** sichtbares oder hörbares Zeichen von bestimmter Bedeutung, **2.** Fahrtzeichen; **Signalement** *n* Personenbeschreibung (in einem Ausweis); **signalisieren** **1.** durch Zeichen mitteilen, **2.** bedeuten, aufmerksam machen, **3.** benachrichtigen, warnen

Signatur *f* (lat) **1.** Unterschrift (in Kurzform), **2.** Namenszug des Künstlers auf Gemälden, **3.** Bibliotheksnummer eines Buches

Signet *n* (fr) Verlagszeichen, Buchdruckerzeichen

signieren (lat) **1.** mit einer Signatur versehen, **2.** unterschreiben; **signifikant** **1.** typisch, bezeichnend, **2.** bedeutsam

Signum *n* (lat) **1.** Zeichen, Marke, **2.** abgekürzte Unterschrift

Silentium *n* (lat) Schweigen, Stille

Silhouette *f* (fr) Umriß, Umrißlinie

Silikatose *f* (gr) Steinstaublunge (Med.)

Silk *m* (engl; »Seide«) seidenähnlicher glatter Stoff

Silo *m* (span) **1.** Behälter zum Speichern von Futter-, Lebensmitteln und anderen Waren, **2.** großes Wohngebäude

simpel (lat) **1.** einfach, unproblematisch, **2.** schlicht, **3.** einfältig; **Simplex** *n* einfaches (nicht zusammengesetztes) Wort; **Simplifikation, Simplifizierung** *f* Vereinfachung; **simplifizieren** vereinfachen, vereinfacht darstellen; **Simplizität** *f* **1.** Einfachheit, **2.** Einfältigkeit

Simulant *m* (lat) Heuchler, jmd., der vorgibt, krank zu sein; **Simulation** *f* **1.** Verstellung, **2.** Krankheitsvortäuschung, **3.** Nachahmung; **Simulator** *m* Gerät, mit dem sich reale Gegebenheiten künstlich herstellen lassen; **simulieren** **1.** sich verstellen, **2.** eine Krankheit vortäuschen, **3.** nachahmen

simultan (lat) **1.** gleichzeitig, **2.** gemeinsam; **Simultandolmetscher** *m* Dolmetscher, der einen Text, während dieser vorgetragen wird, übersetzt; **Simultaneität** *f* **1.** Gleichzeitigkeit, **2.** Gemeinsamkeit

sine (lat) ohne; **sine anno** ohne Angabe des Erscheinungsjahrs (bei Büchern); **sine ira et studio** (»ohne Zorn und Eifer«) sachlich, nüchtern; **Sinekure** *f* einträgliches Amt, das kaum Arbeit erfordert; **sine loco** ohne Angabe des Erscheinungsorts; **sine tempore** ohne akademisches Viertel, pünktlich

Single *f* (engl) Schallplatte mit nur einem Titel auf jeder Seite; *n* Einzelspiel (Tennis); *m* Alleinstehende(r), Person, die alleine lebt

Singular *m* (lat) Einzahl (Sprachw.); **singulär** **1.** einzeln, vereinzelt, **2.** einzigartig; **Singularität** *f* vereinzelte Erscheinung, Seltenheit

sinister (lat) **1.** links (Med.), **2.** unheilvoll

Sinologe *m* (gr) Erforscher der chinesischen Sprache und Kultur; **Sinologie** *f* Wissenschaft von der chinesischen Sprache und Kultur

Sinto *m* (**Sinti** *pl*) Angehöriger einer in Europa verbreiteten Volksgruppe ursprünglich indischer Herkunft, die früher als Zigeuner bezeichnet wurde

Sinus *m* (lat) **1.** Seitenverhältnis im Dreieck, **2.** Hohlraum (in den Schädelknochen)

Sinusitis *f* (lat) Nebenhöhlenentzündung

Siphon *m* (fr) **1.** Flasche mit Ausflußhahn für kohlensäurehaltige Getränke, **2.** Geruchsverschluß bei Wasserausgüssen

Sir *m* (engl) **1.** Herr (Anredeform), **2.** Adelstitel

Sirene *f* (gr) **1.** dämonisches Meerwesen, **2.** verführerische, gefährliche Frau, **3.** Vorrichtung zur Erzeugung eines akustischen (Warn-)Signals

sistieren (lat) **1.** einen Prozeß unterbrechen, **2.** verhaften

Sisyphusarbeit *f* vergebliches Bemühen, anstrengende, vergebliche Arbeit (nach der gleichnamigen Gestalt der altgriech. Sage)

Sit-in *n* (engl) Sitzstreik als Form des Protests

Situation *f* (lat) Lage, Zustand, Gesamtheit der äußeren Umstände; **situativ** durch die jeweilige Lage bedingt; **situieren** stellen, in eine Lage bringen; **Situs** *m* Lage der Organe im Körper

Six Days *pl* (engl) Sechstagerennen

Skabies *f* (lat) Krätze (Med.)

Skala *f* (it) **1.** Tonleiter, **2.** Stufenleiter, Reihe zusammengehöriger Erscheinungen, **3.** Maßeinteilung, **4.** Vielfalt

Skalpell *n* (lat) chirurgisches Messer

Skandal *m* (fr) Ärgernis; **skandalös** ärgerniserregend, anstößig

skandieren (lat) im Versmaß lesen, abgehackt lesen oder sprechen

Skateboard *n* (engl) Brett mit darunter montierten Rollen (Sportgerät)

Skatologie *f* (gr) wissenschaftliche Untersuchung von Kot; **skatologisch** Kot betreffend

Skelett *n* (gr) **1.** Gerippe, Knochengerüst, **2.** Gerüst, Unterbau; **skelettieren 1.** zum Skelett werden, **2.** das Skelett bloßlegen

Skepsis *f* (gr) Zweifel, Bedenken, Argwohn; **Skeptiker** *m* Zweifler; **skeptisch** zweiflerisch, mißtrauisch; **Skeptizismus** *m* **1.** skeptische Einstellung, **2.** philosophische Richtung, die den Zweifel zum Denkprinzip erhebt

Sketch *m* (engl) kurze witzige Bühnen- oder Filmszene

Skin(head) *m* (engl; »Hautkopf«) gewalttätig veranlagter und rechtsradikal eingestellter Jugendlicher mit extremem Kurzhaarschnitt oder Glatze

Skipper *m* (engl) Kapitän eines Segelschiffs

Skizze *f* (it) **1.** (zeichnerischer) Entwurf, Rohzeichnung; **2.** flüchtiges Festhalten einer Idee, **3.** knappe (literarische) Darstellung; **skizzieren** **1.** entwerfen, flüchtig umreißen, **2.** eine Idee (schriftlich) festhalten

Sklerose *f* Gewebe-, Organverhärtung; **sklerotisch** **1.** verhärtet (Med.), **2.** an Sklerose leidend

skontieren (it) Preisnachlaß gewähren; **Skonto** *m, n* Preisnachlaß bei Barzahlung

skontrieren (it) Schulden und Forderungen gegeneinander aufrechnen

Skooter *m* (engl) Kleinfahrzeug mit Elektroantrieb

Skribent *m* (lat) Schreiberling; **Skribifax** *m* Vielschreiber; **Skript** s. **Script**

Skrotum *n* (lat) Hodensack

Skrupel *m* (lat) Gewissensbisse, (moralisches) Bedenken; **skrupellos** gewissenlos, hemmungslos; **skrupulös** übergenau, übertrieben gewissenhaft

Skullboot *n* (engl-dt) Sportruderboot; **skullen** rudern

skulptieren (lat) ausmeißeln; **Skulptur** *f* **1.** Plastik, Bildhauerarbeit, **2.** Bildhauerkunst

skurril (lat) absonderlich, eigenwillig; **Skurrilität** *f* **1.** Absonderlichkeit, **2.** Verschrobenheit

Skylab *n* (engl; »Himmelslabor«) Forschungslabor im Weltraum

Skylight *n* (engl) Oberlicht

Skyline *f* (engl) Silhouette einer Stadt

Skysurfing *n* (engl) Fliegen mit Hängegleitern

Slalom *m* (norw) **1.** (Ski-)Rennen um künstliche Hindernisse, **2.** Zickzacklauf

Slang *m* (engl) **1.** ungepflegte Sprache, Gemeinsprache, **2.** Fachjargon, Umgangssprache bestimmter Gruppen

Slapstick *m* (am) grotesk-komischer Einfall

Slick *m* (engl) Rennreifen ohne Profil

Slipper *m* (engl) Straßenschuh ohne Verschnürung

Slogan *m* (engl) Schlagwort, Werbespruch

Slow Down *m* (engl) Dienst nach Vorschrift als Mittel des Protests

Slow motion *f* (engl) Zeitlupe

Slum *m* (engl) Elendsviertel von Großstädten

Slump *m* (engl) Preissturz an der Börse

small (engl) klein (Kleidergröße)

Smalltalk *m* (engl) unverbindliches Geplauder

smart (engl) **1.** schlau, gewandt, **2.** elegant (gekleidet)

Smog *m* (engl) aus Rauch und Schmutz bestehender Dunst

Snack *m* (engl) kleiner Imbiß; **Snackbar** *f* Imbißstube

sniffen (engl) Lösungsmittel o. ä. einatmen, um sich in einen Rauschzustand zu versetzen

Snob *m* (engl) vornehmtuender Mensch, eitler Mensch; **Snob-**

Appeal *m* Anziehungskraft von Snobs; **Snobismus** *m* **1.** Eitelkeit, Hochmut, Wichtigtuerei, **2.** für einen Snob charakteristisches Verhalten

Snow *m* (engl; »Schnee«) Rauschgifte in Form weißen Pulvers

Snowboard *n* (engl) Gleitbrett zum Fahren auf Schnee

Snowmobil *n* (engl) Motorschlitten, motorisiertes Schneefahrzeug

Soap-Opera *f* (engl-am; »Seifenoper«) unterhaltsame Fernsehserie

Soccer *n* (am) amerik. Bezeichnung für den europäischen Fußballsport

Societas Jesu *f* (lat; »Gesellschaft Jesu«) der Jesuitenorden

Sodomie *f* Geschlechtsverkehr mit Tieren (nach der biblischen Stadt Sodom)

Soffitte *f* (it) herabhängender Teil der Bühnenausstattung

soft (engl) **1.** weich, mild, **2.** gefühlvoll

Soft Drink *m* (engl) alkoholfreies Getränk

Soft drug *f* (engl) weiches Rauschgift

Softie *m* (engl) zärtlicher, empfindungsfähiger Mann

Software *f* (engl) nichtapparative Bestandteile eines Computers, Computerprogramme

soigniert (fr) gepflegt, kultiviert

Soiree *f* (fr) **1.** Abendgesellschaft, **2.** Theater-, Kinovorstellung am Abend

solar (lat) die Sonne betreffend; **Solarenergie** *f* Sonnenenergie; **Solarium** *n* Sonnenstudio, Raum, der mit künstlichen Lichtquellen zur Köperbräunung ausgestattet ist; **Solarplexus** *m* Sonnengeflecht, Nervensystem im Oberbauch (Med.); **Solarzelle** *f* Element, das Sonnenstrahlen in elektrische Energie umsetzt

solenn (lat) feierlich; **Solennität** *f* Feierlichkeit

solid(e) (fr) **1.** haltbar, fest, **2.** charakterfest, **3.** fundiert, begründet

solidarisch (fr) für einander einstehend, verbündet; **solidarisieren** für jmdn. eintreten, sich mit jmdm. verbünden; **Solidarität** *f* Unterstützung aufgrund von Zusammengehörigkeitsgefühl

Solidität *f* (fr) **1.** Festigkeit, **2.** Zuverlässigkeit

Soliloquium *n* (lat) Selbstgespräch, Monolog

Solist *m* (it) Einzelvortragender (Musiker, Sänger), **2.** Einzelspieler; **solistisch** **1.** den Solisten betreffend, **2.** für einen Solisten komponiert (Mus.)

Solitär *m* (fr) einzeln gefaßter Edelstein

solo (it) **1.** als Solist, **2.** allein, einzeln, einsam, unbegleitet; **Solo** *n* Einzelspiel, -gesang usw.

Solstitium *n* (lat) Sonnenwende

solubel (lat) löslich, auflösbar (Chem.); **Solution** *f* (Arzneimittel-)Lösung

Solvens *n* (lat) schleimlösendes Mittel (Med.)

solvent (it) zahlungsfähig

Soma *n* (gr) Körper (Med., Psychol.); **somatisch** körperlich; **somatogen** körperlich verursacht (Med., Psychol.); **Somatologie** *f* Lehre vom menschlichen Körper

somnambul (lat) schlafwandlerisch, mondsüchtig; **Somnambule** *m* Schlafwandler; **Somnambulismus** *m* das Schlafwandeln; **somnolent** schläfrig, benommen (Med.); **Somnolenz** *f* (krankhafte) Benommenheit (Med.)

Sonate *f* (it) Musikstück mit mehreren Sätzen; **Sonatine** *f* kleine Sonate

Sonde *f* (fr) **1.** (stab- oder röhrenförmiges) Untersuchungsgerät für schwer zugängliche Stellen, **2.** medizinisches Untersuchungsgerät, das in den Körper eingeführt wird, **3.** unbemanntes Raumfahrzeug; **sondieren 1.** mit einer Sonde untersuchen, **2.** vorsichtig erkunden, prüfen, **3.** (die Wassertiefe) ausloten

Sonett *n* (it) Gedichtform (2 vierzeilige, 2 dreizeilige Strophen)

Song *m* (engl) Lied; **Songwriter** *m* Komponist und/oder Texter von Songs

Sonnyboy *m* (engl) unbeschwert wirkender junger Mann

sonor (lat) klangvoll, volltönend

Sophisma *n*, **Sophismus** *m* (gr) Trugschluß, Scheinbeweis; **Sophist** *m* Wortverdreher; **Sophisterei** *f* Spitzfindigkeit; **sophisticated** (engl) **1.** kultiviert, **2.** geistreich; **sophistisch** (gr) spitzfindig

Sopor *m* (lat) Benommenheit (Med.); **soporös** benommen

Sopran *m* (it) **1.** höchste Stimmlage, **2.** Sängerin, die Sopran singt

Sordine *f* (it) Dämpfer (von Musikinstrumenten); **sordo** gedämpft (Mus.)

Sortiment *n* (it) **1.** Zusammenstellung von Waren, Warenauswahl, **2.** Ladenbuchhandel; **Sortimenter** *m* Buchhändler, der eine Auswahl von Büchern verschiedener Verlage anbietet

sospirando (it) seufzend (Mus.)

sostenuto (it) getragen (Mus.)

Soter *m* (gr) Erlöser, Heiland; **Soteriologie** *f* Lehre von der Erlösung durch Christus

Sottise *f* (fr) **1.** dumme Äußerung, **2.** beleidigende Äußerung

sotto voce (it) halblaut (Mus.)

Soubrette *f* (fr) Darstellerin einer heiteren Rolle (in der Oper, Operette u. ä.)

Souffleur *n* (fr) Einsager, Vorsager (im Theater); **soufflieren** dem Schauspieler den Text leise vorsagen

Soul *m* (am; »Seele«) amerik. ausdrucksstarke (»seelenvolle«) Beat-, Jazzmusik

Sound *m* (engl) Klang, Klangfarbe; **Soundcheck** *m* Testen der Mikrofone, der Verstärkeranlage usw. vor einem Konzert; **Soundtrack** *m* **1.** Tonspur eines Films, **2.** Filmmusik

Souper *n* (fr) (festliches) Abendessen; **soupieren** festlich zu Abend essen

Soutane *f* (fr) langes Gewand der kath. Priester

Souterrain *n* (fr) Kellergeschoß, Wohnung im Kellergeschoß

Souvenir *n* (fr) Andenken, Erinnerungsgeschenk

souverän (fr) **1.** unumschränkt herrschend, **2.** erhaben, überlegen, **3.** selbständig, unabhängig; **Souverän** *m* (Allein-)Herrscher; **Souveränität** *f* **1.** (Allein-)Herrschaft, **2.** Selbstbestimmungsrecht, **3.** Selbstsicherheit

Sowchose *f* (russ) Staatsgut (in der ehemaligen Sowjetunion)

Sowjet *m* (russ) **1.** Arbeiter-, Bauern- und Soldatenrat, **2.** Volksvertretung; **sowjetisch** den Sowjet, die Sowjetunion betreffend

soziabel (lat) gesellig, menschenfreundlich; **Soziabilität** *f* Geselligkeit, Menschenfreundlichkeit; **sozial** **1.** die Gesellschaft betreffend, **2.** das gesellschaftliche Zusammenleben betreffend, **3.** gemeinnützig, mitmenschlich, **4.** die gesellschaftliche Position betreffend, **5.** gesellig lebend (von Tieren); **Sozialethik** *f* Lehre von den Pflichten des Einzelnen gegenüber den Mitmenschen; **Sozialhygiene** *f* Lehre von der Beziehung zwischen der Gesundheit des Menschen und seinem gesellschaftlichen Umfeld; **Sozialisation** *f* Prozeß der Einordnung des Einzelnen in die Gesellschaft; **sozialisieren** **1.** in staatlichen Besitz überführen; **2.** eine Person in die Gesellschaft einordnen; **Sozialismus** *m* **1.** Lehre vom Vorrang der Gemeinschaft gegenüber dem Einzelnen, **2.** politische Bewegung, die dafür eintritt, daß die Produktionsmittel sich im Besitz der Gesamtgesellschaft befinden; **Sozialist** *m* Anhänger des Sozialismus (2); **Sozialpädagogik** *f* Lehre von der Erziehung des Einzelnen zu sozialem Verhalten und Verantwortung gegenüber dem Anderen; **Sozialprestige** *n* gesellschaftliches Ansehen; **Sozialstatus** *m* gesellschaftliche Stellung; **Sozietät** *f* (fr) **1.** menschliche Gemeinschaft, **2.** (Berufs-)Genossenschaft; **Soziologe** *m* (lat) Gesellschaftswissenschaftler; **Soziologie** *f* Gesellschaftswissenschaft; **soziologisch** die Soziologie betreffend; **Sozius** *m* Gesellschafter, Teilhaber; **Soziussitz** *m* Beifahrersitz (von Motorrädern)

Spacelab *n* (engl) Weltraumlabor; **Spaceshuttle** *m* Flugkörper zur Beförderung von Personen oder Gütern in den Weltraum, der nach der Rückkehr zur Erde wiederverwendbar ist

Spagat *m* (it) **1.** Spreizung beider Beine, bis sie in voller Länge den Boden berühren, **2.** Bindfaden (österr.)

Spalier *n* (it) **1.** Gitterwand für Pflanzen, **2.** Ehrenformation auf beiden Seiten eines Wegs

Sparring *n* (engl) Boxtraining mit einem Partner oder einem Punchingball; **Sparring Partner** *m*

Boxer, der mit einem anderen im Ring trainiert

spartanisch 1. streng, **2.** anspruchslos, genügsam (nach der altgriech. Stadt)

spasmisch, **spasmodisch** (gr) verkrampft, krampfartig (Med.); **Spasmus** *m* Krampf (Med.); **spastisch** durch Krampf verursacht

Spatium *n* (lat) Zwischenraum (zwischen zwei Wörtern)

Special *n* (engl) Veröffentlichung, Rundfunk-, Fernsehsendung zu einem bestimmten Thema, einer bestimmten Person

spedieren (it) befördern, absenden; **Spediteur** *m* (fr) Transportunternehmer; **Spedition** *f* **1.** Verfrachtung, Transport von Waren, **2.** Transportunternehmen; **Speditionsgut** *n* Frachtgut

Speech *m* (engl) Ansprache, Rede, Vortrag

Speed *m* (engl) Geschwindigkeit, Geschwindigkeitssteigerung; *n* schnell aufputschendes Rauschgift

Speedball *m* (engl) mit Kokain vermischtes Heroin

Speedway *m* (engl) **1.** Automobilrennstrecke, **2.** Motorradrennen auf Aschen-, Sanduntergrund

Spektakel *n* (lat) Schauspiel; *m* Aufsehen, Lärm; **spektakulär** ausgefallen, aufsehenerregend

Spektrum *n* (lat) **1.** Farbfolge (von Rot bis Violett) bei Lichtbrechung, **2.** Buntheit, Bandbreite, Vielfalt

Spekulant *m* (lat) Person, die spekuliert; **Spekulation** *f* **1.** auf Annahmen beruhende Erwartung, Mutmaßung, **2.** Geschäftstätigkeit, die auf einer erwarteten Veränderung von Preisen gründet; **spekulativ 1.** die Spekulation (2) betreffend, **2.** grüblerisch; **spekulieren 1.** annehmen, vermuten, **2.** auf etwas rechnen, **3.** an der Börse Aktien kaufen, von denen man sich eine Preissteigerung erhofft

Spekulum *n* (lat) medizinisches Spiegelwerkzeug

Speläologie *f* (gr) Höhlenforschung

spendabel (lat-dt) freigebig; **spendieren** spenden, schenken

Sperma *n* (gr) männliche Samenflüssigkeit; **Spermium** *n* (**Spermien** *pl*) männliche Keimzelle; **spermizid** samenabtötend

Spesen *pl* (it) Ausgaben, finanzielle Aufwendungen, Unkosten

spezialisieren (fr) **1.** unterscheiden, sondern, **2.** sich auf etwas konzentrieren; **Spezialist** *m* Fachmann, Könner; **Spezialität** *f* **1.** Besonderheit, **2.** Sondergebiet, Gebiet, auf dem jmd. besondere Fähigkeiten, Kenntnisse usw. hat, **3.** Delikatesse, Leckerbissen; **speziell** besonders, eigentümlich, ausdrücklich

Spezies *f* (lat) **1.** besondere Art einer Gattung, **2.** Tier- oder Pflanzenart; **Spezifikation** *f* **1.** Aufteilung einer Gattung in Arten, **2.** Aufgliederung, Einzelauflistung; **Spezifikum** *n* **1.** Besonderes,

2. Heilmittel gegen eine besondere Krankheit; **spezifisch** 1. eigentümlich, bezeichnend, artunterscheidend, 2. auf eine bestimmte Größe bezogen (Phys.); **spezifizieren** 1. zergliedern, 2. einzeln auflisten

Sphäre *f* (gr) 1. Himmelsgewölbe, Himmelskugel, 2. Einflußbereich, Wirkungskreis, Gesichtskreis; **sphärisch** 1. die Himmelskugel betreffend, 2. auf die Kugel bezogen (Math.)

sphenoidal (gr) keilförmig

Sphinkter *m* (gr) Schließmuskel (Med.)

Sphinx *f* (lat) 1. altägypt. Skulptur (Löwenkörper mit Menschenkopf), 2. undurchschaubarer Mensch

Spider *m* (engl) offener Rennsportwagen

Spike *m* (engl) Metallstift, -dorn; **Spikes** *pl* Schuhe, Autoreifen mit Metallstiften auf der Lauffläche

Spin *m* (engl) schnelle Drehung

spinal (lat) das Rückgrat, das Rückenmark betreffend

Spinnaker *m* (engl) Vorsegel von Sportjachten

Spion *m* (it) 1. Späher, Spitzel, Auskundschafter, 2. Guckloch; **Spionage** *f* Auskundschaftung von (militärischen, wirtschaftlichen usw.) Geheimnissen; **spionieren** auskundschaften, bespitzeln

Spirale *f* (lat) 1. Schraubenlinie, 2. spiralförmiger Gegenstand (Feder)

Spirit *m* (lat) Geist (Parapsychol.); **Spiritismus** *m* Glaube, daß man mit den Geistern Verstorbener verkehren kann; **Spiritist** *m* Anhänger des Spiritismus; **spiritistisch** den Spiritismus betreffend; **spiritual** (lat) geistig, übersinnlich; **Spiritual** *m* Seelsorger in Nonnenklöstern; **Spiritual** *n* (engl) geistliches Lied der nordamerik. Farbigen; **spiritualisieren** (lat) vergeistigen; **Spiritualismus** *m* Lehre vom geistigen Wesen des Seins; **Spiritualität** *f* Geistigkeit, geistiges Wesen; **spirituell** 1. geistig, 2. geistlich; **Spirituosen** *pl* akoholhaltige Getränke; **Spiritus** *m* 1. Hauch, Lebensgeist, 2. Seele, 3. Weingeist; **Spiritus rector** *m* treibender Geist (eines bestimmten Vorhabens usw.)

Spirometer *n* (lat-gr) Atmungsmesser

Spital *n* (lat) Krankenhaus

Spleen *m* (engl) 1. Überspanntheit, 2. Tick, Schrulle, Laune; **spleenig** schrullenhaft, verrückt

splendid (lat) 1. kostbar, 2. freigebig

Splitting *n* (engl) 1. Teilung, 2. Versteuerung des Gesamteinkommens je zur Hälfte (bei Ehepaaren)

Spoiler *m* (engl) Luftleitblech an Autos und Flugzeugen

Spongia *f* (gr) Schwamm (Bot.)

sponsern (engl) zu Reklamezwecken finanziell fördern, unterstützen; **Sponsor** *m* Förderer, Geldgeber

spontan (lat) 1. aus eigenem Antrieb, von selbst, **2.** freiwillig, ungezwungen; **Spontaneität** *f* freiwillige Entscheidung, Unwillkürlichkeit

sporadisch (gr) **1.** verstreut, vereinzelt, **2.** zeitweilig

Sportswear *m, n* (engl) sportliche Kleidung, Freizeitkleidung

Spot *m* (engl) **1.** kurzer Werbefilm, **2.** kurzer (gesprochener) Werbetext

Spot *m*, **Spotlight** *n* (engl) Punktstrahler, Scheinwerfer

Spray *m* (engl) Flüssigkeit, die mit Hilfe eines Zerstäubers in sehr feinen Tröpfchen versprüht wird; **Sprayer** *m* Jugendlicher, der mit Farbspray Bilder an Hauswänden u. ä. anbringt

Sprinkler *m* (engl) automatische Beregnungsanlage (zum Feuerschutz)

Sprint *m* (engl) Kurzstreckenlauf; Sprinter *m* Kurzstreckenläufer

Sputum *n* (lat) Auswurf, Ausscheidungen der Luftwege (Med.)

Square *m* (engl) **1.** Quadrat, **2.** öffentlicher Platz

Squaw *f* (indian) nordamerik. Indianerfrau

stabil (lat) **1.** beständig, **2.** haltbar, dauerhaft, **3.** fest, bruchfest, **4.** körperlich robust; **stabilisieren** festigen; **Stabilität** *f* **1.** Beständigkeit, **2.** Festigkeit, Standfestigkeit

staccato (it) kurz abgestoßen zu spielen (Mus.)

Stadion *n* (gr) ovales Sportfeld mit ansteigenden Zuschauerrängen

Stadium *n* (gr) **1.** Entwicklungsstufe, **2.** Abschnitt, **3.** Zustand, Lage

Staffage *f* (fr) **1.** Beiwerk, Ausstattung, **2.** Nebensächliches

Stage *f* (fr) Vorbereitungszeit

Stagnation *f* (lat) Stockung, Stillstand; **stagnieren** **1.** stocken, stillstehen, **2.** erlahmen, nicht weiterkommen

Stainless Steel *m* (engl) rostfreier Stahl

Stalagmit *m* (gr) vom Boden nach oben wachsender Tropfstein; **Stalaktit** *m* von der Decke nach unten wachsender Tropfstein

Stampa *f* (it) **1.** Druck, Presse, **2.** Stich, Bild

Standard *m* (engl) **1.** Durchschnittsbeschaffenheit, Regel, **2.** Niveau, **3.** verbindliches technisches Richtmaß; **standardisieren** vereinheitlichen, normen

Standarte *f* (fr) **1.** Hoheitsflagge, **2.** Feldzeichen

Stand-by *n* (engl) **1.** Flugreise, bei der sich der Passagier auf eine Warteliste aufnehmen läßt, **2.** Bereitschaftsschaltung von elektronischen Geräten (Fernsehapparat usw.)

Standing ovations *pl* (engl) begeisterter, im Stehen abgegebener Applaus

stante pede (lat; »stehenden Fußes«) sofort, unverzüglich

Stanze *f* (it) achtzeilige Strophe

Staphyle *f* (gr) Gaumenzäpfchen

Staphylokokkus *m* (gr) traubenförmige, eitererregende Bakterie

Star *m* (engl) **1.** Filmgröße, gefeierter Sänger usw., **2.** Person, die es auf einem bestimmten Gebiet zu Berühmtheit gebracht hat, **3.** allgemein beliebte Person, Person die im Mittelpunkt des Interesses steht; **Starallüren** *pl* überhebliches, anmaßendes Verhalten; **Starlet** *n* Nachwuchs(film)-schauspielerin

Stars and Stripes *pl* (engl; »Sterne und Streifen«) Sternenbanner, Nationalflagge der USA

State Department *n* (engl) Außenministerium der USA

Statement *n* (engl) **1.** öffentliche Feststellung, Erklärung, Kommentar, **2.** Befehl für einen Computer (EDV)

Statik *f* (gr) **1.** Berechnung der Belastbarkeit von Bauwerken, **2.** Lehre vom Gleichgewicht der Kräfte

Station *f* (lat) **1.** Bahnhof, Haltestelle, **2.** Fahrtunterbrechung, Halt, **3.** Krankenhausabteilung, Rundfunksender, Ort an dem sich eine technische Einrichtung befindet; **stationär 1.** ruhend, stillstehend, ortsfest, **2.** mit einem Krankenhausaufenthalt verbunden; **stationieren 1.** an einen Platz stellen, **2.** Truppen an einen bestimmten Ort entsenden, verlegen

statisch (gr) **1.** die Statik betreffend, **2.** unbewegt, stillstehend

Statist *m* (lat) **1.** Nebenfigur, **2.** stumme Person auf der Bühne oder im Film

Statistik *f* (lat) **1.** zahlenmäßige Erfassung von Massenvorgängen, -erscheinungen, **2.** schriftliche Darstellung der Ergebnisse einer statistischen Untersuchung; **Statistiker** *m* **1.** Wissenschaftler auf dem Gebiet der Statistik (1), **2.** Ersteller, Bearbeiter von Statistiken (2); **statistisch** die Statistik betreffend

Stativ *n* (lat) dreibeiniger Ständer, Untergestell für Geräte

statuarisch (lat) standbildartig, standbildhaft; **Statue** *f* Standbild; **Statuette** *f* kleines Standbild; **statuieren** aufstellen, festsetzen, verordnen; **Statur** *f* Wuchs, Größe

Status *m* (lat) **1.** Zustand, Lage, Beschaffenheit, **2.** gesellschaftliche Stellung; **Status nascendi** Entstehungszustand; **Status quo** *m* gegenwärtiger Stand der Dinge; **Status quo ante** *m* früherer Zustand

Statut *n* (lat) Satzung, Gesetz

Steamer *m* (engl) Dampfer

Steeplechase *f* (engl) Pferderennen über Hindernisse

Stele *f* (gr) (Grab-)Säule

Stellage *f* (ndl) Gestell, Gerüst

stellar (lat) die Sterne betreffend

Stenographie *f* (gr) Kurzschrift; **stenographieren** in Kurzschrift schreiben; **Stenogramm** *n* Aufzeichnung in Kurzschrift; **Stenograph** *m* jmd., der einen Text in Kurzschrift schreibt; **Stenotypist(in)** *f* Kurzschrift- und Maschinenschreiber(in)

stentato (it) zögernd (Mus.)

Stereometrie *f* (gr) Wissenschaft

von den räumlichen Gebilden; **Stereophonie** *f* Klangübertragung über zwei Kanäle, Raumklang; **stereophon** die Stereophonie betreffend; **stereotyp 1.** unveränderlich, starr, **2.** schematisch, nichtssagend

steril (lat) **1.** unfruchtbar, zeugungsunfähig, **2.** keimfrei, **3.** langweilig, geistlos; **Sterilisation** *f* **1.** Unfruchtbarmachung, **2.** Keimabtötung; **sterilisieren 1.** unfruchtbar machen, **2.** keimfrei machen; **Sterilität** *f* **1.** Unfruchtbarkeit, **2.** Keimfreiheit, **3.** Geistlosigkeit

Stethoskop *n* (gr) Hörrohr zur Untersuchung des Brustkorbs

Steward *m* (**Stewardeß** *f*) (engl) Betreuer von Schiffs-, Fluggästen

Stick *m* (engl) **1.** dünnes (Gebäck-)Stäbchen, **2.** (kosmetischer) Stift

Stigma *n* (gr) **1.** (Gesichts-)Mal, Wundmal, **2.** Brandzeichen; **Stigmatisation** *f* Auftreten der Wundmale Christi an dem Leib eines Menschen; **stigmatisieren 1.** brandmarken, **2.** negativ kennzeichnen

Stil *m* (lat) **1.** Ausdrucksart, -weise, **2.** Kunstrichtung, **3.** Lebensart; **stilisieren** unter Ausschaltung des Nebensächlichen (künstlerisch) gestalten; **Stilist** *m* Person, die die sprachlichen Ausdrucksmöglichkeiten beherrscht; **Stilistik** *f* Lehre vom sprachlichen Ausdruck; **stilistisch** den Stil (1, 2) betreffend

Stimulans *n* (lat) Reizmittel, anregendes Mittel (Med.); **Stimulation** *f* Anreizen, Anregen; **stimulieren** anreizen, anregen; **Stimulus** *m* Antrieb, Reiz

Stipendiat *m* (lat) Schüler, Studierender, der ein Stipendium empfängt; **Stipendium** *n* finanzielle Unterstützung, Studienförderung

Stock *m* (engl) **1.** Warenlager, Vorrat, **2.** Grundkapital einer Handelsgesellschaft; **Stock Exchange** *f* die Londoner Börse

Stoiker *m* (gr) unerschütterlich Gleichmütiger; **stoisch** gelassen, gleichmütig, gefaßt; **Stoizismus** *m* seelische Unerschütterlichkeit

Stola *f* (lat) **1.** Schärpe über dem Meßgewand eines kath. Priesters, **2.** langer, schmaler Umhang

stomachal (lat) den Magen betreffend (Med.); **Stomachikum** *n* verdauungsförderndes Mittel

stoned (engl-am; »versteinert«) von Rauschgiften betäubt

stone-washed (engl-am) unter Zusatz von kleinen Steinen vorgewaschen (von Textilien)

stop and go (engl) langsame, von häufigem Anhalten unterbrochene Autofahrt, zähflüssiger Verkehr

Store *m* (fr) Fenstervorhang

Store *m* (engl) **1.** Vorrat, **2.** Laden, Lagerraum

stornieren (it) **1.** (eine Bestellung, einen Auftrag) rückgängig machen, **2.** gegenbuchen; **Storno** *n* Gegen-, Rückbuchung

Story *f* (engl) **1.** ungewöhnliche Geschichte, **2.** Bericht, **3.** Handlung eines Buches, eines Films usw.

Strabismus *m* (gr) das Schielen (Med.)

straight (engl; »gerade«) **1.** heterosexuell, **2.** geradlinig, aufrichtig, **3.** notengetreu gespielt (Mus.)

Strangulation *f* (lat) **1.** Erdrosselung, **2.** Abklemmung von inneren Organen (Med.); **strangulieren** erdrosseln, erhängen

Strapaze *f* (it) große Anstrengung, Last, Beschwerlichkeit; **strapazieren 1.** anstrengen, ermüden, **2.** abnutzen, viel abverlangen; **strapaziös** anstrengend, beschwerlich

Stratege *m* (gr) jmd., der nach einer bestimmten Strategie vorgeht; **Strategem** *n* Kriegslist; **Strategie** *f* kluges Verhalten, planvolles Vorgehen, das dazu dient, ein bestimmtes Ziel zu erreichen; **strategisch** einer Strategie folgend, planvoll

Stratifikation *f* (lat) **1.** Schichtung (von Gesteinen), **2.** gesellschaftliche Schichtung

Stratosphäre *f* (lat-gr) mittlere Schicht der Atmosphäre

streaken (engl-am) sich nackt durch die Öffentlichkeit bewegen (als Form des Protestes, der Provokation)

Stream of consciousness *m* (engl; »Bewußtseinsstrom«) Erzähltechnik, bei der die Vorstellungen und Gedanken einer Person wiedergegeben werden

Streetworker *m* (engl; »Straßenarbeiter«) Außendienstmitarbeiter des Sozialamtes, Sozialarbeiter »vor Ort«

strepituoso (it) geräuschvoll (Mus.)

Streptokokkus *pl* (gr) eitererregende Kettenbakterie

Streß *m* (engl) körperliche und seelische Überbelastung, Anspannung

Stretch *m* (engl) dehnbares Gewebe; **Stretching** *n* gymnastische Dehnübungen

strikt (lat) **1.** genau, streng, entschieden, **2.** pünktlich

stringendo (it) schneller werdend (Mus.)

stringent (lat) zwingend, bündig, schlüssig; **Stringenz** *f* zwingende Beweiskraft

Strip(tease) *m* (engl) **1.** Entkleidungstanz, **2.** Entblößung; **strippen 1.** einen Strip vorführen, **2.** sich entkleiden

Strophe *f* (lat) Gedichtabschnitt, Einheit von Versen

Struggle for life *m* (engl) Kampf ums Dasein

Struktur *f* (lat) **1.** inneres Gefüge, Aufbau, **2.** Zusammensetzung aus verschiedenen voneinander abhängigen Teilen, **3.** erhabene Musterung (von Tapeten u. ä.); **strukturell** die Struktur (1, 2) betreffend; **strukturieren** eine Struktur verleihen, gliedern

Studie *f* (lat) **1.** Vorarbeit, Entwurf, **2.** (wissenschaftliche) Untersuchung

Studio *n* (it) **1.** Künstlerwerkstatt, **2.** Versuchsbühne, **3.** Aufnahmeraum (für Filme u. a.), Senderaum

Studium *n* (lat) **1.** Hochschulausbildung, **2.** ernsthafte (wissenschaftliche) Beschäftigung mit einem Problem

Stukkateur *m* (it) Stuckarbeiter; **Stukkatur** *f* Ornamentik aus Gipsmörtel

Stuntman *m* (**Stuntwoman** *f*) (engl) jmd., der für einen Schauspieler die gefährlichen Szenen eines Film übernimmt

stupend (lat) erstaunlich, verblüffend

stupid (lat) **1.** dumm, beschränkt, **2.** stumpfsinnig, langweilig; **Stupidität** *f* **1.** Dummheit, **2.** Stumpfsinnigkeit

Stupor *m* (lat) krankhafter Stumpfsinn (Med.)

Styling *n* (engl) Formgebung, Gestaltung; **stylen** etwas gestalten, in Form bringen; **Stylist** *m* jmd., der berufsmäßig ein Styling entwirft

Stylit *m* (gr) Säulenheiliger

Stypsis *f* (gr) Blutstillung; **Styptikum** *n* blutstillendes Mittel

Suada *f* (lat) **1.** Redefluß, **2.** Beredsamkeit

sua sponte (lat) freiwillig

subaltern (lat) **1.** untergeben, **2.** unselbständig, **3.** unterwürfig

subito (lat-it) plötzlich (Mus.)

Subjekt *n* (lat) **1.** das denkende, handelnde Ich, **2.** Satzgegenstand, **3.** verkommener Mensch; **subjektiv** **1.** auf ein Subjekt bezogen, **2.** von der eigenen Person aus urteilend, **3.** einseitig, voreingenommen; **Subjektivismus** *m* Lehre von der Bedingtheit jeglichen Erkennens, Handelns und Wertens durch den Einzelnen; **Subjektivität** *f* **1.** persönliche Anschauung, **2.** Drang nach freier Betätigung der Eigenart

Subkultur *f* (lat) Kultur, die im Gegensatz zur herrschenden, offiziellen Kultur steht; **subkulturell** eine Subkultur betreffend

subkutan (lat) **1.** unter der Haut befindlich, **2.** unter die Haut gespritzt (Med.)

sublim (lat) erhaben, verfeinert; **sublimieren** **1.** verfeinern, vergeistigen, **2.** einen unbefriedigten Trieb in Leistungen auf einem anderen (meist künstlerischem) Gebiet umsetzen (Psychol.)

submarin (lat) unter der Meeresoberfläche befindlich, lebend

Subordination *f* (lat) **1.** Unterordnung, **2.** Unterordnung von Sätzen, Satzgliedern (Sprachw.); **subordinieren** **1.** (sich) unterordnen, **2.** unterordnen (Sprachw.)

subsidiär (lat) **1.** unterstützend, **2.** behelfsmäßig; **Subsidien** *pl* Hilfsgelder

Subsistenz *f* (lat) **1.** das Bestehen durch sich selbst (Philos.), **2.** Lebensunterhalt; **subsistieren** **1.** für sich bestehen, **2.** sein Auskommen haben

Subskribent *m* (lat) Vorherbesteller eines noch nicht erschienenen Buches; **subskribieren** ein Buch vorherbestellen; **Subskription** *f* Vorherbestellung eines später erscheinenden Buches

substantiell (lat) **1.** wesenhaft, **2.** wesentlich, **3.** dinghaft, körperlich, **4.** gehaltvoll, nahrhaft; **Substantiv** *n* Hauptwort; **substantivieren** zum Hauptwort machen; **Substanz 1.** Stoff, **2.** das Wesentliche, der Inhalt, der Kern einer Sache, **3.** Vorrat, Kapital

substituieren (lat) ersetzen, austauschen; **Substitut** *n* Ersatz(mittel); *m* **1.** Ersatzmann, Stellvertreter, **2.** Assistent eines Abteilungsleiters im Einzelhandel; **Substitution** *f* Ersetzung

Substrat *n* (lat) **1.** Grundlage, **2.** Nährboden

subsumieren (lat) **1.** einordnen, **2.** einem Oberbegriff unterordnen; **Subsum(p)tion** *f* Unterordnung unter einen Oberbegriff; **subsumtiv** unterordnend

subtil (lat) **1.** fein (ausgeführt), **2.** ausgeklügelt, spitzfindig, schwierig; **Subtilität** *f* **1.** subtiles Wesen, **2.** Feinheit, Zartheit

Subtrahend *m* (lat) abzuziehende Zahl; **subtrahieren** abziehen, vermindern; **Subtraktion** *f* das Subtrahieren, Verminderung

Subvention *f* (lat) staatlicher Zuschuß, finanzielle Unterstützung; **subventionieren** mit staatlichen Mitteln unterstützen

subversiv (lat) **1.** umstürzlerisch (in bezug auf den Staat), **2.** zerstörerisch

sub voce (lat) unter dem Stichwort

Subway *f* (engl-am) **1.** Untergrundbahn, **2.** Straßenunterführung

Sudation *f* (lat) das Schwitzen; **Sudor** *m* Schweiß

Süffisance *f* (fr) Selbstgefälligkeit; **süffisant** selbstgefällig, herablassend-spöttisch

Suffix *n* (lat) Nachsilbe (z.B. »-keit«, »-ung«)

suffizient (lat) ausreichend (Med.); **Suffizienz** *f* **1.** Zulänglichkeit, **2.** ausreichende Tätigkeit (Med.)

Suffragette *f* (engl) Frauenrechtlerin, Kämpferin für politische Gleichberechtigung der Frau

suggerieren (lat) **1.** jmdm. etwas einreden, jmdn. beeinflussen, **2.** einen Eindruck entstehen lassen, der nicht den Tatsachen entspricht; **suggestibel** beeinflußbar; **Suggestibilität** *f* Beeinflußbarkeit; **Suggestion** *f* Beeinflussung; **suggestiv** beeinflussend; **Suggestivfrage** *f* Frage, die dem Gefragten eine bestimmte Antwort in den Mund legt

Suite *f* (fr) **1.** Zimmerflucht, **2.** Folge von in der gleichen Tonart stehenden Musikstücken

Suizid *m* (lat) Selbstmord

Sujet *n* (fr) Stoff einer künstlerischen Gestaltung

Suk *m* (arab) Markt

sukkulent (lat) **1.** saftig, fleischig (von Pflanzen; Bot.), **2.** flüssigkeitsreich (Med.)

Sukzession *f* (lat) **1.** Thronfolge, **2.** Rechtsnachfolge; **sukzessiv(e)** aufeinanderfolgend, allmählich, nach und nach

Summa, Summe *f* (lat) **1.** Ergebnis einer Zusammenzählung, **2.** Gesamtheit, Gesamtzahl, **3.** Geldbetrag; **summa cum laude**

(»mit höchstem Lob«) mit Auszeichnung (höchste Note bei Doktorprüfungen); **Summand** *m* hinzuzuzählende Größe; **summarisch** **1.** zusammengefaßt, **2.** allgemein, ohne Berücksichtigung von Einzelheiten; **Summary** *n* (engl) Zusammenfassung eines Textes; **summa summarum** (lat) alles in allem; **summieren** zusammenzählen; **summum bonum** *n* höchstes Gut, höchster Wert

Sumo *n* (jap) jap. Ringkampfart

super- (lat) **1.** über-, oberhalb (in Zusammensetzungen), **2.** großartig, außerordentlich

Superarbitrium *n* (lat) Entscheidung eines höheren Gerichts, Oberentscheidung

superb (lat-fr) vorzüglich

superfiziell (lat) oberflächlich, dicht unter der Körperoberfläche liegend (Med.)

Superintendent *m* (lat) Vorsteher eines ev. Kirchenkreises

Superior *m* (lat) kath. Ordens-, Klostervorsteher; **Superiorität** *f* Überlegenheit

Superlativ *m* (lat) **1.** höchste Steigerungsstufe des Eigenschaftsworts, **2.** etwas, das die Höchststufe erreicht hat, nicht zu überbieten ist

Supernova *f* (lat) sehr lichtstarke Nova

supersonisch (lat) schneller als der Schall

Supervision *f* (lat) **1.** Kontrolle, **2.** (Ober-)Aufsicht

Supplement *n* (lat) Ergänzung, Anhang, Nachtrag; **supplementär** ergänzend

supponieren (lat) voraussetzen, annehmen, unterstellen; **Supposition** *f* (lat) Voraussetzung, Annahme

Suppositorium *n* (lat) Zäpfchen (Med.)

suppressiv (lat) unterdrückend

Supremat *m, n,* **Suprematie** *f* (lat) Obergewalt, Oberherrschaft

Surfboard *n* (engl), **Surfbrett** (engl-dt) Holz- oder Kunststoffbrett zum Wellenreiten; **surfen** **1.** wellenreiten, **2.** im Internet von einem Menüpunkt zum nächsten übergehen

Sure *f* (arab) Abschnitt des Korans

Surprise (engl, fr) Überraschung

surreal (fr) unwirklich, übernatürlich, traumhaft; **Surrealismus** *m* moderne Kunstrichtung, die Traumhaftes und Unbewußtes darstellt; **surrealistisch** den Surrealismus betreffend

Surrogat *n* (lat) Ersatz, Ersatzmittel, -stoff

Survey *m* (engl) Erhebung, Ermittlung (durch Umfrage)

Survivaltraining *n* (engl) (militärisches) Überlebenstraining

suspekt (lat) verdächtig, anrüchig

suspendieren (lat) **1.** (vorübergehend) des Diensts entheben, aus dem Amt entlassen, **2.** vorübergehend aufheben; **Suspension** *f* **1.** vorübergehende Amtsenthebung, **2.** vorübergehende Aufhebung; **suspensiv** aufhebend, aufschiebend

suum cuique! (lat) jedem das Seine!

Swami *m* (hindi) geistiger Lehrer, Mönch

Swapgeschäft *n* (engl-dt) Devisen-Austauschgeschäft

Swastika *f* (sanskr) altind. Sonnensymbol, Hakenkreuz

Sweater *m* (engl) Pullover; **Sweatshirt** *n* langärmeliges, weites Hemd in Art eines Pullovers

Swimming-pool *m* (engl) privates Schwimmbecken im Garten oder im Haus

Swing *m* (engl) Jazzstil

Swinger *m* (engl) jmd., der des öfteren seinen Sexualpartner tauscht oder Gruppensex betreibt

swinging (engl) **1.** schwungvoll, lebendig, **2.** aufregend

Sybarit *m* (gr) Schlemmer, genußsüchtiger Mensch; **sybaritisch** genußsüchtig

Syllogismus *m* (gr) Folgerung vom Allgemeinen auf das Besondere; **Syllogistik** *f* Lehre von den Folgerungen

sylphidenhaft (lat-dt) zart, anmutig (von Menschen)

Symbiose *f* (gr) Lebensgemeinschaft von Lebewesen verschiedener Art; **symbiotisch** in Symbiose lebend

Symbol *n* (gr) **1.** Sinnbild, Wahrzeichen, **2.** Zeichen für eine physikalische Größe; **Symbolik** *f* **1.** Lehre von den Sinnbildern, **2.** Sinnbildgehalt, Sinnbildlichkeit; **symbolisch** sinnbildlich; **symbolisieren** versinnbildlichen

Symmetrie *f* (gr) **1.** Ebenmaß, **2.** Spiegelungsgleichheit; **symmetrisch** **1.** ebenmäßig, **2.** spiegelungsgleich

sympathetisch (gr) seelenverbunden, mitfühlend; **Sympathie** *f* Mitempfindung, Seelenverwandtschaft, Zuneigung; **Sympathisant** *m* Anhänger einer bestimmten (politischen) Gruppierung und deren Anschauungen; **sympathisch** **1.** gefühlsverwandt, **2.** einnehmend, zusagend; **sympathisieren** mitempfinden, gleiche Neigungen pflegen

Symposion, **Symposium** *n* (gr; »Gastmahl«) zwanglose Tagung von Wissenschaftlern

Symptom *n* (gr) **1.** Anzeichen, Merkmal, **2.** Krankheitszeichen; **symptomatisch** kennzeichnend; **Symptomatologie** *f* Wissenschaft von den Krankheitszeichen

Synagoge *f* (gr) jüdisches Gotteshaus

Synästhesie *f* (gr) **1.** Miterregung eines Sinnesorgans durch Reizung eines anderen, **2.** Verschmelzung mehrerer Sinneseindrücke durch sprachlichen Ausdruck (z. B. »stumpfes Grau«)

synchron (gr) gleichzeitig erfolgend; **synchronisieren** Filmaufnahmen nachträglich einen gesprochenen Text unterlegen; **Synchronisation** *f* das Synchronisieren; **Synchronismus** *m* Gleichzeitigkeit; **synchronistisch** gleichzeitig

syndetisch (gr) durch Konjunktion verbunden (Satzteile, Sätze)

Syndikat *n* (lat) **1.** Zusammenschluß von Unternehmern, Zweckverband, **2.** Verbrecherorganisation

Syndikus *m* (lat) Rechtsberater einer Körperschaft

Syndrom *n* (gr) Gleichzeitigkeit verschiedener Krankheitserscheinungen

Synkope *f* (gr) **1.** Auslassung eines Selbstlauts zwischen Mitlauten (z.B. »heil'ger«), **2.** Kollaps (Med.), **3.** Betonung eines unbetonten Taktteils (Mus.)

Synkretismus *m* (gr) Vermischung verschiedener Glaubensbekenntnisse, Lehren usw.

Synode *f* (gr) **1.** Bischofsversammlung, **2.** Versammlung ev. Christen

synonym (gr) **1.** bedeutungsgleich, -ähnlich, sinnverwandt (von Wörtern), **2.** als das gleiche ansehbar

Synopse, **Synopsis** *f* (gr) **1.** vergleichende Übersicht, **2.** vergleichende Textdarstellung; **synoptisch** zur gleichzeitigen Betrachtung nebeneinandergestellt

Syntagma *f* (gr) **1.** Sammlung von Schriften verschiedenen Inhalts, **2.** zusammengehörige Wortgruppe, die keinen Satz bildet

Syntax *f* (gr) **1.** Lehre vom Satzbau, **2.** Satzbau; **syntaktisch** den Satzbau betreffend

Synthese *f* (gr) **1.** Zusammenfügung, Verschmelzung von einzelnen Teilen zu einem Ganzen, **2.** Aufbau einer chemischen Verbindung, **3.** Zusammenführung des in einer These und Antithese Gegenübergestellten; **Synthesizer** *m* (engl) elektronisches Gerät zur Klang- und Geräuscherzeugung; **Synthetik** *n* (gr-engl) Kunstfasergewebe; **synthetisch** (gr) **1.** zusammensetzend, **2.** künstlich hergestellt

Syphilis *f* (gr) Geschlechtskrankheit; **Syphilitiker** *m* an Syphilis Erkrankter

System *n* (gr) **1.** Gedankengebäude, **2.** Ordnung, Organisation, **3.** methodische Vorgehensweise, **4.** Staats-, Regierungsform; **Systematik** *f* **1.** planmäßige Ordnung, **2.** planmäßige Darstellung; **systematisch** planmäßig, durchdacht, nach einheitlichem Gesichtspunkt geordnet

Szenario *n* (lat) Entwurf eines Films; **Szenarium** *n* Gesamtheit aller Bühnenanweisungen, Bühnenbuch; **Szene** *f* **1.** Begebenheit, Vorgang, Anblick, **2.** Schauplatz einer (Theater-)Handlung, **3.** Auftritt, kleinste Einheit des Dramas, **4.** Auseinandersetzung, **5.** Milieu; **Szenerie** *f* **1.** Bühnenbild, **2.** Schauplatz; **szenisch** die Szene (2, 3) betreffend, bühnenmäßig

Szintillation *f* (lat) Sternfunkeln; **szintillieren** funkeln, flimmern

T

tabellarisch (lat) listenförmig angeordnet; **tabellarisieren** in Listenform anordnen; **Tabelle** *f* Zahlentafel, listenförmige Aufstellung von Zahlen, Namen, Daten usw.

Tabernakel *n* (lat) Behälter zur Aufbewahrung der Hostie auf dem kath. Altar

Tableau *n* (fr) **1.** Gemälde, **2.** wirkungsvolles Bühnenbild

tabu (engl-polynes) unantastbar; **Tabu** *n* Unantastbares, etwas, über das nicht gesprochen werden darf; **tabuisieren** mit Tabu belegen

Tabula rasa *f* (lat); **Tabula rasa machen** reinen Tisch machen

Tabulator *m* (lat) Einrichtung an Schreib-, Rechenmaschinen zum Tabellenschreiben

Tachograph *m* (gr) Fahrtschreiber; **Tacho** *m*, **Tachometer** *m*, *n* Geschwindigkeitsmesser bei Fahrzeugen

Tachykardie *f* (gr) beschleunigte Herztätigkeit; **Tachypnoe** *f* beschleunigte Atmung

Taille *f* (fr) **1.** schmale Körperstelle oberhalb der Hüfte, Gürtellinie, **2.** Gürtelweite; **Tailleur** *m* Schneider; **taillieren** ein Kleidungsstück auf Taille schneidern

Tailormade *n* (engl) Schneiderkleid

Take *m* (engl) **1.** in einem Arbeitsgang gedrehter Abschnitt eines Films, **2.** Schallplatteneinspielung eines Musikstücks

Takelage *f* (ndl) Segelausrüstung eines Schiffes

Take-off *m* (engl) Start (Abheben) eines Flugzeugs, einer Rakete

Takt *m* (lat) **1.** musikalische Einheit, **2.** rhythmische Einheit im Vers, **3.** Arbeitsgang eines Motors; (fr) Zartgefühl, Feingefühl

taktieren (fr) taktisch vorgehen; **Taktik** *f* **1.** überlegte Truppenführung, **2.** planvolles Vorgehen; **Taktiker** *m* jmd., der planvoll vorgeht; **taktisch** **1.** die Taktik betreffend, **2.** planvoll vorgehend

Talar *m* (lat) bis zu den Knöcheln reichendes Amtsgewand (eines Richters)

Talent *n* (lat) **1.** angeborene Begabung, überdurchschnittliche Fähigkeit auf einem bestimmten Gebiet, **2.** Person, die über eine besondere Begabung verfügt; **talentiert** begabt, fähig

Talisman *m* (arab) glücksbringender Gegenstand, Amulett

Talk *m* (engl) Gespräch, Unterhaltung; **Talkmaster** *m* Gesprächsleiter bei einer Talkshow; **Talkshow** *f* Unterhaltungssendung im Fernsehen, bei der (prominente) Persönlichkeiten aufgefordert werden, sich zu bestimmten Themen zu äußern

Tạlmi *n* (fr) **1.** dünn vergoldete (Kupfer-Zink-)Legierung, **2.** etwas Unechtes, Tand, Flitter

Tạlmud *m* (hebr) nachbiblisches jüdisches Religionsbuch (Sammlung der Gesetze); **talmudisch** den Talmud betreffend

Talon *m* (fr) **1.** Spielkartenrest (beim Geben), Kartenstock, **2.** Erneuerungsschein bei Wertpapieren

Tạmbour *m* (fr) **1.** Trommel, **2.** Trommler, **3.** zylinderförmiges Zwischenteil in Kuppelbauten; **Tạmbourmajor** *m* Leiter eines Spielmannszugs

Tạmburin *n* (fr) **1.** schellenbesetzte Handtrommel, **2.** runder Stickrahmen

Tạmpon *m* (fr) Wattebausch; **tamponieren** mit Tampons ausfüllen (Med.)

Tạndem *n* (engl) zweisitziges Zweirad

Tangẹnte *f* (lat) **1.** Gerade, die eine gekrümmte Linie in einem Punkt berührt, **2.** Autoschnellstraße, die am Rand eines Ortes vorbeigeführt wird; **tangential** eine gekrümmte Linie berührend; **tangieren 1.** eine gekrümmte Linie berühren, **2.** seelisch berühren, treffen, beeindrucken

Tannin *n* (fr) Gerbsäure

Tantieme *f* (fr) **1.** Gewinnanteil, **2.** an Schriftsteller und Künstler zu entrichtende Zahlung bei Nutzung ihrer Werke

Tạntra *n* (sanskr) **1.** ind. religiöses Lehrsystem, **2.** religiöse Lehrschrift

Tape *n* (engl) **1.** Magnetband, **2.** Tonband, **3.** Tonkassette; **Tapedeck** *n* Kassettendeck als Bestandteil einer Stereoanlage

Tapet *n* (lat) Überzug eines (Konferenz-)Tisches; **aufs Tapet bringen** zur Sprache bringen

Tapisserie *f* (fr) Wandteppich, Bildteppich

Tara *f* (it) **1.** Verpackungsgewicht einer Ware, **2.** Verpackung einer Ware

Tarạntel *f* (it) Giftspinne, deren Biß bei dem Opfer heftige Bewegungen hervorrufen soll

tardạndo (it) zögernd, langsamer werdend (Mus.)

tardiv (lat) sich langsam entwickelnd, langsam voranschreitend (Med.)

Tarif *m* (fr) **1.** Preis-, Gebührenverzeichnis, **2.** Preis-, Gebührensatz, **3.** gesetzlich festgesetzte Lohnhöhe; **tariflich** einen Tarif betreffend

Tạrtan *m* (engl) **1.** schott. karierter Wollstoff, **2.** Umhang aus kariertem Wollstoff, **3.** (Kunstw.) künstlicher Belag für Sportflächen

Tạrtarus *m* (gr) Unterwelt

Tartụ̈ff (Tartụffe) *m* Heuchler (nach der gleichnamigen Figur in einer Komödie von Molière)

Task force *f* (engl) (Polizei-)Einsatztruppe

Tastatur *f* (it) Gesamtheit der Tasten bei Tasteninstrumenten, Schreibmaschinen usw.

Tattoo *m, n* (engl) Tätowierung

tauschieren (arab) mit Gold oder

Silber in unedlen Metallen Einlegearbeiten vornehmen

Tautologie *f* (gr) doppelte Wiedergabe ein und desselben Sachverhalts (z.B. »weißer Schimmel«); **tautologisch** 1. die Tautologie betreffend, 2. in Art einer Tautologie

Taxameter *n* (lat-gr) Fahrpreisanzeiger in einem Taxi; **Taxation** *f* Abschätzung des Wertes einer Sache; **Taxator** *m* Schätzer; **Taxe** *f* amtlich festgesetzte Gebühr

Taxidermie *f* (gr) Ausstopfen und Haltbarmachen von Tierbälgen

taxieren (gr) ab-, einschätzen

Taxiway *m* (engl) Rollbahn für Flugzeuge

Tea *m* (engl; »Tee«) Haschisch

Teach-in *n* (engl) von Demonstranten erzwungene Diskussion von (politischen) Mißständen

Team *n* (engl) 1. Arbeitsgemeinschaft, Arbeitsgruppe, Gesamtheit der Mitarbeiter, 2. Sportmannschaft

Technik *f* (gr) 1. Gesamtheit der Vorgänge und Einrichtungen, die zur Nutzbarmachung von naturwissenschaftlichen Erkenntnissen notwendig sind, 2. ausgebildete Fähigkeit zur Anfertigung einer Sache, Lösung eines Problems usw., 3. Gesamtheit der Kenntnisse, die zur Erzielung einer Leistung auf einem bestimmten Gebiet notwendig sind, 4. (wissenschaftliche) im einzelnen festgelegte Methode des Vorgehens, 5. Ausrüstung mit Maschinen und Geräten, 6. technische Beschaffenheit einer Maschine oder eines Geräts; **Techniker** *m* 1. Ingenieurwissenschaftler, 2. Facharbeiter, 3. Sportler, der die Feinheiten seines Sports beherrscht; **Technikum** *n* Ingenieurschule; **technisch** die Technik betreffend; **technisieren** 1. Maschinenkraft einsetzen, 2. auf Maschinenbetrieb umstellen; **Technokratie** *f* 1. (Vor-)Herrschaft der Technik, 2. Beherrschung des Menschen durch die Technik; **Technologie** *f* 1. Wissenschaft von der Entwicklung von Gebrauchsgütern aus Rohstoffen, 2. Methodik innerhalb eines bestimmten Forschungsgebietes, 3. Gesamtheit der Vorgänge, die zur Gewinnung eines bestimmten Stoffes, seiner Bearbeitung usw. notwendig sind; **Technologietransfer** *m* Weitervermittlung technologischer Kenntnisse (in Länder der 3. Welt); **technologisch** die Technologie betreffend, verfahrenstechnisch

Tedeum *n* (lat; »Dich, Gott«) christlicher Gesang zum Lob Gottes

Teen(ager) *m* (engl) Heranwachsende(r) (im Alter zwischen dreizehn und neunzehn Jahren); **Teenie** *m* junges Mädchen

Teint *m* (fr) Tönung der Gesichtshaut, Gesichtsfarbe

Tektonik *f* (gr) 1. Wissenschaft vom Bau der Erdkruste, 2. Baukonstruktionslehre, 3. Lehre vom Aufbau der Dichtung; **tektonisch** die Tektonik betreffend

telegen (engl) im Fernsehen von besonderer Wirkung

Telefax *n* (engl) **1.** Fernkopierer, **2.** über das Telefon vermittelte Kopie; **telefaxen** eine Fernkopie schicken

Telefon *n* (gr) Fernsprecher

Telegramm *n* (engl/fr) Draht- oder Funknachricht

Telegraph *m* (fr) Gerät zur elektrischen Übermittlung von Nachrichten, Fernschreiber; **telegraphieren** mit dem Fernschreiber eine Nachricht übermitteln

Telekinese *f* (gr) Bewegung von Gegenständen durch übersinnliche Kräfte (ohne sie zu berühren) (Parapsychol.)

Telekommunikation *f* (gr-lat) Übermittlung von Informationen durch technische Geräte (Fernsprecher, Fernseher, Radio usw.)

Teleobjektiv *n* (gr-lat) optische Linse für Fernaufnahmen

Teleologie *f* (gr) Lehre von der Zielgerichtetheit und Zweckbestimmtheit jeder Entwicklung im Universum; **teleologisch** zielgerichtet, zweckbestimmt

Telepathie *f* (gr; »Fernempfindung«) **1.** Teilnehmen an den Gedanken, Gefühlen eines anderen (räumlich entfernten) Menschen, **2.** Gedankenübertragung

Teleskop *n* (gr) Fernrohr; **teleskopisch 1.** das Teleskop betreffend, **2.** durch ein Teleskop sichtbar

Telespiel *n* (gr-dt) Spiel, das mit Hilfe eines an einen Fernsehapparat angeschlossenen Zusatzgerätes auf dem Bildschirm gespielt wird

Television *f* (engl) Fernsehen

Telex *n* (engl) **1.** Fernschreiber, **2.** Fernschreiben

Telos *n* (gr) Ziel, Endzweck (Philos.)

Temperamalerei *f* (it) **1.** Malerei mit deckenden Farben, **2.** in dieser Technik ausgeführtes Gemälde

Temperament *n* (fr) **1.** Gemütsart, **2.** Lebhaftigkeit, Munterkeit

Temperatur *f* (lat) **1.** Wärmegrad, **2.** Körperwärme, Fieber

Temperenz *f* (engl) Mäßigkeit (in bezug auf Alkohol); **Temperenzler** *m* Mitglied einer Mäßigkeitsbewegung

temperieren (lat) **1.** auf den gewünschten Wärmegrad bringen, **2.** mäßigen, dämpfen

tempest(u)oso (it) stürmisch (Mus.)

Tempi passati *pl* (it; »längst vergangene Zeiten«) zum Glück / leider gibt es das nicht mehr!

Tempo *n* (it) **1.** Geschwindigkeit, **2.** musikalisches Zeitmaß; **Tempolimit** (it-engl) Geschwindigkeitsbeschränkung im Straßenverkehr; **temporal** (lat) **1.** zeitlich, **2.** die Schläfe(n) betreffend (Med.); **temporär** vorübergehend, zeitweilig; **Temporalsatz** *m* Umstandssatz der Zeit; **Tempus** *n* Zeitstufe des Zeitworts

Tendenz *f* (lat) **1.** Neigung, Hang, **2.** Richtung, Strömung; **tenden-**

ziös parteiisch, einseitig, voreingenommen

Tender *m* (engl) **1.** Kohletransportwagen von Dampflokomotiven, **2.** Begleit-, Versorgungsschiff

tendieren (lat) **1.** zu etwas neigen, **2.** auf etwas hinauslaufen

Tendinitis *f* (gr) Sehnenentzündung

Tenor *m* (it) **1.** hohe Männerstimme, **2.** Mann, der Tenor singt

Tenor *m* (lat) Sinn, Wortlaut

Tensid *n* (lat) Zusatzstoff zu Waschmitteln, der die Oberflächenspannung des Wassers vermindert

Tentakel *n* (lat) **1.** Fangarm niederer Tiere, **2.** Fanghaar von Pflanzen

tentativ (lat) versuchsweise

Tenuis *f* (lat) stimmloser Verschlußlaut (Sprachw.)

Termin *m* (lat) **1.** festgesetzte Frist, **2.** festgesetzter Zeitpunkt

Terminal *m* (engl) **1.** Abfertigungsgebäude eines Flughafens, **2.** Ein- und Ausgabeeinheit einer Rechenanlage (EDV)

Termination *f* (lat) Begrenzung, Festsetzung; **terminieren** begrenzen, eine Frist setzen

Terminologie *f* (lat) Gesamtheit von Ausdrücken, die für ein bestimmtes Fach, Wissensgebiet usw. gebräuchlich sind, Fachwortschatz; **terminologisch** die Terminologie betreffend; **Terminus** *m* (**Termini** *pl*) **1.** Begriff, **2.** Fachausdruck; **Terminus technicus** *m* Fachwort

Terra *f* (lat) Erde, Land; **Terra incognita** **1.** unbekanntes Land, **2.** Neuland, noch zu erforschendes (Wissens-)Gebiet

Terrain *n* (fr) **1.** Gelände, **2.** Grundstück, **3.** Erdoberfläche

Terrakotta *f* (it) Töpferware aus gebrannter Tonerde

Terrarium *n* (lat) Behälter zur Haltung von Reptilien

Terrasse *f* (it) **1.** natürliche oder künstlich angelegte Stufe im Gelände, **2.** geebneter Platz vor einem Gebäude; **terrassieren** ein Gelände stufenförmig anlegen

terrestrisch (lat) **1.** die Erde betreffend, zur Erde gehörend, **2.** auf dem Festland entstanden (Geol.)

territorial (lat) ein bestimmtes Gebiet betreffend, zu einem bestimmten Gebiet gehörend; **Territorialität** *f* Zugehörigkeit zu einem Staatsgebiet; **Territorium** *n* **1.** Grund, Boden, **2.** Staatsgebiet

Terror *m* (lat) **1.** Gewalt-, Schreckensherrschaft, **2.** Ausübung von Druck durch Gewalt; **terrorisieren** unterdrücken, (mit Gewalt) bedrohen; **Terrorismus** *m* **1.** Schreckensherrschaft, **2.** Ausübung von Gewaltmaßnahmen zur Erreichung politischer Ziele, Untergrundkampf; **Terrorist** *m* Person, die mit Gewaltmaßnahmen politische Ziele durchsetzen will

Tertiär *n* (lat) Erdzeitalter

Tertium comparationis *n* (lat) Vergleichspunkt, gemeinsames

Merkmal zweier zu vergleichender Dinge

Terz *f* (lat) dritte Stufe der Tonleiter

Terzett *n* (it) **1.** Musikstück für drei Singstimmen, **2.** dreiköpfige Musikgruppe

Terzine *f* (it) dreizeilige Strophe

Test *m* (engl) **1.** (Eignungs-)Prüfung, **2.** Erprobung, **3.** Prüfungsaufgabe

Testament *n* (lat) **1.** letztwillige Verfügung, **2.** Vermächtnis, **3.** (Verfügung Gottes) Teil der Bibel (Altes, Neues Testament); **testamentarisch** durch eine letztwillige Verfügung bestimmt

Testat *n* (lat) Bescheinigung; **testieren** **1.** bescheinigen, **2.** ein Testament machen

Testikel *m* (lat) Hoden

Tetanus *m* (lat) Wundstarrkrampf (Med.)

Tête-à-tête *n* (fr; »Kopf an Kopf«) vertrauliche Zusammenkunft, Gespräch unter vier Augen

tetra- (gr) vier- (in Zusammensetzungen); **Tetraeder** *n* von vier gleichseitigen Dreiecken begrenzter Körper; **Tetragon** *n* Viereck; **Tetralogie** *f* Reihe von vier innerlich zusammenhängenden Dichtwerken; **Tetrapode** *m* Vierfüßler

Text *m* (lat) **1.** Wortlaut eines Schriftstücks, **2.** Reihe von inhaltlich zusammenhängenden Aussagen (Sprachw.), **3.** Inschrift, Beschriftung, **4.** Bibelstelle, **5.** die zu einem Musikstück gehörenden Worte; **texten** einen Text formulieren; **Texter** *m* jmd., der einen Werbetext oder den Text zu einem Musikstück verfaßt

textil (lat) gewebt; **Textilien** *pl* gewebte Stoffe; **Textur** *f* Gewebe

Thanatos *m* (gr) zerstörerischer Trieb, Todestrieb (Psychol.)

Thanksgiving Day *m* (engl) Erntedankfest (USA)

Thaumaturg *m* (gr) Wundertäter

Theater *n* (gr) **1.** Schauspielhaus, **2.** Schauspielkunst, **3.** Schauspielaufführung, **4.** Ärger, Scherereí; **Theatralik** *f* unechtes, schauspielerisches Gebaren; **theatralisch** **1.** das Theater betreffend, bühnengerecht, **2.** unnatürlich, gekünstelt

Theismus *m* (gr) Glaube an einen persönlichen Schöpfergott; **Theist** *m* Anhänger des Theismus; **theistisch** den Theismus betreffend

Thema *n* (gr) **1.** Aufgabe, in einem Text oder einer Rede zu behandelnder Gegenstand, **2.** (musikalischer) Grundgedanke; **Thematik** *f* **1.** Themastellung, ausgeführtes Thema, **2.** Behandlung, Verarbeitung eines musikalischen Themas; **thematisch** das Thema betreffend; **thematisieren** zum Thema machen, behandeln, darlegen

Theo- (gr) Gott- (in Zusammensetzungen); **Theodizee** *f* Rechtfertigung Gottes; **Theognosie** *f* Erkenntnis Gottes; **Theogonie** *f* Lehre von der Abstammung der Götter; **Theokratie** *f* religiös legitimierte Herrschaftsform;

Theologie *f* **1.** Wissenschaft von der (christlichen) Religion, Lehre von Gott; **Theologe** *m* Wissenschaftler auf dem Gebiet der Theologie; **theologisch** die Theologie betreffend; **theomorph(isch)** in göttlicher Gestalt auftretend

Theorem *n* (gr) Lehrsatz; **Theoretiker** *m* **1.** jmd., der Probleme gedanklich zu lösen versucht, **2.** wirklichkeitsfremder Mensch; **theoretisch 1.** die Theorie von etwas betreffend, **2.** (nur) gedanklich (und ohne hinreichende Berücksichtigung der Wirklichkeit); **theoretisieren** gedanklich durchspielen, behandeln; **Theorie** *f* **1.** Gedankengebäude, Überlegung, **2.** abstrakte (die Wirklichkeit nicht hinreichend berücksichtigende) Betrachtungsweise, **3.** Vermutung

Theosophie *f* Erkenntnis Gottes durch die göttlichen Kräfte im Menschen; **theosophisch** die Theosophie betreffend

Therapeut *m* (gr) behandelnder Arzt; **Therapeutik** *f* Lehre von der Behandlung von Krankheiten; **Therapeutikum** *n* Heilmittel; **therapeutisch** die Therapie betreffend; **Therapie** *f* Heilbehandlung; **therapieren** jmdn. einer Therapie unterziehen

thermal (gr) Wärme betreffend, Wärme- (Phys.); **Thermalquelle** *f* warme (zu medizinischen Zwecken genutzte) Quelle; **Therme** *f* Thermalquelle; **Thermik** *f* aufsteigende Warmluft; **thermisch** Wärme betreffend, Wärme- (Techn., Meteorol.); **Thermochemie** *f* Untersuchung der Wärmeumsetzung bei chemischen Vorgängen; **Thermometer** *n* Temperaturmeßgerät; **Thermosflasche** *f* Behälter zum Warm- oder Kühlhalten von Flüssigkeiten; **Thermostat** *m* automatischer Temperaturregler; **Thermotherapie** *f* Heilbehandlung mit Wärme

Thesaurus *m* (gr) **1.** Sammelwerk, **2.** (Fach-)Wörterbuch

These *f* (gr) **1.** Lehrsatz, **2.** zu beweisende Behauptung (der eine Antithese gegenübergestellt wird)

Thespiskarren *m* (gr-dt) wandernde Schauspielertruppe, Wanderbühne

Thora *f* (hebr) die fünf Bücher Mose, das mosaische Gesetz

Thorax *m* (lat) Brustkorb

Thrill *m* (engl) Nervenkitzel; **Thriller** *m* spannender (Kriminal-)Roman, -Film

Thrombose *f* (gr) Verstopfung der Blutgefäße durch Blutgerinnsel

Tiara *f* (gr) dreifache Krone des Papstes

Tibia *f* (lat) Schienbein (Med.)

Tic *m* (fr) krankhaftes, nervös bedingtes Muskelzucken (Med.)

Tick *m* (fr) sonderbare Neigung, Marotte

Ticker *m* (engl) Fernschreiber

Ticket *n* (engl) **1.** Fahrkarte, Flugschein, **2.** Eintrittskarte

Tie-Break *m* System zur schnellen Entscheidung des Satzgewinns bei unentschiedenem Spielstand (Tennis)

Tifoso *m* (it) (Sport-)Fan

Timbre *n* (fr) Klangfarbe der menschlichen Stimme, eines Musikinstruments

timen (engl) **1.** Zeit messen, **2.** den geeigneten Zeitpunkt für etwas festlegen

Time-out *n* (engl) Spielunterbrechung (Sport)

Timing *n* (lat) **1.** Bestimmung des günstigsten Zeitpunktes für etwas, **2.** zeitliche Abstimmung verschiedener Handlungen, Vorgänge usw.

Timokratie *f* (gr) Herrschaft der Vermögenden; **timokratisch** die Timokratie betreffend

Tinktur *f* Auszug aus pflanzlichen oder tierischen Stoffen

Tip *m* (engl) **1.** Hinweis, Wink, **2.** Vorhersage eines (Sport-)Ergebnisses

Tirade *f* (fr) Wortschwall, Redefluß

Titan *m* (gr) Riese; **titanisch 1.** riesengroß, **2.** beeindruckend

Titel *m* (lat) **1.** Aufschrift, kennzeichnender Name, **2.** Bezeichnung von Beruf, Rang, Würde, Amt usw., **3.** Rechtstitel, **4.** Verwendungszweck von einer bestimmten Anzahl von Ausgaben; **Titelei** *f* Gesamtheit der dem Textbeginn vorangehenden Seiten eines Buches und den auf ihnen stehenden Angaben; **Titular** *m* Träger eines Titels, der das durch den Titel bezeichnete Amt nicht ausübt; **titulieren 1.** mit der Amtsbezeichnung anreden, **2.** (be)nennen, bezeichnen

Toast *m* (engl) **1.** geröstete Weißbrotscheibe, **2.** Trinkspruch; **toasten 1.** rösten, **2.** einen Trinkspruch ausbringen

Toga *f* (lat) langes altröm. Obergewand

Toilette *f* (fr) **1.** das Sichankleiden, Zurechtmachen, **2.** festliche Damenkleidung, **3.** Waschraum, Abort

Tokkata *f* (it) Musikstück in freier Improvisation

tolerabel (lat) erträglich, tragbar; **tolerant** duldsam, großmütig, aufgeschlossen; **Toleranz** *f* **1.** Duldsamkeit, **2.** Widerstandsfähigkeit des Körpers gegenüber Schadstoffen (Med.), **3.** Spielraum; **tolerieren** dulden, erlauben

Tombola *f* (it) Verlosung von Gegenständen (bei gesellschaftlichen Veranstaltungen)

Tommy *m* (engl) Spitzname des engl. Soldaten in den beiden Weltkriegen

Tomographie *f* (gr) Röntgenaufnahmeverfahren

tonal (fr) auf einen Grundton bezogen; **Tonalität** *f* Beziehung von Tönen auf einen Grundton

Tonika *f* (it) **1.** Grundton einer Tonart, **2.** erste Stufe der Tonleiter

Tonikum *n* (gr) Stärkungsmittel (Med.); **tonisch** kräftigend; **tonisieren** kräftigen

Tonsille *f* (lat) Gaumen-, Rachenmandel (Med.); **Tonsillektomie**

f operative Entfernung der Mandeln; **Tonsillitis** *f* Mandelentzündung

Tonsur *f* (lat) runde kahlgeschorene Stelle auf dem Kopf von kath. Mönchen

Tonus *m* (gr) **1.** Spannungszustand der Gewebe (Med.), **2.** Ganzton (Mus.)

topfit (engl) in Höchstform, in bester körperlicher Verfassung

topless (engl) mit nacktem Oberkörper

Top-Management *n* (engl) (Spitze der) Unternehmensleitung; **Top-Manager** *m* Unternehmensleiter

Topographie *f* (gr) Beschreibung von Örtlichkeiten; **topographisch** die Topographie betreffend

Topophobie *f* (gr) Angst vor bestimmten Gegenden, Platz-, Situationsangst (Psychol., Med.)

Topos *m* (gr) feststehende sprachliche Wendung, Formel, Gemeinplatz

top-secret *n* (engl) streng geheim

Topstar *m* (engl) Spitzenstar

Top ten *pl* (engl; »die obersten zehn«) die zehn beliebtesten Musiktitel innerhalb einer bestimmten Zeitspanne

torpedieren (lat) **1.** mit Torpedos beschießen, versenken, **2.** vereiteln; **Torpedo** *m* Unterwassergeschoß mit eigenem Antrieb

torpid (lat) **1.** schlaff, regungslos, **2.** stumpfsinnig (Med.)

Torsion *f* (lat) Verdrehung, Drehung

Torso *m* (it) **1.** Bruchstück (einer Statue), **2.** nicht vollendetes (Kunst-)Werk

Tort *m* (fr) Kränkung, Unrecht

Tortur *f* (lat) Folter, Qual

Tory *m* (engl) Angehöriger der engl. Konservativen Partei

Totale *f* (lat) Gesamtsicht, Gesamtaufnahme (Film)

Totalisator *m* (fr) Buchungsstelle für Pferderennwetten

totalitär (fr) **1.** allumfassend, **2.** alles unterwerfend, unterdrükkend; **Totalität** *f* Gesamtheit

Totem *n* (indian-engl) Naturgegenstand (als Stammeszeichen), dem Zauberkräfte zugeschrieben werden; **Totemismus** *m* Glaube an die Zauberkraft eines Totems

Touch *m* (engl) Merkmal, Hauch, Anflug

Toupet *n* (fr) Haarteil, Haarersatzstück

Tour *f* (fr) **1.** Umdrehung, Drehung, **2.** geschickte (betrügerische) Art und Weise des Vorgehens, **3.** Reise, Ausflug; **Tourist** *m* Erholungsreisender; **Touristik** *f* Reisewesen; **Tourismus** *m* Fremdenverkehr, Reisewesen

Tournee *f* (fr) Gastspielreise von Künstlern

Towarischtsch *m* (russ) Genosse

Tower *m* (engl) Kontrollturm von Flughäfen

toxigen (gr) **1.** Gift erzeugend, **2.** durch Vergiftung entstanden (Med.); **Toxikologie** *f* Wissenschaft von den Giften; **toxisch** giftig

Trabant *m* (tschech) **1.** Leibwächter, Diener eines Adeligen, **2.** Satellit

Trachea *f* (gr) Luftröhre; **tracheal** die Luftröhre betreffend; **Tracheobronchitis** *f* Katarrh der Luftröhre und der Bronchien; **Tracheoskopie** *f* Luftröhrenspiegelung

Trademark *f* (engl) eingetragenes Warenzeichen

Trade-Union *f* (engl) Gewerkschaft

tradieren (lat) überliefern, weitergeben; **Tradition** *f* **1.** Überlieferung, Herkommen, **2.** Brauch; **Traditionalismus** *m* Haltung, die durch Festhalten an dem Überkommenen und Skepsis gegenüber dem Neuen geprägt ist; **Traditionalist** *m* Vertreter des Traditionalismus; **traditionell** herkömmlich, überliefert, den Gepflogenheiten entsprechend

Tragik *f* (gr) schweres (schicksalhaftes) Leid eines Menschen, das auf andere erschütternd wirkt; **Tragiker** *m* Verfasser von Trauerspielen; **Tragikomik** *f* Nebeneinanderbestehen von Ernstem und Heiterem; **Tragikomödie** *f* Bühnenspiel mit komischer und tragischer Wirkung; **tragisch** **1.** die Tragödie betreffend, **2.** folgenschwer, schicksalhaft, erschütternd; **Tragöde** *m* Schauspieler in tragischen Rollen; **Tragödie** *f* **1.** Trauerspiel, **2.** erschütterndes Unglück, tragisches Geschehnis

Trailer *m* (engl) **1.** Vorschau auf einen Film, Vorspann zu einem Film, **2.** Fahrzeuganhänger (Wohnwagen)

Train *m* (fr) Nachschubtruppe

Trainee *m* (engl) (Hoch-)Schulabsolvent, der in einem Unternehmen (z.B. einer Bank) eine praktische Zusatzausbildung erhält

Trainer *m* (engl) Sportlehrer, Ausbilder von Sportlern; **trainieren** **1.** üben, einüben, **2.** jmdn. auf einen sportlichen Wettkampf vorbereiten; **Training** *n* systematische Vorbereitung auf die Teilnahme an einem sportlichen Wettkampf, Übung

Trajekt *m, n* (lat) Fährschiff

Trakt *m* (lat) **1.** Seitenbau, Gebäudeteil, **2.** Strang, Gesamtlänge; **traktabel** umgänglich; **Traktat** *n* Abhandlung; **traktieren** **1.** literarisch gestalten, **2.** quälen, mißhandeln; **Traktion** *f* das Ziehen, Zugkraft; **Traktor** *m* Zugmaschine

Tramp *m* (engl) Landstreicher; **trampen** **1.** wandern, umherziehen, **2.** Autos anhalten, um mitgenommen zu werden

Trance *f* (engl) Dämmerzustand, schlafähnlicher Zustand

tranchieren (fr) Fleisch usw. in Stücke oder Scheiben schneiden

Tranquilizer *m* (engl) Beruhigungsmittel (Med.)

Tranquilität *f* (lat) Ruhe, Gemütsruhe

Transaktion *f* (lat) **1.** größeres Geldgeschäft, **2.** wechselseitige Beziehung (Psychol.)

transalpin(isch) (lat) jenseits der Alpen (von Rom aus betrachtet)

transatlantisch (lat) jenseits des Atlantischen Ozeans, überseeisch
Transfer *m* (lat-engl) **1.** Geldüberweisung (ins Ausland), **2.** Übertragung von Erlerntem auf andere Aufgaben, **3.** Vereinswechsel eines Berufssportlers, **4.** Weiterbeförderung von Reisenden (z. B. Transfer vom Flughafen zum Hotel)
Transfiguration *f* (lat) Verklärung Christi
Transformation *f* (lat) **1.** Umwandlung, Umformung, **2.** Umformung von Wechselspannungen; **Transformator** *m* Gerät zur Umformung hoher elektrischer Spannungen in niedere oder umgekehrt; **transformieren** umwandeln, umformen
Transfusion *f* (lat) Blutübertragung
Transistor *m* (lat) Halbleiterverstärker, Kristallverstärker (Phys.)
Transit *m* (it) Durchfuhr durch ein Land
Transitiv *n* (lat) Zeitwort mit einer Ergänzung im Vierten Fall
transitorisch (lat) vorübergehend
transkribieren **1.** in eine andere Schriftart übertragen (z. B. Handschriftliches in Maschinenschriftliches), **2.** ein Musikstück für andere Instrumente bearbeiten; **Transkription** *f* **1.** Umschreibung in eine andere Schriftart, **2.** Bearbeitung eines Musikstücks für andere Instrumente
transkutan (lat) durch die Haut hindurch (Med.)
Translation *f* (lat) Übersetzung, Übertragung
Transmission *f* (lat) Vorrichtung zur Kraftübertragung; **transmittieren** übertragen, übersenden
transparent (lat) **1.** durchsichtig, **2.** deutlich; **Transparent** *n* **1.** durchsichtiges Bild, **2.** Spruchband; **Transparenz** *f* **1.** Durchsichtigkeit, **2.** Deutlichkeit
Transpiration *f* (lat) das Schwitzen; **transpirieren** schwitzen
Transplantat *n* (lat) zu verpflanzendes Gewebeteil oder Organ; **Transplantation** *f* Verpflanzung von Geweben oder Organen
transponieren (lat) ein Tonstück in eine andere Tonart übertragen; **Transposition** *f* Übertragung in eine andere Tonart
Transport *m* (fr) **1.** Beförderung, Versand, **2.** Fracht; **transportabel** beförderbar, beweglich; **Transporter** *m* (engl) Transportflugzeug, -schiff; **Transporteur** *m* (fr) Beförderungsunternehmer; **transportieren** **1.** befördern, versenden, **2.** (mechanisch) weiterschieben, weiterrücken
Transsexueller *m* (lat) Person, die wie eine Person des entgegengesetzten Geschlechts empfindet
transsonisch (lat) oberhalb der Schallgrenze gelegen
Transsubstantiation *f* (lat) Wandlung von Brot und Wein in Leib und Blut Christi
transversal (lat) querlaufend, schräg
Transvestit *m* (lat) Mensch, der den Trieb verspürt, Kleider zu

tragen, die für das entgegengesetzte Geschlecht typisch sind

transzendent (lat) über die sinnliche Erfahrung hinausgehend, übersinnlich; **Transzendenz** *f* das, was jenseits des sinnlich Erfahrbaren liegt; **transzendieren** **1.** über einen Bereich hinausgehen, **2.** die Grenzen der menschlichen Erkenntnis überschreiten

Trapez *n* (gr) **1.** Viereck mit zwei gleichlaufenden, aber verschieden langen Seiten, **2.** an Seilen hängende Reckstange

Trappist *m* (fr) Angehöriger eines Mönchordens mit Schweigepflicht

trascinando (it) schleppend (Mus.)

Trauma *n* (gr) **1.** Wunde (durch Einwirkung äußerer Gewalt) (Med.), **2.** seelischer Schock (Med., Psychol.); **traumatisch** **1.** (durch Einwirkung äußerer Gewalt) verletzt, **2.** das Trauma (2) betreffend

Travellerscheck *m* (engl) Reisescheck

Traverse *f* (fr) Querbalken; **Traversflöte** *f* Querflöte

Travestie *f* (it) komische Umarbeitung ernster Dichtwerke; **Travestieshow** *f* (it-engl) Unterhaltungsshow, bei der Männer in Frauenkostümen auftreten

Trawler *m* (engl) Fischdampfer mit Schleppnetz

Treatment *n* (engl) Entwurf des Handlungsablaufs und erste Charakterisierung der Personen eines Films

Trekking *n* (engl) **1.** Gruppenwanderung durch unwegsames Gelände, **2.** Fahrradfahrt durch unwegsames Gelände

Trema *n* (gr) Trennungszeichen (zwei Punkte über einem von zwei getrennt auszusprechenden Selbstlauten)

Tremolo *n* (it) schnelle Wiederholung eines Tones (Mus.)

Trenchcoat *m* (engl) Regenmantel

Trend *m* (engl) Entwicklungsrichtung, Strömung; **Trendsetter** *m* richtungweisende Person, Person, die einen Trend auslöst

Trepanation *f* (fr) Öffnen des Schädels mit einem Bohrgerät (Med.)

Tresor *m* (fr) Stahlkammer, Stahlschrank

Triade *f* (gr) Dreiheit, Gruppe von drei Gottheiten

Trial *n* (engl) Geschicklichkeitsprüfung für Motorradfahrer

Triangel *m* (lat) **1.** Dreieck, **2.** dreieckiger Metallstab als Musikinstrument; **triangulär** dreieckig

Trias *f* (gr) **1.** Dreiheit, Dreizahl, **2.** erdgeschichtliche Formation

Tribunal *n* (lat) Gerichtshof, Gericht

Tribüne *f* (fr) **1.** erhöhtes Podest mit Zuschauerplätzen, **2.** Rednerbühne, **3.** Zuschauerschaft

Tribut *m* (lat) **1.** Abgabe, Gebühr, **2.** Hochachtung

Trichine *f* (gr) parasitärer Fadenwurm; **Trichinose** *f* durch Fadenwürmer verursachte Krankheit

Trichotomie *f* (gr) Dreiteilung
tricky (engl) schlau, durchtrieben
Trident *m* (lat) Dreizack
triennal **1.** dreijährig, drei Jahre dauernd, **2.** alle drei Jahre stattfindend; **Triennium** *n* Zeitraum von drei Jahren
Trigeminus *m* (lat) Gesichtsnerv
trigonal (gr) dreieckig; **Trigonometrie** *f* Dreiecksmessung
trikolor (lat) dreifarbig; **Trikolore** *f* (fr) **1.** dreifarbige Fahne, **2.** franz. Nationalflagge
trilateral (lat) dreiseitig
Trilogie *f* (gr) drei inhaltlich zusammenhängende Dichtwerke
trimorph (gr) dreigestaltig; **Trimorphismus** *m* Dreigestaltigkeit
Trinität *f* (lat) Dreieinigkeit, Dreifaltigkeit Gottes
Trio *n* (it) **1.** Musikstück für drei Instrumente, **2.** dreiköpfige Musikgruppe
Trip *m* (engl) **1.** Ausflug, **2.** Drogenrausch, **3.** (vorübergehende) Phase, in der sich jmd. besonders für eine Sache interessiert
Triplizität *f* (lat) **1.** Dreifachheit, **2.** dreifaches Vorkommen
Triptychon *n* (gr) dreiteiliges Bild (Mittelbild mit zwei Seitenflügeln)
Triumph *m* (lat) **1.** Sieg, Erfolg, **2.** Freude, Genugtuung; **triumphal** sieghaft, glanzvoll, ruhmvoll; **Triumphator** *m* Sieger; **triumphieren** **1.** siegen, **2.** den Sieg feiern
Triumvirat *n* (lat) Dreimännerherrschaft
trivalent (lat) dreiwertig (Chem.)
trivial (lat) alltäglich, geistlos, abgedroschen; **Trivialität** *f* Gemeinplatz, Belanglosigkeit
Troika *f* (russ) **1.** Dreigespann, **2.** aus drei Personen bestehende (Führungs-)Gruppe
Trombe *f* (it) Wirbelwind, Wasser-, Windhose
Trompe-l'œil *n* (fr; »Augentäuschung«) überaus realistische Darstellungsweise in der Malerei
Trope *f* (gr) bildlicher Ausdruck
Tropen *pl* (gr) heiße Zone zwischen den Wendekreisen
Trophäe *f* (gr) **1.** Beutestück als Siegeszeichen, **2.** Preis, Auszeichnung
trophisch (gr) die Ernährung betreffend; **Trophologe** *m* Ernährungswissenschaftler
tropisch (gr) **1.** bildlich gemeint, **2.** die Tropen betreffend, heiß, südlich; **Troposphäre** *f* die unterste Luftschicht
troppo (it) zu sehr (Mus.)
Troubadour *m* (fr) provenzalischer Minnesänger des Mittelalters
Trouble *m* (engl) Ärger, Kummer; **Troubleshooter** *m* jmd., der die Probleme, welche Ärger verursachen, aus dem Weg räumt
Trouvaille *f* (fr) Glücksfund
Truck *m* (engl) schwerer LKW; **Trucker** *m* Fahrer eines schweren LKWs
Trust *m* (engl) Verband mehrerer Unternehmen
Tschador *m* (pers) langer Gesichtsschleier pers. Frauen

Tschako *m* (ungar) helmartige Kopfbedeckung (aus Leder)

tua res agitur! (lat) deine Angelegenheit wird behandelt, das geht dich an!

Tuberkel *m* (lat) Geschwulst in Form eines Knötchens; **tuberkulös** schwindsüchtig; **Tuberkulose** *f* Schwindsucht

tubulär (lat) röhrenförmig (Med.); **Tubus** *m* Rohr, Röhre (zu medizinischen Zwecken)

Tumba *f* (lat) Steingrabmal

Tumeszenz *f* (lat) Schwellung (Med.)

Tumor *m* (lat) Geschwulst, Gewebswucherung

Tumulus *m* (lat) Hügelgrab

tunen (engl) die Leistung eines Motors erhöhen; **Tuner** *m* Vorrichtung zum Einstellen der Kanäle an einem Radio- oder Fernsehgerät; **Tuning** *n* das Tunen eines Motors

Turbine *f* (lat) Kraftmaschine, Kraftumwandler

Turbomotor *m* (lat) Motor, dessen Leistung durch Aufladung mit einer Gasturbine erhöht wird

turbulent (lat) **1.** stürmisch, lärmend, **2.** wirbelnd; **Turbulenz** *f* **1.** Wirbelströmung, **2.** Durcheinander, Unruhe

Turf *m* (engl) Pferdesport

Turgeszenz *f* (lat) Schwellung (Med.); **turgeszieren** anschwellen

Turkey *m* (engl) körperlicher Zustand, der bei Drogensüchtigen eintritt, wenn die Wirkung des Rauschgifts nachläßt, Entzugserscheinungen

Turn (Törn) *m* (engl), **1.** regelmäßiger Wechsel, **2.** Kehre beim Kunstfliegen; **turnen 1.** Rauschgift nehmen, **2.** eine berauschende Wirkung auslösen

Turnier *n* (fr) **1.** mittelalterliches Kampfspiel, **2.** aus einer Reihe von Einzelwettkämpfen bestehende Sportveranstaltung

Turnus *m* (lat) regelmäßige Wiederkehr, regelmäßiger Wechsel, festgelegte Abfolge

Tuskulum *n* (lat) abgeschiedener Landsitz, Zufluchtsstätte auf dem Land

Tutor *m* (lat) **1.** Vormund, Erzieher, **2.** akademischer Lehrer, **3.** Lehrer, der Oberstufenschüler betreut

tutti *pl* (it) alle (Stimmen) zusammen (Mus.); **Tutti-frutti** *pl* (»alle Früchte«) **1.** Vielfruchtspeise, **2.** buntes Allerlei

Twen *m* (engl) jmd., der zwischen zwanzig und dreißig Jahre alt ist

Tyche *f* (gr) **1.** altgriech. Göttin des Glücks und des Schicksals, **2.** Zufall, Glück

Tycoon *m* (jap-am) **1.** einflußreicher, sehr vermögender Geschäftsmann, Kapitalist, **2.** mächtiger (politischer) Führer

Tympanon *n* (gr) Giebelfeld (Arch.)

Tympanum *n* (gr) **1.** Höhle im Mittelohr (Med.), **2.** Handpauke (Mus.)

Typ *m* (gr) **1.** Grundform, **2.** Gattung, **3.** Muster, Modell, **4.** Vertreter einer bestimmten Kategorie, **5.** Wesensart; **Type** *f* (fr) **1.** gegossener Druckbuchstabe, Letter, **2.** Sonderling

Typhlitis *f* (gr) Blinddarmentzündung; **Typhlon** *n* Blinddarm; **Typhlotomie** *f* Blinddarmoperation

Typik *f* (gr) Lehre vom Typus; **typisch** bezeichnend, kennzeichnend, charakteristisch; **typisieren** **1.** vereinheitlichen, normen, **2.** nach Typen einteilen (Psychol.)

Typograph *m* (gr) Schriftsetzer; **Typographie** *f* **1.** Buchdruckerkunst, **2.** Schriftsatzgestaltung

Typologie *f* (gr) Lehre von den Typen; **typologisch** die Typologie betreffend; **Typus** *m* s. **Typ**

Tyrann *m* (gr) **1.** Gewaltherrscher, **2.** Unterdrücker, Gewaltmensch; **Tyrannei** *f* **1.** Gewaltherrschaft, **2.** Unterdrükkung; **tyrannisch** **1.** gewaltsam, herrschsüchtig, **2.** grausam; **tyrannisieren** **1.** jmdn. mit Gewalt beherrschen, unterdrücken, **2.** quälen

U

ubiquitär (lat) über die ganze Erde verbreitet, überall vorkommend; **Ubiquität** *f* **1.** Allgegenwart Gottes, **2.** Vorkommen auf der gesamten Erde

Ukas *m* (russ) Befehl, Anordnung (des Zaren)

Ulkus *n* (**Ulzera** *pl*) (lat) Geschwür

Ulster *m* (engl) weiter Herrenmantel

Ultima *f* (lat) letzte Silbe eines Wortes (Sprachw.); **Ultima ratio** *f* letztes Mittel, wenn alle anderen versagt haben; **ultimativ** unter Androhung harter Maßnahmen, nachdrücklich; **Ultimatum** *n* letzte (diplomatische) Aufforderung (vor der Anwendung härterer Maßnahmen); **Ultimo** *m* letzter Tag eines Monats

ultramundan (lat) jenseits der Welt, jenseitig

Ultraschall *m* (lat-dt) hochfrequentige Schallwellen, die für das menschliche Ohr nicht wahrnehmbar sind

ultraviolett (lat-fr) im Farbenspektrum jenseits von Violett liegend (und für das menschliche Auge nicht wahrnehmbar)

Ulzeration *f* (lat) Geschwürbildung (Med.)

umfunktionieren (dt-lat) einer Handlung, einem Gegenstand usw. einen anderen als den vorhergesehenen Sinn oder Zweck geben

Umpire *m* (engl) Ringrichter beim Boxen

umstrukturieren (dt-lat) **1.** anders aufbauen, einteilen, **2.** modernisieren

unanim (fr) einhellig, einstimmig; **Unanimität** *f* Einhelligkeit, Einstimmigkeit

Una Sancta *f* (lat) die eine heilige katholische und apostolische Kirche

Uncle Sam *m* (engl) scherzhafte Bezeichnung für die (Regierung der) USA

Undercoveragent *m* (engl) Geheimagent

Underdog *m* (engl) gesellschaftlich Benachteiligter

underdressed (engl) für eine bestimmte Gelegenheit nicht passend, nicht elegant genug gekleidet

Underground *m* (engl) **1.** Gruppe außerhalb der Gesellschaft, **2.** künstlerische Bewegung gegen die etablierte Kunst

Understatement *n* (engl) (bewußte) Untertreibung

Undulation *f* **1.** Wellenbewegung, Schwingung (Phys.), **2.** Wellung des Geländes (Geol.); **undulieren** sich wellenartig bewegen, wellenartig verlaufen

unfair (dt-engl) **1.** unredlich, un-

sauber, unlauter, **2.** regelwidrig (Sport)
ungeniert (dt-fr) **1.** ungezwungen, **2.** hemmungslos
Unguentum *n* (lat) Salbe (Med.)
uni (fr) einfarbig, ohne Muster
unieren (lat) vereinigen
unifizieren (lat) vereinheitlichen, zu einer Einheit verschmelzen
uniform (fr) gleichförmig, gleichmäßig; **Uniform** *f* einheitliche Dienstkleidung (von Soldaten und Beamten); **uniformieren 1.** einheitlich kleiden, **2.** gleichförmig machen; **Uniformität** *f* Einförmigkeit, Gleichförmigkeit
Unikat *n* (lat) Einzelstück; **Unikum** *n* **1.** einziges Exemplar von etwas, **2.** Sonderling, Spaßvogel
unilateral (lat) einseitig
Unio mystica *f* (lat) mystische Vereinigung der Seele mit Gott
Union *f* (lat) Vereinigung, Verbindung, Zusammenschluß (von Staaten); **Unionist** *m* Anhänger einer Union; **unionistisch** eine Union anstrebend
Union Jack *m* (engl) brit. Nationalflagge
Unisex *m* (engl) äußeres Angeglichensein der beiden Geschlechter, einheitliche Kleidungsweise
unisono (it) **1.** gemeinsam denselben Ton singend oder spielend, **2.** einmütig; **Unisono** *n* Einklang
Unit *f* (engl) **1.** Lerneinheit, **2.** Einheit eines technischen Geräts, **3.** Gruppe
Unität *f* (lat) **1.** Einheit, Übereinstimmung, **2.** Einzigartigkeit
univalent (lat) einwertig (Chem.)
universal (lat) **1.** die gesamte Erde umfassend, weltweit, **2.** viele verschiedene Bereiche einschließend, **3.** allgemein, gesamt-; **Universalien** *pl* Allgemeinbegriffe; **Universalität** *f* **1.** Allgemeinheit, **2.** Allseitigkeit, umfassendes Wissen; **universell 1.** (all)umfassend, **2.** vielseitig; **Universität** *f* Hochschule (an der alle Wissenschaften gelehrt werden); **Universum** *n* **1.** das Ganze, **2.** das Weltall
un poco (it) etwas, ein wenig (Mus.)
unterminieren (dt-lat) unterhöhlen, untergraben
Unziale *f* (lat) lateinischer gerundeter Großbuchstabe
Uppercut *m* (engl) Aufwärtshaken des Boxers
Upper ten *pl* (engl) die oberen Zehntausend, die gesellschaftliche Oberschicht
up to date (engl) mit dem Neuesten vertraut, auf der Höhe der Zeit, zeitgemäß
Urämie *f* (gr) Harnvergiftung
urban (lat) **1.** (welt)städtisch, für die Stadt typisch, **2.** weltgewandt, weltmännisch; **Urbanisation** *f* **1.** städtebauliche Erschließung, **2.** neuentstandene Stadtsiedlung (zur Unterbringung von Touristen), **3.** Verstädterung; **urbanisieren 1.** städtebaulich erschließen, **2.** verstädtern; **Urbanistik** *f* Wissenschaft vom Stadtwesen; **Urbanität** *f* **1.** städtische Atmosphäre, **2.** weltmännische Lebensart, Bildung

urbi et orbi (lat; »der Stadt [Rom] und dem Erdkreis«) Einleitungsformel von päpstlichen Erlassen und Segen

Urea *f* (lat) Harnstoff (Med.), **Urese** *f* (gr) das Harnen; **Urethra** *f* (lat) Harnröhre (Med.); **urethral** die Harnröhre betreffend; **Uretikum** *n* harntreibendes Mittel; **uretisch** harntreibend

urgent (lat) dringlich, dringend, keinen Aufschub duldend; **Urgenz** *f* Dringlichkeit; **urgieren** drängen

Urin *m* (lat) Harn; **urinieren** Harn ausscheiden; **urinös** harnstoffhaltig

urogenital (gr-lat) die Harn- und Geschlechtsorgane betreffend (Med.); **Urolith** *m* (gr) Harnstein (Med.); **Urologe** *m* Facharzt für Erkrankungen der Harnorgane; **Urologie** *f* Wissenschaft von den Erkrankungen der Harnorgane

Usance *f* (fr) Brauch, Gepflogenheit, Geschäftssitte

User *m* (engl-am; »Benutzer«) **1.** Drogenabhängiger, **2.** jmd., der einen Computer benutzt

usuell (fr) üblich, gebräuchlich

Usurpation *f* (lat) rechtswidrige Inbesitznahme, Aneignung; **Usurpator** *m* jmd., der die Macht gewaltsam an sich gebracht hat; **usurpieren** sich etwas rechtswidrig aneignen, widerrechtlich erobern

Usus *m* (lat) Brauch, Gewohnheit

Utensil *n* (lat) **1.** Gerätschaft, Werkzeug, Hilfsmittel, **2.** Zubehör

Uterus *m* (lat) Gebärmutter (Med.)

Utilitarismus *m* (lat-fr) Nützlichkeitslehre, Lehre, die im Nützlichen die Grundlagen des sittlichen Verhaltens entdeckt; **utilitaristisch** **1.** auf Nutzen gerichtet, **2.** den Utilitarismus betreffend

Utopia *n* (gr) Traum-, Nirgendsland; **Utopie** *f* **1.** wirklichkeitsfremde Vorstellung, Traumwelt, **2.** Idealbild; **utopisch** nur in der Phantasie vorhanden, wirklichkeitsfremd, unausführbar, unerfüllbar

ut supra (lat) wie oben (Mus.)

Uvula *f* (lat) Gaumenzäpfchen

V

va banque spielen (fr-dt) alles auf eine Karte setzen; **Vabanquespiel** *n* (fr-dt) großes Risiko, Abenteuer
vacat (lat) unbesetzt, nicht vorhanden, leer
Vademekum *n* (lat) Taschenbuch, Leitfaden in Buchform
vae victis! (lat) wehe den Besiegten!
Vagabund *m* (lat) Landstreicher; **Vagabundage** *f* Landstreicherei; **vagabundieren** herumstrolchen
vag(e) (lat-fr) unbestimmt, ungewiß
Vagina *f* (lat) weibliche Scheide (Med.); **vaginal** die Vagina betreffend
vakant (lat) unbesetzt, frei; **Vakanz** *f* unbesetzte Stelle; **Vakat** *n* leere Seite (Buchdruck)
Vakuum *n* (lat) **1.** luftleerer Raum, **2.** Leere
Vakzin *n* (lat) Impfstoff; **Vakzination** *f* Impfung; **vakzinieren** impfen
Valenz *f* (lat) (chemische) Wertigkeit
Valeur *m* (fr) Farbwert, Farbabstufung (Malerei)
valid (lat) rechtsgültig; **Validität** *f* **1.** Rechtsgültigkeit, **2.** Gültigkeit eines wissenschaftlichen Experiments
Valuta *f* (it) **1.** ausländische Währung, **2.** Wert, Gegenwert
Vamp *m* (engl; Kurzw. für Vampir) verführerische Frau
Vampir *m* (serb) **1.** bluttrinkendes Gespenst, Wiedergänger, **2.** Blutsauger, Ausbeuter
vanitas vanitatum (lat) es ist alles eitel
Vaporetto *n* (it) kleines Dampfschiff, kleines Motorboot; **vaporisieren 1.** verdampfen, **2.** den Akoholgehalt bestimmen
Varia *pl* (lat) Verschiedenes, Allerlei; **variabel** veränderlich, wechselhaft; **Variabilität** *f* Veränderlichkeit; **Variable** *f* veränderliche Größe; **Variante** *f* **1.** Abweichung, Abart von etwas, **2.** abweichende Lesart einer Textstelle (bei mehreren Fassungen dieses Textes), **3.** Wechsel von Moll nach Dur oder Dur nach Moll (Mus.); **Varianz** *f* Abweichung; **Variation** *f* **1.** Abwandlung, Abänderung, **2.** Abwandlung eines musikalischen Themas, **3.** (bei einzelnen Tieren oder Pflanzen) Abweichung vom normalen Erscheinungsbild; **Varietät** *f* Abart, Spielart
Varieté *n* (fr) Kleinkunstbühne mit buntem Programm
variieren (lat) **1.** abweichen, verschieden sein, **2.** abwandeln, abändern; **Variometer** *n* **1.** Gerät zum Anzeigen von Druckschwankungen, **2.** Abstimmspule

Varix *f* (lat) Krampfader (Med.)
Vasall *m* (fr) **1.** Lehnsmann im Mittelalter, **2.** Gefolgsmann; **Vasallenstaat** *m* Staat, der von einem anderen abhängig ist
Vasektomie *f* (lat) Durchtrennung des Samenleiters beim Mann
vaskulär (lat) die Blutgefäße betreffend
Vatikan *m* (lat) **1.** der Papstpalast, **2.** höchste Behörde der kath. Kirche
Vaudeville *n* (fr) **1.** komisches Singspiel, **2.** Unterhaltungsschau, die aus Tanz, Gesang, Akrobatik usw. besteht
Vedute *f* (it) naturgetreue Landschaftsdarstellung (Malerei)
vegetabil(isch) (lat) pflanzlich; **Vegetabilien** *pl* pflanzliche Nahrungsmittel; **Vegetarismus** *m* Ernährung durch Pflanzenkost; **Vegetarier** *m* jmd., der sich ausschließlich von pflanzlicher Kost ernährt; **vegetarisch** den Vegetarismus betreffend, pflanzlich, fleischlos; **Vegetation** *f* Pflanzenbestand eines bestimmten Gebietes; **vegetativ 1.** pflanzlich, **2.** vom Willen unabhängig (Med.); **vegetieren** unbewußt leben, dürftig leben
vehement (lat) ungestüm, heftig; **Vehemenz** *f* Ungestüm, Heftigkeit
Vehikel *f* (lat) **1.** Gefährt, (altes) Fahrzeug, **2.** Hilfsmittel
Velar *m* (lat) Gaumensegellaut (Sprachw.)
veloce (it) schnell (Mus.)
Velum *n* (lat) Gaumensegel
Vendetta *f* (it) (Blut-)Rache
Vene *f* (lat) Blutader (in der das Blut zum Herzen transportiert wird)
venerisch (lat) geschlechtskrank; **venerische Krankheit** *f* Geschlechtskrankheit
Venia legendi *f* (lat) Lehrbefugnis für Hochschullehrer
veni, vidi, vici (lat) ich kam, ich sah, ich siegte
venös (lat) **1.** die Venen betreffend, **2.** venenreich
Ventil *n* (lat) Luft-, Dampfklappe; **Ventilation** *f* Lüftung; **Ventilator** *m* (mechanischer) Lüfter, Entlüfter; **ventilieren 1.** lüften, entlüften, **2.** vorsichtig prüfen, **3.** eingehend erörtern
ventral (lat) **1.** den Bauch betreffend (Med.), **2.** bauchwärts gelegen
Verb *n* (lat) Zeitwort, Tätigkeitswort; **verbal 1.** das Verb betreffend, als Verb verwendet, **2.** mündlich, wörtlich; **Verbalinjurie** *f* Beleidigung durch Worte, Beschimpfung; **verbalisieren 1.** etwas in Worte kleiden, in Worten ausdrücken, **2.** ein Wort durch Anfügen einer Endung zu einem Verb umbilden; **verbaliter** wörtlich; **Verbalkontrakt** *m* mündlich abgeschlossener Vertrag; **Verbalnomen** *n* vom Verb abgeleitetes Haupt- oder Eigenschaftswort
Verdikt *n* (lat) **1.** Urteilsspruch, **2.** vernichtendes Urteil
Verifikation *f* (lat) **1.** Beglaubi-

gung, **2.** Überprüfung auf den Wahrheitsgehalt hin; **verifizieren** **1.** sich bewahrheiten, **2.** auf den Wahrheitsgehalt hin prüfen

Verismus *m* (lat-it) wirklichkeitstreue Darstellungsweise in der Kunst; **Verist** *m* Vertreter des Verismus; **veristisch** in der Art des Verismus

vermeil (fr) hochrot; **Vermeil** *n* vergoldetes Silber

vermizid (lat) wurmtötend (Med.); **Vermizid** *n* wurmtötendes Mittel

Vernissage *f* (fr) Eröffnung einer Kunstausstellung mit geladenen Gästen

Vers *m* (lat) **1.** Gedichtzeile, **2.** Gedicht-, Liedstrophe, **3.** kleinster Abschnitt eines Bibeltextes

Versalien *pl* (lat) große Anfangsbuchstaben

versatil (lat) **1.** gewandt, redegewandt, **2.** ruhelos

versiert (lat) fachkundig, erfahren

versifizieren (lat) in Versform bringen

Version *f* (lat) **1.** Fassung, Abart, **2.** Darstellung, Ausführung, die vom ursprünglichen Vorbild, Typ o. ä. abweicht, **3.** verbesserte Fassung eines Computerprogramms

Verso *n* (lat) Rückseite eines Blattes (in einem Buch, einer Handschrift)

vertebral (lat) einen Wirbel betreffend (Med.); **Vertebrat** *m* Wirbeltier

Vertex *m* (lat) Scheitel, der höchstgelegene Teil des Schädelgewölbes (Med.)

vertikal (lat) senkrecht; **Vertikale** *f* Senkrechte

vertikulieren, vertikutieren (lat-fr) eine Rasenfläche auflockern, belüften

Verve *f* (fr) innerer Schwung, Begeisterung

Very Important Person *f* (engl) bedeutende Person des öffentlichen Lebens

Vesica *f* (lat) Harnblase

Vesper *f* (lat) **1.** abendliche Gebetsstunde, **2.** Abendgottesdienst, **3.** kleine Zwischenmahlzeit

Vestibül *n* (fr) Vorhalle eines Konzertgebäudes, (Film-)Theaters usw.

Veteran *m* (lat) **1.** alter, erfahrener Soldat, **2.** ehemaliger Kriegsteilnehmer, **3.** jmd., der eine Tätigkeit schon lange ausübt und sich in ihr auskennt

veterinär (lat) tierärztlich; **Veterinär** *m* Tierarzt; **Veterinärmedizin** *f* Tiermedizin

Veto *n* (lat) Einspruch, Einwand

Vexierbild *n* (lat-dt) Rätselbild, Suchbild

via (lat) **1.** (auf dem Wege) über, **2.** über einen bestimmten Weg, eine bestimmte Instanz erfolgend

Viadukt *n* (lat) Talbrücke, Überführung

Viatikum *n* (lat; »Wegzehrung«) letzte Kommunion, die einem Sterbenden verabreicht wird

Vibration *f* (lat) Schwingung; **vibrieren** schwingen, zittern; **Vibrato** *n* leichtes Zittern eines Tones; **Vibrator** *m* (elektrisches) Gerät, das Schwingungen erzeugt; **Vibrograph** *m* (lat-gr) Schwingungsmesser

vice versa (lat) umgekehrt

Videoband *n* (lat-dt) Magnetband zur Aufzeichnung von Filmen; **Videoclip** *m* (lat-engl) kurzer Videofilm; **Videofilm** *m* mit einer Videokamera aufgenommener Film; **Videorecorder** *m* Gerät zum Aufzeichnen und Abspielen von Videofilmen; **Videotext** *m* Text, der mit einem Zusatzgerät zu einem Fernsehapparat empfangen werden kann; **Videothek** *f* (lat-gr) **1.** Sammlung von Videofilmen, **2.** Geschäft, in dem man Videofilme gegen Gebühr ausleihen kann

vif (fr) lebhaft, munter, helle

Vigil *f* (lat) kath. Abendgottesdienst vor hohen Feiertagen

Vignette *f* (fr) **1.** Zierbild in Druckschriften, **2.** (Gebühren-) Marke

vigoroso (it) kraftvoll (Mus.)

Vikar *m* (lat) ev. Hilfsgeistlicher; **Vikariat** *n* Amt des Vikars

Viktoria *f* altröm. Göttin des Sieges (als Sinnbild des Sieges)

Villa *f* (lat) **1.** Landhaus, **2.** einzelnstehendes vornehmes Wohnhaus

vindizieren (lat) beanspruchen, die Herausgabe einer Sache verlangen

Vinothek *f* (lat-gr) **1.** Sammlung edler Weine, **2.** Weinkeller mit Ausschank

Virago *f* (lat) Frau, die sexuell wie ein Mann empfindet (Med., Psychol.)

viral (lat) durch einen Virus verursacht

Virginität *f* (lat) **1.** Jungfräulichkeit, **2.** Unberührtheit

viril (lat) **1.** das männliche Geschlecht betreffend, **2.** männlich; **Virilität** *f* Manneskraft, Zeugungskraft

Virologe *m* (lat-gr) Virusforscher; **Virologie** *f* Wissenschaft von den Viren

Virtualität *f* (lat) Möglichkeit; **virtuell** **1.** der Möglichkeit nach vorhanden, **2.** anlagemäßig vorhanden

virtuos (it) meisterhaft, vollendet; **Virtuose** *m* Künstler, der sein Fach meisterhaft beherrscht; **Virtuosität** *f* meisterhaftes Können

virulent (lat) **1.** giftig, krankheitserregend, ansteckend, **2.** heftig

Virus *n* (lat) Krankheitserreger, der sich auf lebendem Gewebe entwickelt

Visage *f* (fr) **1.** Gesicht, **2.** Gesichtsausdruck; **Visagist(in)** *m (f)* Spezialist(in) für die kosmetische Verschönerung des Gesichts

vis-à-vis (fr; »von Gesicht zu Gesicht«) gegenüber; **Visavis** *n* das Gegenüber, Person, die sich einer anderen gegenüber befindet

Visier *n* (fr) **1.** Gesichtsschutz an (Schutz-)Helmen, **2.** Zielvorrichtung bei Schußwaffen; **visieren** zielen, etwas ins Auge fassen

Vision *f* (lat) **1.** Erscheinung, Geistererscheinung, **2.** Trugbild, **3.** Zukunftsbild; **visionär** **1.** mit dem geistigen Auge geschaut, **2.** traumhaft; **Visionär** *m* Seher, mit

visionären Kräften ausgestatteter Mensch
Visitation *f* (lat) Durchsuchung
Visite *f* (fr) **1.** Besuch, **2.** Krankenbesuch des Arztes im Krankenhaus
visitieren (lat) durchsuchen, untersuchen
viskos (lat) zähflüssig; **Viskosität** *f* Zähflüssigkeit
visualisieren (lat) Ideen in Bilder umsetzen
visuell (fr) das Sehen betreffend
Visum *n* (**Visa** *pl*) (lat) **1.** Ein-, Ausreiseerlaubnis (für ein fremdes Land), **2.** Sichtvermerk im Reisepaß
Vita *f* (**Viten** *pl*) (lat) **1.** Leben, Lebensbeschreibung, Lebenslauf, **2.** Lebenskraft (Med.); **vital 1.** lebenswichtig, **2.** lebenskräftig, lebensvoll; **vitalisieren** beleben; **Vitalität** *f* Lebenskraft, Schwung; **Vitamin** *n* lebenswichtiger Wirkstoff; **vitaminisieren** mit Vitaminen anreichern
vite (fr) schnell (Mus.)
Vitium *n* (lat) organischer Fehler (Med.)
Vitrine *f* (fr) Schaukasten, Glasschrank
vivace (it) lebhaft (Mus.)
Vivarium *n* (lat) kleiner Behälter für die Haltung von Tieren
vivat! (lat) er (sie) lebe hoch!
Vivisektion *f* (lat) operativer Eingriff eines Forschers am lebenden Tier; **vivisezieren** eine Vivisektion vornehmen
Voce *f* (it) (Sing-)Stimme
Vocal *n* (engl) Gesang
Voile *m* (fr) durchsichtiger Stoff
Vokabel *f* (lat) **1.** Einzelwort (einer Fremdsprache), **2.** Bezeichnung, Ausdruck; **Vokabular(ium)** *n* **1.** Wörterverzeichnis, **2.** Wortschatz (einer bestimmten Fremd-, Fachsprache)
Vokal *m* (lat) Selbstlaut; **vokalisch** den Vokal betreffend; **Vokalisation** *f* deutliche Aussprache der Selbstlaute beim Singen; **vokalisieren 1.** Selbstlaute deutlich aussprechen (beim Singen), **2.** einen Mitlaut wie einen Selbstlaut aussprechen; **Vokalist** *m* Sänger
Vokation *f* (lat) Berufung in ein Amt
Vokativ *m* (lat) Anredefall (Sprachw.)
Volant *m* (fr) **1.** am Rand von Kleidungsstücken angenähter Besatz, **2.** Lenkrad
volatil (lat) flüchtig, verdunstend (Chem.)
volley (engl) aus der Luft geschlagen (beim Tennis); **Volley** *m* Flugball
Volontär *m* (fr) Person, die sich zu ihrer weiteren Ausbildung ohne Bezahlung in einen Beruf einarbeitet; **volontieren** als Volontär tätig sein
Volumen *n* (lat) **1.** Rauminhalt, Fassungsvermögen, **2.** Stimmgehalt, **2.** Band eines mehrteiligen Druckwerkes; **voluminös** umfangreich, stattlich, dick
Volute *f* (fr) schneckenförmige Verzierung als Bauornament
vomieren (lat) sich erbrechen;

Vomitiv(um) *n* Brechmittel (Med.)
Vorazität *f* (lat) Gefräßigkeit (Med.)
votieren (lat) abstimmen, für etwas, jmdn. stimmen
Votivgabe *f* (lat-dt) Weihgabe, Opfergabe
Votum *n* (lat) **1.** Gelübde, **2.** Stimmabgabe, Urteil, **3.** Gutachten
Voyeur *m* (fr) Person, die sexuelle Befriedigung erfährt, wenn sie den Geschlechtsverkehr anderer beobachtet
vulgär (fr) **1.** gemein, gewöhnlich, **2.** anstößig, **3.** (zu) oberflächlich, unwissenschaftlich; **vulgarisieren 1.** dem Volksgeschmack angleichen, beim Volk bekannt machen, **2.** zu stark vereinfachen, zu oberflächlich darstellen; **vulgo** gewöhnlich, landläufig ausgedrückt
vulkanisieren (engl) **1.** Kautschuk zu Gummi umwandeln, **2.** Gummiteile miteinander verbinden
vulnerabel (lat) verletzlich, verwundbar (Med.)
Vulva *f* (lat) äußere Geschlechtsteile der Frau (Med.)

W

Wadi *n* (arab) ausgetrocknetes Flußbett in Wüstenregionen
Wagon-Lit (fr) *m* Schlafwagen
Walkie-Talkie *n* (engl) tragbares Sprechfunkgerät
Walkman *m* (engl) tragbares Kassettenabspielgerät mit Kopfhörer
Wallstreet *f* (Straße in New York, in der sich die bedeutendsten Banken und Börsen befinden) Zentrum der amerik. Hochfinanz
Warm-up *n* (engl) **1.** Warmlaufenlassen eines (Renn-)Motors, **2.** Aufwärmen vor sportlicher Betätigung, **3.** Einstimmen der Zuhörer oder Zuschauer vor einer Radio- oder Fernsehsendung
Warrant *m* (engl) Bestätigung über die Einlagerung von Waren
wash and wear (engl, »waschen und tragen«) Bezeichnung für bügelfreie Textilien
Washboard *n* (engl) Waschbrett (als Rhythmusinstrument)
Watergate *n* (engl) politischer Skandal (nach dem 1972 in den USA aufgedeckten Skandal)
Waterloo *n* vernichtende Niederlage (nach der Schlacht von 1815, bei der Napoleon besiegt wurde)
waterproof (engl) wasserdicht, wasserundurchdringlich
Way of life *m* (engl) Lebensweise, Lebenseinstellung
Weekend *n* (engl) Wochenende
well-done (engl) gut durchgebraten (von Fleisch)
Wesir *m* (arab) Minister
Western *m* (am) Wildwestfilm
Whirlpool *m* (engl) Schwimmbecken, in dem das Wasser zum Sprudeln gebracht wird
White Collar Crime *n* (engl; »Verbrechen, das im weißen Kragen begangen wird«) Verbrechen, wie sie in höheren Kreisen vorkommen
Who's who? *m* (engl; »Wer ist wer?«) biographisches Lexikon
Wigwam *m* (indian) Indianerzelt in Nordamerika
Windowshopping *n* (engl) Schaufensterbummel (ohne die feste Absicht, etwas zu kaufen)
Women's Lib, Women's Liberation *f* (am) Frauenbewegung
Workaholic *m* (engl) Arbeitssüchtiger
Workshop *m* (engl) **1.** Seminar, Kurs, **2.** Arbeitstreffen
Worldcup *m* (engl) Weltmeisterschaft (Sport)

X

Xanthippe *f* (gr) zänkische Ehefrau (nach der Frau des Sokrates)
Xenie *f* (gr) kurzes Sinngedicht
Xenogamie *f* (gr) Fremdbestäubung von Blüten
Xenokratie *f* (gr) Fremdherrschaft, Herrschaft eines fremden Herrscherhauses über einen Staat
xenophil (gr) fremdenfreundlich; **Xenophilie** *f* Fremdenliebe
xenophob (gr) fremdenfeindlich; **Xenophobie** *f* Fremdenfeindlichkeit
Xerodermie *f* (gr) Hauttrockenheit
xerophil (gr) Trockenheit liebend (von Pflanzen; Bot.)
Xerographie *f* (gr) Trockenkopierverfahren; **xerographieren** durch Xerographie vervielfältigen; **Xerokopie** *f* durch Xerographie hergestellte Kopie
Xmas *n* (engl) (Kurzw. für Christmas) Weihnachten
Xylographie *f* (gr) **1.** Holzschneidekunst, **2.** Holzschnitt
Xylophon *n* (gr) Musikinstrument, bei dem die Töne durch Schlagen von Klöppeln auf Holzplatten erzeugt werden

Y

Yankee *m* (engl) Spitzname für den Nordamerikaner; **Yankeedoodle** *m* US-Nationallied

Yard *n* (engl) engl. Längenmaß

Yawl *f* (engl) Sportsegelboot mit zwei Masten

Yellow-Press *f* (engl-am) Sensationspresse, Skandalpresse

Yeti *m* (nepal) legendäres menschenähnliches Wesen im Himalaja, Schneemensch

Yggdrasil *m* (altnord) die Weltesche in der nord. Mythologie

Yoga *n* (ind) Lehre vom Freiwerden der Seele vom Körperlichen durch Meditation

Youngster *m* (engl) **1.** Jugendlicher, **2.** noch unerfahrener junger Sportler

Yuppie *m* (engl) junger, beruflich erfolgreicher, modisch-elegant gekleideter Großstädter

Z

Zampano *m* Mann mit auffälligem angeberischen Gebaren, der bei anderen den Eindruck erwecken will, alles bewerkstelligen zu können (nach einer Filmfigur)

Zar *m* (russ) ehem. Herrschertitel in Rußland, Serbien und Bulgarien; **Zarewitsch** *m* Sohn des Zaren, Kronprinz; **Zarismus** *m* Zarentum; **Zariza** *f* Zarin

Zäsur *f* (lat) **1.** Einschnitt im Vers, **2.** Unterbrechung im Verlauf eines Musikstücks, **3.** Einschnitt

Zebaoth (hebr; »Herr der Heerscharen«) Beiname Gottes

Zechine *f* (it) (venezian.) Goldmünze

zedieren (lat) Forderungen an eine dritte Person abtreten

Zelebrant *m* (lat) kath. Geistlicher, der die Messe liest; **zelebrieren** **1.** etwas feierlich begehen, **2.** eine Messe lesen, **3.** etwas bewußt langsam und feierlich ausführen; **Zelebrität** *f* **1.** berühmte Person, **2.** Festlichkeit

zellular (lat) zellenähnlich, aus Zellen zusammengesetzt; **Zellulitis** *f* Entzündung des Zellgewebes

Zelot *m* (gr) Eiferer, Frömmler; **Zelotismus** *m* Glaubensfanatismus

Zenit *m* (it-arab) **1.** senkrecht über dem Betrachter gelegener höchster Punkt des Himmelsgewölbes, **2.** Höhepunkt

zensieren (lat) **1.** benoten, **2.** (von staatlicher oder kirchlicher Seite aus) überwachen, Veröffentlichungen überprüfen; **Zensor** *m* staatlicher oder kirchlicher Überprüfer von Veröffentlichungen; **Zensur** *f* **1.** Leistungsnote, **2.** Tätigkeit des Zensors; **Zensus** *m* **1.** Vermögensschätzung, **2.** Abgabe, **3.** Volkszählung

Zentenarium *n* (lat) Hundertjahrfeier

zentral (lat) **1.** im Mittelpunkt befindlich, vom Mittelpunkt aus, **2.** von einer übergeordneten Stelle ausgehend, **3.** wesentlich, hauptsächlich; **Zentrale** *f* **1.** Hauptort, Hauptgeschäftsstelle, **2.** Vermittlungsstelle für Telefongespräche; **zentralisieren** organisatorisch zu einer Einheit zusammenfassen; **Zentralismus** *m* Bestreben, alle staatlichen Belange von einer Stelle aus zu leiten; **zentrieren** auf die Mitte einstellen; **zentrifugal** vom Mittelpunkt fortstrebend; **Zentrifugalkraft** *f* Fliehkraft, Schwungkraft; **Zentrifuge** *f* Schleudergerät zur Trennung fester Bestandteile von Flüssigkeiten; **zentrisch** im Mittelpunkt; **Zentrum** *n* **1.** Mitte, Mittelpunkt, **2.** Stadtmitte

Zepter *n* (lat) **1.** Herrscherstab, **2.** Herrschaft

Zerberus *m* (gr) **1.** Höllenhund, **2.** furchteinflößender Wächter (nach der gleichnamigen Gestalt der griech. Mythologie)

Zerealien *pl* (lat) **1.** Feldfrüchte, Getreide, **2.** Nahrungsmittel aus Getreide, Getreideflocken

zerebral (lat) das Gehirn betreffend (Med.)

Zeremonie (Zeremonie) *f* (lat) (nach feststehenden Regeln begangene) feierliche Handlung; **Zeremoniell** *n* Gesamtheit der Zeremonien; **zeremoniell 1.** feierlich, förmlich, **2.** steif, unfrei

Zero *f* (fr) Null

Zertifikat *n* (lat) **1.** Bescheinigung, Zeugnis, **2.** Anteilschein (bei Investmentgesellschaften)

zervikal (lat) **1.** Nacken und Hals betreffend, **2.** den Gebärmutterhals betreffend

Zession *f* (lat) Übertragung eines Anspruchs auf eine dritte Person

Zeugma *n* (gr) unpassende Beziehung eines Prädikats auf zwei (oder mehr) Satzglieder (z.B. »er verlor die Geduld und das Leben«)

Ziborium *n* (lat) **1.** Überbau über einem Altar, **2.** Hostienbehälter

Zingulum *n* (lat) Gürtel des kath. Geistlichen

Zionismus *m* (hebr) jüdische Bewegung mit dem Ziel der Errichtung eines jüdischen Staats in Palästina; **Zionist** *m* Anhänger des Zionismus

zirka (lat) ungefähr

Zirkel *m* (lat) **1.** zweischenkliges Zeichengerät, **2.** Gruppe von miteinander verbundenen Personen, **3.** Kreis

Zirkular *n* (lat) Rundschreiben; **zirkulär 1.** kreisförmig, **2.** in gewissen Zeitabständen wiederkehrend

Zirkulation *f* (lat) **1.** Kreislauf, Umlauf, **2.** Blutkreislauf; **zirkulieren** im Umlauf sein, kreisen

Zirkumferenz *f* (lat) Umkreis, Umfang

Zirkumflex *m* (lat) Dehnungszeichen über einem Selbstlaut (ˆ)

zirkumskript (lat) streng abgegrenzt

Zirkumzision *f* (lat) Beschneidung, Entfernung der Vorhaut des männlichen Gliedes

Zirrhose *f* (gr) Wucherung im Bindegewebe eines Organs (Med.)

Zirrokumulus *m* (lat) Schäfchenwolke; **Zirrostratus** *m* Schleierwolke; **Zirrus** *m* Federwolke

zirzensisch (lat) den Zirkus betreffend

ziselieren (fr) Ornamente aus Edelmetallen herausarbeiten

Zisterne *f* (lat) (unterirdischer) Behälter zum Sammeln von Regenwasser

Zitadelle *f* (it) Festung

Zitat *n* (lat) **1.** wörtlich wiedergegebene Äußerung, **2.** geflügeltes Wort; **zitieren 1.** jmdn. herbeirufen, vorladen, **2.** etwas wörtlich wiedergeben

zivil (lat) **1.** bürgerlich, **2.** gesittet, anständig, **3.** angemessen; **Zivil** *n* bürgerliche Kleidung; **Zivilcourage** *f* Bürgermut, Mut, sich für die eigene Überzeugung einzusetzen; **Zivilehe** *f* auf dem Standesamt geschlossene Ehe; **Zivilisation** *f* **1.** durch Wissenschaft und Technik geschaffene Lebensbedingungen, **2.** Bildung, Lebensart; **zivilisieren** **1.** der Zivilisation (1) näherbringen, **2.** verfeinern; **Zivilist** *m* Nichtsoldat

Zodiakus *m* (gr) Tierkreiszeichen

Zölibat *m, n* (lat) Ehelosigkeit aus religiösen Gründen

Zoologie *f* (gr) Tierkunde; **zoologisch** die Zoologie betreffend

Zoom *m* (engl) Objektiv mit verstellbarer Brennweite; **zoomen** ein aufzunehmendes Objekt mit Hilfe eines Zooms näher heranholen

zyklisch (gr) **1.** kreisförmig, **2.** regelmäßig wiederkehrend

Zyklon *m* (gr) Wirbelsturm; **Zyklone** *f* Tiefdruckgebiet

Zyklus *m* (gr) **1.** Folge zusammengehöriger Werke, **2.** Kreis, Kreislauf wiederkehrender Ereignisse, **3.** Regelblutung der Frau

Zylinder *m* (gr) **1.** länglicher Hohlkörper mit kreisförmigem Querschnitt, **2.** Hohlkörper, in dem sich ein Kolben bewegt (als Teil einer Maschine), **3.** hoher Hut

Zymologie *f* (gr) Lehre von den Gärungsvorgängen; **zymotisch** Gärung erzeugend

Zynismus *m* (gr) bissiger Spott, Verhöhnung

Zyste *f* (gr) Geschwulst; **Zystitis** *f* Blasenentzündung

zytogen (gr) von einer Zelle gebildet (Med.); **Zytologie** *f* Zellenlehre; **zytozid** Zellen abtötend

Verzeichnis gebräuchlicher Abkürzungen

a. am
a., A. *lat:* anno, im Jahre
A Ampere (Maßeinheit der elektr. Stromstärke); Autobahn
Å Angström(einheit)
AA Auswärtiges Amt; Arbeitsamt
a. A. auf Anordnung
a. a. O. am angegebenen Ort
Abb. Abbildung
ABC *engl:* American Broadcasting Company (amerik. Rundfunkgesellschaft)
ABC-Staaten Argentinien, Brasilien, Chile
ABC-Waffen atomare, biologische, chemische Waffen
Abf. Abfahrt
Abg. Abgeordnete(r)
Abh. Abhandlung
Abk. Abkürzung
ABM *engl:* Anti Ballistic Missile (Raketenabwehr); Arbeitsbeschaffungsmaßnahme
ABS Antiblockiersystem
Abs. Absatz; Absender
Abt. Abteilung
a c. *it:* a conto, auf Rechnung
a. c. *lat:* anni currentis, laufenden Jahres
accel. *it:* accelerando, schneller werdend
ACE Auto-Club Europa
a. Chr. *lat:* ante Christum, vor Christi Geburt
a d. *lat:* a dato, vom Tage der Ausstellung an
a. D. außer Dienst
a. D., A. D. *lat:* anno Domini, im Jahre des Herrn
ADAC Allgemeiner Deutscher Automobilclub
ADGB Allgemeiner Deutscher Gewerkschaftsbund
Adj. Adjektiv
ad lib. *lat:* ad libitum, nach Belieben
Adr. Adresse
Adv. Adverb
AE Astronomische Einheit
AEC *engl:* Atomic Energy Commission, Atomenergie-Kommission
AeCvD Aeroclub von Deutschland
AEG Allgemeine Elektricitäts-Gesellschaft
AF *fr:* Air France (franz. Luftfahrtgesellschaft)
a. f. *lat:* anni futuri, kommenden Jahres
AFL-CIO *engl:* American Federation of Labour – Congress of Industrial Organizations (amerik. Gewerkschaftsbund)
AFN *engl:* American Forces Network (amerik. Soldatensender)
AFP *fr:* Agence France Presse (franz. Nachrichtenagentur)
AG Aktiengesellschaft; Amtsgericht; Arbeitsgruppe; Ausführungsgesetz

Agfa Aktiengesellschaft für Anilinfabrikation
AGR Amtsgerichtsrat
agr. altgriechisch
ags. angelsächsisch
Ah Amperestunde
ahd. althochdeutsch
AHV Alters- und Hinterlassenenversicherung
ai Amnesty International (Internationale Organisation zur Betreuung politischer Gefangener)
AIDS, Aids *engl:* Acquired Immune Deficiency Syndrome, erworbene Schwäche des Immunsystems
AIPS *fr:* Association Internationale de la Presse Sportive, Internationale Vereinigung der Sportpresse
AK Aktienkapital
akad. akademisch
Akad. Akademie
Akku Akkumulator
Akt.-Z., AktZ. Aktenzeichen
AKW Atomkraftwerk
AlG Arbeitslosengeld
Alhi Arbeitslosenhilfe
ALITALIA *it:* Aerolinee Italiane Internazionali (ital. Luftfahrtgesellschaft)
Alm. Almanach
ALU, Alu Arbeitslosenunterstützung
AM Amplitudenmodulation
am. amerikanisch
a. m. *lat:* ante meridiem, vor Mittag
amer., amerik. amerikanisch
AMG Arzneimittelgesetz
ANC *engl:* African National Congress, Afrikanischer Nationalrat
Ang., Angest. Angestellte(r)
Anh. Anhang
Anl. Anlage
Anm. Anmerkung
Anth. Anthologie
AOK Allgemeine Ortskrankenkasse
a. o. Prof. außerordentlicher Professor
AP *engl:* Associated Press (amerik. Nachrichtenagentur)
APA Austria Presse-Agentur (österr. Nachrichtenagentur)
apl. außerplanmäßig
APO Außerparlamentarische Opposition
ARAG Allgemeine Rechtsschutz-Versicherungs-Aktiengesellschaft
ARD Arbeitsgemeinschaft der öffentlich-rechtlichen Rundfunkanstalten der Bundesrepublik Deutschland
Art. Artikel
ASEAN *engl:* Association of South-East-Asian Nations, Bund südostasiatischer Nationen
AsF Arbeitsgemeinschaft sozialdemokratischer Frauen
ASH Arbeiter-Selbsthilfe
Ass. Assessor
Assist. Assistent
AStA Allgemeiner Studentenausschuß
ASU Abgassonderuntersuchung
AT Altes Testament
at Atmosphäre
atü Atmosphärenüberdruck
Aufl. Auflage

Auftr. Auftrag
a. u. s. *lat:* actum ut supra, verhandelt wie oben
Ausg. Ausgabe
Ausw. Auswahl
AV Arbeitslosenversicherung
av. arbeitsverwendungsfähig
a v. *it:* a vista, bei Vorlage zahlbar
AVAVG Gesetz über Arbeitsvermittlung und Arbeitslosenversicherung
AvD Automobilclub von Deutschland
AVO Ausführungsverordnung; Allgemeine Vergütungsordnung
AVON Amtliches Verzeichnis der Ortsnetzkennzahlen
Avus Automobil-Verkehrs- und Übungsstraße
AWO Arbeiterwohlfahrt
AWACS *engl:* Air-Borne Early Warning and Control System, Luftgestütztes Frühwarn- und Leitsystem
AZ, Az. Aktenzeichen
a. Z. auf Zeit
Azubi Auszubildende(r)

B Bundesstraße
BA Bundesanstalt für Arbeit; *engl:* British Airways (brit. Luftfahrtgesellschaft)
B. A. *engl:* Bachelor of Arts (niederster akademischer Grad der philologisch-historischen Wissenschaften)
BAA Bundesausgleichsamt
BAFöG Bundesausbildungsförderungsgesetz
BAG Buchhändlerabrechnungsgesellschaft; Bundesanstalt für den Güterfernverkehr; Bundesarbeitsgericht
BArbG Bundesarbeitsgericht
BASF Badische Anilin- und Sodafabrik
bask. baskisch
BAT Bundesangestelltentarif
BAW Bundesamt für gewerbliche Wirtschaft
BayWa Bayerische Warenvermittlung landwirtschaftlicher Genossenschaften
BBauG Bundesbaugesetz
BBC *engl:* British Broadcasting Company (brit. Rundfunkgesellschaft)
BBG Bundesbaugesetz; Bundesbeamtengesetz
BBK Bundesverband Bildender Künstler
BBU Bundesverband Bürgerinitiativen Umweltschutz
B. C. L. *engl:* Bachelor of Civil Law (niederster akademischer Grad der Rechtswissenschaft)
Bd. Band; Bund
BDA Besoldungsdienstalter; Bund Deutscher Architekten; Bundesvereinigung der Deutschen Arbeitgeberverbände
BDF Bundesverband des Deutschen Güterfernverkehrs
BDI Bundesverband der Deutschen Industrie
BDJ Bund Deutscher Jugend
BDKJ Bund der Deutschen Katholischen Jugend
BdL Bank deutscher Länder
BDN Bundesverband des Deutschen Güternahverkehrs

BDP Bund Deutscher Pfadfinder
BdSt. Bund der Steuerzahler
BdU Bundesverband deutscher Unternehmensberater
BdV Bund der Vertriebenen
BDZV Bundesverband Deutscher Zeitungsverleger
Beibl. Beiblatt
beil. beiliegend
Beil. Beilage
Beitr. Beitrag
BEJ Bund Europäischer Jugend
BEM Bundesernährungsministerium
Bem. Bemerkung
Benelux-Staaten Belgien, Niederlande, Luxemburg
Ber. Bericht
bes. besonders
Bes.-Gr. Besoldungsgruppe
betr. betreffend
Bevollm. Bevollmächtigter
Bez. Bezeichnung, Bezirk
bez. bezahlt; bezüglich
Bf. Bahnhof; Brief
BfA Bundesversicherungsanstalt für Angestellte
BfG Bank für Gemeinwirtschaft
BFH Bundesfinanzhof
BFM Bundesfinanzministerium
bfr belgischer Franc
BfV Bundesamt für Verfassungsschutz
BG Berufsgenossenschaft
BGB Bürgerliches Gesetzbuch
BGBl Bundesgesetzblatt
BGH Bundesgerichtshof
Bgm. Bürgermeister
BGS Bundesgrenzschutz
Bhf. Bahnhof
BHW Beamtenheimstättenwerk
BIBB Bundesinstitut für Berufsbildung
Bibl. Bibliographie; Bibliothek
Biogr. Biographie
BIP Bruttoinlandsprodukt
BIT *fr:* Bureau International du Travail, Internationales Arbeitsamt
Bit *engl:* binary digit, Informationseinheit
BIZ Bank für Internationalen Zahlungsausgleich
Bj. Baujahr
BKA Bundeskanzleramt; Bundeskartellamt; Bundeskriminalamt
BKK Betriebskrankenkasse
BKZ Baukostenzuschuß
B/L *engl:* Bill of Lading, (See-) Frachtbrief
Bl. Blatt
BLZ Bankleitzahl
BMA Bundesministerium für Arbeit
BMF Bundesministerium der Finanzen
BMFT Bundesministerium für Forschung und Technologie
BMI Bundesministerium des Innern
BMVg. Bundesministerium der Verteidigung
BMW Bayerische Motorenwerke
BND Bundesnachrichtendienst
BOAC *engl:* British Overseas Airways Corporation (brit. Übersee-Luftverkehrsgesellschaft)
Bp Bahnpost
BP Bayernpartei; *engl:* British Petroleum Company

BPA Bundespresseamt
BR Bayerischer Rundfunk
BRD Bundesrepublik Deutschland
brit. britisch
brosch. broschiert
BRT Bruttoregistertonne
B. S. *engl:* Bachelor of Science (niederster akademischer Grad)
BSE Industriegewerkschaft Bau, Steine, Erden; Bovine Spongiforme Enzephalopathie (Rinderwahnsinn)
BSG Bundessozialgericht
Bsp. Beispiel
Btx Bildschirmtext
Buchh. Buchhandlung
BUND Bund für Umwelt und Naturschutz Deutschland
BVA Bundesverwaltungsamt
BvD Bund der vertriebenen Deutschen
BVerwG Bundesverwaltungsgericht
BVG Betriebsverfassungsgesetz; Bundesverfassungsgericht; Bundesversorgungsgesetz
BVM Bundesverkehrsministerium
BVN Bund der Verfolgten des Naziregimes
BVR Bundesverfassungsrichter
Bw. Bundeswehr
b. w. bitte wenden
BWL Betriebswirtschaftslehre
BWM Bundeswirtschaftsministerium
BWR Bundeswirtschaftsrat
BWV Bach-Werke-Verzeichnis
bzw. beziehungsweise
C Celsius; *lat:* centum, hundert; Coulomb (Einheit der Elektrizitätsmenge)
c Cent, Centime
ca. *lat:* circa, ungefähr
cal Kalorie
cand. *lat:* candidatus, Kandidat
cap. *lat:* capitulum, Kapitel
CARE, Care *engl:* Cooperative for American Remittances to Europe/Everywhere (Vereinigte Wohlfahrtsorganisationen der USA)
CB *engl:* Citizens' Band, Amateurfunk
C. B. D., c. b. d. *engl:* cash before delivery, Zahlung vor Lieferung
cbm Kubikmeter
CBS *engl:* Columbia Broadcasting System (amerik. Rundfunkgesellschaft)
CC *fr:* Corps Consulaire, Konsularisches Korps
CCI *fr:* Chambre de Commerce Internationale, Internationale Handelskammer
ccm Kubikzentimeter
CD *engl:* Compact Disc, Kompaktschallplatte; *fr:* Corps Diplomatique, Diplomatisches Korps
cdm Kubikdezimeter
CD-ROM *engl:* Compact Disc Read-Only-Memory, Datenspeicher, der nur gelesen, nicht bearbeitet werden kann
CDU Christlich-Demokratische Union
CE *engl:* Council of Europe, Europarat
CEEC *engl:* Committee for European Economic Cooperation,

Ausschuß für europäische wirtschaftliche Zusammenarbeit

CERN *fr:* Conseil Européen pour la Recherche Nucléaire, Europäischer Kernforschungsrat

cf *engl:* cost and freight, Preis einschließlich Fracht- und Verladekosten

cf., cfr. *lat:* conferatur, vergleiche

cg Zentigramm

CGT *fr:* Confédération Générale du Travail (franz. Gewerkschaftsbund)

CH *lat:* Confoederatio Helvetica, Schweiz

chem. chemisch

Chr. Christus; Chronik

CIA *engl:* Central Intelligence Agency (US-Geheimdienst)

CIC *lat:* Codex Iuris Canonici, Gesetzbuch der römischen Kirche; *engl:* Counter Intelligence Corps (amerik. Abwehrdienst)

CID Criminal Investigation Department (brit. Kriminalpolizei)

Cie. *fr:* Companie, Kompanie (Gesellschaftsform einer Firma)

cif *engl:* cost, insurance, freight, Verkäufer trägt alle Beförderungs-, Versicherungs- und Frachtkosten bis zum Bestimmungshafen

CIJ *fr:* Cour Internationale de Justice, Internationaler Gerichtshof

CIO *fr:* Comité International Olympique, Internationales Olympisches Komitee

cl Zentiliter

c. l. *lat:* citato loco, am angegebenen Ort

cm Zentimeter

cmm Kubikmillimeter

CND Christlicher Nachrichtendienst

CNN *engl:* Cable News Network (amerik. Fernsehgesellschaft)

Co. *fr:* Companie, Kompanie (Gesellschaftsform einer Firma)

c/o *engl:* care of, bei, per Adresse

Cod. Codex

Comecon *engl:* Council for Mutual Economic Aid, Rat für gegenseitige Wirtschaftshilfe

Cop. *engl:* Copyright (Nachdruck verboten, amerik. Urheberrechtsschutzzeichen für Bücher usw.)

cos Kosinus (Seitenverhältnis im Dreieck)

CP Christlicher Pfadfinderbund

CQD *engl:* come quick, danger (altes Seenotzeichen: Kommt schnell, Gefahr)

CS *fr:* Conseil de Sécurite, Weltsicherheitsrat

ČS Republik Tschechien

CSU Christlich-Soziale Union

c. t. *lat:* cum tempore, eine Viertelstunde später

CVJM Christlicher Verein Junger Menschen

d Denar; Durchmesser; Penny

D Fünfhundert

D. Doktor der evangelischen Theologie

D/A *engl:* documents for acceptance, Dokumente gegen Akzept

d. Ä. der Ältere

DAAD Deutscher Akademischer Austauschdienst

DAB Deutscher Athletenbund; Deutsches Arzneibuch
DAeC Deutscher Aeroclub
DAG Deutsche Angestellten-Gewerkschaft
DAK Deutsche Angestellten-Krankenkasse
DAS Deutscher Automobilschutz
DAT Deutsche Automobil-Treuhand; *engl:* Digital Audio Tape, Digitales Tonband
DAV Deutscher Alpenverein; Deutscher Autoren-Verband
Dax Deutscher Aktienindex
DB Deutsche Bahn
dB Dezibel
DBB Deutscher Beamtenbund
DBP Deutsches Bundespatent
DBS Deutsche Bausparkasse
DBV Deutscher Bauernverband
d. c. *it:* da capo, von vorn wiederholen
Dd. Doktorand
d. d. *lat:* de dato, vom Tage der Ausstellung an
DDR Deutsche Demokratische Republik
DDT Dichlordiphenyltrichloräthan (Insektenvernichtungsmittel)
DEA Deutsche Erdöl-Aktiengesellschaft; Deutsche Erstaufführung
Debeka Deutsche Beamten-Krankenversicherung
decr. *it:* decrescendo, an Tonstärke abnehmend, leiser werdend
DED Deutscher Entwicklungsdienst
DEFA Deutsche Film-Aktiengesellschaft
DEG Deutsche Eisenbahner-Gewerkschaft
Degussa Deutsche Gold- und Silberscheideanstalt
DEHOGA Deutscher Hotel- und Gaststättenverband
DEKRA Deutscher Kraftfahrzeug-Überwachungsverein
DEMAG Deutsche Maschinenfabrik Aktiengesellschaft
Dep. *fr:* Departement
DER Deutsches Reisebüro
desgl. desgleichen
DEU Deutsche Europa-Union
DFB Deutscher Fußball-Bund
DFFB Deutsche Film- und Fernsehakademie Berlin
DFG Deutsche Forschungsgemeinschaft
DFK Deutscher Verband für Freikörperkultur
DFÜ Datenfernübertragung
DFVLR Deutsche Forschungs- und Versuchsanstalt für Luft- und Raumfahrt
dg Dezigramm
Dg Dekagramm
D. G. *lat:* Dei gratia, durch Gottes Gnade
DGB Deutscher Gewerkschaftsbund
dgl. dergleichen; desgleichen
DGM Deutscher Gebrauchsmusterschutz
DGO Deutsche Gemeindeordnung
d. Gr. der Große
DGV Deutscher Genossenschaftsverband
d. h. das heißt
DHB Deutscher Handball-Bund

DHfL Deutsche Hochschule für Leibesübungen
DHG Deutsche Handelsgesellschaft
d. i. das ist
Dia Diapositiv
DIAMAT dialektischer Materialismus
DIHT Deutscher Industrie- und Handelstag
dim. *it:* diminuendo, an Tonstärke abnehmend
Dim. Diminutiv
DIN Deutsche Industrienorm
Dipl.-Chem. Diplom-Chemiker
Dipl.-Hdl. Diplom-Handelslehrer
Dipl.-Ing. Diplom-Ingenieur
Dipl.-Kfm. Diplom-Kaufmann
Dipl.-Ldw. Diplom-Landwirt
Dipl.-Psych. Diplom-Psychologe
Dipl.-rer.pol. Diplom-Volkswirt
Dir. Direktor
Disk. Diskont
Diss. Dissertation
Div. Division
DIW Deutsches Institut für Wirtschaftsforschung
d. J. der Jüngere
DJD Deutsche Jungdemokraten
DJH Deutscher Jugendherbergsverband
DJU Deutsche Journalisten-Union
DJV Deutscher Jagdschutz-Verband; Deutscher Journalistenverband
dkg Dekagramm
dkl Dekaliter
dkm Dekameter
DKP Deutsche Kommunistische Partei
dkr dänische Krone
DKV Deutsche Krankenversicherungs-Aktiengesellschaft; Deutscher Kanuverband
dl Deziliter
DLF Deutschlandfunk
DLG Deutsche Landwirtschaftsgesellschaft
DLRG Deutsche Lebensrettungs-Gesellschaft
DLV Deutscher Leichtathletik-Verband
dm Dezimeter
DM Deutsche Mark
d. M. dieses Monats
DMV Deutscher Motorsport-Verband
DNA Deutscher Normenausschuß
DNR Deutscher Naturschutzring
do. dito
d. O. der Obige
DOB Damenoberbekleidung
Doz. Dozent
DOZ Deutsches Olympiazentrum
D. P. *engl:* displaced persons, Zwangsverschleppte
d/p *engl:* documents against paid, Dokumente gegen Zahlung
dpa Deutsche Presse-Agentur
DPD Deutscher Paketdienst; Deutscher Pressedienst
DPG Deutsche Postgewerkschaft
dpt., Dptr. Dioptrie
DR Deutsches Reich; Deutsche Reichsbahn

Dr. Doktor
d. R. der Reserve
Dr. agr. *lat:* doctor agronomiae, Doktor der Landwirtschaft
Dr. des. *lat:* doctor designatus (vor der Verleihung des Doktordiploms)
Dr. E. h. Doktor Ehren halber
Dr. habil. *lat:* doctor habilitatus
Dr. h. c. *lat:* doctor honoris causa, Ehrendoktor
Dr.-Ing. Doktor-Ingenieur
Dr. j. u. *lat:* doctor juris utriusque, Doktor beider Rechte
Dr. jur. *lat:* doctor juris, Doktor der Rechtswissenschaft
DRK Deutsches Rotes Kreuz
Dr. med. *lat:* doctor medicinae, Doktor der Heilkunde
Dr. med. dent. *lat:* doctor medicinae dentariae, Doktor der Zahnheilkunde
Dr. med. univ. *lat:* doctor medicinae universae, Doktor der gesamten Heilkunde
Dr. med. vet. *lat:* doctor medicinae veterinariae, Doktor der Tierheilkunde
DRP Deutsches Reichspatent
Dr. pharm. *lat:* doctor pharmaciae, Doktor der Arzneikunde
Dr. phil. *lat:* doctor philosophiae, Doktor der Geisteswissenschaften
Dr. phil. nat. *lat:* doctor philosophiae naturalis, Doktor der Naturwissenschaften
Dr. rer. mont. *lat:* doctor rerum montanarum, Doktor der Bergbauwissenschaften
Dr. rer. nat. *lat:* doctor rerum naturalium, Doktor der Naturwissenschaften
Dr. rer. oec. *lat:* doctor rerum oeconomicarum, Doktor der Staatswissenschaften
Dr. rer. pol. *lat:* doctor rerum politicarum, Doktor der Staatswissenschaften
Dr. rer. techn. *lat:* doctor rerum technicarum, Doktor der technischen Wissenschaften
Dr. sc. nat. *lat:* doctor scientiarum naturalium, Doktor der Naturwissenschaften
Dr. sc. techn. *lat:* doctor scientiarum technicarum, Doktor der technischen Wissenschaften
Dr. theol. *lat:* doctor theologiae, Doktor der Theologie
DRV Deutscher Reisebüro-Verband; Deutscher Ruderverband
DSA Deutscher Sprachatlas
DSB Deutscher Sängerbund; Deutscher Sportbund
DSG Deutsche Schlafwagen- und Speisewagen-Gesellschaft
DSU Deutsche Soziale Union
DSV Deutscher Schriftstellerverband; Deutscher Schwimmverband; Deutscher Skiverband
DT Deutsche Turnerschaft
dt. deutsch
DTB Deutscher Turnerbund
DTC Deutscher Touring-Automobil-Club
dto. *it:* dito, dasselbe, ebenso
DTSB Deutscher Turn- und Sportbund
Dtz., Dtzd. Dutzend
DU Demokratische Union

du. dienstuntauglich
d. U. der Unterzeichnete
Dupl. Duplikat
DVA Deutsche Verlags-Anstalt
DVO Durchführungsverordnung
DVP Demokratische Volkspartei
DVR Demokratischer Verkehrssicherheitsrat
DVS Deutscher Versicherungs-Schutzverband
DWK Deutsche Gesellschaft für die Wiederaufarbeitung von Kernbrennstoffen; Deutsche Wirtschaftskommission
dz Doppelzentner
dz. derzeit
D-Zug Durchgangszug

e Elementarladung
E Eilzug; Elektrizität
ebd. ebenda
EBU *engl:* European Broadcasting Union, Europäischer Rundfunkverband
EC Eislaufclub
e. c. *lat:* exempli causa, beispielsweise
ECE *engl:* Economic Commission for Europe, Verwaltung für wirtschaftliche Zusammenarbeit Europas
ECS *engl:* European Communications Satellite, Europäischer Nachrichtensatellit
Ecu *engl:* European Currency Unit (Währungseinheit der Europäischen Union)
ed. *lat:* edidit, herausgegeben
Ed. *lat:* editio, Ausgabe
Edeka Einkaufsgenossenschaft deutscher Kolonialwaren- und Lebensmitteleinzelhändler
EDV Elektronische Datenverarbeitung
EEG Elektroenzephalogramm
EFTA *engl:* European Free Trade Association, Europäische Freihandelsgemeinschaft
EG Europäische Gemeinschaft
e. G. eingetragene Genossenschaft
EGKS Europäische Gemeinschaft für Kohle und Stahl (Montanunion)
eGmbH eingetragene Genossenschaft mit beschränkter Haftung
eGmuH eingetragene Genossenschaft mit unbeschränkter Haftung
E. h. Ehren halber
ehem. ehemalig(er)
Einb. Einband
Einf. Einführung
Einl. Einleitung
einschl. einschließlich
EK Eisernes Kreuz
EKD Evangelische Kirche in Deutschland
EKG Elektrokardiogramm
el. elektrisch
E-Lok elektrische Lokomotive
EM Erwerbsminderung; Europameisterschaft
em. *lat:* emeritus, im Ruhestand
Emnid Erforschung, Meinung, Nachrichten, Informationsdienst (Institut für Meinungsforschung)
Empf. Empfänger
ENEA *engl:* European Nuclear Energy Agency, Europäische Kernenergie-Agentur

engl. englisch
ENIT Ente Nazionale Italiano di Turismo (ital. Reisebüro)
entspr. entsprechend
Entw. Entwurf
epd Evangelischer Pressedienst
EPI Evangelischer Presse- und Informationsdienst
EPU *engl:* European Payment Union, Europäische Zahlungsunion
ER Europarat
Erdg. Erdgeschoß
ERP *engl:* European Recovery Programme, Europäisches Wiederaufbauprogramm
ESA *engl:* European Space Agency, Europäische Raumfahrtbehörde
Esc Escudo (port. Währung)
Eßl. Eßlöffel
ETA *bask:* Euzkadi ta Azkatasuna, Das Baskenland und seine Befreiung (Separatistenbewegung im Baskenland)
etc. *lat:* et cetera, und so weiter
ETW Eigentumswohnung
EU Europäische Union; Europa-Union
EUCOM *engl:* European Command (US-Oberkommando in Europa)
EuGH Europäischer Gerichtshof
Euratom Europäische Atomgemeinschaft
Eureka *engl:* European Research Coordination Action (europ. Technologieprojekt)
europ. europäisch
ev. evangelisch
Ev. Evangelium
e. V. eingetragener Verein
EVG Europäische Verteidigungsgemeinschaft
evgl. evangelisch
ev.-luth. evangelisch-lutherisch
EVR *engl:* Electronic Video Recording (elektronisches Bild-Ton-Abspielgerät)
ev.-ref. evangelisch-reformiert
evtl. eventuell
EVU Elektrizitätsversorgungsunternehmen
EWG Europäische Wirtschaftsgemeinschaft
EWH Erziehungswissenschaftliche Hochschule
EWS Europäisches Währungssystem
exkl. exklusiv; ausschließlich
Expl. Exemplar
Expo *fr:* Exposition, Weltausstellung
Exz. Exzellenz
EZU Europäische Zahlungsunion
E-Zug Eilzug

f *lat:* femininum, weiblich; *it:* forte, stark, laut
F Fahrenheit; Farad (Einheit der elektr. Kapazität)
f. fein; folgend(e Seite)
FA Fernmeldeamt; Finanzamt
Fa. Firma
FAI *fr:* Fédération Aeronautique Internationale, Internationaler Luftfahrtsportverband
FAK Familienausgleichskasse
Faks. Faksimile
FAO *engl:* Food and Agriculture

Organization of the United Nations, Ernährungs- und Landwirtschaftsorganisation der Vereinten Nationen
FAZ Frankfurter Allgemeine Zeitung
FBI Federal Bureau of Investigation (amerik. Bundeskriminalpolizei)
FC Fußballclub
FD Ferndurchgangszug
FDGB Freier Deutscher Gewerkschaftsbund
FDJ Freie Deutsche Jugend
F. D. P. Freie Demokratische Partei
f. d. R. für die Richtigkeit
fec. *lat:* fecit, hat es geschaffen
fem. *lat:* femininum, weiblich
ff *it:* fortissimo, sehr laut; sehr fein
FF Französischer Franc
ff. folgende Seiten
FFG Filmförderungsgesetz
FH Fachhochschule
FIA *fr:* Fédération Internationale de l'Automobile, Internationaler Automobilverband
FIFA *fr:* Fédération Internationale des Football Associations, Internationaler Fußballverband
Fig. Figur
Fil. Filiale
FIS *fr:* Fédération Internationale de Ski, Internationaler Skisportverband
FK Fußballklub
FKK Freikörperkultur
Fl. Florin (niederl. Gulden)
Flak Fliegerabwehrkanone
Fleurop *lat:* Flores Europiae (europ. Blumen-Vermittlungsdienst)
fm Festmeter
Fmk Finnmark
f. o. b. *engl:* free on board (Verkäufer trägt Beförderungs- und Verladekosten bis zum Schiff)
fol. Folio
f. o. r. *engl:* free on rail, frei Versandbahnhof
Forts. Fortsetzung
f. o. s. *engl:* free on ship, frei Schiff
f. o. w. *engl:* free on wagon (Verkäufer trägt Anfahrts- und Verladekosten)
FPÖ Freiheitliche Partei Österreichs
Fr. Franken; Frau
fr. Franc; franko; französisch; frei
Fragm. Fragment
franz. französisch
FRG *engl:* Federal Republic of Germany, Bundesrepublik Deutschland
Frhr. Freiherr
Frl. Fräulein
frz. französisch
FS Ferrovie dello Stato (ital. Staatseisenbahn)
FSJ Freiwilliges soziales Jahr für Jugendliche
FSK Freiwillige Selbstkontrolle (der Filmwirtschaft)
Fspr. Fernsprecher
FSV Fußballsportverein
FTZ Fernmeldetechnisches Zentralamt
FU Freie Universität (Berlin)
FV Fachvermittlungsdienst

FVG Finanzverwaltungsgesetz
fz *it:* forzando, verstärkend

g Gramm; Groschen
GAL Grüne Alternative Liste
GATT *engl:* General Agreement on Tariffs and Trade, Allgemeines Zoll- und Handelsabkommen
GAU größter anzunehmender Unfall (in einem Kernkraftwerk)
GAZ Grüne Aktion Zukunft
Gbf Güterbahnhof
GBl. Gesetzblatt
GDA Gewerkschaftsbund der Angestellten
GDD Gesellschaft für Datenschutz und Datensicherung
GdED Gewerkschaft der Eisenbahner Deutschlands
GdP Gewerkschaft der Polizei
geb. geboren; gebunden
Gebr. Gebrüder
GEDAG Gesamtverband Deutscher Angestelltengewerkschaften
Gedok Gemeinschaft Deutscher Organisationen von Künstlerinnen und Kunstfreundinnen
gedr. gedruckt
gef. gefälligst; gefallen
gegr. gegründet
geh. geheftet; geheim
geistl. geistlich
gek. gekürzt
GELU Gesellschaft zur Verwertung literarischer Urheberrechte
Gem. Gemeinde
GEMA Gesellschaft für musikalische Aufführungs- und mechanische Vervielfältigungsrechte
gen. genannt
Gen. General
Gen.-Dir. Generaldirektor
gepr. geprüft
germ. germanisch
ges. gesammelt; gesehen
Ges. Gesellschaft; Gesetz
Ges.-Ausg. Gesamtausgabe
gesch. geschieden
Gesch.-F. Geschäftsführer
Geschw. Geschwister
ges. gesch. gesetzlich geschützt
gespr. gesprochen
gest. gestorben
GEW Gewerkschaft Erziehung und Wissenschaft
Gew. Gewerkschaft
GewO Gewerbeordnung
GEZ Gebühreneinzugszentrale der öffentlich-rechtlichen Rundfunkanstalten in der Bundesrepublik Deutschland
gez. gezeichnet
GfM Gesellschaft für Marktforschung
GG Grundgesetz
ggf. gegebenenfalls
GGLF Gewerkschaft Gartenbau, Land- und Forstwirtschaft
Ggs. Gegensatz
GHK Gewerkschaft Holz und Kunststoff
GI *engl:* Government Issue (volkstüml. Bez. für amerik. Soldaten)
GLS Grand Luxe Super
GM *engl:* General Motors; Goldmark

GmbH Gesellschaft mit beschränkter Haftung
GMT *engl:* Greenwich Mean Time, Greenwicher Normalzeit
GO Geschäftsordnung; Gewerbeordnung
GOÄ Gebührenordnung für Ärzte
Gouv. Gouvernement
GPU *russ:* Gossudarstwennoje Polititscheskoje Uprawlenije (sowjet. Geheimpolizei 1922–34)
gr. Gramm; gratis; griechisch; groß
Gr. Greenwich
g. R. gegen Rückgabe
grad. graduiert
Grdr. Grundriß
gr.-kath. griechisch-katholisch
gr.-orth. griechisch-orthodox
GS geprüfte Sicherheit; Grand Sport
GSG Grenzschutzgruppe
GStA Generalstaatsanwalt
GT Grand Tourisme
GTB Gewerkschaft Textil und Bekleidung
GULAG *russ:* Glawnoje Uprawlenije Lagerej (Hauptverwaltung der sowjet. Straflager)
Gzld. Ganzleder(einband)
Gzln. Ganzleinen(einband)

h *lat:* hora, Stunde
H Henry (Einheit der Selbstinduktion); Hydrant
ha Hektar
h. a. *lat:* huius anni, dieses Jahres; *lat:* hoc anno, in diesem Jahr
habil. habilitiert
Hanomag Hannoversche Maschinenbau-Aktiengesellschaft
HAPAG Hamburg-Amerikanische-Packetfahrt-Actien-Gesellschaft
Hbf. Hauptbahnhof
H-Bombe Hydrogenium-Bombe, Wasserstoffbombe
HBV Gewerkschaft Handel, Banken und Versicherungen
h. c. *lat:* honoris causa, ehrenhalber
hd. hochdeutsch
Hdb. Handbuch
HDv Heeresdienstvorschrift
hebr. hebräisch
HeLaBa Hessische Landesbank
hess. hessisch
hfl Hollands Florijn (niederl. Gulden)
hg Hektogramm
hg. herausgegeben
Hg. Herausgeber
HGB Handelsgesetzbuch
HH Handelshochschule
Hi-Fi *engl:* high-fidelity
HIS Hochschul-Informations-System
hl Hektoliter
hl. heilig
h. l. *lat:* hoc loco, an dieser Stelle
Hldbd. Halblederband
Hlnbd. Halbleinenband
h. m. *lat:* huius mensis, dieses Monats
H. M. *engl:* His/Her Majesty, Seine/Ihre Majestät
H. M. S. *engl:* His/Her Majesty's Ship, Seiner/Ihrer Majestät Schiff
HNO Hals-Nasen-Ohren(-Arzt)

HO Handelsorganisation
holl. holländisch
Hp. Haltepunkt
Hptst. Hauptstadt
HR Handelsregister; Hessischer Rundfunk
hrsg. herausgegeben
Hrsg. Herausgeber
Hs. Handschrift
HTA Haupttelegraphenamt
HTL Höhere Technische Lehranstalt
http hyper text transfer protocol (Code zur Anwahl eines Menüpunkts im Internet)
HUK Haftpflicht-, Unfall- und Kraftverkehrsversicherung
Hwb. Handwörterbuch
HWF Höhere Wirtschaftsfachschule
HWK Handwerkskammer

i Information
i. im; in
i. A. im Auftrag
IAA Internationale Automobilausstellung; Internationales Arbeitsamt
IAAF *engl:* International Amateur Athletic Federation, Internationaler Leichtathletikverband
IAEO Internationale Atomenergie-Organisation
i. allg. im allgemeinen
IAO Internationale Arbeitsorganisation
IATA *engl:* International Air Transport Association, Internationaler Luftverkehrsverband
ib. *lat:* ibidem, ebenda
i. b. im besonderen
IBFG Internationaler Bund Freier Gewerkschaften
IBM *engl:* International Business Machines Corporation, Internationale Büromaschinenwerke
IC Intercity(-Zug)
ICAO *engl:* International Civil Aviation Organization, Internationale Organisation für zivile Luftfahrt
ICC *engl:* International Chamber of Commerce, Internationale Handelskammer
ICE Intercity-Express
ICJ *engl:* International Court of Justice, Internationaler Gerichtshof
ICRC *engl:* International Committee of the Red Cross, Internationales Komitee vom Roten Kreuz
id. *lat:* idem, der-, dasselbe
i. D. im Durchschnitt; inklusive Dividende
IDA *engl:* International Development Association, Internationale Entwicklungsorganisation
IdK Internationale der Kriegsdienstgegner
IE Immunisierungseinheit
i. e. *lat:* id est, das ist, das heißt
i. E. im Entstehen
i. Fa. in Firma
IFMA Internationale Fahrrad- und Motorrad-Ausstellung
Ifo Institut für Wirtschaftsforschung
IFO Internationale Filmorganisation

IG Interessengemeinschaft; Industriegewerkschaft
IGB Internationaler Gewerkschaftsbund
IGBE Industriegewerkschaft Bergbau und Energie
IGFM Internationale Gesellschaft für Menschenrechte
IGH Internationaler Gerichtshof
IGS Integrierte Gesamtschule
IHK Industrie- und Handelskammer
IHM Internationale Handwerksmesse
IHS Jesus
i. J. im Jahre
I. K. H. Ihre Königliche Hoheit
IKK Innungskrankenkasse
IKRK Internationales Komitee vom Roten Kreuz
i. L. in Liquidation
ill. illustriert
Ill. Illustration
ILO *engl:* International Labour Organization, Internationale Arbeitsorganisation
I. M. Ihre Majestät
IMK Innenministerkonferenz
Impr. Imprimatur
IMT Internationales Militärtribunal
Inc. *engl:* incorporated, eingetragene Gesellschaft
incl. *engl:* inclusive, einschließlich
Ind. Indikativ
I. N. D. *lat:* in nomine Domini, im Namen des Herrn
Indusi Induktive (Zug-)Sicherung
Inf. Infanterie; Infinitiv
Infas Institut für angewandte Sozialwissenschaft
Info Information
Ing. Ingenieur
Inh. Inhaber
inkl. inklusive
I. N. R. I. *lat:* Iesus Nazarenus Rex Iudaeorum, Jesus von Nazareth, König der Juden
Insp. Inspektor
int. international
Intelsat *engl:* International Telecommunication Satellite Consortium (internat. Fernmeldeorganisation)
internat. international
Interpol Internationale Kriminalpolizeiliche Organisation
IOJ *engl:* International Organization of Journalists, Internationaler Journalistenverband
IOK Internationales Olympisches Komitee
IPI Internationales Presse-Institut
IPU Interparlamentarische Union
IQ Intelligenzquotient
IR Interregio
i. R. im Ruhestand
I. R. Imperator Rex (Kaiser und König)
IRA *engl:* Irish Republican Army, (nord)irische Untergrundarmee
IRK Internationales Rotes Kreuz
IRO *engl:* International Refugee Organization, Internationale Flüchtlingsorganisation
i. Sa. in Sachen; in Summa
ISBN Internationale Standardbuchnummer

ISO *engl:* International Organization for Standardization, Internationale Organisation für Normungsfragen
isr. israelisch
it. italienisch; *lat:* item, ebenfalls
ital. italienisch
ITB Internationaler Turnerbund
ITT *engl:* International Telephone and Telegraph Corporation
i.V. in Vertretung; in Vollmacht
I.v. Irrtum vorbehalten
i.W. in Westfalen; in Worten
IWF Internationaler Währungsfonds
IWG Institut für Wirtschafts- und Gesellschaftspolitik

Jahrg. Jahrgang
JAL *engl:* Japan Air Lines (jap. Fluggesellschaft)
jap. japanisch
Jb. Jahrbuch
Jg. Jahrgang
JH Jugendherberge
Jh. Jahrhundert
jidd. jiddisch
jmd. jemand
jr. junior
JU Junge Union
JUH Johanniter-Unfallhilfe
jun. junior
jur. juristisch
Juso Jungsozialist
JVA Justizvollzugsanstalt

k Kilo-
k. königlich
kA Kiloampere
KAB Katholische Arbeitnehmerbewegung
Kant. Kanton
Kap. Kapitel
kart. kartoniert
kath. katholisch
Kat(y) Katalysator
KBV Kassenärztliche Bundesvereinigung
KBW Kommunistischer Bund Westdeutschland
kcal Kilokalorie
Kčs tschechische Krone
KDA Katholische Deutsche Akademikerschaft
KDStV Katholische Deutsche Studentenverbindung
KDV Kriegsdienstverweigerer
Kf. Kraftfahrer
Kfm., kfm. Kaufmann; kaufmännisch
Kfz Kraftfahrzeug
kg Kilogramm
KG Kommanditgesellschaft
KGB *russ:* Komitet gossudarstwennoj besopasnosti (sowjet. Geheimdienst)
kgl. königlich
kgm Kilogrammeter
kh. (k.H.) kurzerhand
kHz Kilohertz
kJ Kilojoule
Kj. Kalenderjahr
k.J. kommenden Jahres
KK Krankenkasse
k.k. kaiserlich-königlich
KKW Kernkraftwerk
kl Kiloliter
kl. klein
Kl. Klasse

KLM *ndl:* Koninklijke Luchtvaart Maatschappij, Königlich Niederländische Luftfahrtgesellschaft
km Kilometer
km/h Kilometer pro Stunde
KMK Kultusministerkonferenz
km/sec Kilometer pro Sekunde
kn Knoten (Seemeile)
KNA Katholische Nachrichten-Agentur
KND Kirchlicher Nachrichtendienst
k. o. *engl:* knock out
Komm. Kommentar; Kommission
komm. kommunistisch
Komp. Kompanie
Konj. Konjunktiv
kons. konservativ
KP Kommunistische Partei
KPD Kommunistische Partei Deutschlands
KPdSU Kommunistische Partei der Sowjetunion
KPI Kommunistische Partei Italiens
KPÖ Kommunistische Partei Österreichs
Kr Krone (Währungseinheit)
KR Kontrollrat
Kr. Kreis
Krad Kraftrad
Kripo Kriminalpolizei
Krs. Kreis
KSZE Konferenz für Sicherheit und Zusammenarbeit in Europa
Kt. Kanton
Kto. Konto
k. u. k. kaiserlich und königlich
kV Kilovolt
KV Kartellverband; Kassenärztliche Vereinigung; Köchel-Verzeichnis; Krankenversicherung
kW Kilowatt
KW Kurzwelle
KWEA Kreiswehrersatzamt
kWh Kilowattstunde
KZ Konzentrationslager

l Liter
L fünfzig
l. lies
L. Lira
LAG Lastenausgleichsgesetz
landw. landwirtschaftlich
LArbG Landesarbeitsgericht
Laser *engl:* Light amplification by stimulated emission of radiation, Lichtbündelung
Laspa Landessparkasse
lat. lateinisch
lb *engl:* libra, Pfundgewicht
l. c. *lat:* loco citato, an angegebenem Orte
L/C *engl:* Letter of Credit, Akkreditiv
Ld. Land, Landes-
Ldkr. Landkreis
LDP Liberaldemokratische Partei Deutschlands
Ldr. Leder
Ldw. Landwirt
led. ledig
leg. *it:* legato, gebunden
LegR. Legationsrat
Lex. Lexikon
lfd. laufend
Lfg. Lieferung
LG Landgericht; Landesgirokasse
LGDir. Landgerichtsdirektor
LGPräs. Landgerichtspräsident

LGR Landgerichtsrat
LH Landwirtschaftliche Hochschule; Lufthansa
LHV Liberaler Hochschulverband
lib. *lat:* liber, Buch
Lic. *lat:* Licentiatus, Lizentiat
Lic. theol. *lat:* Licentiatus theologiae, Lizentiat der Theologie
lim. *engl:* limited, mit beschränkter Haftung
Lions *engl:* Liberty, Intelligence, Our Nation's Safety (internationale humanitäre Vereinigung)
Liq. Liquidation
lit. litauisch; literarisch
Lit. Literatur
l. J. laufenden Jahres
LKA Landeskriminalamt
LKK Landeskrankenkasse
Lkw Lastkraftwagen
LL. B. *lat:* Legum Baccalaureus (niederster juristischer Grad in England und Nordamerika)
LL. D. *lat:* Legum Doctor (Doktor der Rechtswissenschaft in England und Nordamerika)
LL. M. *lat:* Legum Magister (mittlerer juristischer Grad in England und Nordamerika)
lm Lumen (Einheit des Lichtstroms)
l. M. laufenden Monats
log Logarithmus
LP *engl:* long playing record, Langspielplatte
LPG Landwirtschaftliche Produktionsgenossenschaft
LPR Landesanstalt für Privaten Rundfunk
lrh. linksrheinisch
LS Luftschutz
LSB Landessportbund
LSchlG Ladenschlußgesetz
LSD Liberaler Studentenbund; Lysergsäurediäthylamid
LT *engl:* letter telegram, Brieftelegramm
lt. laut
ltd. *engl:* limited, mit beschränkter Haftung
LTU Lufttransport-Unternehmen GmbH
luth. lutherisch
Lutrans Lufttransportsystem der Bundeswehr
LVA Landesversicherungsanstalt
LVG Landesverwaltungsgericht
Lwd. Leinwand
LWF *engl:* Lutheran World Federation, Lutherischer Weltbund
lx Lux (Maßeinheit der Beleuchtungsstärke)
LX Schmuckblattelegramm; Luxus Extra
LZB Landeszentralbank

m *lat:* masculinum, männlich; Meter
M Mark; Meile; *lat:* mille, tausend; Mitglied; Monat
M. Monsieur
mA Milliampere
MA Medizinalassistent; Mittelalter; Mondaufgang; Mundart
ma. mittelalterlich; mundartlich
M. A. Magister Artium; Master of Arts (akademischer Titel in England und Nordamerika)

MAD Militärischer Abschirmdienst
Mad. *engl:* Madam
Mag. Magister
Mag. pharm. Magister pharmaciae, Apotheker (Österreich)
masc. *lat:* masculinum, männlich
masch. maschinenschriftlich
Math. Mathematik
m. a. W. mit anderen Worten
MAZ Magnetaufzeichnung
mb Millibar
MB Mitteilungsblatt
MBFR *engl:* Mutual Balanced Force Reductions, beiderseitige Truppenverminderung
m. c. *lat:* mensis currentis, laufenden Monats
M. C. Member of Congress (USA)
mctr Meterzentner
md. mitteldeutsch
Md. Milliarde
MdA Mitglied des Abgeordnetenhauses
MdB Mitglied des Bundestags
MdBB Mitglied der Bremischen Bürgerschaft
MdEP Mitglied des Europäischen Parlaments
MdHB Mitglied der Hamburger Bürgerschaft
MdL Mitglied des Landtags
MDR Mitteldeutscher Rundfunk
MdR Mitglied des Reichstags
MdV Mitglied der Volkskammer
m. d. W. d. G. b. mit der Wahrnehmung der Geschäfte beauftragt
m. E. meines Erachtens
med. medizinisch
Med.-R. Medizinalrat
MESZ Mitteleuropäische Sommerzeit
Met Metropolitan Opera New York
MeV Megaelektronenvolt
MEZ Mitteleuropäische Zeit
mf *it:* mezzoforte, halb stark
MFG Mitfahrgelegenheit
Mfr. Mittelfranken
MfS Ministerium für Staatssicherheit
MFZ Mitfahrzentrale
mg Milligramm
MG Maschinengewehr; *engl:* Military Government, Militärregierung
Mgr. Monseigneur; Monsignore
MHD Malteserhilfsdienst
mhd. mittelhochdeutsch
MHz Megahertz
Mifrifi Mittelfristige Finanzplanung
Mill. Million
min Minute
Min. Minister
MinDir. Ministerialdirektor
MinR. Ministerialrat
Mitgl. Mitglied
Mitropa Mitteleuropäische Schlafwagen- und Speisewagen-Aktiengesellschaft
mkg Meterkilogramm
ml Milliliter
mlat. mittellateinisch
Mlle. Mademoiselle
mm Millimeter
MM. Messieurs

Mme. Madame
M. O. *engl:* money order, Zahlungsanweisung
möbl. möbliert
Moped Motorpedalfahrrad
mot. motorisiert
MP Maschinenpistole; *engl:* Member of Parliament, Parlamentsmitglied; *engl:* Military Police, Militärpolizei
m. p., m. pr. *lat:* manu propria, eigenhändig
Mr. Mister
MR Militärregierung
M. R. *engl:* Mate's Receipt, Verladebescheinigung
Mrd. Milliarde
Mrs. Mistress
MS Motorschiff
Ms. Manuskript
Mschr. Monatsschrift
m/sec Meter pro Sekunde
Msgr. Monsignore
Mskr. Manuskript
mt Metertonne
Mt. *fr:* mont, *engl:* mount, Berg
MTA Medizinisch-technischer Assistent
mtl. monatlich
MTV Männerturnverein
MU Monduntergang
MUA Medizinaluntersuchungsamt
M. U. Dr. *lat:* Medicinae universalis doctor, Doktor der gesamten Heilkunde
m ü. M. Meter über dem Meeresspiegel
mus. musikalisch
MV Mitgliederversammlung
MW Megawatt; Mittelwelle
m. W. meines Wissens
MwSt. Mehrwertsteuer

n *lat:* neutrum, sächlich
N Norden
NA Notausgang
Nachdr. Nachdruck
Nachf. Nachfolger
nachm. nachmittags
Nachn. Nachnahme
NASA *engl:* National Aeronautic and Space Administration (US-Raumfahrtbehörde)
NATO *engl:* North Atlantic Treaty Organization, Nordatlantische Verteidungsgemeinschaft
NAV Verband der niedergelassenen Ärzte in Deutschland
NB *lat:* nota bene, wohlgemerkt
NBC *engl:* National Broadcasting Company (amerik. Rundfunk)
n. Br. nördlicher Breite
NC *lat:* Numerus clausus, Zulassungsbeschränkung
Nchf. Nachfolger
n. Chr. nach Christus
nd. niederdeutsch
Ndb. Niederbayern
ndl. niederländisch
NdÖst. Niederösterreich
NDP Nationaldemokratische Partei
NDR Norddeutscher Rundfunk
Ndrh. Niederrhein
nds. niedersächsisch
Neudr. Neudruck
Neutr. Neutrum
N. F. Neue Folge
n. f. D. nur für Dienstgebrauch
Nfr. Niederfranken

NGG Gewerkschaft Nahrung, Genuß, Gaststätten
ngr. neugriechisch
NH Normalhöhenpunkt; Neue Heimat
nhd. neuhochdeutsch
niederl. niederländisch
n. J. nächsten Jahres
nkr norwegische Krone
nl. niederländisch
n. M. nächsten Monats
NN Normalnull (Amsterdamer Pegel)
N. N. *lat:* nomen nescio; nomen nominandum (stellvertretende Abk. für einen ausgelassenen Namen)
NNO Nordnordost
NNW Nordnordwest
NO Nordost
no. netto
No. *it:* numero, Nummer
NOK Nationales Olympisches Komitee
Nom. Nominativ
nordd. norddeutsch
Nov. Novelle
NP Normalpackung
NPD Nationaldemokratische Partei Deutschlands
NPG Nukleare Planungsgruppe
Nr. Nummer
NRT Nettoregistertonne
NRW Nordrhein-Westfalen
NS Nachschrift; Nationalsozialismus
n. S. nach Sicht
NT Neues Testament
nto. netto
NVA Nationale Volksarmee
NW Nordwest
NWDR Nordwestdeutscher Rundfunk
N. Y. New York

O Osten
o. oder
O. Order
o. a. oben angegeben
o. ä. oder ähnliches
OAS *engl:* Organization of American States, Organisation der amerikanischen Staaten
OAU *engl:* Organization of African Unity, Organisation für Afrikanische Einheit
OB Oberbürgermeister
o. B. ohne Befund
ÖBB Österreichische Bundesbahnen
Obb. Oberbayern
obd. oberdeutsch
OD Ortsdurchfahrt
od. oder
OECD *engl:* Organization for Economic Cooperation and Development, Organisation für wirtschaftliche Zusammenarbeit und Entwicklung
OEEC *engl:* Organization for European Economic Cooperation, Organisation für die wirtschaftliche Zusammenarbeit Europas
OEZ Osteuropäische Zeit
OFD Oberfinanzdirektion
Ofr. Oberfranken
o. G. ohne Gepäckbeförderung; ohne Gewähr
OHG Offene Handelsgesellschaft
o. J. ohne Jahresangabe

o. k. *engl:* okay, in Ordnung
o. K. ohne Kosten
OKH Oberkommando des Heeres
OKR Oberkirchenrat
OL Orientierungslauf
ö. L. östliche Länge
OLG Oberlandesgericht
On. Ortsname
ONO Ostnordost
ONU *fr:* Organisation des Nations Unies; Vereinte Nationen
o. O. ohne Obligo; ohne Ortsangabe
o. ö. Prof. ordentlicher öffentlicher Professor
o. O. u. J. ohne Ort und Jahr
OP Operationssaal
op. Opus, Werk
o. P. ordentlicher Professor
OPD Oberpostdirektion
ÖPD Österreichischer Pressedienst
OPEC *engl:* Organization of Petroleum Exporting Countries; Organisation der erdölexportierenden Länder
ORF Österreichischer Rundfunk
Org. Organisation
ORR Oberregierungsrat
OS Oberschlesien
öS österr. Schilling
OSO Ostsüdost
Öst. Österreich
OStA Oberstaatsanwalt
Ostpr. Ostpreußen
österr. österreichisch
OStR Oberstudienrat
ÖTV Gewerkschaft Öffentliche Dienste, Transport und Verkehr
OVA Oberversicherungsamt
OVG Oberverwaltungsgericht
OVN Organisation der Vereinten Nationen
ÖVP Österreichische Volkspartei
OZ Ordnungszahl

p *it:* piano, schwach, leise
P Parkplatz
p. *lat:* pagina, Seite; *lat:* pinxit, hat es gemalt
P. Pastor; Pater
pa prima
p. a. *lat:* pro anno, fürs Jahr
p. A. per Adresse, unter Anschrift von
pag. *lat:* pagina, Seite
part. *fr:* parterre, im Erdgeschoß
Part. Partizip
pass. *lat:* passim, allenthalben
Pat. Patent
Pbd. Pappband
PC Personal Computer
p. c. *fr:* pour condoléance, um einen Beileidsbesuch abzustatten; *lat:* pro centum, Prozent, je Hundert
p. Chr. *lat:* post Christum, nach Christi Geburt
pd *engl:* paid, bezahlt
PDS Partei des demokratischen Sozialismus
p. e. *fr:* par exemple, zum Beispiel
P. E. N. (PEN)-Club *engl:* Poets, Playwrights, Essayists, Editors, Novelists (internat. Schriftstellervereinigung)
pers. persisch
Pers. Person

Pf Pfennig
Pfd. Pfund
Pg. Parteigenosse
PGirA Postgiroamt
PH Pädagogische Hochschule
pharm. pharmazeutisch
PIN *engl:* Personal Identification Number, Persönliche Identifizierungszahl
pinx. *lat:* pinxit, hat es gemalt
PKV Private Krankenversicherung
Pkw Personenkraftwagen
pl planmäßig
Pl. Plural
PLO *engl:* Palestine Liberation Organization, Palästinensische Befreiungsorganisation
Plur. Plural
p. m. *lat:* post meridiem, nachmittags; *lat:* post mortem, nach dem Tode; *lat:* pro memoria, zum Gedächtnis; *lat:* pro mille, je Tausend
Pneu Pneumatik; Pneumothorax
Pol. Polizei
poln. polnisch
port. portugiesisch
Pos. Position
Postf. Postfach
pp *it:* pianissimo, sehr leise
p. p. *lat:* per procura, als Prokurist
ppa, p. pa. *lat:* per procura, als Prokurist
Ppbd. Pappband
ppd *engl:* prepaid, vorausbezahlt
pr. preußisch
PR Public Relations
Präs. Präsens; Präsident
priv. privilegiert
Priv.-Doz. Privatdozent
Prof. Professor
Profi *engl:* Professional, Berufssportler
Pron. Pronomen
prot. protestantisch
Prov. Provinz
Proz. Prozent
PS Pferdestärke; *lat:* postscriptum, Nachschrift
p. t. *lat:* pro tempore, für jetzt
Pta Peseta (span. Währung)
PVC Polyvinylchlorid
PW *am:* Prisoner of War, Kriegsgefangener
pxt. *lat:* pinxit, hat es gemalt
P-Zug Personenzug

q Quadrat-
qcm Quadratzentimeter
qdm Quadratdezimeter
q. e. d. *lat:* quod erat demonstrandum, was zu beweisen war
qkm Quadratkilometer
qm Quadratmeter
qmm Quadratmillimeter
q. v. *lat:* quantum vis, in beliebiger Menge

r Radius
R Réaumur; *lat:* recipe, man nehme; *fr:* retarder, langsamer werden
r. rechts
RA Rechtsanwalt
Rad. Radierung
Radar *engl:* Radio detecting and ranging, Funkmeßpeilung
RAF Royal Air Force (brit. Luftwaffe); Rote Armee Fraktion

RAI Radiotelevisione Italiana (ital. Rundfunkgesellschaft)
RB Radio Bremen
Rc. *lat:* recipe, man nehme
RCDS Ring Christlich-Demokratischer Studenten
rd. rund, etwa
RDM Ring Deutscher Makler
Rdschr. Rundschreiben
RdV Rundverfügung
Red. Redaktion
ref. reformiert
Ref. Referent; Referendar
Reg. Register; Regierungs-
Reg.-Bez. Regierungsbezirk
Reg.-Dir. Regierungsdirektor
Reg.-Präs. Regierungspräsident
Regt. Regiment
Rel. Religion
ren. *lat:* renovavit, hat es erneuert
rep. *lat:* repetatur, soll wiederholt werden
Rep. Republik
Repr. Reproduktion
resp. *lat:* respective, oder, beziehungsweise
rf *it:* rinforzando, stärker werdend
RF *fr:* République Française
RFE *engl:* Radio Free Europe, Radio Freies Europa
RGW Rat für gegenseitige Wirtschaftshilfe
Rh. Rhein
rhein. rheinisch
Rh-Faktor Rhesus-Faktor (Blutgruppenkennzeichnung)
Rhld. Rheinland
RIAS Rundfunksender im amerikanischen Sektor (Berlin)
rinf. *it:* rinforzando, stärker werdend
R. I. P. *lat:* requiescat in pace, er ruhe in Frieden
rit. *it:* ritardando, langsamer werdend
riten. *it:* ritenuto, zögernd, zurückgehalten
Rj. Rechnungsjahr
RK Rotes Kreuz
Rm Raummeter
RM Reichsmark
R. N. *engl:* Royal Navy (brit. Kriegsmarine)
röm. römisch
röm.-kath. römisch-katholisch
ROM Read Only Memory (Datenträger, der nur gelesen, nicht bearbeitet werden kann)
rotw. rotwelsch
RP Regierungspräsidium, *fr:* réponse payée, Rückantwort bezahlt
Rp. *lat:* recipe, man nehme
R. P. *lat:* Reverendus Pater (Titel kath. Geistlicher)
RR Regierungsrat
rrh. rechtsrheinisch
RSO Rundfunk-Symphonie-Orchester
RT Registertonne
RTL Radio-Télévision Luxembourg
rum. rumänisch
russ. russisch
RVO Reichsversicherungsordnung
RZ Revolutionäre Zelle

s Sekunde
S Schilling; Süden
s. sächlich

S. San; Sankt; Santa; Santo; Seite
SA Sonnenaufgang
Sa. *lat:* summa, Summe
s. a. siehe auch; *lat:* sine anno, ohne Angabe des Druckjahres
S. A. *fr:* Société Anonyme, Aktiengesellschaft
Sabena Société Anonyme Belge d'Exploitation de la Navigation Aérienne (belg. Luftlinien)
sächs. sächsisch
SALT *engl:* Strategic Arms Limitation Talks, Gespräche über strategische Rüstungsbegrenzung
Sani Sanitätssoldat
sanskr. Sanskrit
SAS *engl:* Scandinavian Airlines System (skand. Luftfahrtgesellschaft)
SAT Satellitenfernsehen
sb Stilb (Einheit der Leuchtdichte)
SB Selbstbedienung; Sitzungsbericht
s. B. südliche Breite
S-Bahn Schnellbahn
SBB Schweizerische Bundesbahnen
s. Br. südliche Breite
SBZ Sowjetische Besatzungszone
SC Schwimmclub; Sportclub
sc. *lat:* scilicet, nämlich
SchG Schiedsgericht
schles. schlesisch
SchöffG Schöffengericht
Schufa Schutzgemeinschaft für allgemeine Kreditsicherung
Schupo Schutzpolizei, Schutzpolizist
schwäb. schwäbisch
schwed. schwedisch
schweiz. schweizerisch
SchwG. Schwurgericht
SDA Schweizer Depeschen-Agentur
s. d. siehe dort, *lat:* sine dato, ohne Datumsangabe
SDI *engl:* Strategic Defense Initiative, Raketenabwehr im Weltraum
SDN *fr:* Société des Nations, Völkerbund
SDR Süddeutscher Rundfunk
SDS Sozialistischer Deutscher Studentenbund
s. e. *lat:* salvo errore, Irrtum vorbehalten
SEATO *engl:* South-East Asia Treaty Organization, Südostasienpakt
sec Sekunde
s. e. c. *lat:* salvo errore calculi, Rechenfehler vorbehalten
SED Sozialistische Einheitspartei Deutschlands
sek Sekunde
Sekr. Sekretär
sel. selig, verstorben
Sem. Seminar
sen. senior, der Ältere
Ser. Serie
serb. serbisch
sf *it:* sforzando, sforzato, verstärkt
SF Science-fiction
SFB Sender Freies Berlin
sfr Schweizer Franken
Sg. Singular
sh Shilling
S. H. Seine Hoheit; Seine Hochwohlgeboren
SHAPE *engl:* Supreme Head-

quarters of the Allied Powers in Europe, Oberkommando der Alliierten Streitkräfte in Europa
SHB Sozialdemokratischer Hochschulbund
SHG Soforthilfegesetz
sid Sportinformationsdienst
sign. signiert
sin Sinus (Seitenverhältnis im Dreieck)
Sing. Singular
SJ, S. J. *lat:* Societas Jesu, Jesuitenorden
SK Sportklub
skand. skandinavisch
S. Kgl. H. Seine Königliche Hoheit
S. K. H. Seine Kaiserliche Hoheit
sKr schwedische Krone
s. l. *lat:* sine loco, ohne Angabe des Druckorts
slaw. slawisch
SLBM *engl:* Sea Launched Ballistic Missiles, seegestützte Raketen
Slg. Sammlung
sm Seemeile
S. M. Seine Majestät
sMG schweres Maschinengewehr
s. n. *lat:* sine nomine, ohne Namensangabe
SNCF Société Nationale des Chemins de Fer Français (franz. Eisenbahngesellschaft)
s. o. siehe oben; *lat:* sine obligo, ohne Gewähr
SO Südost
sog. sogenannt
SOS *engl:* save our ship, save our souls (Seenotruf)
sowj. sowjetisch
soz. sozialistisch
span. spanisch
SPD Sozialdemokratische Partei Deutschland
SPIO Spitzenorganisation der Deutschen Filmwirtschaft
SPÖ Sozialistische Partei Österreichs
Spvgg Spielvereinigung
SR Saarländischer Rundfunk; Schiedsrichter
Sr. Seiner (Durchlaucht u. a.); *lat:* Soror, Schwester (bei Ordensschwestern)
SRG Schweizerische Radio- und Fernsehgesellschaft
SS Sommersemester
s. S. siehe Seite
S. S. *engl:* Steamship, Dampfer
SSD Staatssicherheitsdienst
SSO Südsüdost
SSS Segelschulschiff
SSV Sommerschlußverkauf
SSW Südsüdwest; Südschleswiger Wählerverband
St. Sankt; Stück
s. t. *lat:* sine tempore, pünktlich, ohne akademisches Viertel
S. T. *lat:* salvo titulo, anstatt des Titels
StA Staatsanwalt
Sta. *it:* Santa, Heilige
staatl. staatlich
stacc. *it:* staccato, kurz abgestoßen
STAGMA Staatlich genehmigte Gesellschaft zur Verwertung musikalischer Urheberrechte/Aufführungsrechte
Stalag Stammlager für Kriegsgefangene

Stasi Staatssicherheitsdienst
Std. Stunde
STEG Staatliche Erfassungsgesellschaft für öffentliches Gut
stellv. stellvertretend
StGB Strafgesetzbuch
StK Stammkapital
St.-Nr. Steuernummer
Sto. *it:* Santo, Heiliger
StPO Strafprozeßordnung
StR Studienrat
Str. Straße; Strophe
string. *it:* stringendo, schneller werdend
stud. Studierender
Stud.-Ass. Studienassessor
Stud.-R. Studienreferendar
Stuka Sturzkampfflugzeug
StV Stadtverwaltung
StV, Stv. Stellvertreter
StVO Straßenverkehrsordnung
SU Sonnenuntergang; Sowjetunion
s.u. siehe unten
Subst. Substantiv
südd. süddeutsch
Suppl. Supplement
SV Spiel-, Sportverein(igung)
s.v. *lat:* sub verbo, unter dem Stichwort
sva. soviel als
SVP Südtiroler Volkspartei
svw. soviel wie
SW Südwest
Swapo *engl:* South-Western-Africa People's Organization, Südwestafrikanische Volksfront
SWF Südwestfunk
Swissair *engl:* Swiss Air Transport Co. (Schweizer Luftfahrtgesellschaft)
s.w.u. siehe weiter unten
s.Z. seinerzeit

t Tempo; Tonne
T Tara; Taxe; Telefon; Temperatur; Touristenklasse
T. Tenor; Termin
TA Taschenausgabe; Telegrammadresse; Telegraphenamt; Tonabnehmer
Tab. Tabelle
Tabl. Tablette
tang Tangens
TASS *russ:* Telegrafnoje Agentstwo Sowetskogo Sojusa (sowjet. Telegraphenagentur)
Tb, Tbc Tuberkulose
Tct. Tinktur
TED Teledialog
TEE Trans-Europ-Expreß
Tel. Telefon; Telegramm
Telex *engl:* Teleprinter exchange, Fernschreibdienst
ten. *it:* tenuto, die Note halten
term. techn. *lat:* terminus technicus, Fachausdruck
tg tangens
Tgb. Tagebuch
TH Technische Hochschule
theor. theoretisch
THW Technisches Hilfswerk
T.I.R. *fr:* Transport International de Marchandises par la Route, Internationaler Straßen-Güterverkehr
Tit. Titel
tkm Tonnenkilometer
Tl. Teil
TO Tarifordnung
TO.A Tarifordnung A für An-

gestellte des öffentlichen Dienstes
TO.B Tarifordnung B für Arbeiter des öffentlichen Dienstes
Tom. *lat:* tomus, Band
Trafo Transformator
trem. Tremolo
Ts. Taunus
tschech. tschechisch
Tsd. Tausend
TSG Turn- und Sportgemeinschaft
TSV Turn- und Sportverein
TT Tischtennis
TU Technische Universität
TUI Touristik Union International
TuS Turn- und Sportverein
TÜV Technischer Überwachungsverein
TV Television, Fernsehen; Territoriale Verteidigung
typ. typographisch
TZ Teuerungszuschlag

U Unterseeboot
u. und
u.a. und andere(s); unter anderem
u.ä. und ähnlich(es)
u.a.m. und andere(s) mehr
u.A.w.g. um Antwort wird gebeten
u.A.z.n. um Abschied zu nehmen
U-Bahn Untergrundbahn
Übers. Übersetzung
U-Boot Unterseeboot
u.desgl. und desgleichen
u.dgl. und dergleichen
u.d.M. unter dem Meeresspiegel
ü.d.M. über dem Meeresspiegel
UdSSR Union der Sozialistischen Sowjetrepubliken
u.d.T. unter dem Titel
ue. unehelich
u.E. unseres Erachtens
UEF *fr:* Union Européenne des Fédéralistes, Union Europäischer Föderalisten
UER *fr:* Union Européenne de Radiodiffusion, Europäische Rundfunkunion
Ufa Universum-Film-Aktiengesellschaft
u.ff. und folgende
Uffz. Unteroffizier
Ufo *engl:* unidentified flying object, unidentifiziertes Flugobjekt
ugs. umgangssprachlich
UHF Ultrahochfrequenz
u.i. *lat:* ut infra, wie unten
uk unabkömmlich
UK *engl:* United Kingdom, Vereinigtes Königreich
ukr. ukrainisch
UKW Ultrakurzwelle
UlA Union der leitenden Angestellten
ult. ultimo
UN *engl:* United Nations, Vereinte Nationen
UNAEC *engl:* United Nations Atomic Energy Committee, Organisation der Vereinten Nationen für Atomenergie
unbest. unbestimmt
UNCTAD *engl:* United Nations

Conference on Trade and Development, Konferenz der Vereinten Nationen für Handel und Entwicklung
UNEP *engl:* United Nations Environment Programme, Umweltschutzprogramm der Vereinten Nationen
UNESCO *engl:* United Nations Educational, Scientific and Cultural Organization, Organisation der Vereinten Nationen für Erziehung, Wissenschaft und Kultur
unfl. unflektiert
UNHCR *engl:* United Nations High Commissioner for Refugees, Hoher Kommissar der Vereinten Nationen für Flüchtlinge
Uni Universität
UNICEF *engl:* United Nations International Children's Emergency Fund, Internationaler Kinderhilfsfonds bei den Vereinten Nationen
UNO *engl:* United Nations Organization, Organisation der Vereinten Nationen
UNREF *engl:* United Nations Refugee Fund, Flüchtlingsfonds der Vereinten Nationen
UNWCC *engl:* United Nations War Crimes Commission, UN-Kommission für Kriegsverbrechen
u. ö. und öfter
UP *engl:* United Press (amerik. Nachrichtenagentur)
UPS *engl:* United Parcel Service, Vereinigter Paketdienst
UPU *engl:* Universal Post Union, Weltpostverein
US *engl:* United States, Vereinigte Staaten
u. s. *lat:* ut supra, wie oben
USA *engl:* United States of America, Vereinigte Staaten von Amerika
usf. und so fort
USt Umsatzsteuer
usw. und so weiter
u. U. unter Umständen
UV Ultraviolett; Unfallversicherung
u. v. a. und viele(s) andere
u. W. unseres Wissens
UWG Gesetz gegen den unlauteren Wettbewerb
u. zw. und zwar

V Volt; Volumen; fünf
v. *lat:* verte, wende; *lat:* vide, siehe; vom; von
V. Vers
VA Voltampere
V. a. G. Verein auf Gegenseitigkeit
VAP Verein der Auslandspresse
Var. Variante
VB Verhandlungsbasis
VBL Versorgungsanstalt des Bundes und der Länder
VDE Verband deutscher Elektrotechniker
VDEW Vereinigung Deutscher Elektrizitätswerke
VdH Verband der Heimkehrer
VdI Verein Deutscher Ingenieure
VdK Verband der Kriegs- und Wehrdienstopfer, Behinderten und Sozialrentner Deutschlands

VDM Verband Deutscher Makler; Vereinigte Deutsche Metallwerke
VDR Verband Deutscher Rentenversicherungsträger
VDS Verband Deutscher Schriftsteller; Verband Deutscher Studentenschaften
vdt. *lat:* vidit, hat gesehen
VDZ Verband Deutscher Zeitschriftenverleger
VE Verrechnungseinheit
VEB Volkseigener Betrieb
Veba Vereinigte Elektrizitäts- und Bergwerks-Aktiengesellschaft
Ver. Verein
verb. verbessert
Verb. Verband
verehel. verehelicht
Verf. Verfasser
verh. verheiratet
Verl. Verlag
verm. vermählt
Veröff. Veröffentlichung
verst. verstorben
vert. *lat:* vertatur, bitte wenden
verw. verwitwet
Verw. Verwaltung
Verz. Verzeichnis
Vf. Verfasser
Vfg. Verfügung
VfL Verein für Leibesübungen; Verein für Leichtathletik
VGH Verwaltungsgerichtshof
vgl. vergleiche
v. H. vom Hundert
VHS Volkshochschule
vid. *lat:* videatur, siehe
VIP *engl:* very important person, hochgestellte Persönlichkeit
v. J. vorigen Jahres
Vj. Vierteljahr
vm. vormittags
v. M. vorigen Monats
VN Vereinte Nationen
Vn. Vorname
VO Verordnung
v. o. von oben
Vol. *lat:* volumen, Band
Vopo (VP) Volkspolizei, -polizist
Vorg. Vorgang
vorm. vormals; vormittags
Vorr. Vorrede
Vors. Vorsitzender
Vorst. Vorstand; Vorstands-
Vortr. Vortrag
Vorw. Vorwort
VÖV Verband öffentlicher Verkehrsbetriebe
VPS Video-Programmierungssystem
VR Volksrepublik
VS Verband Deutscher Schriftsteller; Verschlußsache
v. s. *lat:* vide supra, siehe oben
V. S. O. P. *engl:* very superior old pale (Cognac-Prädikat: sehr überlegen, alt, hellfarbig)
v. T. vom Tausend
v. u. von unten
VV Verkehrsverein
v. v. *lat:* vice versa, umgekehrt
VVN Vereinigung der Verfolgten des Naziregimes
VvU Vereinigung von Unternehmerinnen e.V.
VW Volkswagen
VWA Verwaltungs- und Wirtschaftsakademie
VWD Vereinigte Wirtschaftsdienste

VWF Verband der Wissenschaftler an Forschungsinstituten
v. Z. vor der Zeitrechnung

W Watt; Westen
W. Westfalen
w. weiblich; wenden; werktags; westlich
WAA Wiederaufarbeitungsanlage
WAZ Westdeutsche Allgemeine Zeitung
WB, Wb. Wörterbuch
WBK Wehrbereichskommando
WC *engl:* water-closet, Toilette
WCC *engl:* World Council of Churches, Weltkirchenrat
WDR Westdeutscher Rundfunk
WE Wärmeeinheit
Westf. Westfalen
Westpr. Westpreußen
WESZ Westeuropäische Sommerzeit
WEU Westeuropäische Union
WEZ Westeuropäische Zeit
WFG Wirtschaftsförderungsgesetz
WFTU *engl:* World Federation of Trade Unions, Weltgewerkschaftsbund
WG Wohngemeinschaft
wg. wegen
WGB Weltgewerkschaftsbund
WHO *engl:* World Health Organization, Weltgesundheitsorganisation
WiSo Wirtschafts- und Sozialwissenschaftliche Fakultät
w. L. westliche Länge
WM Weltmeisterschaft
WNW Westnordwest
WO Wechselordnung
w. o. wie oben
W. O. M. A. N. *engl:* World Organization of Mothers of All Nation, Weltorganisation der Mütter aller Nationen
w. p. a. *engl:* with particular average, Teilschaden ersetzt Versicherer
WRK Westdeutsche Rektorenkonferenz
Ws Wattsekunde
WS Wintersemester
WSC *engl:* World Security Council, Weltsicherheitsrat
WSV Winterschlußverkauf; Wintersportverein
WSW Westsüdwest
Württ. Württemberg
WV Wiedervorlage
Ww. Westerwald
Wwe. Witwe
WWF *engl:* World Wildlife Fund, Weltnaturschutzverband
WWI Wirtschaftswissenschaftliches Institut der Gewerkschaften
Wz. Warenzeichen

x unbekannte Größe
X Zehn
Xmas *engl, am:* Christmas, Weihnachten
XP Christusmonogramm

Yd. Yard (engl. Längenmaß)
YMCA *engl:* Young Men's Christian Association, Christlicher Verein Junger Männer

YWCA *engl:* Young Women's Christian Association, Christlicher Verein Junger Mädchen

Z Zeitschrift
Z. Zahl; Zeile
ZAV Zentrale Arbeitsgemeinschaft des Verkehrsgewerbes; Zentralstelle für Arbeitsvermittlung
ZAW Zentralausschuß der Werbewirtschaft
z. B. zum Beispiel
z. b. V. zur besonderen Verwendung
z. d. A. zu den Akten
ZDF Zweites Deutsches Fernsehen
ZDH Zentralverband des Deutschen Handwerks
ZDL Zivildienstleistender
z. E. zum Exempel
z. H., z. Hdn. zu Händen
Ziff. Ziffer
zit. zitiert
Zivi Zivilfahnder; Polizeibeamter in Zivil; Zivilist; Zivildienstleistender
ZK Zentralkomitee (kommunistischer Parteien); Zentralkomitee der Deutschen Katholiken
Zl Zloty (poln. Währung)
ZMP Zentrale Markt- und Preisberichtstelle
ZPO Zivilprozeßordnung
z. R. zur Rücksprache; bitte um Rücksprache
z. S. zur See
Zs., Ztschr. Zeitschrift
z. T. zum Teil
Ztg. Zeitung
zuz. zuzüglich
ZVS Zentrale für die Vergabe von Studienplätzen
z. Wv. zur Wiederverwendung; zur Wiedervorlage
z. w. V. zur weiteren Veranlassung
Zz. Zinszahl
z. Z. zur Zeit
zzgl. zuzüglich

Sachbücher

in Reclams Universal-Bibliothek

Jürgen August Alt: *Zauberkunst*. Eine Einführung. 219 S. UB 9390

Klaus Berger: *Qumran.* Funde – Texte – Geschichte. 144 S. UB 9668

Michael Carrithers: *Der Buddha.* Eine Einführung. Mit einem Essay von Günther Debon. 173 S. UB 3941

Daten zur antiken Chronologie und Geschichte. Herausgegeben von Marieluise Deißmann. 213 S. UB 8628

Hermann Deuser: *Kleine Einführung in die Systematische Theologie.* 205 S. UB 9731

O. A. W. Dilke: *Mathematik, Maße und Gewichte in der Antike.* 135 S. Mit 59 Abbildungen. UB 8687

Feldkamp, Michael F.: *Regentenlisten und Stammtafeln zur Geschichte Europas vom Mittelalter bis zur Gegenwart.* 448 S. UB 17034

Imogen Holst: *Das ABC der Musik.* 222 S. Mit 164 Notenbeispielen und 30 Abbildungen. UB 8806

Jonathan Howard: *Darwin.* Eine Einführung. 160 S. UB 3073

Uwe Jochum: *Kleine Bibliotheksgeschichte.* 232 S. UB 8915

Kurt Johnen: *Allgemeine Musiklehre.* 143 S. Mit zahlreichen Notenbeispielen. UB 7352

Howard Clark Kee: *Was wissen wir über Jesus?* 174 S. UB 8920

Damien Keown: *Der Buddhismus.* Eine kurze Einführung. 176 S. Mit 14 Abbildungen. UB 18145

Kleines Fremdwörterbuch. Mit einem Verzeichnis gebräuchlicher Abkürzungen. Bearbeitet von Michael Müller. 349 S. UB 8438

Kleines Wörterbuch der Architektur. 144 S. Mit 113 Abbildungen. UB 9360

Kim Knott: *Der Hinduismus.* Eine kurze Einführung. 175 S. Mit 17 Abbildungen. UB 18078

Angelika und Ingemar König: *Der römische Festkalender der Republik.* Feste, Organisation und Priesterschaften. 152 S. UB 8693

Ingemar König: *Der römische Staat.* Teil 1: Die Republik. 262 S. UB 8834 – Teil 2: Die Kaiserzeit. 550 S. UB 9615

Heinrich Laag: *Kleines Wörterbuch der frühchristlichen Kunst und Archäologie.* 277 S. Mit einem Anhang altgriechischer Fachwörter und 100 Abbildungen. UB 8633

Johanna Lanczkowski: *Kleines Lexikon des Mönchtums.* 280 S. UB 8867

Das Mittelalter in Daten. Literatur, Kunst, Geschichte 750–1520. Herausgegeben von Joachim Heinzle. 408 S. UB 17040

Alistair I. M. Rae: *Quantenphysik: Illusion oder Realität?* 196 S. UB 9607

Reclams Englisches Wörterbuch. Englisch – Deutsch. Von Dieter Hamblock. 387 S. UB 9476

Reclams Namenbuch. Deutsche und fremde Vornamen nach Herkunft und Bedeutung erklärt. Herausgegeben von Friedhelm Debus. 96 S. UB 7399

Jürgen Roloff: *Einführung in das Neue Testament.* 267 S. UB 9413

André Ruschkowski: *Elektronische Klänge und musikalische Entdeckungen.* 448 S. Mit 68 Abbildungen. UB 9663

Malise Ruthven: *Der Islam.* Eine kurze Einführung. 220 S. Mit 13 Abbildungen. UB 18057

Annemarie Schimmel: *Die Religion des Islam.* Eine Einführung. 159 S. UB 8639

Hans Schmoldt: *Das Alte Testament.* Eine Einführung. 266 S. UB 8940 – *Kleines Lexikon der biblischen Eigennamen.* 247 S. UB 8632

Michael Siebler: *Troia.* Mythos und Wirklichkeit. 200 S. Mit 20 Abbildungen. UB 18130

Norman Solomon: *Judentum.* 172 S. Mit 12 Abbildungen. UB 9780

Willy Steputat: *Reimlexikon.* Bearbeitet von Karl Martin Schiller. 367 S. UB 2876

Wolfgang Trapp: *Kleines Handbuch der Maße, Zahlen, Gewichte und der Zeitrechnung.* 317 S. Mit Abbildungen und Tabellen. UB 8737 – *Kleines Handbuch der Münzkunde und des Geldwesens in Deutschland.* 320 S. Mit 31 Abbildungen und 60 Tabellen. UB 18026

Hans-Heinrich Voigt: *Das Universum.* Planeten – Sterne – Galaxien. 301 S. Mit 28 Abbildungen und 8 Tabellen. UB 5228

Claudia Wisniewski: *Kleines Wörterbuch des Kostüms und der Mode.* 284 S. UB 4224

Philipp Reclam jun. Stuttgart